南開日本研究

NANKAI JAPAN STUDIES

2014

南开大学日本研究院

教育部国别和区域研究基地南开大学日本研究中心　　　　主办

李卓　主编

天津出版传媒集团

天津人民出版社

图书在版编目（ＣＩＰ）数据

南开日本研究.2014/李卓主编. --天津:天津人民
出版社, 2014.6
ISBN978-7-201-08769-6

Ⅰ.①南… Ⅱ.①李… Ⅲ.①日本—研究Ⅳ.
①K313.07

中国版本图书馆CIP数据核字(2014)第130867号

天津人民出版社出版
出版人：黄　沛
（天津市西康路35号　邮政编码：300051）
邮购部电话：（022）23332469
网址：http://www.tjrmcbs.com
电子信箱：tjrmcbs@126.com

天津市宏瑞印刷有限公司印刷　新华书店经销

2014年6月第1版　2014年6月第1次印刷
787×1092毫米　16开本　23印张
字数：280千字　印数：1-2000册
定价：48.00元

本刊的出版承蒙
日本国际交流基金部分资助

参考与借鉴以上一些概念，本文对日本政治右倾化的定义为：主要是指战后日本保守政治势力一直坚持的一种政治理念，和冷战结束前后随着日本国际地位提高、日本国内革新势力衰落及保守势力增长这一基本政治生态下，日本政府所采取的一系列维护其固有价值观或传统并宣扬、激发其民族主义的政策，以及日本民众对此加以迎合或接受的一种社会思潮，主要有试图修宪和追求成为正常国家、否认侵略历史以彻底摆脱战败国地位、新民族主义兴起，等等。

二、日本政治右倾化的主要表现

根据以上定义，日本政治右倾化主要应该包括有政治理念、政策和社会思潮等几个方面，而且这些方面是相辅相成、互为作用的。也就是说，日本政治的右倾化有其长久的政治理念追求，并且在相应的社会思潮下通过政府的政策表现出来。具体而言，日本政治的右倾化主要表现在以下几个方面。

第一，试图修改和平宪法，成为正常国家。日本现行宪法是战后在美国占领期间主要由美国主导制定的一部宪法，当时这部宪法主要出于对日本削弱和改造的目的，体现了当时国际社会和日本国民的和平愿望，尤其是第九条规定，日本"永远放弃以国权发动的战争、武力威胁或行使武力作为解决国际争端的手段"，"不保持陆海空军及其他战争力量，不承认国家的交战权"，[①]因而被称为"和平宪法"。然而，从日本恢复独立起，日本社会的右翼势力和长期作为政治中坚力量的自民党中的一些政治家就主张修改宪法。不过在 20 世纪 90 年代之前，由于受到日本社会党和日本共产党等左翼势力的牵制及国民中和平主义思潮的制约，这一右倾化的政治目标一直难以实现。但是在冷战结束后，日本社会有越来越多的人主张修改宪法，而且这一主张也越来越被日本国民和社会舆论所理解和接受。90 年代末期，日本国会内部成立了"宪法调查会"，就修改宪法问题进行探讨。进入 21 世纪后，根据当时媒体对日本国民的社会调查，赞成修宪的人开始超过了一半。[②]2012 年 4 月，正在进行竞选并准备再次进入政权的自民党提出《宪法修

---

① 《日本国宪法》，载 2011 年《众议院手册》。

② 如 2001 年 3 月日本《读卖新闻》的调查中，有 54.1%的人赞成修宪。见读卖新闻社舆论调查部编：《日本的舆论》，弘文堂，2002 年，第 477 页。

正草案》，其中就宪法前言和包括第九条在内的多项内容进行了重大修改。①2012 年
12 月安倍新政府上台后，即将修宪作为一项重要的政治日程。安倍政权认为宪
法是以美国为首的战胜国强加给日本的，所以日本应重新修宪，并且积极推进这
一政治进程。要取消其中对日本的众多限制，像其他国家一样成为一个正常的国
家。比如，要像其他国家一样堂而皇之地拥有自己的国防军、拥有同其他国家共
同干预国际安全事务的集体自卫权、可以按照自己的国家利益来向海外派遣军队
等等。

　　本来，一个国家要修改自己的宪法是主权范围内天经地义的事情，在第二次
世界大战已经结束将近 70 年的今天，日本想要成为一个正常国家也应该是一件
正常的事情，尤其是有些日本的赞成修宪者纯粹是因为认为日本作为一个主权独
立国家应该有自己制定的宪法而赞成修宪。但是因为日本过去的侵略劣迹以及直
至今天有一部分政治家仍然对这段历史缺乏正确认识，从而使日本修改宪法的问
题自然引起了周边一些国家的关注和警惕，尤其对其中第九条的修改更成为引起
周边国家不安的原因。因此，日本的修宪问题已经不仅是一个国内问题，其动向
一直为亚洲邻国所关切。

　　第二，否认或美化侵略战争历史，摆脱战败国地位。战后以来，日本社会一
直存在着否认或美化侵略战争历史的政治势力，不过在 20 世纪 80 年代以前，在
日本社会整体反思战争的气氛中，并没有成为主要的政治现象。但从 80 年代开
始，随着日本经济大国地位的奠定和对政治大国目标的追求，否认或美化侵略战
争的声音和行动越来越多。如多名日本政治家公开否认日本参加二战是进行侵略
战争，甚至认为这场战争是自卫战争和解放亚洲的战争，以及否认"南京大屠杀"
等暴行；"参拜靖国神社问题"、"历史教科书问题"和"慰安妇问题"等等，至
今影响着日本同中、韩等周边国家的关系。虽然并非所有日本人都否认或美化日
本过去侵略战争的历史，但是作为日本主流政治势力的自民党的政治家们却有很
多人在历史认识问题上态度暧昧，或者在上述这些问题上具有错误的认识。

　　平心而论，日本一些政治家否认或美化侵略战争历史，并不完全是简单地就
是要恢复过去的军国主义，因为即使是这些人也明白战前的军国主义并没有给日
本带来真正的利益，而且无论是从目前的国际环境还是日本国内政治状况来看，

① 日本共产党中央委员会出版局：《自民党修宪案全批判》，2013 年。

二、政经并重

安倍所处的国际环境与吉田茂、岸信介时期非常相似。其从小耳濡目染各类政治家的处世韬略，既不想走只发展经济的保守本流道路，也不想冒保守旁流的风险，希望能够将两种战术合二为一，欲在战术上寻求保守本流和旁流的完美结合。

保守本流为日本迂回实现大国战略指明方向。当年下野复出的吉田茂采取"重经济，轻军备"的现实主义路线，充分利用国际形势变化，以恢复经济为突破口改变了战后体制。通过签订《旧金山对日和约》与《日美安全条约》，日本与美国实现单方面媾和，结束了军事占领状态，获得了法律意义上的国家独立。

美苏冷战愈演愈烈，日本国内保守主义与革新主义间的意识形态对立加剧。因此，美国改变了东亚战略，调整了对日占领政策，为吉田茂重构美日关系提供了基础。第三次吉田内阁成立两周前，美国陆军部长罗耶尔和底特律银行总裁道奇访日，意味着美国调整了日本在全球战略中的位置，把推动日本经济复兴作为第一要务。在冷战结构日渐成型的情况下，美国欲协助日本经济自立，并推动对日媾和。1948 年罗耶尔发表《日本是对抗集权主义的防护屏障》这一演说，1949年陆军副部长德雷普发表谈话，提到"振兴日本符合美国利益"。道奇强势推动"稳定经济九原则"，包括均衡预算、稳定租金、单一汇率、强化物价统制等。在稳定通胀的同时也造成"道奇不景气"，使日本国内意识形态严重对立。在此情况下，吉田茂派大藏大臣池田勇人以会见道奇为由，绕开盟军总部直接与华盛顿交涉，其媾和的基本构想可以归纳为两点：一是希望早日讲和，二是可主动提出美军驻守日本的请求。[①]对此，美国提出了对日媾和构想的四项重点：一是对日本的重建军备不做任何限制，允许该国最大限度的经济、通商自由，并促使其参加联合国及"反共"共同体；二是为了保护日本免于遭受远东之地的侵略，针对美军驻守日本一事，寻求日本的许可；三是为了设置美军基地，缔结日美两国之间的协定；四是由于没有武装和战力的日本将成为远东之地的"武力真空"，有诱使他国侵略的危险，所以重建一个"适当武装"的自由国家日本，是美国的

---

① 宮澤喜一：《東京——ワシントンの密談》，實業之日本社，1956 年。

主要目的。[①]

吉田茂"重经济，轻军备"的路线是基于现实主义考虑，在经济与安全两者间向经济倾斜。吉田茂做过外交官，对外交有深刻的理解，认为"外交既不是技巧也不是权术，正确的外交方针应以国力为基础，通过苦心经营和不断努力来开拓国家的命运"，[②]采取"重经济，轻军备"是在现实主义基础上对经济与安全的取舍，理由是"日本战败，国力消耗殆尽，如同一匹瘦马，若让这匹晃晃悠悠的瘦马负荷过度的重载，就会累垮"。[③]1945年，第一届吉田内阁专门设立了经济稳定本部，采取倾斜生产方式，通过强化生产，增加商品供给，实行积极的财政政策，"财政的第一要务就是动员闲置生产要素，为达这一目的，即使财政出现赤字，增加货币发行量也无碍"[④]。同时，颁布《复兴金融公库法》，为重工业复兴提供金融支持。1951年，针对杜勒斯所提出的"日本想要恢复独立成为自由世界一员，应对自由世界的强化发挥何种贡献"问题，吉田茂答道，"现在的日本一心想着恢复独立，谈如何作出贡献言之尚早。重建军备会让日本的经济无法自立，会让国内外担心军国主义复活"，"在经济上构建再军备的完善基础，还需假以时日"。[⑤]

但是，吉田茂尊崇天皇、倡导国粹，其保守的政治理念并非放弃独立的安全构建，而是等待经济复兴后的时机。吉田内阁后期，吉田茂认为日本所处的环境已发生改变，经济上已脱离依靠援助的困境，在防卫上已经能够依靠自身力量保卫和平，因此，对外通过签订《日美相互防御及援助协定》强化了日美同盟关系，对内制定了《自卫队法》并建立了自卫队。

保守旁流是日本对实现大国战略的直接尝试。岸信介以日美平等为核心，将战略重心由经济转向安全，试图以经济主导东南亚，为修改安保条约创造条件，但并未得到美国认同。虽得益于国际形势巨变，岸信介实现了《日美安全保障条约》的修改，但最终还是被保守本流所取代。

岸信介组建内阁，正是日本结束战后复兴的年代，经济已经恢复到战前水平。

① 原彬久：《尊皇的政治家——吉田茂传》，台湾商务印书馆，2007年，第159页。

② 吉田茂：《十年回忆——第四卷》，世界知识出版社，1965年，第1页。

③ 吉田茂：《十年回忆——第二卷》，世界知识出版社，1965年，第30页。

④ 有沢广巳：《昭和经济史》，日本经济新闻社，1994年，第46页。

⑤ 石丸和人：《战后日本外交史Ⅰ》，三省堂，1983年，第162页。

此时，人们认为不能再指望以复兴为基础的增长，社会主流普遍担忧国内经济前景。正是在社会对经济前景迷茫之际，奉行政治中心主义路线的岸信介得以上台，他主张计划性的经济政策，坚持修改《日美安全保障条约》和宪法。岸信介认为，首相应在外交和治安上下功夫，经济工作则交给官僚处理，[①]制定了《国防基本方针》和《第一次防卫力量整备计划》，成立了内阁宪法调查会，提出了《警察职务执行法修改案》，并出访了东南亚各国和美国，为修改《日美安全保障条约》做铺垫。

1957 年，岸信介出访东南亚。在此次东南亚之行中岸信介提出了建立"东南亚开发基金"的设想，认为"这一构想的实现将确立日本在东南亚的主导权，排除中国在这一地区的影响，强化自由主义阵营的立场，这关系到日本的产业利益和安全政策"，[②]期望实现日美关系正常化和扩大在东南亚的影响。岸信介的东南亚之行看似落脚点在经济援助，其实真正目的在于改变战后政治格局，以经济的方式占据战前日本所觊觎的"南线"。这显然与美国的安全战略产生了冲突。岸信介出访东南亚后，打着"日美新时代"旗号访问了美国，但故作亲美反共姿态的岸信介并没有得到美国的信任，岸信介提出的修改《日美安全保障条约》和《行政协定》的要求遭到艾森豪威尔的拒绝。

安倍对保守本流和旁流的融合有两点：在国内，实践"安倍经济学"，经济先行，政治紧随；国际上，推行"积极和平主义"，价值观外交与经济外交紧密结合。

"安倍经济学"初见成效，修宪等政治议题紧随其后。2013 年，日本经济渐呈复苏局面，第一、二、三季度实际 GDP 比上季年率增长 4.1%、3.8%、1.1%，为此，国际货币基金组织连续两次上调对日本经济的评估，预测 2013 年日本经济增长 2.0%。在"黑田"量宽体制下，日银超量持有国债，截至 11 月底，市场资金存量达 191.62 万亿日元，同比增长 52.2%，大企业利润同比增加 12.6%，丰田、铃木、富士重工和三菱四家公司的净利润创历史新高。安倍认为经济复苏有望，曾在 12 月 5 日的经济专家会上夸口日本股市"五倍奉还"。因此，安倍才敢于尝试修宪等敏感议题。如在修宪问题上，《朝日新闻》等民调显示，反对修改

---

① 田尻育三：《岸信介》，吉林出版社，1980 年，第 144 页。
② 岸信介：《岸信介回顾录》，广济堂，1983 年，第 320 页。

96 条和宪法第 9 条的民众皆超过 50%，安倍必须借助"安倍经济学"所带来的高支持率，既要得到社会认同，又要得到公明党、维新会等的支持。如果没有经济作为后盾，国家安全保障会议（NSC）、《国家安保战略》特定秘密保护法案等都难以顺利实现，如《日本经济新闻》调查显示，近五成以上民众反对特定秘密保护法案，近六成以上要求慎重审议。

安倍抛出"积极和平主义"，欲实现外交的经济与安全并重。为求未来发展，安倍提出"国际战略展开"，加入跨太平洋战略经济伙伴关系协定（TPP），挤入亚洲成长轨道，①构建全球供应链，统一域内规格，取消非关税壁垒。安倍外交核心是美国，美国不希望日本成为麻烦制造者，而是亚太战略助手。10 月日美东京"2+2 会谈"（外长+防长）称，"2014 年底前制定新日美防卫合作指针"，"扩大日本在同盟框架内的作用"。以日美同盟为杠杆，安倍全面展开与其他亚太国家的合作与对话，构建日本的亚太政治经济格局。上任未满一年，安倍已访遍东盟 10 国，推行"东盟外交五原则"，既希望对中国形成牵制，又为日企投资充当马前卒。2 月，安倍在印度尼西亚发表"东盟外交五原则"讲话，7 月，决定向菲律宾军售 10 艘巡逻舰，10 月，与越南加强海洋安全合作，11 月，与印度磋商海洋安全合作方式协调意见。背后，安倍借首脑外交、政府援助贷款（ODA）②，为日本企业撬动东南亚市场。据日本贸易振兴机构统计，2013 年上半年日企对东南亚投资同比增长 50%，达到 103 亿美元。日本加大东盟外交攻势的背后，是环保设备、基础设施出口，是制造业投资。安倍 5 月访缅，对缅提供 1000 亿日元贷款，10 月，日企紧跟而至，三菱、丸红等与缅甸合建"迪拉瓦经济区"。

三、产业主导

亚洲对日本具有极其重要的安全与经济利益。安倍的"外交五原则"依然是"亚洲门户构想"的翻版，将日本规划为亚洲中心，在文化、政治等多个领域按照日本的需求进行制度设计，垄断金融市场、人才技术和贸易规则，构建日本化的亚洲格局。

---

① 馬田啓一："TPP とアジア太平洋の新通商秩序"，《世界経済評論》，2013 年 9/10 月号。

② ODA 并非无偿援助，日本通过远高于国内贷款利率（0.1%）的 ODA 挣取了高额利润。

　　安倍欲借 TPP 重掌东亚产业主导权。以日本为中心的东亚经济曾是东亚整合的要素之一，形成无实质国际政治制度化的独特地区主义，[①]是日本影响亚洲的重要手段。TPP 谈判成为安倍第二次任期内的核心议题，与 RCEP、中日韩自贸区构成日本亚洲战略的基础，有望在知识产权、投资保护、服务贸易等领域形成高标准。安倍将东盟视为未来产业转移的重点，多次出访东盟，并借 ODA 带动投资，2013 年上半年投资累计增长 4.2 倍。

　　从 20 世纪 60 年代开始，日本开始逐步向东亚地区进行直接投资，建立了以自己为核心的"东亚雁行发展模式"。1968 年，日本 GDP 超过德国，成为世界第二大经济体，在船舶、电器、汽车等领域确立制造大国地位。"雁行模式"最初表现为纺织业、机器制造和重化工业输出，大量进口使东亚国家逐步建立了经济发展的基础，从轻工业的进口替代向资本密集型的出口导向过渡；80 年代中期后表现为汽车、电子、机械设备输出，日本自身也发展起航空、计算机、医药等创新导向型产业。

　　"雁行模式"采取金融、生产和技术的等级形式，由日本向东亚其他经济体逐级递推。[②]国家发展需经历引进、进口替代、出口增长、成熟和逆进口五个发展阶段，日本作为东亚经济增长的领头雁，将其成熟产业按东亚各经济体发展水平高低进行转移，"四小龙"为雁翼，东盟和中国为雁尾。日本依靠经济增长和技术进步，主导东亚整体的产业升级和出口，既实现了本国的产业结构调整，又促进了东亚各个经济体经济增长和产业升级，在东亚追求经济增长的共同目标下，形成了"共同追随日本"的政治经济模式。"雁行模式"由日本政府和私人资本共同推动，前者主要包括政府开发援助、出口信贷、投资担保等，后者则为财团对外直接投资和内部交易。[③]

　　日本在"雁行模式"下实现了对东亚的全方位外交。1972 年，日本与中国恢复邦交正常化，1978 年签署《中日和平友好条约》并于次年提供 ODA 援助；

---

① 巴里·布赞、奥利·维夫：《地区安全复合体与国际安全结构》，上海人民出版社，2010 年，第 151 页。

② Helleiner, Eric, Regionalization in the International Political Economy: A Comparative Perspective, Toronto: University of Toronto and York University Joint Centre for Asia-Pacific Studies, East Asia Policy Papers no.3, 1994.

③ Saburo Okita, Japan's Role in Asia-Pacific Cooperation, Annals of the American Academy Political and Social Science, Vol513, 1991, 30.

1977 年提出福田主义，与东南亚建立"心心相印"的关系，试图充当发达国家与东亚发展中国家的"桥梁"。"雁行模式"在 20 世纪 80 年代和 90 年代带来了前所未有的经济增长，加上对追求发展目标的共同承诺，开始在东亚安全方面承担起重要角色。[①]美国经济史学家巴里认为，"雁行模式"通过持续经济增长形成了东亚国际政治和各国内的安全维度，东亚的政治对抗、领土争端和历史敌对，都可以通过经济增长得以克服或至少得到搁置。

　　日本的经济利益聚焦亚太。海外市场是日本经济的重要支柱，2011 年，日本国民生产总值（GNI）为 60416 亿美元，超过国内生产总值（GDP）14480 亿美元，安倍上任仅半年，即出访美、俄、欧、东南亚等国家和地区，致使海外援助和投资激增，2012 年度（4 月至 2013 年 3 月）政府开发援助（ODA）增加 11%，达 1.5 兆亿日元，国际协力机构（JICA）有偿贷款增加 15%，达 1.23 兆亿日元，带动海外投融资增加 95%，达 5.73 兆亿日元，为历史最高纪录；2013 年度政府贷款目标增加 8%，达 1.3 兆亿日元，为历年最高。[②]在亚太地区，美主导的 TPP 谈判已进行 17 轮，安倍政府于 2013 年 3 月正式加入 TPP 谈判，拉拢东盟，旨在推销日本标准，在服务贸易、知识产权保护等领域争夺规制主导权，期望在 2018 年将自由贸易协定（FTA）覆盖率推至 70%，上升 51 个百分点。

　　安倍在其经济增长战略中布局未来核心产业。知识产权是国际经济新秩序的核心之一，既是发达国家的强项，亦是新兴国家的软肋。美国热炒"网络商业窃密"，暗示知识产权将成为发达国家固化与新兴国家差距的重要手段。日本在高新技术上占有优势，据经济新闻社调查，日本有 12 种商品占全球贸易首位，集中在精密仪器制造、高性能部件以及工业设备等领域。环保市场方面，安倍早在 2007 年就提出"21 世纪环境立国战略"，据亚行估计，亚洲环保市场 2020 年将达到 300 亿日元。日本在治理环境污染方面有实际经验，废弃物处理、烟尘脱硫、太阳能发电等技术在全球领先。日本已形成了"以外务省、环境省、经产省为核心，以国际协力银行和国际协力机构为支点，以企业为先锋"的气候外交体系，计划在 2015 年底确立"双边减排"机制，向亚洲增长较快的 10 座城市提供环保技术，为国内过剩产能寻求海外出路。在能源方面，力推核电设施出口，安倍出

　　① Cossa, Ralph A., Jane Khanna, East Asia: Economic Interdependence and Regional Security", International Affairs 73（2），1997，219～234.

　　② "海外への援助・投资、過去最大"，《日本经济新闻》，2013 年 7 月 1 日。

访土耳其签订合约，由日法组成的财团将为土耳其在黑海沿岸建造一座造价220亿美元的核电站。此外，安倍瞄准美国页岩气、俄罗斯北极油气、非洲能源等项目，既可获得能源保障，又可获得海外能源基建市场，如三井、住友、日本邮船等企业参与页岩气从生产到运输的多个环节，与俄罗斯共建远东天然气液化设施。

四、战略选择

从长期看，世界向发达国家和新兴国家共存的"二重力量结构"①转变。2008年金融危机是世界经济格局变革的导火索，新兴国家崛起，传统西方国家走向衰落。"经济危机是资本主义制度的内在矛盾和为维持这一制度所采取策略的复合物，在衰退中资本主义自我调节机制越来越难发挥作用。"②与以往危机中的表现不同，以美国为首的西方阵营难以依靠一国力量化解危机，只能求助于集体量宽"抱团取暖"，阻止整体经济实力下滑。

格局变革直接表现为新兴国家的崛起。过去20年，以中国为首的新兴国家在世界经济总量中的占比不断上升，2010年，中国取代日本保持40年的世界"经济老二"地位，2012年，金砖国家在世界经济总量中的占比已达25%。新兴国家的上升态势不可逆转，日本经济新闻社2013年7月的调查显示，世界市场的中心向新兴国家倾斜，全球50种主要商品，新兴国家有36种商品的市场规模扩大，对日本传统优势产业构成挑战，根据日本内阁府2010年的预测，2030年中国将在世界经济总量中占比23.9%，超过美国7个百分点，超过日本18个百分点。

集体量宽是西方国家应对危机、应对新兴国家崛起的"不二法门"。从2012年11月至今，安倍借量宽推动日元贬值，对美元急贬超过30%，对欧元、人民币也大幅贬值，震动国际市场，平添我国经济调整和宏观调控的难度。但是，在G7、G20财长会等多次国际会议上，西方国家否认"货币战"的存在，默认日元

---

① "政策シンクタンクPHP総研"在《"先進的安定化勢力・日本"のグランド・ストラテジー》（2011年6月）中将其称为"先進国/新興国複合体"。

② Hillel Ticktin. The Crisis and the Capitalist System Today. Critique: Journal of Socialist Theory, Vol. 38, 2010.

安倍政权的继承与选择

贬值。美国总统奥巴马、美联储主席伯南克及美副财长均公开首肯"安倍经济政策得当",纵容其以量宽促贬值。从日本的角度看,安倍急需日元贬值。核电事故之后,日本经济直面"政府债务""贸易赤字"和"日元升值"的困境,成为日"主宰亚洲"的羁绊,影响力下降。据日本财务省统计,2012 年底,国家借款总额达 997.2 万亿日元,比上年增 37.3 万亿日元,同时,核电停机导致电力紧缺,液化天然气进口激增 1000 余万吨,2011 年贸易收支 31 年来首呈赤字,2012 年赤字规模再膨胀 2.7 倍,经常顺差随之缩小,国债风险陡增,国家能力受到质疑。金融危机后,日本央行政策谨慎,造成与美欧利差和量差的悬殊,诱使国际游资追逐。日元持续升值,企业收益萎缩,产业加速外移,国内物价持续低迷,通货紧缩加剧。从西方整体来看,化解危机的重要手段就是集体"放水"。1963 年,弗里德曼和施瓦茨在《美国货币史》一书中创造了"货币主义",认为货币供应量急剧减少导致严重通货紧缩,伯南克进一步将焦点转向"货币传导机制",确认了"金融危机—信用成本上升—产出下降"的危机逻辑。但是当今和以往危机不同,北美和欧洲不再是影响货币供应量的唯一市场,依靠一国自身的"凯恩斯主义""里根经济学"或者"新保守主义政策"都无法解决当前问题,不得不纵容"安倍量宽"。美国持续五年量宽,亟须日本作为盟友追加量宽,增持美国国债,弱化日元,托浮美元,仿效小泉纯一郎充当美国"半个财政部长",掩护美国财政金融政策脱离险境,实现战略转进。

维护日美同盟是为了更好的打破现存日美关系。日美同盟是日本经济与安全的保障,必须从形式上进行维护,强调日美同盟为日本国家安全的基轴。为巩固日美同盟关系,安倍未上台之前就宣布优先出访美国,在加入 TPP 的问题上表示出积极态度,希望借亚太经济合作秩序重构之际,改善日美经贸关系,搭美国经济"顺风车"。安倍把日美同盟放在首位,表示"日本必须首先把基点放在与太平洋对岸的关系上",而美国在亚太地区再平衡的战略中,"美国对日本的需要并不亚于日本对美国需要"。[①]安倍把日美同盟放在首位,其深层次目的是将美国重返亚太战略的矛头引向中国,构建类似岸信介时期的冷战对立环境,使"新政府站在强有力的位置上","绑架"美国,使美国的政策符合日本的大国战略。

安倍视修宪为祖业,在日本战败 60 周年之际,就曾提出"回到战后原点,

---

① 安倍晋三:《アジアの民主主義セキュリティ·ダイアモンド構想》,http://www.yamamotomasaki.com/archives/1563、2013-02-03。

间的矛盾，最终会导致贸易自由化失衡、全球经济不稳定。虽然这种混乱和低效的局面会持续一段时间，但是经济合作将最终回到全球多边合作的主流上。

安倍大国战略忽视了亚太秩序的核心是中美战略协调。亚太地区结构已经出现多元依存和广泛辐射的复杂态势，"习奥会"是中美新型大国关系的开端。美国近期表示 TPP 的实现需要五年时间，意味着其根本经济利益依然是全球多边主义，TPP 将作为 WTO 的"试验田"。WTO 是美国的产物，美国在"运用自贸机制的范围、功效"以及"成功的程度"上都是"独一无二"[1]的，这种"软性的权力"使美国无需付诸高昂的硬权力就可以影响别国政策。随着美国霸权的衰落，多边贸易机制将面临生存危机，例如 20 世纪初国际经济陷入混乱时，欧洲国家在许诺降低关税的同时却将关税调至更高水平，美国若想维持全球多边体系下自身的经济霸权，必须得到其他大国、特别是中国的支持。松散的全球多边体制有利于中国，也有利于美国，2013 年 WTO 和 APEC 将在印度尼西亚发生交集，世界有望重回 WTO 框架下的全球多边体制，安倍必须适应这一未来格局。

中美是亚太经济与安全秩序的主要力量。美国重回亚太，与奥巴马维护美国霸权息息相关。与其他大陆相比，欧亚大陆拥有世界陆地的一半以及众多人口和财富，处于战略中心地位，面对各国在亚太地区的利益扩张，美国认为必须掌握区域合作的主导权，防止区域主义将美国排斥在外，避免亚洲出现没有美国的区域合作。美国的亚太战略离不开与中国的合作，布热津斯基就曾指出，美国能否在亚太产生影响关键在于"与日本这一海权国家维持密切关系，与中国这一陆权国家保持合作"[2]。中美战略协调将会对亚太秩序产生决定性影响，两者之间的互动有助于亚太地区经济、安全结构趋于一元化，并为地区乃至世界的发展提供新动力。

---

① Robert O. Keohane, After Hegemony – Cooperation and Discord in the World Political Economy, Princeton University Press, 1984, 37.

② Zbigniew Brezeinski, The Grand Chessboard: American Primacy and Its Geostrategic Imperatives, Basic books, 1998, 40–41.

日本对华援助战略意图的嬗变及绩效分析

田庆立

内容提要　自从中国实施改革开放以来，日本基于安全、经济及情感等因素的考量，与中国开展了以 ODA 援助为主轴的友好合作，推动了中日两国关系的健康发展。冷战结束后，由于受国际格局的转变、日本国内政治生态的变化及中日两国国家实力的消长等因素影响，日本对华援助开始与政治问题、安全问题、人权问题等联系起来，形成对中国既合作又警惕的防范态势。

关 键 词　中日关系　对华援助　战略意图　绩效分析

基金项目　教育部人文社会科学重点研究基地重大项目"战后日本提升国家软实力研究"（11JJD770025）

作者简介　田庆立,天津社会科学院日本研究所副研究员

"东亚共同体"与日本外交

王 蕾

内容提要 小泉纯一郎和鸠山由纪夫两任日本首相都曾高调提出要建设"东亚共同体";另一方面,2011 年 11 月野田佳彦内阁又宣布日本将加入整合亚太经济一体化合作的跨太平洋战略经济伙伴关系协定(TPP)。日本对东亚合作的态度令人倍感困惑,它对于区域合作的态度究竟如何? 其所看重的是亚太合作还是东亚合作? 它提出"东亚共同体"建设口号究竟意欲何为? 本文将通过梳理亚太和东亚合作机制的建立过程和日本政府的应对,解析日本对"东亚共同体"的真实态度。

关 键 词 东亚共同体 日本 区域合作
作者简介 王蕾,四川大学历史文化学院副教授

"东亚共同体"与日本外交

进入 21 世纪后，日本政府大大提升了对东亚外交的重视度，小泉纯一郎内阁和鸠山由纪夫内阁都高调提出要在东亚地区创建"共同体"的政治口号。尤其鸠山提出的外交方针——建立"密切对等的日美同盟关系"，构筑"东亚共同体"、强化亚洲外交，及其以积极的推进姿态——倡导中日韩合作，以"友爱外交"深化与近邻各国关系，引导"东亚共同体"的目标实现，更让人们感到，这或许是"日本长期战略转移的开始"。[①]

鉴于东亚是目前全球最具经济活力的地区，中国、印度等新兴经济体的崛起，也在改变着东亚和世界的格局，对于自 1990 年代初泡沫经济崩溃后经济持续低迷的日本来说，重视亚洲、回归亚洲，无疑是突破经济困境的重要可行性选择。2009 年 1 月刚上台的奥巴马民主党政府，也高调宣布美国要"重返亚洲"。鸠山的"东亚共同体"倡议，未尝不是日本基于经济理性的选择和对世界权力格局变化的某种回应。

应如何认识日本在"东亚共同体"问题上的外交表现？本文欲通过梳理东亚区域合作发展和"东亚共同体"政治概念提出的历史过程，简要分析日本政府的外交取向。

一、APEC、ARF 与日本

日本是最早提倡"环太平洋合作"的国家。20 世纪 60 年代中期日本一桥大学经济学教授小岛清就曾提出"太平洋亚洲自由贸易区"（Pacific Asia Free Trade Area）构想，主张由美国、加拿大、澳大利亚、新西兰和日本五国组成"自由贸易区"，共同开发和援助亚洲国家。20 世纪 70 年代末，日本首相大平正芳将"环太平洋合作"构想纳入国家战略考虑。他召集专家学者智囊团组建了"太平洋盆地合作研究小组"进行专门研究。该小组于 1980 年 5 月提出"环太平洋合作构想"报告，建议政府将建立"太平洋共同体"作为今后 20 年日本的国家目标。

整个 20 世纪 80 年代，日本政府成为环太平洋合作的主要推动者。日本与澳大利亚政府一道，发起并多次主办了由太平洋地区和沿岸各国参加的官产学

---

① 梅平："为什么要讨论地区合作机制与方向问题"，《东亚合作还是亚太合作——亚太地区合作的机制与方向研究》，世界知识出版社，2010 年，第 13 页。

论坛——"太平洋经济合作理事会"（PECC），并在 1989 年成功推动建立起第一个亚太地区的正式官方机制——"亚太经济与合作组织"（APEC：Asia-Pacific Economic Cooperation）。APEC 的创始成员国包括了日、韩、澳、新、美、加及东盟六国。[①]1991 年，中国及中国香港、台湾三个经济体加入其中。1997 年，APEC 发展成为拥有 21 个成员国和地区包括了环太平洋地区所有主要国家和地区的区域组织。APEC 在 20 世纪 90 年代取得重大成绩：通过了《茂物宣言》（1994）、《大阪行动议程》（1995）、《马尼拉行动计划》（1996）等重要纲领，并提出了发达国家和发展中国家成员将分别在 2010 年前和 2020 年前实现亚太地区贸易与投资自由化的"茂物目标"。[②]

20 世纪 90 年代 APEC 的发展是与美国推动分不开的。90 年代初，欧洲一体化取得突破性进展，欧盟诞生，对美国产生极大刺激。由于担心在与欧盟的经济竞争中落后，美国于 1993 年 11 月在西雅图高调主办了首届 APEC 首脑会议。

西雅图会议后，制度化的首脑会议成为 APEC 的核心机制，并由此确立了亚太地区合作的"APEC 方式"。所谓"APEC 方式"，是指在承认成员多样性和相互尊重的前提下，以协商一致、自主自愿的"非约束性机制"，来讨论大家共同面对的贸易和投资自由化问题。与欧洲以"一体化"为目标不同，APEC 倡导"开放式"地区合作，以坚持开放型多边贸易体制和减少区域内贸易壁垒为宗旨，只设定努力方向，不规定具体约束措施。基于这种"开放地区主义"原则，尽管 APEC 每年召开成员国首脑及各种部长会议、高官会议，并下设贸易和投资委员会（CTI）、经济委员会（EC）、高官经济技术合作分委员会（ESC）和预算管理委员会（BMC）等 4 个委员会，但它却是"软组织"，一个由"议程"推动的论坛，除了无实权的秘书处外，没有其他日常组织架构。[③]

从本质上来说，APEC 是美国关于亚太地区合作的构想在经济上的具体化。这种合作方式也为日本所偏爱。因为日本是战后自由贸易体制的最大受益者，对

---

① 当时东盟为六国组成，即印度尼西亚、菲律宾、马来西亚、泰国、文莱、新加坡。
② 关于 APEC（亚太经合组织）的具体情况，参阅相关网页：http://www.apec.org/。
③ 陆建人："APEC20 年：成败得失与未来方向"，梅平主编：《东亚合作还是亚太合作——亚太地区合作的机制与方向的研究》，第 7 页。APEC 的基本原则是：（1）承认成员的多样性，强调灵活性、渐进性；（3）相互尊重、平等互利；（3）协商一致、自主自愿；（4）协调的单边主义；（5）开放的地区主义。

"东亚共同体"与日本外交

它来说，APEC 的"开放地区主义"不仅涵盖了它作为贸易大国希望通过多边协议减少区域内贸易壁垒的基本诉求，也满足了它既是亚洲国家又是亚太国家的双重身份定位，而且，这种合作方式还能实现与美国的协调一致——APEC 占世界总人口的 41.4%，GDP（国内生产总值）的 57.8%，贸易额的 47%，对日本经济至关重要的美国、中国、东南亚和大洋洲各国都聚集于此。所以，从其建立之日起，日本一直将 APEC 作为开展国际经济对话与协调的重要平台。

与 APEC 建立大体同一期间，受欧洲一体化的影响，亚太国家还建立了另一个在政治和安全保障领域的对话与合作机制——"东盟地区论坛"（ARF: ASEAN Regional Forum）。"东盟地区论坛"（ARF）1994 年由东盟和日本共同发起，主要以东盟各国为核心，参加者包括亚太各国、美国、欧盟以及俄罗斯，目的是开展亚太地区各国政治安全对话与合作。由于讨论地区安全保障比经济问题更为敏感，ARF 比之 APEC 更加非正式。ARF 只明确了各方合作的三阶段，即促进建立信任措施、推进预防性外交和探讨对待冲突的方式。作为亚太地区唯一的官方多边安全对话机制，ARF 仅仅是每年各国外长聚会讨论地区安全保障问题的"论坛"，各方所重视的只是自由交换意见和对话沟通。由于早已将安全保障寄望于日美同盟，也很清楚中国、朝鲜、俄罗斯等对日美同盟的态度，日本当然也并不指望 ARF 这个大杂烩论坛能够解决安保的实际问题，它只是将其作为安保对话交流的平台和获得情报信息的渠道而已。

二、亚洲金融危机：从"亚太合作"到"东亚合作"

APEC 也好、ARF 也好，都是冷战结束后亚太国家在欧洲一体化进展的推动下，对如何开展本地区合作的一种探索。在 20 世纪 90 年代这一阶段，东亚各国之所以选择"亚太合作"以及"开放地区主义"的合作方式，是基于各国之间政治、经济、文化、社会、历史的巨大差异，以及在短期内难以调和的各种矛盾。①同一时期，马来西亚总理马哈蒂尔在 1990 年 12 月也提出了建立"东亚经济集团"（EAEG）的构想，不过，他的倡议并没有得到东亚各国的回应。

---

① 由于冷战的缘故，中国同东亚各国的关系发展相对迟缓。中国与东南亚的印度尼西亚、新加坡、文莱于 1990 年才实现邦交正常化，与越南、韩国的邦交正常化则在 1991 和 1992 年。

与 APEC、ARF 基于"亚太合作"的基本理念不同，马哈蒂尔总理 EAEG 构想的成员只包括东北亚和东南亚的"东亚国家"，其核心思想是联合东亚所有国家（地区），以集体经济力量为杠杆，抵制发达国家的歧视性贸易，推动 GATT 乌拉圭回合谈判，同时，为东亚地区贸易与投资注入新的活力，使之成为推动世界经济发展的引擎。由于这一构想具有反美含义，其提议自然遭到美国的反对，日本和其他东盟不愿得罪美国的国家反应也很冷淡。1991 年东盟经济部长会议将马哈蒂尔的"东亚经济集团"（EAEG）建议变形为"东亚经济核心论坛"（EAEC），强调说 EAEC"不是一个制度化的实体或贸易集团，而仅是为了在必要时协调立场的一个论坛"，[①]关于东亚经济集团化的区域合作构想也因此暂时束之高阁。

此事件从侧面反映出美国在东亚区域合作问题上的重要，以及东亚各国之间矛盾差异的巨大。不过，1997 年爆发的亚洲金融危机却把马哈蒂尔建议的"东亚合作"重新提了出来。

这场由泰铢贬值开始的金融风暴，很快便横扫了泰国、马来西亚、新加坡、韩国、印度尼西亚等各国并波及日本。危机之初，各国都希望寻求国际货币基金组织和美国的帮助，但是，国际货币基金组织（IMF）对金融风暴应对乏力，美国等发达国家都拒绝援助受害各国，迫使各国痛感在本地区内合作的必要，并开始寻求通过东亚内部的密切合作解决问题。此过程中，中国坚持人民币不贬值，日本提出建立亚洲货币基金（FMA）的建议和"新宫泽构想"，都在经济和政治上拉近了过去被冷战所分割的东北亚与东南亚之间的距离。

1997 年 12 月，为了共同应对金融危机，东盟以邀请中日韩领导人参加东盟首脑会议的方式，开启了"10+3"会议机制。同时，东盟也分别与中日韩各国首脑单独举行"10+1"会议，以解决双边实际问题。此后，"10+3"（即东盟 10 国+中日韩 3 国）和"10+1"（东盟 10 国+中日韩之一）变成每年东盟首脑会议结束后的定例会议，并发展成为包括了外长会议和各部部长会议、高官会议等的一整套机制。"10+3"会议机制的建立，成为"东亚合作"——包括了东北亚和东南亚国家——启动的标志。

与之相对，90 年代前半期有声有色的以"APEC 方式"——即以"开放地区主义"为中心的"亚太合作"，则因亚洲金融危机的冲击而面临困境：在应对金

---

① 郭定平主编：《东亚共同体建设的理论与实践》，复旦大学出版社 2008 年，第 44～45 页。

融危机过程中东亚各国看到，APEC 的发达成员国甚至同意国际货币基金组织对受危机影响的成员实行苛刻的限制措施，APEC 开放、无约束的地区机制解决不了具体问题。于是，在因亚洲金融危机而萌生的东亚"新地区主义"的热议中，APEC 大受冷落；1994 年《茂物宣言》所提出的目标——发达国家在 10 年、发展中国家在 20 年以内实现贸易自由化，也变得遥遥无期。[①]正如弗雷德·伯格斯坦所言，在经历了 1993—1997 年的鼎盛发展期之后，APEC 因其"未能在该地区和世界面对的任何主要问题上采取领导者姿态"而进入了长期停滞期（1998—2008），被"边缘化"。[②]APEC 甚至还被嘲笑为"A Place to Enjoy Copy"（喝咖啡的地方）。[③]

金融危机之后，东亚各国将东亚区域合作提上日程。可以说，正是在同舟共济应对亚洲金融风暴中催生了东亚合作机制。

三、展望目标："东亚共同体"

通过"10+3"和"10+1"开启东南亚和东北亚国家合作机制后，东亚合作的前景——建立"东亚共同体"的问题也很快提上日程。

1998 年 12 月，韩国总统金大中在第二次"10+3"首脑会议上建议各国成立一个由东亚各国专家组成的"东亚展望小组"（EAVG：East Asia Vision Group），研究东亚各国在政治、经济、文化、社会的广泛领域进行中长期合作的可能性，并对东亚合作的前景和规划提出建议。该建议在 1999 年 12 月召开的"10+3"峰会通过，各国旋即建立了来自 13 国由 26 名专家组成的研究小组——"东亚展望小组"。在 2000 年"10+3"新加坡峰会上，各国又就将来建立"东亚共同体"达

---

① 虽然在 1997—2008 年间 APEC 长期停滞，但在推进区域一体化方面也有一些进展，例如：区域内平均关税水平从 1989 年的 15.4%降低到了 2008 年的 5.95%，低于世界平均水平；APEC 大部分成员基本取消非关税措施，尚未完全取消非关税措施的成员也提高了透明度；在服务贸易自由化方面，管制趋势逐步减小、市场准入程度和透明度都有明显改善。

② "弗雷德·伯格斯滕在 APEC 研究中心联系会议上的发言"（2009 年 7 月 13 日新加坡），梅平主编：《东亚合作还是亚太合作——亚太地区合作的机制与方向研究》，第 72~74 页。弗雷德·伯格斯坦（滕）是美国彼得森国际经济研究所所长，前 APEC 名人小组组长。陆建人："APEC20 年：成败得失与未来方向"，梅平主编：《东亚合作还是亚太合作——亚太地区合作的机制与方向研究》，第 8 页。

③克劳德·迈耶：《谁是亚洲领袖：中国还是日本》，社会科学文献出版社，2010 年，第 97 页注 1。

成共识。

2001 年，经过三年研究，"东亚展望小组"（EAVG）向"10+3"首脑会议提出了《迈向东亚共同体——和平、繁荣、进步的地区》的研究报告。该报告认为，东盟和中日韩各国应把建立"东亚共同体"作为东亚合作的长期目标，"东亚共同体"所要达到的目标包括五个：1.预防东亚国家之间的冲突并促进其和平； 2.在贸易、投资、金融及发展领域实现更为密切的经济合作；3.确保人的安全，特别要通过协调地区在环境保护和良性政府治理方面的努力来实现这一目标； 4.通过促进教育和人力资源发展领域的合作来促进共同繁荣；5.增进对东亚共同体的认同感。[①]

为达到这些目标，东亚展望小组（EAVG）提出了在经济、财政、政治与安全、环境、社会与文化，以及制度等六个领域的合作建议，包括把"10+3"转变为"东亚峰会"（EAS：East Asian Summit），使之成为东亚合作进程中沟通合作的常规渠道；建立东亚自由贸易区（EAFTA：East Asian Free Trade Area），使东亚现有的自由贸易区彼此相连，成为向共同体过渡的开端；建立由政府代表和非政府代表组成的东亚论坛（EAF：East Asia Forum），使之成为东亚社会交流和地区合作的机制等等。[②]

2001 年 3 月，根据韩国建议，东亚各国又成立由副外长和司局级官员组成的"东亚研究小组"（EASG），评估东亚展望小组的报告。2002 年 11 月，"东亚研究小组"（EASG）向在金边召开的"10+3"首脑峰会提出了对 EAVG 报告的最终评估报告。[③]

该报告对展望小组提出的将"10+3"首脑会议升级到"东亚峰会"（EAS）的建议，以及经济财政、政治、安全、环境、能源、文化、教育、社会、制度机制等领域的 26 项建议(包括 17 项短期措施和 9 项中长期措施)进行了具体评估。对于 EAVG 将"10+3"升级到"东亚峰会"的建议，EASG 认为，过快进行可能会导致东盟被"边缘化"（marginalized），但作为"10+3"的长期目标，建立"东

---

① EVAG, *Towards An East Asian Community: Region of Peace, Prosperity and Progress*, East Asian Vision Group Report，2001. 参阅：http://www.mofa.go.jp/region/asia-paci/report2001.pdf。

② 张蕴岭、周小兵主编：《东亚合作的进程与前景》，世界知识出版社，2003 年，第 276～277 页。

③ East Asia Study Group, *Final Report of the East Asia Study Group*, 4 November 2002, Phnom Penh, Cambodia.参阅：http://www.mofa.go.jp/region/asia-paci/asean/pmv0211/report.pdf。

"东亚共同体"与日本外交

亚峰会"(EAS)有助于强化东亚合作;就目前而言,"10+3"是推进地区合作"唯一可靠而现实的机制"(the only credible and realistic vehicle),东亚峰会(EAS)则应是"渐进发展进程"(an evolutionary and step-by-step process)的一部分。报告还指出,实现具体的合作需要"强有力的政治承诺(a strong political commitment)",建议东亚国家准备各个具体领域的行动计划并在"10+3"进程中讨论这些计划。①与展望小组相比,研究小组(EASG)报告拉大了同东亚共同体目标的距离。

EASG报告委婉反映了"东亚共同体"建设所面临的内部分歧和现实困境。东盟各国担心"东亚共同体"会令东盟的小国家失去自主,中国和日本则相互猜忌;任何新地区机制的实现都需要火车头,"东亚"的火车头由谁充当?换言之,"东亚共同体"建设的核心推动力何来?是以中日等大国为中心,还是以东盟为核心。就东亚各国来说,无论经济分量还是政治分量,都以东北亚的中日两国为重:日本是世界第二经济大国,正如"雁形模式"理论所显示,长期以来,日本与东亚各国建立了密切的经贸联系,东南亚一直是日本投入ODA最多的地区,无论是进出口贸易、还是直接投资,日本在东盟各国与韩国都有巨大的优势。另一方面,中国是联合国安理会常任理事国,对地区政治具有无可替代的影响力,同时,中国在经济上的崛起,也已是不争的事实。2000年,中国的国内生产总值(GDP)已从1990年的第11位跃升至第6位,对外贸易额也从1990年的第15位跃升至第8位,外汇储备居世界第2位。②亚洲金融危机中"人民币不贬值"的表现,使得中国得到了东亚各国的信任和国际社会包括美国的赞誉。2001年,中国又成功加入了WTO。很显然,没有中国的参与或者忽视中国的意见,东亚的任何区域性政治和经济机制,都将会不完整或者难以实现。但是,由于中日之间长期缺乏政治互信,难以展开深入合作,这种情况下,区域合作只能以政治经济分量都远弱于中日的东盟来挑大梁,其推动力度当然有限。而且,区域"共同体"建设需要将部分国家主权的转让至区域组织机制,在缺乏互信的情况下,谈国家主权的让渡,显然不可能。

---

① East Asia Study Group, *Final Report of the East Asia Study Group*, 4 November 2002, Phnom Penh, Cambodia.参阅:http://www.mofa.go.jp/region/asia-paci/asean/pmv0211/report.pdf,p.5-6.

② 中国国家统计局根据联合国、WTO、世界银行的相关数据所作表格数据,国家统计局网页:http://www.stats.gov.cn/tjsj/qtsj/gjsj/2010/t20110629_402735431.htm。

因此，EAVG 报告只是再次明确了向"东亚共同体"发展的目标方向，却并没有提出有约束力的实现方法。在"东亚共同体"目标下各方所能达成的共识，只是继续推进"10+3"机制，推进各国在各个具体领域的务实合作，以及尽快召开"东亚峰会"（EAS：East Asia Summit）而已。

四、小泉倡议："同行共进的共同体"

有意思的是，当东亚地区合作的问题提出之后，考虑到现实困难，中国和韩国政府一直相对低调，但日本首相小泉纯一郎却表现出了相当高的热情。

2002 年 1 月，小泉访问了菲律宾、马来西亚、泰国、印度尼西亚、新加坡五国。14 日，在最后一站与新加坡签署了《日新自由贸易协定》后，小泉发表了"东亚中的日本与东盟：追求真诚伙伴关系"的演说。小泉表示：世界经济学家都认为东亚是将来世界经济最可能发展的地区，因此，应该尽可能强化东亚的合作，构筑"同行共进的共同体"。

为达此目标，小泉主张：1."首先应最大限度地发挥 10+3（东盟+日中韩）框架的作用"；2."希望日本、东盟、中国、韩国、澳大利亚和新西兰成为共同体的中心成员"；3.共同体"绝不能是排他性的"，应该与地区外建立紧密联系，"尤其考虑到对本地区安全保障的贡献和经济相互依存关系，美国的作用必不可少"；4.同印度等亚洲西南部地区的合作，通过亚太经合组织（APEC）同太平洋各国的合作，以及通过亚欧会议（ASEM）同欧洲的合作也很重要。①换言之，小泉勾勒了一幅包括了中日韩、东盟、澳大利亚、新西兰、美国以及印度等多国的开放式"东亚共同体"的日本蓝图，而且认为"美国的作用必不可少"。

小泉勾勒的这张超大范围东亚"共同体"的蓝图与中国的"东亚共同体"理念有很大差异。在中国看来，既然是"东亚共同体"，其范围就应该局限在包括东北亚和东南亚的国家，即"10+3"，澳大利亚、新西兰、印度、美国这些国家，跟"东亚"完全不搭边。不过，从日本的立场来分析，小泉"蓝图"有充分的理由。其一，日本最为看重的盟友——远在太平洋彼岸的美国肯定不希望看到只有东亚国家参加的排他性"东亚共同体"，而只有这般超大范围的"开放"的"东

---

① 参阅：http://www.kantei.go.jp/jp/koizumispeech/2002/01/14speech.html。

亚共同体"才不会损害日美关系，引起美国猜疑。其二，中国的崛起及其对东亚各国吸引力、影响力的强化已是不争的事实，纳入澳大利亚、新西兰、印度，可以制衡中国，抵消中国的影响力。所以，小泉的"共同体"提法，应当既包含了日本历来对美协调、对东亚政策与对美政策相适应的基本方针，也是对日本当前和未来所面临外交形势的综合考虑。

五、2005 东亚峰会：日本外交的"成功"

根据 EAVG 和 EASG 的建议，2002 年 11 月"10+3"金边首脑会议决定要建立"东亚峰会"（EAS：East Asia Summit）。由于"东亚峰会"是为实现"共同体"目标而拟建的新东亚地区合作机制，2005 年 12 月召开的"东亚峰会"（EAS），成为中日关于"东亚共同体"问题的一次重要较量。

中日在"东亚"界定范围问题上的对立，使东盟的态度成了关键。处于强化自身实力地位和未来发展的双向考虑，此期间中日都强化了同东盟的关系。

2000 年 12 月，中国总理朱镕基在新加坡召开的"10+3"峰会上提出建立"中国——东盟自由贸易区"设想。2001 年 11 月在文莱举行的东盟首脑会议期间，中国和东盟双方宣布将在 10 年内建成自由贸易区的目标。2002 年 11 月在金边举行的首脑会议上，中国与东盟正式签署了《中国与东盟全面经济合作框架协议》，启动了在 2010 年建成"中国——东盟自由贸易区"进程。中国与东盟各国双边政治安全合作也取得进展。2002 年中国与东南亚各国通过《南海各方行动宣言》，2003 年 10 月中国加入了《东南亚友好合作条约》（TAC）。

为拉拢东盟各国，日本的小泉首相也使出了浑身解数。2002 年 1 月小泉在访问东盟五国期间提出建立日本与东盟"真诚伙伴关系"的"五点构想"，即日本——东盟包括性经济伙伴关系构想、"日本东盟交流年 2003"、教育与人才培养领域的合作、含"跨境问题"的安全保障合作和东亚开发倡议（IDEA）。[①]以"五点构想"为中心，日本开始了强化东盟关系的紧锣密鼓的安排。2003 年 10 月在巴厘岛，日本与东盟就考虑开展"包括性经济合作机制"交涉达成初步共识。2003 年 12 月，作为"日本东盟交流年 2003"的最后高潮，在东京举行了日本·东

① 参阅：（1）http://www.mofa.go.jp/mofaj/press/enzetsu/14/ekoi_0114.html；（2）http://www.mofa.go.jp/mofaj/area/asean/5_koso.html。

盟特别首脑会议。

这是东盟各国首脑第一次齐聚东盟外的国家首都召开首脑会议。在会议期间，日本与泰国、菲律宾、马来西亚三国就正式开始双边经济合作协定交涉达成共识，日本宣布正式加入《东南亚友好合作条约》（TAC）。会议还通过了《东京宣言》和《日本·东盟行动计划》。在《东京宣言》中，除明确了要强化双边经济与金融财政合作、强化经济发展与繁荣的基础、强化政治与安全保障合作及伙伴关系、促进人才交流与人才培养顺利、扩大文化宣传合作、加强对全球问题的合作应对等各领域合作之外，还特别提出要为建设"东亚共同体"深化东亚合作。就此，日本·东盟双方达成两个共识：1.将以"10+3"作为促进东亚合作与地区经济一体化网络的重要手段；2.在尊重普遍规则与原则基础上，以相互理解、尊重亚洲传统与价值的共同精神，构筑具有前瞻性、富有活力与创造力的"东亚共同体"。①

在积极的前期准备后，日本迎来了2005年12月14日在吉隆坡召开的首届"东亚峰会"（EAS）的"成功"：东盟峰会的参加国是东盟10国、中、日、韩、澳、新、印，也即是所谓的"10+6"；在会议通过的《东亚峰会吉隆坡宣言》中，称东亚峰会"是开放、包容、透明并具有前瞻性的论坛"，各国"将共同努力强化全球性规则与普遍认同的价值"，并在稳定财政、能源安全、经济整合、消除贫困、缩小地区差距等等诸多领域开展功能合作等等，②基调与《东京宣言》关于"东亚共同体"的内容大体相似。日本政府对于东亚合作的三个基本立场基本都得以贯彻，即1.开放的地区主义原则；2.对民主主义、自由、人权等普遍价值的尊重和对WTO等全球规则的重视；3.以促进"功能合作"为中心。③当然，宣言的内容也只能这样写，很难想象印度、澳大利亚和新西兰把东亚共同体作为他们的奋斗目标。而且，这个机制还等着对美国开放——虽然美国没有加入，但EAS并不排除美国或其他利益相关国家的加入。

---

① 东京宣言的全称是"在新千年为建立有活力的持久的日本与东盟伙伴关系的东京宣言"（Tokyo Declaration For the Dynamic and Enduring Japan-ASEAN Partnership in the New Millennium）。参见：http://www.mofa.go.jp/mofaj/kaidan/s_koi/asean_03/pdfs/tokyo_dec.pdf（日文）；http://www.mofa.go.jp/region/asia-paci/asean/year2003/summit/tokyo_dec.pdf（英文）。

② 《东亚首脑会议吉隆坡宣言》，http://www.mofa.go.jp/region/asia-paci/eas/joint0512.html。

③ "关于我国对东亚共同体的考虑方式"（日本外务省资料2006年11月），网址：http://www.mofa.go.jp/mofaj/area/eas/pdfs/eas_02.pdf。

"东亚共同体"与日本外交

显然，在东亚峰会的成员国范围问题上，东盟支持了日本。这里一组来自日本外务省的数据，至少可以反映当时的双边经济关系和日本对东盟的巨大影响力：1.日本是与美国并列的东盟最大贸易伙伴，2001年东盟对外贸易总量中，美国占 21.0%，日本占 20.2%；2.东盟是日本仅次于美国的第二大贸易伙伴，2002年日本对外贸易中，美国占 23.4%，东盟占 14.2%；3.日本是东盟的最大投资国，在 1995—2001 年期间日本累计对东盟投入 495 亿美元，占总投资额的 21.6%，其次的欧洲占 16.8%；4.2001 年日本 ODA 的 28.3%投入东盟，总计 21 亿美元。①这一时期中国与东盟的经济关系无法与日本相提并论。双边贸易额仅占东盟总贸易额的 6.9%；中国对东盟的直接投资更微乎其微，仅占 0.9%（见下表 1）。

表 1　东盟对外贸易与投资关系状况 2001—2002

	美国	日本	欧盟	中国	中国台湾	韩国	中国香港	其他	印度
双边贸易关系比重	21.0%	20.2%	17.5%	6.9%	5.9%	5.6%	5.3	17.5%	
投资关系比重	14.5%	21.6%	16.8%	0.9%	6.3%	3.4%	1.3%	34.9%	0.3%

资料来源：日本外务省，http://www.mofa.go.jp/mofaj/kaidan/s_koi/asean_03/pdfs/ ja_bt.pdf。

除此之外，东盟支持日本的理由还可以从东盟的对外关系结构来分析。东盟在 1980 年以前就展开了同日本、美国、欧共体、澳大利亚、新西兰、加拿大等国的对话，同这些国家对话充分；但是，东盟同中国和韩国的正式对话时间并不长，东盟与韩国对话开始于 1991 年，与中国的对话则从 1996 年才开始。②东盟的越南、印度尼西亚等多国都是从 90 年代才与中国建立正常邦交关系。东盟多国与中国之间还存在南海的领土争议。而且，继 1997 年第二届非正式首脑会议开启了"10+1"和"10+3"会议机制后，东盟也与印度、澳大利亚建立了"10+1"关系：东盟在 2002 年第八次东盟峰会之际建立了东盟·印度首脑会议机制，2004年第十次东盟峰会开启了东盟与澳大利亚、新西兰的首脑会议机制。在这种情况下，中国在东亚峰会范围问题上交涉争取的余地并不大。

不过，正因为日本如此的"成功"，使得"东亚峰会"（EAS）的意义大打折

---

① 参阅：http://www.mofa.go.jp/mofaj/kaidan/s_koi/asean_03/pdfs/ja_mn.pdf。
② 同年与东盟开展正式对话的还有印度和俄罗斯。

扣："东亚峰会"（EAS）丧失了当初设想作为建设地理范围上的东亚——东南亚和东北亚——"共同体"促进机制的意义。EAS 不是一个单独召开的会议，而是在东盟首脑峰会、"10+3"首脑峰会、东盟与其他各国的"10+1"峰会，以及相关准备的外长会议、高官会议（SOM）等等一连串会议的最后会议；定位为"论坛"的性质也使之很难发挥解决实际问题的功效。像 APEC 一样，它仍然是一个多边意见与情报交流的平台。某种意义上，东亚峰会（EAS）很像是一个在"东亚共同体"旗号之下精致缩小版的 APEC。正因如此，尽管当时有种种关于"东亚峰会"和"东亚共同体"的过热报道，但东京大学的田中明彦教授并不认为EAS 有什么具体意义，只是将其视为"围绕东亚共同体构想的外交游戏"。[①]

六、不成功的"友爱"

小泉内阁时期（2001 年 4 月—2006 年 9 月），这种美日协调、强化日美关系、抑制中国思维方式所引起的另一个问题是，日中关系的疏离。其表现，是在小泉高调参拜靖国神社之下中日两国之间的"政冷经热"现象。小泉下台之后，继任的两位自民党首相，安倍晋三（2006 年 9 月—2007 年 9 月）和麻生太郎（2008 年 9 月—2009 年 9 月），都继承了小泉式外交理念。在安倍内阁担任外相、后又担任首相的麻生太郎形象地将其概括为"价值观外交"。

所谓"价值观外交"，是指支持、强化、推进同日本具有"共有价值观"的国家之间相互关系的外交方针。这里所强调的"共有价值观"，是指日本所认定的自由、民主主义、基本人权、法治、市场经济等"普遍价值观"。麻生太郎以强化同美国、澳大利亚、印度以及 EU（欧盟）、NATO（北约）各国等处于"自由与繁荣之弧"以内的国家间的协调合作，来诠释"价值观外交"方针之下日本的外交政策。[②]尽管麻生也表示，考虑到各国文化与历史、发展阶段的不同，并不要求价值观的强制和体制变更，但是，毫无疑问，中国、朝鲜、俄罗斯这样的国家，都被划在所谓的"自由与繁荣之弧"之外。而且，显然这种划分对于增进

---

① 田中明彦："围绕东亚共同体构想的外交游戏"，RIPS' Eye No.54 （2005.12.8），http://www.rips.or.jp/from_rips/rips_eye/no054.html。

② 2006 年 11 月 30 日麻生在日本国际问题研究所的"自由与繁荣之弧"讲演，以及外务省的解说：http://www.mofa.go.jp/mofaj/press/enzetsu/18/easo_1130.html。

"东亚共同体"与日本外交

中日双方的政治互信毫无助益。

2007 年上台的福田康夫曾试图从"自由与繁荣之弧"后退，对安倍内阁的"价值观外交"做出修正，将日本外交的重点转向以中国、韩国为中心的东亚外交，并做出了努力维护中日关系的姿态。但是，麻生上台后，又再次强调了基于"普遍价值观"展开外交的重要。

应该说，2009 年 9 月民主党鸠山由纪夫上台所倡导的"友爱外交"，是日本试图转换"价值观外交"思维的一次重要尝试。鸠山想以"友爱外交"为出发点，通过共建"东亚共同体"，来打开日本在东亚的外交僵局。鸠山认为，"固然应当深化与价值观相同国家的关系，但摸索与价值观不同的国家的共存共荣，是外交的基本"[①]。由此，鸠山提倡一种与过去单纯倚重日美同盟关系不同的两条腿走路的方式，即在重视日美关系的同时，也推进对亚洲的重视，要以友爱精神为出发点，构筑"东亚共同体"。值得关注的是，鸠山的"东亚共同体"构想是以中日韩的合作为主体；[②]鸠山所期待的东亚合作，不仅包括了经济合作、文化交流，也包括了中日韩为中心的亚洲集体安全保障体制的内容。此外，鸠山还主张为谋求东亚地区的稳定，应当逐步减少美国的影响力。[③]2009 年 10 月 9 日，鸠山内阁外相冈田克也在谈到关于"东亚共同体"构想时表示，就共同体成员国的范围来说，考虑的是"日本、中国、韩国、东盟、印度、澳大利亚、新西兰"，美国没有包含在正式成员国内。

但是，鸠山对东亚的"友爱外交"思想，并不是日本的主流政治外交思想，遭到国内的广泛批评。鸠山上台不足两个月，京都大学教授中西宽就表示，"鸠山政权将友爱外交同东亚共同体结合之路充满了危险"。[④]鸠山内阁因追求对等日美外交关系，导致在普天间问题上陷入僵局，仅仅只存在了 266 天。这也使得鸠山的"友爱外交"尚未来得及表现便夭折。

在鸠山下台之前的 2010 年 6 月 1 日，日本内阁官房发表了"关于对'东亚共同体'构想今后配合"的政策文件。该文件指出，日本政府对于东亚共同体的基本考虑，是"推进同包括美国在内的关系国的、'开放的'、'高度透明的'地

---

① 2009 年 5 月 15 日，鸠山在日本记者俱乐部讨论会上的发言。

② 参阅：http://www.mofa.go.jp/MOFAJ/area/jck/jck_sum_gai.html。

③ 《Voice》2009 年 9 月号；《纽约时报》2009 年 8 月 27 日；《朝鲜日报》2009 年 8 月 17 日。

④ 中西宽：《东亚地区合作的现状》，2009 年 10 月，参阅 JIIC 论坛：http://www2.jiia.or.jp/pdf/column/20091221-nakanisi.pdf。

区合作(由于日美同盟是地区和平与稳定的基础,今后美国的参与仍不可缺少)";
"在长期理想下,积累功能合作,活用(日中·日韩等渠道、日中韩、ASEAN+1、
ASEAN+3、EAS、APEC、ARF 等)各种现有机制,从可行可能的伙伴关系入手,
逐步扩展以欧洲和解与合作经验为模式,尤其利用我国担任议长的 2010 年 APEC
平台。"①这里虽然没有提小泉东亚合作三原则中所强调的"对民主主义、自由、
人权等普遍价值的尊重和对 WTO 等全球规则的重视",但是,已经显现出与小泉
原则的一致性,和对以"价值观外交"为表现的主流外交的回应。

　　鸠山下台后,继任的菅直人、野田佳彦内阁都不再坚持与日美关系并行的对
东亚"友爱外交",重新回到日美协调的轨道。2011 年 1 月,菅直人内阁防卫大
臣北泽俊美表示,"为了亚太地区的和平与稳定,深化同周边国家(日美同盟加
韩国、澳大利亚、东南亚各国)的合作关系必不可少"。②2011 年 11 月,野田佳
彦首相在檀香山召开的 APEC 首脑峰会上,宣布日本将加入"跨太平洋战略经济
伙伴协定"(TPP)谈判。这意味着,在东亚合作、"东亚共同体"问题上兜了一
大圈之后,从日美协调的政治考虑出发,日本又重新回到美国主导的亚太合作
轨道。

七、东亚还是亚太?

　　通过以上梳理,可以看到:对东亚国家而言,目前"地区合作"有两个范畴,
一是东亚地区合作;一个是环太平洋合作。前者以东盟·中日韩(10+3)机制、
东亚峰会(EAS)为代表,后者以亚太经合组织(APEC)、东盟地区论坛(ARF)
为体现,现在又加上 2008 年美国高调参与的跨太平洋战略经济伙伴协定(TPP)。
简单来说,环太平洋合作、"太平洋共同体"是日本先提出来的概念,但"东亚
共同体"却不是日本人的发明;日本对环太平洋合作兴趣盎然,但对东亚本地区
合作却未必真感兴趣,其行动似乎总令人感到雷声大、雨点小。

　　这与日本的基本外交方针有关。长期以来,日本把强化日美同盟和日美关系
的协调视为外交基点,对东亚政策须与对美政策保持协调一致。在区域合作问

---

① 参阅: http://www.kantei.go.jp/jp/tyoukanpress/201006/__icsFiles/afieldfile/2010/06/01/koso_east_asia.pdf。
② 共同通信: http://www.47news.jp/CN/201101/CN2011010401000204.html。

"东亚共同体"与日本外交

题上，日本倡导和推进"环太平洋合作"，可以确保美国参与，不会招致美国反感；但搞"东亚合作"，却很有可能将地理上不属于东亚的美国排除在外，引起美国不快，损伤日美关系。正因如此，当"东亚共同体"问题提上日程后，小泉首相在倡导"共行共进共同体"的同时，提出了东亚合作的三项原则，其中的"开放地区主义"原则以及对民主主义、自由、人权等普遍价值的尊重和对WTO等全球规则的重视等，都与美国对东亚的外交政策基本原则一致。

1997年的亚洲金融危机虽然将"东亚共同体"提上了议事日程，但像东亚其他国家一样，对于日本来说，"东亚共同体"并不是一个紧迫的问题。毕竟要建设"共同体"，区域内各国间的政治互信、对于"东亚共同体"的认同感、与区域外各国之间的关系等等，都还需要解决。

这一时期对日本来说最为紧迫的，是中国经济的崛起、军事实力上升及其导致的东亚国际关系结构变化，以及与此同时日本经济长期低迷和日本国际地位、影响力下降的问题。在对这个问题的处理上，正如麻生"价值观外交"所概括，日本的政治主流选择了密切日美关系，强化日美同盟，放大"中国威胁论"，借美国或追随美国遏制中国的外交方针：一方面虽然对中国进入国际社会表现出开放、欢迎的姿态，高调谈互利、共赢、合作；另一方面却以"价值观"的差异将中国打入另类。这种基于零和游戏思维的选择，某种意义上其实是冷战对抗思维的继续。

日本对"东亚共同体"的态度，从一个侧面反映了日本的外交取向。显而易见，实现"东亚共同体"，需要中日两国的谅解与合作，需要两国间高度的政治互信，但日本的"价值观外交"，却无助于中日政治互信的建立。这种情形下人们所看到的，是日本在高调大谈与东亚"共行共进"的同时，却在后院拆墙，不寻求解决中日矛盾的根本途径，反尽量扩大"东亚"的政治地理范围。显然，日本试图通过拉澳大利亚、印度乃至美国、俄国进入"东亚"，来制衡中国的影响，架空"东亚共同体"。

2009年，日本民主党首相鸠山由纪夫试图转换外交思维，通过"友爱外交"深化与近邻各国关系，引导"东亚共同体"目标实现来打开外交新局面。但此举遭到了国内政治主流的一致反对和批判，来不及也不可能有所表现。

日本采取这种基于冷战零和游戏思维抑制中国的做法，其实适得其反：日本既未能遏制中国的崛起，遏制中国在东亚和世界影响力的扩大，也未能解决自身经济疲软、增长乏力的问题。虽然 2003 年东京宣言强化了日本和东盟的政治关系，但是，中国与东盟经济关系的密切却更为显著：2009 年，中国与东盟的贸易总量超过了日本与东盟的贸易总量。而且，2010 年，中国的 GDP 超过日本，居世界第二位。

日本的冷战思维理念和"价值观外交"所导致的中日之间政治互信的缺失，不仅使得"东亚共同体"成了政治口号，而且令中日之间的内在矛盾，随着中国实力的增长而不断升级。从东海油气田之争、西伯利亚输油管线路之争到钓鱼岛撞船事件，再到 2012 年中日钓鱼岛之争，中日之间的冲突不断。

应该说，在这个和平与发展的时代，中日关系不稳定并不符合两国的长远利益，而"东亚共同体"不失为解决中日矛盾的一个途径。正像很多政治家和学者所指出，其实，中日两国可以学习二战后欧洲法德和解的办法，抛却零和游戏的思维，在区域共同体建设中化解矛盾冲突。但这不仅需要政治家高瞻远瞩的智慧，也需要政治家真正拿出解决问题的勇气、决心和能力。

日本行政评价监察制度述评

李广民　　陈洪连

内容提要　为提高国民对行政管理的信赖,促进行政管理的高效与公平,日本建立并不断完善了一套行之有效的行政评价监察制度。该制度以独立第三方评价主体,以行政相谈为触角,以政策的必要性、效率性、有效性为评价切入点,吸收民间人士参与,通过公开评价结果及改善措施方便国民监督。其局限性在于政策评价监察与人事评价监察的分离,对政策评价监察中发现的问题只有劝告、建议权,而无处理权。

关键词　行政监察　政策评价　行政相谈

基金项目　国家社科基金项目"日本预防及惩治腐败立法的历史考察"（08BSS005）

作者简介　李广民,青岛大学法学院教授,青岛大学反腐倡廉研究中心副主任;陈洪连,青岛大学法学院副教授,青岛大学反腐倡廉研究中心学术秘书多数国家行政监察的重点在于防范行政违法,而日本行政监察的目的更主要是为了实现让国民信赖的高质量的行政管理,促进行政管理的高效和公平,达到行政管理的预期效果。为此,日本制定了专门法律、建立了相应机构,对整个行政管理的过程和结果,进行评价、监督和检查,形成具有特色的行政评价监察制度,构成预防腐败体系中监督机制的重要一环,对预防行政腐败,尤其是消极腐败,具有重要的作用。

日本最早的行政评价监察机构是 1947 年 9 月设立的中央行政监察委员会(隶属首相府)。1948 年 7 月,该委员会及其事务局调转到新成立的行政管理厅监察部。1952 年 8 月,经济调查厅、统计委员会和经济安定本部的监督课并入行政管理厅监察部,使其人员一度达到 1700 多人。除中央设监察机构外,地方设派出机构(8 个管区行政监察局和 41 个地方行政监察局),形成全国规模的行政监察系统。1957 年 8 月,行政管理厅的三个核心部门分别升格为行政管理局、行政监察局和统计基准局。1967 年行政管理局和统计基准局合并,行政管理厅形成了长官官房、行政统计管理局、行政监察局的三驾马车体制。1984 年行政管理厅改称总务厅,负责行政管理和行政监察。2001 年 1 月,总务厅与邮政省、自治省合并为总务省,原总务厅行政监察局改组为总务省行政评价局,地方管区行政监察局改为管区行政评价局,行政监察事务所改为行政评价事务所。行政评价局作为总务省的直属局,其组织机构如下:总务省下设行政评价局,行政评价局下设总务课、行政相谈课、政策评价官、评价监视官。地方设 7 个管区行政评价局、1 个支局(四国行政评价支局)、1 个事务所(冲绳行政评价事务所)直属中央管理,管区行政评价局、管区行政评价支局下再设管内行政评价事务所(38 个,分设在都府县)或管内行政评价分室(3 个分别设在北海道的函馆、旭川、钏路)。

一、日本行政评价监察机关的职责和权限

总务省行政评价局作为国家行政评价监察的专门机构,其设立的目的就是为了保证行政管理的高效性并获得国民的信赖。为做好行政评价监察工作,除《总务省设置法》[①](1999 年)、《总务省组织令》[②](2000 年)、《总务省组织规则》[③]

---

① 《总务省设置法》,见总务省所管法令:http://law.e-gov.go.jp/htmldata/H11/H11HO091.html。
② 《总务省组织令》,见总务省所管法令:http://law.e-gov.go.jp/htmldata/H12/H12SE246.html。
③ 《总务省组织规则》,见总务省所管法令:http://law.e-gov.go.jp/htmldata/H13/H13F11001000001.html。

（2001 年）外，日本还专门制定了《行政评价法》（2001 年）、《行政评价法实施令》（2001 年）、《行政评价法实施规则》（2007 年），^① 明确了行政评价局的职责和权限。

（一）行政评价局的职责

根据《总务省设置法》第 4 条规定，总务省所掌事务涉及行政评价监察的有：1.制定行政评价计划并进行立项，对各类政策开展评价，管理各府省的行政评价事务（第 16 款）；2.就各府省政策，进行统一的综合性评价，或为确保政策评价的客观性和严格实施进行评价（第 17 款）；3.对各行政机关的业务实施状况进行评价及监视（不含政策评价）（第 18 款）；4.涉及评价和监视对象的有关业务实施情况，如有必要，可对独立行政法人、公共法人或部分授权法人、根据特别法律设立且设立时须经行政机关认可的法人、国家授权并有国家财政资助法人（其资本金 50%以上由国家投资并有国家财政补助）的业务进行调查（第 19 款）；5.对地方公共团体业务的实施情况进行调查（第 20 款）；6.各行政机关、相关法人及地方公共团体的业务有不得已苦衷的场合，进行必要的斡旋（第 21 款）；7.受理行政相谈委员的业务（第 22 款）。

根据《总务省组织令》第 6 条规定，行政评价局所掌事务除上述七条外，还增加了一条，即管理"政策评价·独立行政法人评价委员会"的日常事务。其职责有四：其一是推进政策评价，其二是进行与行政评价相关的调查，其三是负责行政相谈，其四是评价独立行政法人。^②

根据《行政评价法》^③第 12 条第 1 款规定，总务省进行政策评价的前提条件有二：一是涉及两个以上行政机关的共同政策，为确保政府全体政策的统一性，需要进行评价的；二是涉及两个以上行政机关权限的政策，为保持政策的综合推进，需要进行评价的。总务省可对这些业务进行统一、综合评价。为了保证政策评价的客观和严格，总务省进行政策评价时，要求行政机关提供事实状况，总务

---

① 《行政评价法》《行政评价法实施令》《行政评价法实施规则》，见行政评价局所管法令一览：http://www.soumu.go.jp/menu_hourei/g_hyouka.html。

② 总务省网站行政评价局介绍：http://www.soumu.go.jp/main_sosiki/hyouka/index.html。

③ 见行政评价局所管法令：http://law.e-gov.go.jp/htmldata/H13/H13HO086.html。

省做出政策评价后，有关行政机关认为因社会经济情况发生变化等原因有必要再一次进行政策评价时，如有可能，总务省应再一次进行评价。上述评价是以掌握评价对象实施的政策及其效果为前提，考虑其必要性、效率性、有效性和该政策特殊性的情况下实施的。

（二）行政评价局的工作权限

行政评价监察权力是行政评价监察机关在其职责范围内依法拥有的权力，是其履行职责的需要。根据《总务省设置法》和《行政评价法》，日本总务省行政评价局的主要工作权限包括调查权、劝告权、建议权。

第一，调查权。是指行政评价监察机关依法拥有的对评价监察对象行政行为进行专门调查核实的权力。《总务省设置法》第 6 条规定：1.总务大臣进行行政评价或监视时，在规定的范围内，可责成各行政机关的领导就某些问题提供材料并作出说明，并对各行政机关的业务进行实地调查（第 2 款）；2.总务大臣对有关事项进行行政评价或监视时，可进行书面或实地调查，被调查者不得拒绝（第 3 款）；3.总务大臣为达成对地方公共团体的业务进行行政评价和监视时，可在必要的最小范围内进行书面或实地调查，但预先要听取有关公共团体的意见（第 4 款）；4.总务大臣进行行政评价或监视时，认为有必要，可要求有关公共团体、私人团体或其他有关方面，协助提供必要的材料（第 5 款）。《行政评价法》第 15 条也做了类似的规定。

第二，劝告权。是指行政评价监察机关在调查的基础上，就一定事项向被调查部门提出处理问题的建议或改进工作的劝告的权力。《总务省设置法》第 6 条规定：1.总务大臣根据总务省的职责，如有必要，可对有关行政机关的领导提出劝告（第 1 款）；2.总务大臣根据行政评价等结果，可对有关行政机关的负责人提出劝告，责成其按照劝告提出改正措施，并反馈采取措施后的改正情况（第 6 款）。《行政评价法》则将劝告单列，规定的也更详细，该法第 17 条第 1 款规定：总务大臣根据评价结果，认为有必要，可就评价所涉及的政策应采取改正措施对有关行政机关的负责人提出劝告，并将劝告内容公布，并可要求该负责人就劝告内容所采取的相关措施进行汇报。

第三，建议权。指行政评价监察机关就被调查的一定事项如何进行处理向上级建议的权力。日本行政评价监察局拥有对其他省厅制定的政策进行改善劝告的权力，如对方不听从，可直接向首相提出建议，目的是通过评价加强对预算分配的干预。《总务省设置法》第 6 条规定：总务大臣根据行政评价结果，如必要，可依据《内阁法》第 6 条规定向首相提出建议（第 7 款）。《行政评价法》第 17 条第 3 款也有类似的规定。

二、日本行政评价监察的途径与方式

按照日本行政评价监察机关的职责和权限，日本行政评价监察机关的业务主要通过政策评价、行政评价·监视、行政相谈、独立行政法人评价等方式实现。

（一）政策评价

政策评价在日本由来已久，《行政评价法》的颁布和实施，将这一制度进一步具体化，推进政策评价，一是由各府省按照"Plan→Do→Check→Action"的流程，进行自我评价；二是由总务省行政评价局从政府总体角度出发，对各府省政策进行统一、综合的评价或对各省自我评价的再评价；三是由民间有识之士组成的"政策评价·独立行政法人评价委员会"作为第三方对总务省的评价进行调查审议。各省府的自我评价结果和总务省行政评价局的评价计划、评价结果都必须向社会公开，行政评价局的评价意见要向各府省反馈、向国会报告、向内阁总理大臣汇报。这三道评价程序构成了政策评价的基本体系，成为日本政策评价制度的一个基本特征。政策评价就是对各府省的工作计划、工作目标及执行情况进行评价，考察这些政策的必要性、有效性、效率性、公平性及优先性，看各府省制定的工作计划和目标是否符合国民和社会的需要，是否需要优先实施，是否达到了预期效果，是否获得了最大效益，是否公平负担了费用，政策成果是否为全体国民公平享受等。政策评价的目的就是通过公开、多次、不同机构的评价，提高行政的效率性和有效性，提高行政行为的透明度，确保行政质量，使政策选择的范围更加广泛，国民对国家政策的选择更加关心。

行政机关进行的政策评价，以三到五年为一个期间，由各府省长官制定政策评价基本规划，内容包括：实施期间、实施方针、关于政策评价观点的事项、关于把握政策效果的事项、关于实施事前评价的事项、关于活用有学识、有经验者观点的事项等（《行政评价法》第 6 条第 2 款）。总务省行政评价局进行的政策评价限于：1.从政府总体角度出发，认为有必要进行的横向评价；2.跨省厅的；3.对各省厅独自作出的评价须进一步加强客观评价的。行政评价局的评价操作流程：行政评价局评价→政策评价·独立行政法人评价委员会审议→答复报告总务大臣→劝告省厅（《行政评价法》第 12 条）。为保证有效的政策评价，日本总务省还督促政府各部门进行政策评价工作，对各府省政策评价人员进行统一培训，对政府评价的情况加强综合考评。全国行政评价监察调查网、管区行政评价局和行政评价事务所对各项政策的实施效果进行实地调查，提高政策评价的必要性、效率性和有效性。[1]2009 年总务省发表的政策评价报告主要针对"能让外国人舒适观光的环境整备""防止家庭暴力""构筑世界最尖端低公害车社会"等政策，2011 年总务省发表了针对"关于活用生物能的政策"的评价报告。

（二）行政评价·监视

行政评价局的一项重要职能是行政评价局调查，是作为政府内部第三方专门评价机构的，从必要性、有效性、效率性等观点出发，对涉及多个府省的政策和各府省业务的实施状况进行全国规模的调查，综合、实证地分析各府省存在的问题，并提出改善对策。行政评价局调查包括政策评价和行政评价·监视。政策评价如上所述，主要针对涉及多个府省的政策，而行政评价·监视则要针对各府省业务实施的状况。

行政评价·监视分全国性计划调查项目和地区性计划调查项目。全国性计划调查项目由总务省行政评价局负责。总务省行政评价局做出计划调查后，动员管区行政评价局及行政评价事务所进行全国性的调查。根据调查结果，指出存在的问题，并对有关府省提出劝告。为确保劝告的实效性，要求被劝告的行政机关反馈将采取的措施及落实的情况，行政评价局如认为有必要，将对劝告事项再做进一步调查。全国性计划调查项目的着眼点主要有以下几个方面：政府的重要方针政策是否得到正确的贯彻执行，是否适应社会经济发展的实际情况以及国民的要

---

① 总务省网站政策评价问答：http://www.soumu.go.jp/main_sosiki/hyouka/seisaku_n/q_and_a.html。

日本行政评价监察制度述评

求；为了达到行政预算的合理化，对申请预算的范围和款额，做出重新的评价；对因跨数省厅和数局而发生的不协调问题和效率低的状况，做出重新调整；新的方针政策实施一个阶段之后，要根据实际情况作出评价；基层行政部门在行政问题上，经常受到地方监察部门的指责，为了使这些问题从根本上得到改善，有必要由中央评价监察来推动解决；对国民舆论反响大、传播面广的社会问题，要作为行政问题进行研究并加以改善；从中、长期考虑，为防止行政部门的效率下降，需要对各行政部门的工作做出重新的评价，等等。

地区性计划调查由管区行政评价局和行政事务所负责，这也是管区行政评价局和评价事务所就所在地区确定的调查项目。他们主要对与国民生活密切相关的行政问题展开调查，调查对象是国家或特殊法人等派出机构，通过地区性的实地调查，提出改善建议。

计划调查项目调查结束后，要写出行政评价·监视报告书。行政评价·监视报告书分两种，一种是要求被评价监察对象纯粹答复的劝告书，被评价监察对象根据劝告的内容，列表一一加以回答，是什么问题，答复什么问题；另一种除了要答复劝告的内容外，还要有被评价监察对象改正处理后的情况。行政评价·监视报告书向社会公布。公布行政评价·监视报告书具有以下积极意义：一是公布改善行政管理的劝告和意见，有利于推动被评价监察对象明确改善行政工作的方向，或根据劝告的内容，修改法令和通告，求得问题的早日解决；二是评价监察结果公布于众，把有关方面的调查材料摆在行政、立法部门和国民的面前，有利于展开议论和为形成新的政策提供条件；三是评价监察的行政领域范围相当广泛、庞杂，行政监察工作不可能在同一时间里把一切包揽，公布监察结果，为政府和行政管理者、研究工作者提供有关行政管理和实际活动的基础信息，推动这方面的理论研究工作。

2009—2010 年度行政评价·监视报告书题目一览表①

时 间	题 目	时 间	题 目
2009.11	关于在合同中确保实质性竞争的紧急事态的调查（Ⅱ）	2010.07	基于对遵守国家行政机关法令等调查结果的劝告（Ⅰ）
2009.12	关于统一把握许可·认可事项结果的调查（Ⅰ）	2010.09	基于对食品标识行政评价·监视结果的劝告（Ⅰ）
2010.01	基于对雇佣保险二事业行政评价·监视结果的劝告（Ⅰ）	2010.09	基于对确保包租汽车安全对策的行政评价·监视结果的劝告（Ⅰ）
2010.02	基于对社会资本维持管理及更新的行政评价·监视结果的劝告（Ⅱ）	2010.11	基于对气象行政评价·监视结果的劝告（Ⅰ）
2010.03	基于对雇佣保险二事业行政评价·监视结果的劝告（Ⅰ）	2010.12	基于对职员研修设施的调查结果的劝告（Ⅰ）
2010.05	基于对驻外公馆行政评价·监视结果的劝告（Ⅰ）	2011.02	基于对制成品安全对策的行政评价·监视结果的劝告（Ⅰ）
2010.06	基于对推进主页无障碍化调查结果的劝告（Ⅰ）		

（三）行政相谈

行政相谈②是日本行政监察的重要途径和有机组成部分，当国民对国家行政管理有任何不满或意见时，可以通过行政相谈窗口或行政相谈委员，向相关部门反映并寻求解决。而行政相谈窗口工作人员或行政相谈委员受理国民相谈后，要与相关部门进行核实、斡旋，相关部门必须给予答复。若有必要，还应启动行政评价、监视或委托第三方审议。最后行政相谈窗口工作人员或行政相谈委员根据相关部门核实、反馈的结果对国民进行答复。

日本的行政相谈制度始于 1955 年 2 月。日本政府制定了《苦情相谈处理暂行办法》，设立了苦情相谈窗口（即接受和处理国民对政府各部门投诉的窗口），接受国民对行政管理的投诉和建议。1958 年，日本在全国范围开设行政相谈窗口。1960 年《行政管理厅设置法》规定：行政监察局负责行政相谈业务，并明

---

① 表中（Ⅰ）属第一种报告，即仅需要单纯答复的，（Ⅱ）属于第二种，包含改善措施实施情况。见总务省行政评价·监视结果：http://www.soumu.go.jp/main_sosiki/hyouka/hyouka_kansi_n/ketsuka.html

② 相谈：有商量、商议、征询意见之意。

确了行政相谈业务的权限和职责范围。1961 年 4 月,日本政府颁布《行政苦情相谈协力委员规则》,同年 7 月设置行政苦情相谈协力委员,1962 年 9 月更名为行政相谈委员。1966 年《行政相谈委员法》颁布,标志着日本行政相谈制度发展到一个新的阶段。根据《行政相谈委员法》①,行政相谈委员从民间有社会威望、对改善行政运营有热情、有见识的人士中挑选,由总务大臣委任(第 2 条第 1 款),负责规定的市区的町村,任期两年(第 2 条第 2 款)。这些行政相谈委员受总务大臣委托,主要工作是处理相关投诉。他们接受投诉后,将投诉通知相关的行政机构,然后由相关的行政机构负责对投诉进行调查核实,并采取相应的改正措施。

日本的行政相谈的方式②有:1.电话相谈,即行政投诉 110,全国统一号码为 0570-090110;2.窗口相谈,有管区行政评价局·行政评价事务所所设的行政相谈窗口和综合行政相谈所(设置于全国主要都市的百货公司等人员来往集中的地方);3.网上相谈,网址为 https://www.soum.go.jp/hyouka/gyousei-form.html(总务省设有办公室,24 小时受理);4.书信和传真相谈,管区行政评价局、行政评价事务所的地址、邮编,专用电话和传真均在网上和主要媒体公布;5.行政相谈委员相谈,日本每一个市区的町村中至少有一名行政相谈委员,目前全国共有 5000 名行政相谈委员。需要相谈的国民可以直接找自己市区或町村的行政相谈委员相谈。除此之外,日本行政评价局还开设定期行政相谈所和巡回相谈所,举办妇女会、工商、教育、社会福祉等团体代表参加的座谈会,听取国民对行政运营的反映。

20 世纪 80 年代以来,由于社会经济环境迅速变化,政府的行为变得越来越复杂化,人们的需求变得越来越多样化,这种情况使行政监察机关对越来越多的不满投诉很难做出迅速反应。为此,日本于 1987 年成立了由来自民间各领域的专家、学者和社会有识之士组成的"解决行政投诉推进会"。该会会长由东京大学名誉教授大森弥担任,委员会成员包括:原内阁法制局局长秋山收、千叶市妇女中心名誉馆长加贺美幸子、原环境省事务次官加藤陆美、成蹊大学法科大学院教授小早川光郎、全国行政相谈委员联合协议会会长谷升、原总检察长松尾邦弘。③该

① 见行政评价局所管法令:http://law.e-gov.go.jp/htmldata/S41/S41HO099.html
② 见行政评价局受理行政相谈窗口:http://www.soumu.go.jp/main_sosiki/hyouka/soudan_n/soudan_uketuke.html。
③ 见总务省网站行政苦情救济推进会议:http://www.soumu.go.jp/main_sosiki/hyouka/soudan_n/kujyousuisin.html。

会以客观的第三方姿态出现，所提出意见不受现行行政管理体制的束缚，而且立足于公正和效益，着眼于各方协调和未来发展，所以他们的意见能够受到各方的重视，对解决那些棘手案件有很大的帮助。日本总务省常根据该委员会的意见，通过斡旋，敦促各省厅部门检讨现行的行政体制和其运行程序，一些影响全体国民利益的法律和规定得以修订，国民的不满得到有效缓解。

（四）独立行政法人评价

独立行政法人是指实施从公共的角度确有必要，国家直接实施又没有必要，让民间实施又不合适的事项的法人。独立行政法人的资金来源于国家的预算，是从国家机关剥离出来、从特殊法人中移挪出来的法人。这些法人归相关府省管理，从相关府省接受业务，为完成总体目标，每隔 3～5 年，由主管大臣为其确定中期目标。各法人根据中期目标，制定中期规划和年度计划，并完成相关任务。关于独立行政法人的业绩，每年度和中期届满时，由第三方机关对其进行评价。然后法人根据评价意见对整体规定进行修订。

独立行政法人评价是由作为第三方的各府省的独立行政法人评价委员会和政策评价·独立行政法人评价委员会（事务局设在总务省行政评价局）为主体来实施的。其中政策评价·独立行政法人评价委员会是根据《国家行政组织法》设立的审议委员会，是 2001 年中央省厅改革后新引入的。政策评价·独立行政法人评价委员会主要有两方面的工作：一是针对各府省的独立行政法人评价委员会对所管独立行政法人年度业务实绩的评价进行二次评价；二是当业务的中期目标时期届满时，主管大臣在听取了所属府省独立行政法人评价委员会对所管辖的独立行政法人业务实绩评价后，提出的修改方案进行评价并做出是否继续该业务的方向性劝告。①

三、日本行政评价监察的特点与局限性

日本行政评价局，作为政府内部的第三方，从提高国民对政治、政府及行政

---

① 参考总务省行政评价局独立行政法人评价：http://www.soum.go.jp/main_sosiki/hyouka/dokuritu_n/index.html。

日本行政评价监察制度述评

管理信赖的角度出发，着眼于必要性、效率性、有效性，对中央行各省厅、地方公共团体所推行的方针政策及业务实施状况进行公正、中立的调查、评价、监督，是日本行政评价监察工作的主体；受总务大臣委托，由民间有识者担任的行政相谈委员，立足地方和基层，就与国民生活息息相关的问题和细微的案件进行调查和处理，是日本行政评价监察工作最基础最有特色的部分；由来自不同领域专家组成的解决行政投诉推进会，对社会的棘手问题集体进行讨论和处理，解决了由于职责不清楚，现行法律法规不明确而引发的问题，填补了"制度真空"和"管理真空"。这几方面彼此联系，相互补充，紧密配合，共同承担了行政评价监察工作，构成了日本行政监察的整体，促成了行政评价监察工作的法制化、专业化和中立化。具体讲，日本行政评价监察工作有以下特点：

首先，日本行政评价监察非常注重法制化建设。1948 年的《行政管理厅设置法》（法律第 77 号）将原隶属首相府的临时行政调查部、中央行政监察委员会及其事务局纳入其中，以法律形式规定了行政监察是构成行政管理不可或缺的重要环节。1952 年《行政管理厅设置法》修正案将经济调查厅、统计委员会和经济安定本部的监督课吸收进来，进一步强化了中央层面的行政监察机构。到目前为止，日本行政评价监察法令已形成较完整的体系，其中关于行政评价机构设置的法律法规政令有：《总务省设置法》《总务省组织令》《总务省组织规则》等；关于评价方法的法律法规政令有：《行政评价法》《行政评价法实施令》《行政评价法施行规则》等；关于政府内第三方和民间人士参与行政评价监察的法律法规政令有：《行政相谈委员法》《政策评价·独立行政法人评价委员会令》《总务省独立行政法人评价委员会令》等。从日本行政评价监察制度的发展历程看，日本先通过立法来规定行政评价监察的地位、形式，监察事项及监察权限，然后在行政监察的实践中逐步丰富和完善相关制度，最后再将相对完善的制度用法律条文固定下来，使行政评价监察从法律和制度上统一起来。

其次，日本行政评价监察侧重政策的必要性、效率性和有效性，同时兼顾政策的公平性和优先性。2005 年内阁会议通过的《政策评价基本方针》[①]对此做了详细的说明。所谓必要性，一是从政策的效果看，该政策的目标，是否国民和社会的需求一致；二是从该政策的实际执行者角度看，该政策有没有实施的必要。

---

① 见总务省网站关于政策评价的法令、基本方针和指南等：http://www.soumu.go.jp/main_sosiki/hyouka/seisaku_n/seisaku_hourei.html。

所谓效率性，是从该政策的实施效果看，实施该政策所付出的费用是否值当。所谓有效性，是看该政策的实际实施效果与预计的效果是否一致。所谓公平性，是指实施该政策的费用是否公平负担，利益是否公平享受；所谓优先性，是指该政策与其他政策相比，是否应该优先实施。从日本行政评价监察的途径和方式中，我们也能清楚地看到，其每个环节、每种方式对必要性、效率性和有效性的考察、监督。

再次，日本行政评价监察特别注重吸收各领域的专家学者。行政评价监察是一项复杂而艰巨的工作，具有很强的专业性特质，日本在设立行政管理厅监察部时，就注意从有学识、有经验的人士中选择任命监察委员。随后，为了更好地吸收民间有识之士参加行政监察工作，又增设了行政审议会，对行政监察部门的监察结果进行审议，提供咨询。日本的行政相谈工作，更是主要依托在地方有威信、对行政改革有热情、有见识的行政相谈委员进行。解决行政投诉推进会则是日本行政评价监察工作吸收民间各领域专家参与行政监察最典型，最有成效的做法。

最后，日本行政评价监察充分调动了国民的参与热情。日本在全国管区行政评价局及行政评价事务所设置了 50 个行政相谈窗口，在全国市（区）町村配置了 5000 行政相谈委员，在全国主要城市的大型购物中心，也设置有定期的综合行政相谈所，在台风、地震等灾害发生地还临时设立特别行政相谈所。国民对政府的行政管理，地方公共团体的事务，独立行政法人、特殊行政法人的事业有任何不满、意见、建议，甚至一些不清楚的地方，除了到各种相谈所相谈外，还可通过电话、传真、书信、互联网等多种方式反映，由于相谈是完全免费的、也不需要特别的手续，而且相谈所工作人员和行政相谈委员对相谈严格保密，所以相谈常在轻松愉快的气氛中进行，深受日本民众的欢迎。2010 年日本受理行政相谈 176531 件，其中行政相谈委员受理 97725 件，占 55%，其他方式受理相谈 79506 件，占 45%。投诉案件 21043 件，占 12%，针对医疗保险退休金问题的投诉最多，其次是社会福利和道路维修。①由此可见，行政相谈是日本调动国民参与行政评价监察的有效途径。

当然随着社会的发展，行政行为趋于复杂化、专业化等原因，日本行政评价监察工作的局限性也日益显现。主要表现在以下方面：一是日本行政评价监察的

---

① 总务省网站行政相谈实绩：http://www.soum.go.jp/main_sosiki/hyouka/soudan_n/jituseki.html。

结果虽然上报给内阁首相或国会，但他们提出的建议能否被采纳则由内阁首相和国会决定；二是在行政监察中，对事和对人的监督是有机的整体，而日本却将两者分开。日本行政评价监察机关只对政策进行评价监察，对人的监察则由人事院及各府省的人事部门负责；三是日本行政评价监察机关的权力有限。他们在行政评价监察中，只有劝告、建议的权力，而没有直接处理的权力。在各省厅独自实施政策评价中，由于做出评价的主体与被评价的对象均属本省厅官僚，部门利益的限制导致很难得出公正客观的评价；在跨省厅政策评价中，总务省作为评价主体，能否做出超越拥有专业人才的其他省厅之上的评价值得怀疑。在这种情况下，其他省厅也难以心平气和地接受来自总务省的劝告。这种劝告既无强制性又无惩罚规则，缺乏实效，因而日本行政评价监察机关对政府其他部门起到的制约作用相当有限。

中日文化
交流研究

以相互理解为视角的日本研究

——对中日比较文化研究方法论的几点探索

王　敏

内容提要　虽然在政治、经济、社会等各方面都存在着巨大差异，但是中日两国国民却没有充分意识到彼此在文化方面的差异。在漫长的交往历史中积淀形成的"同文同种"观念已经嬗变为中日比较文化研究所独有的"弊病"，既影响到日本人的中国观，也影响到中国人的日本观。中日两国国民间相互认识的错位，在社会结构、文化基础、风俗习惯、思维方式、价值标准、行为模式等各个领域随处可见。这种错位往往成为相互理解的障碍，因此，在深化中日相互研究方面，比较文化的运用显得尤为重要。比较文化是将"自画像"与"他画像"进行相互对比，并从中挖掘认识的深度，拓展思考的广度。在相互比较中进行文化研究和交流能够推进彼此相互借鉴、相互学习。

关 键 词　比较文化研究　方法论　相互理解

作者简介　王敏，日本法政大学国际日本学研究所教授

一、国际性日本文化研究的现状

如果以全球视野来俯瞰日本研究,就会发现外国人对日本的研究与日本人对本国的研究正好构成互补关系。但由于多文化的竞争往往是以国家为单位,因此文化研究在很多情况下不得不受到以国家为主体的价值标准的影响。尽管随着人类社会的发展进步,人流、物流早已突破国境的局限,将世界各国紧密联系起来,但是在文化研究领域,以国家为单位的文化研究依然非常强势,基于政治、经济等国家利益而得出的文化研究成果仍比比皆是,甚至出现以安全保障等政治目的为主导来推进文化研究的情况。因此必须认识到,完全独立、超脱于时代背景的学科是不存在的,人文科学各领域的研究也需要面对时代背景和环境。这也是研究人员所面临的课题和困惑。

二、国际日本学研究的方法论

目前,国内外研究界都在探讨"科学"的日本研究方法论。所谓"科学",即"实证的、严谨的、客观的"日本研究。这种研究方法尚未完全得到确立,也许还需要相当长的时间才能被普遍接受。但是,作为对"科学"的日本研究方法论的一种具体尝试,笔者一直希望能够运用中日比较文化研究的手法对某些事例进行分析和考察。

19世纪末,诞生于法国文学领域的比较论进入日本。当时,刚刚接触到近代西方文明的日本将比较文化研究视作一门基于西方价值观的学科。1949年新中国成立以来,社会主义价值观成为一切领域的唯一标准。直至"文化大革命"结束后的20世纪80年代,随着相对主义的"解禁",多元化的价值观和理论才得以传播。近三十多年来,随着改革开放的深入,中国的研究者开始探索着去摆脱固有的以国家为单位的研究框架。这股全新的浪潮逐步改变着中日两国的自我认识和相互认识,为新世纪的日本研究带来了澎湃的活力。尽管1949年以后的现代中国在引入比较文化研究的时间上较日本要晚许多,但如今中国在比较教育学、比较语言学、比较宗教学、比较心理学、比较神话学、比较文法、比较文化等领域的研究正在不断得到拓展和深化。

以相互理解为视角的日本研究

从相互认识的角度来看，在日本人和中国人的脑海中，对于"异文化"的第一反应就是西方文化。这是因为中日两国自从接触到西方文化的那一刻起，就都已经自然而然地将其视作"异文化"了。在与西方文明的对比中，中日两国更容易看到彼此之间所谓"同文同种"的共通性，而忽视彼此之间的差异性，从而导致中日两国的异文化研究通常会将焦点集中到西方各国的文化上，而这种情况在亚洲各国的文化中具有相当的普遍性。因此，在深化中日相互研究方面，比较文化的运用显得尤为重要。

面对着西方文化对亚洲的近代造成的巨大冲击，中日两国采取了完全不同的对策。日本接受西方文明，"脱亚入欧"，逐步走上了近代化的道路，而中国则是选择了固守本国文化的道路。但是，甲午战争的惨败让中国认识到固有文化的负面，并开始以日本作为近代化的成功典范，力图在中国也实现以西方科学为主导的近代化。这种努力一直持续到日本侵华战争的爆发。

二战结束后，世界进入冷战时代，中日两国长期处于敌对状态，直至 1972 年中日两国才实现邦交正常化。近半个世纪的不幸历史导致双方的交流几乎完全被隔绝。此时的日本已从战争的废墟中实现惊人的崛起，迈入发达国家的行列。而中国则正处于"文化大革命"时期，仍是一个生产力较低的以农业为主的国家。中日两国不仅在政治体制上存在差异，在经济发展方面也有着天壤之别。

虽然在政治、经济、社会等各方面都存在着巨大差异，但是中日两国国民却仍未意识到彼此在文化方面的差异。可以说，在漫长的交往历史中积淀形成的"同文同种"观念已经嬗变为中日比较文化研究所独有的"弊病"，既影响到日本人的中国观，也影响到中国人的日本观。日本人自古以来接受了中国的汉字、儒家思想等，因而自认为十分了解中国和中国人。而中国人则因日本深受中国文化影响，而将日本和日本文化视作中国文化的亚流。这种历史上形成的中国观和日本观同时还被掺杂了诸多政治概念，从而变得更加复杂。

因此应该认识到，中日两国国民间相互认识的错位现象是存在的。当代日本人无法理解浸润着儒家精髓的中国文化核心和中国人的思维方式。而当代中国人也很难觉察到从小接受西式教育的日本人其实在内心深处仍保留着日本文化所特有的"空寂·闲寂"的一面。这就造成了中日两国国民间欠缺相互将对方视作"异文化"从而促进相互理解的基础条件。

中日两国国民间相互认识的错位，在社会结构、文化基础、风俗习惯、思维方式、价值标准、行为模式等各个领域随处可见。这种错位往往成为相互理解的障碍，而为了打破这些无意识的障碍，就需要灵活运用比较文化的方法。

比较文化是将"自画像"与"他画像"进行相互对比，并从中挖掘认识的深度，拓展思考的广度。在相互比较中进行文化研究和交流能够让人学会谦虚，从而推进彼此相互借鉴、相互学习。而"国际日本学研究"的确立，也需要人们对中日比较文化研究给予更多的热情和关心。

三、比较文化性日本研究的现状

作为推动文化研究学科发展的要素之一，比较文化的作用应该得到充分的重视。由于日本自古以来就是吸收外来文化的成功典范。因此，在考察研究日本文化时，尤其应该普遍地运用比较文化的方法。实际上，在日本人对他国的研究中，随处都体现出比较文化的智慧。而在外国人对日本的研究中，由于通常都将日本视作"异文化"，因而其中比较研究的性质也就格外明显。为数众多的日本研究专家在其代表作中都充分运用了比较文化的方法。例如，葡萄牙籍耶稣会神父、传教士刘易斯·弗罗伊斯（1532—1597）的《欧洲文化与日本文化》（岩波文库，2005 年）、出生于希腊的英国籍记者小泉八云（1850—1904）的《小泉八云作品集》（河出书房，1988 年）、英国外交官恩斯特·沙托（1843—1929）的《一位外交官眼中的明治维新》（岩波文库，2004 年）、美国文化人类学家鲁思·本尼迪克特（1887—1948 年）的《菊与刀》（社会思想社，1965 年）、美国日本研究专家唐纳德·基恩（1922—   ）的《日本人与日本文化》（与司马辽太郎合著，中公新书，1985 年）、美国政治学家约翰·奈斯比特（1929—   ）的《日本的存在》（日本经济新闻社，1992 年），等等。在日本研究领域，中国人丝毫不逊色于西方人。如黄遵宪的《日本国史》、戴季陶的《日本论》和周作人《日本谈义集》都堪称外国人在日本研究领域的翘楚。

在全球化的进展过程中，越来越多的外国学者参与到"日本学"和"日本研究"的领域中，这就要求人们必须更加客观地认识日本，以形成准确贴切的日本观，并就日本文化研究的成果进行相互交流。毫无疑问，无论是日本的研究者还是外国的研究者，都可以从研究成果的相互交流中获得宝贵的方法论和重要的参考数据，可谓是一举两得，互利双赢。

四、比较文化性日本研究的视角

（一）时间坐标和空间坐标

研究任何国家的文化，都需要以时间上的纵向比较来划分年代，追寻其变化轨迹，同时还需要以空间上的横向比较来探究每个历史阶段的时代特征。这种以时间和空间为坐标的视角适用于任何时代的任何研究。由于在社会文化领域不存在与时代特征完全脱节的研究，因而在日本文化研究领域，必须将历史沿革和时代特征有机地结合起来加以分析考察。中日比较文化研究的方法论自然也应该将这种以时间和空间为坐标的视角作为基础。

中国曾长期处于封闭状态，但近 30 年来却发生了翻天覆地的变化。中日两国错综复杂的历史渊源，导致中日间的相互研究较之其他国家具有很大的不同。为此，在考察当代中日间的文化研究时，需要格外注重通过时间上的纵向比较和空间上的横向比较来加以分析研究。

井上靖的《天平之甍》（中央公论社，1957 年）就是一个很好的例子，通过中国对该作品评价的变化，可以从中发现以时间和空间为坐标来进行文化研究是何其重要。1963 年 4 月，北京作家出版社翻译出版了《天平之甍》的中文版。由于该书介绍了遣唐使和鉴真和尚的事迹，具有很好的宣传教育价值。因此，中方希望在当时中日两国尚未恢复邦交情况下，通过该书的翻译出版来促进中日文化交流。但是，1966 年 "文化大革命" 开始后，对《太平之甍》的评价出现了一百八十度的转变。该书被批判为 "代表封建主义、资本主义、修正主义的大毒草" 而遭到封禁。该书的译者楼适义也遭到批判。但就在 "文化大革命" 刚刚结束不久的 1978 年，随着《中日和平友好条约》的缔结，《太平之甍》作为 "中日友好的象征" 再次受到高度评价。楼适义也得以平反，并重新翻译了该书。仅以此例就不难看出，中国的日本文化研究曾经如何的受到过时代特征的左右。

2004 年，由我主编的《"意" 的文化和 "情" 的文化》作为中公丛书其中的一册在日本出版发行。该书收录了当今中国日本研究领域最前沿的学术论文。当时，多家媒体对该书发表了书评。其中，《朝日新闻》的书评栏目认为 "尽管该书编者对其中一篇有关中共对日政策史的论文给予高度评价，但笔者却觉得这种论文极其无聊"。从这篇书评可以看出，由于进行横向比较的空间背景不同，因此对论文的评价也不一样。我高度评价的这篇论文与中国国内同类论文相比，的确有很多值得称道的地方。但是，如果与日本的同类论文作横向对比，并以当代日本的价值观来考察这些论文，得出"极其无聊"的结论也并不离奇。由此可见，由于同时代的不同空间有着各自不同的时代精神，因此如果同时对相同的对象进行考察，处于不同空间的评论者将会得出完全不同的结论。中日两国虽是近邻，但由于各自的国情不同，因此相互认识的错位在所难免。

同时，由于彼此所追求的时代目标和理念存在差异，因此人们对同一事件的定性也不尽相同。在这种情况下，需要不失偏颇的同时运用"中国式"的视角和"日本式"的视角来进行分析考察。而要做到这一点，必须"学贯中日""思接古今"。

（二）中日"异文化"的视角

在中日两国的概念中，"异文化"一般都是指西方文化，因此，异文化研究的焦点也容易被集中到西方各国的文化上。中日两国在比较文化、异文化等领域的杰出研究成果基本上都是对西方文化的研究。这是因为自从接触到西方文化的那一刻起，中日两国就都自然而然地将其视作"异文化"。实际上，根深蒂固的"同文同种"观念不仅存在于中日两国之间，而且普遍存在于亚洲各国之间，双方往往都会想当然地认为彼此的文化是相同或共通的。

同时，如果考察一下当代日本具有普遍性的中国观就会发现，在日本，将中国视作一个落后国家的认识依然根深蒂固。甚至还有相当多的日本人认为，现在仍然可以用奉西方文明为绝对价值的思维方式来看待中国近年来所发生的变化。由于盲目效仿西方的价值观，日本往往陷入"发达国家"和"落后国家"这种简单二分法的窠臼。然而事实证明，这种二分法不能套用于中国。戴着有色眼镜，先入为主地看待中国是行不通的。考察一个国家，应该综合各种复杂因素，而使用"异文化"的视角来全面观察，更有助于逐步认清处于快速发展中的中国，从而确立起全新的中国观。

另一方面，虽然当代中国社会与自古以来的传统教养体系已不可同日而语，中国的日本观、日本研究也已融入全球化的大潮中，但仍有必要以当代中国特有

以相互理解为视角的日本研究

的国情为出发点，来重新审视日本观和日本研究。

中日两国虽自古以来共同接受着汉字圈的教养体系，但二战结束以来，双方均已发生了翻天覆地的变化。因此，当代的日本和中国都有必要以自身独有的国情为出发点，重新审视并调整固有的相互认识，并不断推进双方面向新时代的相互理解。

然而直到今天，人们似乎仍未充分认识到将中日两国作为"异文化"来进行比较研究的重要意义。在中日两国也都还有不少人因为两国同为亚洲文化的一分子而忽视彼此在文化上的差异。因此，中日两国在相互认识对方当代文化的过程中，必须排除"同文同种"这种先入为主的成见。在中国，因为同为儒教文化圈，认为日本也接受了中国的伦理道德。而日本也因其所接受的中国古典教养要远远多于世界上其他任何国家，而自认为很了解中国。中日两国在相互交往中，都已经先入为主地认为自己肯定能读懂对方。然而事实上，这终究只是表面上的相互认识、相互理解。

将中日两国作为"异文化"进行比较的视角是时代发展的必然要求。关注中日两国文化的异质性，进一步推进比较文化的研究已成为当务之急。

（三）相互认识的错位

中日两国间自古以来就有强烈的"同文同种"观念。这种观念虽然在某些时候有助于相互理解，但往往也会导致双方都先入为主地认为自己很了解对方，反而成为产生误解的根源。对此，中日两国都必须要有清醒的认识，并做好充分的思想准备，慎重地向对方表达自己的想法，否则对方将难以正确理解己方的真意，从而最终导致事与愿违。但是仅仅依靠文献、资料来做思想准备是远远不够的，而是必须以对方作为研究现场，以身处其间的生活经历为基础，来进行全方位、立体式的研究。唯有通过切身感受，才能够发觉到彼此在相互认识上的错位。

作为一种"常识"，当察觉到彼此之间存在不同点时，应该首先想到这些不同点很可能来源于彼此在文化上的差异。但是由于仍有许多悬而未决的思想课题和政治问题横亘于中日两国之间，因而双方在处理现实问题时难免忽视彼此文化的差异一面，这也是因为"同文同种"的观念必然衍生出"彼此早已相互了解"这种先入为主的错觉。以至于中日两国往往都不太重视相互理解之过程的必要性。

（四）重新认识日本文化的影响力

2004 年 9 月，在哈佛大学举行了"另类诺贝尔奖"之和平奖的颁奖仪式。获奖者是兵库县西宫市的井上大祐。其获奖的理由是"发明卡拉 OK，为促进人与人之间的相互宽容提供了新的手段"。在这一获奖理由中，人们可以看到幽默与智慧在熠熠生辉。

今天，卡拉 OK 作为日本文化的代表已风靡全球。就在"另类诺贝尔奖"颁奖仪式的两周之后，中国社会科学院日本研究所在北京主办了一场主题为"世界中的日本文化——与本国文化的摩擦和融合"的国际研讨会。在会上，"卡拉 OK 效应"成为一个严肃的研究课题。除日本外，韩国、美国、法国、俄罗斯、印度、越南等八个国家日本文化研究领域的精英和专家齐聚一堂，用日语对该课题进行了反复研讨。其中有一个论题就是研讨以卡拉 OK 为代表的大众文化对各国精神文化以及全球化浪潮造成的巨大影响，而这一论题恰好与研讨会的主题相吻合。

日本的生活文化、大众文化在世界各国都引发了"日本热"。在中国出现的"村上（春树）的孩子"、"哈日族"，在英语国家出现的"日本超酷"等新词汇正是"日本热"最明显的标志。在"日本热"的影响下，日本以外的许多国家都将日本作为发行强大的新颖"异文化"来加以考察研究，并同时稳步推动本国的日本研究不断向前发展。

综合上述现状，可以从中发现以下两点：其一，各国对日本生活和大众文化的再认识，为人们重新审视日本的文化影响力（即软实力）提供了难得机遇；其二，虽然日本文化在世界各国的文化中独具特色，但只要积极推动其以和平的方式对外传播，日本文化与世界各国文化相互交融的范围将会不断扩大。"卡拉 OK 效应"就是最好的例证。甚至有人开玩笑说，"哆啦 A 梦"（即机器猫）在世界各国的知名度远远高于日本首相。由此可见，日本的生活文化、大众文化在不断接受世界影响的同时，也正在不断地面向世界广为传播。

日本人被公认为是善于"内视、内省"的民族，对于他国的日本研究，日本人不应抱着"南橘北枳"的心态冷眼旁观，而是应该积极认真地对其加以分析考察。唯有如此，日本的研究者们才有可能从他国的日本研究中汲取营养，获得启发，从而推动日本研究步入良性循环的轨道，为国际性日本学研究作出更大的贡献。

（五）注重中日文化关系的视角

中日交流的历史长达两千余年，而日美交流的历史仅始于 1853 年佩里舰队叩关，距今不过一个半世纪而已。中国的影响渗透在日本人生活中的每个角落，日本文化也早已被深深打上了中国的烙印。虽然中日两国在绝大部分时间里都保持了和平交往，但也经历过几段不幸的历史。因此，中国对日本的认识在经历了漫长的历史演变后，变得极为复杂。其中既有从邪马台国时代至遣唐使时代的友好回忆，也包含着倭寇犯境、日军侵华所造成的难以磨灭的苦难记忆。1972 年中日邦交正常化以后，伴随着日本产品和大众文化在中国的传播普及，中国对日本又有了崭新的认识。但令人遗憾的是，由于靖国神社、历史教科书等问题的存在，日本的负面形象在中国始终无法消除，从而导致当前的中日国民感情如同一团乱麻，剪不断，理还乱。

因此，当人们在思考如何才能让中日关系回归友好状态时，不能仅将目光投向政治和经济领域的对立和分歧，而应该将双方共通的部分培养成为促进对话的"土壤"。而能够将中日两国连接起来的最佳"土壤"则非文化莫属。663 年，中日两国虽然在朝鲜半岛爆发了白村江海战，但遣唐使的派遣和接受并未因此而中断。这正是因为遣唐使是和平的文化使节团，没有任何经济和领土上的野心。此后，即便是在中日官方交往因遣唐使停派而中断后，渡海前来中国的日本东大寺高僧奝然（938—1016）依然得以与当时中国的皇帝进行对谈。中国的《宋史·日本传》真实地记录下了这段历史佳话。由此也可以看出，当时中国对于日本的认识绝不仅是负面消极的。

中日两国都必须认识到，"文化土壤"可以成为分析判断政治经济问题、国际关系问题以及外交问题的基础，同时文化上的差异也会对双方的相互认识和判断标准形成潜移默化的影响。通过文化上的交流，能够增进相互理解，减少彼此在政治经济、国际关系以及外交领域的矛盾摩擦，从而推动双方关系不断向前发展。总之，文化能够作为政治经济、国际关系、外交手段以及国民感情的有益补充，让双方关系的根基更加坚若磐石，牢不可破。

同时，正是由于中日两国是一衣带水的邻邦，文化交流的历史源远流长。因此，人们往往关注双方在政府使节层面上的文化交流。然而，真正的文化交流绝不仅仅局限于狭义上的政府使节层面的交流。中日两国就好比两面相向而置的镜子，日本这面镜子里映有中国文化的模样，中国这面镜子里也映有日本文化的模样。这种相互的文化观实际上已经渗透到中日两国人民生活的方方面面。因此，在普通民众的层面上推动文化观的交流显得尤为重要。中日两国需要以普通民众为中心，通过日常生活中的点点滴滴来重新认识双方的文化关系。

如果将中日关系的研究重心转移到文化领域，就会发现日本和中国这两个同样拥有悠久历史的国家在相互学习的过程中分别培育出了独具特色的文化，并从中衍生出了截然不同的价值观、宗教、文学以及思想。中日两国都应该将文化关系作为中日关系的基础予以关注，并相互对取自于对方的智慧而心存感激，同时从中发现中日文化的不同，从而相互认识到彼此在文化上的差异。因此，对于中日两国而言，促进文化交流的工作永远都是不可或缺的。中日间如果能多一些平等的对话，则会减少一些政治上的分歧。为此，中日两国的研究者们应立即携起手来，共同推进中日文化关系领域的研究。

放眼当今世界，再没有哪两个国家能够拥有中日两国这般悠久的交往历史。但在历史上交往如此密切的中日两国在近代史上却出现了严重的对立和冲突。如果对这种扭曲的现象听之任之，其后果绝难预料。因此，必须充分运用比较文化的方法，牢牢把握住将中日两国作为"异文化"的视角，重新对双方的文化关系进行确认、分析和研究。这种方法同样也适用于亚洲的其他国家之间。

五、国际日本学研究的课题

（一）以克服"内向"和双向开放为目标

世界上任何文化都有其"内向"的一面。而过分的"内向性"与全球化、国际化的趋势是背道而驰的。从事国际日本学研究首先需要注意克服"内向性"的思考，然后通过研究者之间双向、多向的合作，使彼此都对本国文化的内在结构和外部环境予以关注。因此，今后必须着力建立起一个可供各国研究者坦诚交流，相互学习的知识网络。

国际日本学研究的性质决定了研究者在研究过程中，必须摒弃"画地为牢、作茧自缚"的研究方式和心态。在外国人看来，日本式的"垂直管理"的人事关系和研究者"分拨抱团"的状况往往会让其他领域的研究者以及外国人感觉自己受到排挤。这就要求双方都将对方视作"异文化",并进行双向的自我改革。

日本毫无疑问是全世界日本学研究的对象,其所具有强大的向心力吸引着全世界的日本学研究者为之殚精竭虑,皓首穷经。日本应该以此为自豪,并不断改进提高,尽力促进日本学研究的可持续性发展。同时,为了更加广泛地彰显日本的魅力,就必须大力吸引外国研究者。外国研究者的参与会不断拓展日本研究的领域,同时进一步夯实日本学研究的基础。为此,日本必须建立起一套具有国际意识的,开放的研究体制。

(二)树立平等的文化观

一般而言,人们都是通过学习了解本国文化而对祖国产生自豪感的。唯有以对本国文化的自豪感来看待他国人民的文化观,才能够体会到"平等"二字的真意。但是在很多情况下,由于彼此在文化上存在差异,人们对与自己认知不相符的事物会产生莫名的排斥感,而这种排斥感往往又会导致人们在不经意间做出不合适的言行。这也就是平等的文化观难以成为人们日常习惯性思维的重要原因。目前,中日两国对于了解本国传统文化是认知异文化的基础这一点都认识不足。尤其是战后的日本,由于一直以西方思想为基准,就连日本研究领域也都热衷于以西方标准来进行分析考察。今天的日本应该重新认识到,唯有将"西学"与"汉学"作为并驾齐驱的两驾马车,才能使其共同承载着"大和魂"不断前行。同时,也唯有树立起对待亚洲的和谐、平等的文化观,才能助推日本文化跨越西方与亚洲的藩篱,被异文化圈的人们所理解和接受。为了进一步深化日本文化的国际性,日本需要时刻保持这种基本的问题意识。

(三)探究全方位的方法论

国际性日本学研究的本质要求研究者必须学习运用其他各领域的方法论。例如,所谓"参与法"实际上就是文化人类学上的实地考察法。由于日本观存在于普通大众之中,其包含着爱恨交织、错综复杂的思想感情。因此,如果要对日本观进行全面的分析研究,"参与法"就不失为一种行之有效的方法。学习借鉴其他领域的方法论既符合国际日本学研究的发展方向,同时也是全球化社会赋予研究者们的使命。

（四）重新反思亚洲观，和平传播日本文化

战败后的日本将对战争的反省纳入视野，立志要把自己建设成为一个文化大国。但曾几何时，日本却将"文化"弃之一旁，选择了优先发展经济，从而一跃成为一个经济大国。其后，在所谓"失去的十年"里，日本迷失了基本的发展方向。而此时如果环顾日本以外的世界，就会发现完全是另一番景象。由日本不经意传播出去的生活文化、大众文化在世界各地受到热烈欢迎。其中所蕴藏着的强大软实力首先被外国人发掘出来，并已充分加以运用。而种软实力才是能够标志日本真正成为"文化大国"的重要象征。作为创造者的日本反倒成了被发现者，这足以说明日本的问题所在。

在曾经饱受日本侵略战争苦难的亚洲地区，日本文化依然能够在其所到之处掀起一股股"日本热"。这种现象如同一面镜子，让日本清楚地认识到，日本文化能够通过和平的方式广为传播。同时，日本文化在亚洲地区的和平传播也为日本赢得了理解。试想，如果人们真正能够以文化的和平传播来促进相互理解，那么必将有利于彼此间心平气和地对话。

为此，日本需要对其亚洲观进行重新调整，并且通过与西方中心主义的比较，来重新构建以理解、尊重亚洲价值为轴心的亚洲观。而当前正是日本重新反思其亚洲观的最佳时机，希望日本能够顺应历史潮流，把握住这一难得机遇，从而更好地推动日本文化的和平传播。

（五）关注非日本文化研究领域的研究成果

在从西方归国的留学生中，诞生了许多与日本相关的研究成果。曾经留学德国，现任同济大学教授的袁志英就是其中一例。20世纪30年代，大批欧洲犹太人为躲避纳粹德国的迫害而逃亡到上海的租界。袁志英十分关注犹太流亡报刊所反映出的日本观，于是撰写了题为《黄报、施托菲尔和黄报中的日本观》的文章。该文以前所未有的视角，对涉及德、中、日三国的主题进行了分析研究，对于推动日本研究的发展具有重大意义。

以相互理解为视角的日本研究

袁志英研究的对象是奥地利籍犹太人施托菲尔创办的《黄报》。袁志英从《黄报》上撷取了 18 篇有关日本的报道，并从中分析了上海流亡犹太人的对日认识。这些报道多数都出自于德国记者之手，然后被《黄报》所转载。其内容包罗万象，从《源氏物语》《唐人阿吉》等文学作品，到日本人移民美国的历史、精神分析学在日本的普及状况、以天皇为中心的日本国家体制等日本政治、经济、社会各个方面的情况都有所介绍，充分反映了当时德国人、犹太人心目中的日本形象。袁志英充分发挥其精通德语的优势，以敏锐的目光捕捉到这些不为人所注意的新闻资料，并从中得出了令人钦佩的研究成果。

当时，虽然日本在上海具有很强的影响力，但《黄报》却始终贯彻中立的办报方针，其报道中既有赞赏"日本拥有杰出文化"的内容，也有批判"日本发动侵略战争"的内容。《黄报》对于日本的报道，反映了该报创办者施托菲尔自身的日本观。同时，由于遭受纳粹迫害而亡命天涯的犹太人与列强蹂躏下的中国"同病相怜"，因此《黄报》对于日本的侵略行径予以了强烈谴责。

以旁观者的视角研究日本的另一个例子是由社会学家李培林撰写的《再度崛起的日本》。李培林在法国留学期间获得博士学位，现任中国社会科学院副院长、社会学研究所所长。2003 年，从未涉足过日本研究领域的李培林在日本学术振兴会的赞助下前往日本庆应大学讲学。在此期间，他将自己对日本的切身感受记录下来，最终集结成为《再度崛起的日本》一书。李培林曾就该书对我谈及感想："《菊与刀》的作者也没有亲自到过日本，但我想社会研究的方法论应该可以适用于任何国家。于是我决心写一本书，来尝试着对日本社会做一番考察和分析。"

作家余华也是灵活运用日本文学之精髓拓展写作人生的当代先驱。笔者曾有幸聆听了余华的报告，想不到他最初的创作灵感之源竟然来自于诺贝尔文学奖获得者川端康成。虽然他的作品中直接涉及日本的部分很少，但他对细部的观察和描写的手法多少与细读川端康成的作品有关。这大概也是余华的小说及相关影视作品能够在日本深受欢迎的原因之一吧。

总之，物理性的全球化使得过去"老死不相往来"的异邦人可以瞬间跨越五大洲四大洋，共享新的时间和空间概念。比如，以往需要一周时间才能送达的邮件，现在利用电子邮件一分钟内就能传送。身居地球两端的人们可以使用电视电话谈情说爱。古人难以逾越的物理性的鸿沟已被逐渐填平，所谓的天涯海角再也不能成为互不交流的借口。中国和日本、中国与世界早已成为事实上的邻人。邻人的相互关注是正常的，尽管人们还没有习惯。因此，研究日本不一定要懂日语，不一定专攻日本。实际上，日本研究专业之外的视角更多元，更具有启示。二郎神的额头眼——第三只眼不是最厉害吗？

附 录

为了亚洲文化的相互理解

——与日本明仁天皇夫妇交流纪实

2007 年 2 月 26 日晚 18 时 30 分至 21 时 30 分，我有幸受邀前往皇宫就"亚洲文化的相互理解"与日本明仁天皇夫妇进行了深入交流。

事情的起因是这样的，2007 年 1 月，天皇夫妇邀请日本著名学者、早稻田大学教授青木保先生（文化人类学、亚洲学研究学者）围绕着"亚洲文化"作了专题讲座。实际上，每当新年伊始，天皇夫妇都会邀请一些知名学者进行讲座。但以"亚洲文化"为专题的讲座，似乎还未曾有过。因此，天皇夫妇此举透露出一个强烈的信息，就是要加强对于亚洲文化的重视。1 月底，青木保教授打来电话，称天皇夫妇希望更多地了解亚洲文化，请他再推荐两位在亚洲文化研究方面有着深厚造诣的专家学者，一同进行交流。于是，青木保教授首先就推荐了我。出于慎重，他还特意向宫内厅询问，是否可以推荐外国人。得到肯定的答复后，青木保教授便决定给予我这样一个能够相互学习和增加见闻的宝贵机会。我当即表示同意。为避免节外生枝，青木保教授叮嘱我在与天皇夫妇会面前要对此事严格保密。

2007 年 2 月 26 日，在与天皇夫妇的相互交流中，我们谈到了很多具体内容。尽管皇后当天还在感冒发烧，但天皇夫妇始终都饶有兴致地与我们进行着深入的交谈。原本按照计划，交流时间是从 18 时 30 分到 21 时 30 分，但当 21 时 30 分宫内厅有关人员前来敲门时，皇后没等敲门者说话，就说请再给我们换杯茶，用这种方式将交谈时间延长下去，直到 22 时左右工作人员再次来敲门时，我们才起身告辞。下面，我就根据自己的记忆，本着"有闻必录"的原则，力求将这次难得的经历如实地记录下来，以为纪念。

以相互理解为视角的日本研究

当天 18 时 30 左右，我抵达皇宫，与我同行的还有青木保教授及其学生足羽兴志子（一桥大学教授，社会学、文化人类学研究专家）。拜谒天皇夫妇后，我们首先作了简单的自我介绍。大约 19 时 00，我们进入客厅旁边的餐厅，围坐在一张小小的餐桌前，一边共进晚餐，一边进行交流。我坐在皇后的旁边，与天皇对面。交谈的内容大致如下：

天皇谈到他的二儿子在大学学中文，而且曾去过云南，了解长鸣鸡，大学的论文是鸡与人的生活关系及民俗。据说在古代日本，养鸡不是为了食用，而是为了听它的鸣啼，欣赏它美丽的羽毛。这就是古代日本人与鸡的关系。天皇的儿子为了写论文专门到云南进行过考察。天皇说起家事时和一般的老人没有什么区别。皇后说她小时候学的教科书里有很多汉诗和汉文，还记得一首歌，讲中国的国土是那样的博大，中国人的胸怀是那样宽广，并把歌词全部背诵了一遍。我想，皇后的意思是说，她小时候学的很多东西与中国很有关系。然后，她又讲到在《万叶集》中描绘最多的是梅花和荻，而描写梅花就是因为受到了中国文化的影响。虽然自公元 10 世纪日本平安朝以后，日本人开始更多描写樱花，现在的日本人说到"花"，也多指樱花，但在《万叶集》问世的奈良时代，即公元 10 世纪之前，日本人说到"花"，则往往是指梅花。

天皇介绍说，日本皇宫中有很多仪式都与中国有关，如凤冠霞帔等。过去在日本皇宫中举行仪式时，皇后要戴凤冠，披霞帔，宛如中国皇后的装扮一样。只是后来这种习惯才逐渐改变了。

我提到，日本天皇和皇后的印全是植物，天皇的印是榮（即桐木），皇后的印是白桦。这大概源于日本传统的自然融合观，是传统与现代融合共生之典范。天皇的印桐树在中国具有吉祥之意，天皇也表示这个印的确与中国有关。我说在中国有一种说法是凤凰落在桐树上，皇后说在日本也有类似的谚语。天皇问道，他不知道为什么桐树在日语中要用"榮"字来表达，而且上面是两个火字，在中国"榮"字是不是也与桐树有关。我说我回去查查，不一定能查到，但会尽力去查。（事后我已查到，并于 3 月 4 日和 5 日告知宫内厅）。皇后说，过去在中国不能直接称呼皇帝和皇后名字，所以使用另外一个称呼，日本现在还是这样。

我谈到自己在日本的留学和生活经历时说，我看到许多日本人很喜欢汉诗，喜欢中国古代的文化，比如日本奈良的正仓院，也就是日本藏国宝的地方，那里面有从中国传来的琵琶等许多国宝，历经战乱和自然灾害保存下来，很不容易，有很多古书在中国已经看不到了，但在日本还可以看到。我来到日本以后，能够看到其中的一部分，心里非常高兴，日本人对中国文化的喜欢也让我非常感动，并很受教育，觉得自己应该更加努力学习自己祖国的文化和日中文化交流的历史。日本文化就像一面镜子，映出两国的交流史及两国文化的异同。因此，我非常感谢日本给予了我许多的学习机会。

我说，美国的佩里率舰队来到日本时带了一位翻译是中国人，名叫罗森。罗森是在日本明治开国之前，跟随西方的船只来日本的第一个中国人，此前的中国人都不是和西方人一起来的。罗森记录下了当时的见闻，其中就提到当时日本人非常喜欢汉诗，一般的平民都会背汉诗。中国人对于日本人向往中国文化的精神都是非常感动的。天皇说，现在的日本人关于汉诗的知识不像以前那样丰富了。皇后说，听说汉语中的"宗教""社会"等词汇是从日本传到中国的。我回答说，是的，自1905年中国废除科举制度之后，清政府将大批留学生派往日本。这些留学生通过日本学到西方的文化，把日本人翻译的西方著作介绍到中国去。随着这些译作，日本的一些词汇传入中国。其中，日本制造的汉字词汇大约有一千好几百个。

天皇说，现在的日本人对汉诗虽然不像古代的日本人理解得那样深刻，但仍然有很多人在学中文，仍然有很多日本人对中国非常感兴趣，然而对韩国就不同了，知道韩国文化的日本人不多。我问，你们看没看过韩国电视剧《大长今》，天皇和皇后笑着说，我们都非常喜欢看这部电视剧，孙女们也非常喜欢，看不到的时候，还要把它录下来。我说我从报纸上看到，胡锦涛主席也很喜欢看这部电视剧，据说在中国这部电视剧的收视率是20%。天皇问，为什么中国人喜欢看《大长今》呢？我回答说，尽管每个人的感受不一样，但我个人认为，这是因为人们通过这部电视剧可以发现日常生活的深处到处都渗透着传统文化，而传统文化能够引起人们的共鸣。在《大长今》中，这种传统文化主要是来源于中国的儒教。现在世界各国对传统文化多少有些疏离，这部电视剧可以重新唤起人们对传统文化的向往，为人们学习传统文化提供了机会，使人们对这种亚洲共通的价值观进行重新认识。

饭后喝茶的时候，吃的是团子。天皇和皇后对团子的材料和制作非常熟悉。天皇说团子里加了红薯，还用了一种新鲜的艾草，皇后说团子上盖的树叶是山茶花的叶子。我开玩笑说，如果大长今看到这个团子，定会自叹不如的。天皇和皇

以相互理解为视角的日本研究

后听后也情不自禁地笑了起来。皇后说，大长今做饭用一些中药作药膳，这也是来源于中国。

天皇和皇后又问道，日本人认为月亮里有兔子和青蛙，中国人认为月亮里有什么东西呢？我说，中国也认为月亮里有玉兔和青蛙，但中国人还认为在月亮里有一棵桂树。天皇说，在日本有一种说法叫桂兔和桂月，看来这种说法仍然是来源于中国。

我介绍说，现在的中国人接触日本文化的机会很多，各个书店都摆着日本的书籍，从最古的《古事记》《万叶集》，至大正时代和昭和时代的日本作家，以及现在的村上春树等，日本具有代表性的作家的作品大都被翻译成中文了。很多中国人喜欢看日本的文学作品。皇后说，我喜欢日本传统文化中的和歌，并当即兴致勃勃地背诵了几首，我说，我以前在中国不知道七夕的仪式是怎样的，到了日本之后，才知道七夕节有什么摆设，吃哪些东西，举行哪些仪式，我感到非常惊喜。正如著名日本作家、文化人冈仓天心所说，日本就像是亚洲文化的仓库，因此我到日本之后反而学习到了很多在中国已经消失的文化。

皇后问，中国文化与日本文化有何不同呢？由于这个问题太大，不可能全面回答，我仅举了一例进行解说。日本讲究清淡的美，花艺中有只插一朵花的做法，而在中国家庭里一般都喜欢百花缭乱，插花一定追求明丽和艳丽，给人一种有活力的感觉，这种差异说明了中日审美意识的不同，也说明了两国价值观的基准不同。天皇说，我觉得那种清淡的美应该是中国的道教所提倡的。中国的道教与日本传统的神道有哪些不同呢？于是，我又讲解了中国道教与日本传统神道的区别。

皇后说她翻译了很多英文诗，讲到翻译的技巧。我说我也翻译了日本作家宫泽贤治的一些作品，即将在中国出版，天皇和皇后听后很兴奋，皇后说她喜欢宫泽贤治《鹿舞起源》的故事。我说这一故事是讲人和动物合为一体，人和自然融合的关系，与中国的庄子人与蝶的关系（周庄孟蝶）有相似之处，皇后认为如何呢？皇后回答说，这个问题以前没有想过，以后要认真思考一下。皇后问我翻译宫泽贤治的作品时，拟态词、拟声词怎么处理呢？我回答说，我尽量翻译得中国人能够接受。天皇又问我学习宫泽贤治的体会。我说，我最喜欢宫泽贤治的《不怕风不怕雨》这首诗。通过这首诗，我发现不管是日本人，还是中国人，我们都是同样的人，那么平凡，又那样热爱和平，热爱生活。但在此之前，我印象中的日本人，尤其是日本旧军人并非如此。这首诗给了我重新认识日本的机会。真正的日本人是我们一样的人。天皇听后反复说，是的，我们都是一样的人。

天皇和皇后回忆说，他们到过上海、北京和西安，现在感到非常怀念。特别是到上海的时候，前来欢迎的人非常多，刚开始时，他们还以为是住在上海的日本人来欢迎他们，没想到全部是中国人，这很令人感动。皇后说，访问西安到大雁塔参观的时候，一个老人给她讲过很长一段话，她当时听不懂，但可以感到老人的善良和热情，这是一个非常慈祥的老人。我说，当时在上海负责接待工作的上海市副市长赵启正也曾对我说过对天皇的访问难以忘怀。当时全国的报纸都刊登了他们访问中国的照片。天皇夫妇表示感谢。天皇问，宋健先生现在好吗？我们觉得他是一位很有学者风范的人物。我说，去年在中国留学生留学日本110周年纪念大会上我见到过宋健先生，他是听过我的发言以后才离开会场的。然后，我讲到了中国留学生留学日本100多年的历史，天皇夫妇听得非常认真。天皇夫妇对中国的历史事件非常熟悉。天皇还问起光绪帝被软禁的年代与中国留学生留学日本的时间先后。

皇后说，全世界唯一的一所由留日学生创办的大学在印度尼西亚，那所大学是留日印度尼西亚人办的。然后，她回忆起她去亚洲和非洲一些国家访问，见到一些普通的市民，他们都非常友好，有的人把自己的孩子叫成美智子（皇后的名字），自己现在还经常会想起她们。

天皇谈到日本的教育，说起他们小时候学过的手工、算术。我说我小时候也学过手工、算术，这是因为留日学生回国之后在全国办了新学堂，很多日本人到中国教书，所以学习的科目和日本相同。天皇又问我在什么地方学的日语，我回答说是在大连外语学院，当时学习日语的目的就是为了中日友好。大连外语学院就是为了培养中日友好的人才，由周恩来总理亲自建立的。

交流结束后，天皇夫妇亲自送我们出门。天皇和皇后特意对我们说，谈的时间很长，上车回去前先去一下洗手间吧。考虑到当天比较冷，我们都不愿让天皇和皇后站在门口等着，可天皇和皇后都表示愿意在寒风中等候大家。为了不让大家感到不好意思，天皇和皇后还特意做出鉴赏附近摆设着的手工人形（工艺品）的样子。可见天皇夫妇真是细致入微，善解人意。

分别的时候，青木保教授和足羽教授都已上了车，天皇夫妇和我紧紧握手，真挚地说，为了中日友好，为了和平。

车开出后，我回望窗外，天皇和皇后依然在门口向我们挥手。

旅日宋人的活跃与浙东石刻艺术的东渐

刘恒武

　　内容提要　　两宋时期，中国海商以浙东明州和北九州博多为据点，建立起庞大的宋日航海贸易网络。除了日常贸易品，宋商还将明州梅园石制的供养塔、宋风石狮等石刻制品带至日本九州。此外，12 世纪末奈良东大寺重建之际，以伊行末为首的明州石刻匠人东渡，使浙东石刻技艺与日本本土的石刻工艺相互融汇。宋代浙东石刻原本是一种带有鲜明地方色彩的雕刻艺术，但因浙东明州是对日海交门户，故而伴随着浙东渡日海商和艺匠的活跃，浙东石刻艺术得以超越地域的圈限，在日本产生深远影响。

　　关 键 词　　旅日宋人　浙东　石刻

　　基金项目　　浙江省教育厅中青年学科带头人学术攀登项目"宋元时期浙东石刻艺术东渐研究"（pd2013083）；JSPS 资助科研项目"Archaeological study on cultural interaction of South-East China and Kyushu"

　　作者简介　　刘恒武，宁波大学人文与传媒学院教授

　　两宋时期，宋日之间航海贸易与佛教交流趋于兴盛，浙东明州——北九州博多之间的航路成为宋日海上交通的主轴。宋朝海商势力扩张至日本九州北部和西部沿海，并在博多形成据点，在赴日宋商输往日本的物品之中，除了陶瓷、丝绸等一般贸易品之外，还有不少来自浙东地区的佛教类石刻制品。此外，以奈良东大寺重建为契机，以伊行末为首的明州石刻匠人东渡，将浙东石刻艺术传播至日本本州各地。本文结合近年发现的相关考古资料，对这一课题做一探讨。

一、九州地区宋商的活跃与浙东石刻的外输

　　11 世纪中叶以后，中日贸易步入了一个新阶段，这一阶段被日本学者称为"博多贸易"时期。博多贸易时期，日本的对外贸易枢纽港是九州北部的博多，但是实际上宋商船舶已经将在日贸易网络扩张到了九州西部沿海和本州的日本海沿岸等地。当时中国的对日贸易始终以明州（庆元）为核心港口，此外，杭州、江阴、温州、秀州、泉州等地在对外贸易上也相当重要。1190—1195 年，杭州、江阴、温州、秀州等地船舶贸易相继罢废，明州港口地位愈显突出。宋元时代的中日贸易基本上是以明州（庆元）——博多为轴心展开的。

　　博多港在今九州北部福冈市博多区西北部，面向博多湾。博多港所在的博多湾，南、东、西三面为九州本岛陆地环抱，北侧由东向西依次有海之中道沙洲、志贺岛、玄界岛为屏障，湾中部又有能古岛横亘，这种相对闭锁的地理条件使得湾内海水远较湾外玄界滩的海水平稳。博多地当博多湾东南，港市最初营建在御笠川、那珂川两条河流与博多湾海流共同作用形成的濒海沙丘上，博多港的海运码头则位于博多西侧御笠川古河口，这一带曾经发现成批的中国白瓷。

　　日本平安时代末期，随着鸿胪馆的衰落，博多成为宋日贸易的新据点。宋商船纷至沓来，在博多营造住宅，助建寺社，建立起庞大的聚居区——唐房，并以之作为据点从事宋日之间的航海贸易，博多因此也成为日本中世最繁华的国际化港市。

　　博多宋人聚居地——唐房的具体位置，已经借助考古学分析逐渐得以澄清。唐房位置考察的最重要的切入点，即出土墨书陶瓷器的空间分布。这种墨书陶瓷器系宋商船载而来的贸易物品，器物底部写有商人姓氏，姓氏之后往往后缀"纲"

旅日宋人的活跃与浙东石刻艺术的东渐

字。①根据考古调查，11 世纪后期至 12 世纪前期的墨书陶瓷器集中出土于古博多地区（博多浜）西部，而这一地块的周边则主要出土 12 世纪后期至 13 世纪初的墨书陶瓷器。另外，12 世纪前期以前的中国贸易陶瓷集中废弃点也集中于博多西部，年代较晚的 12 世纪后期中国陶瓷集中废弃点亦见于博多中部。②上述考古资料传达出两方面的信息，首先，博多西部当是所谓"唐房"所在地；其次，12 世纪前期以前，宋人聚居于博多西部，12 世纪后期，宋人聚居区逐渐向周边扩大。

另外，在古博多东北部，曾有一块被称为"博多百堂"的片区，这里最初也有宋人堂舍，但后来废为墓所，之后，著名入宋高僧荣西在此处建立了圣福寺。目前，圣福寺境内发现有纳骨器、经冢等遗物、遗迹，说明这一带在圣福寺建成之前确为宋人灵地。

根据宋人聚居区出土的其他日用遗物、建筑遗迹来看，旅日宋人的生活方式具有明显的当地化倾向，所以，宋人聚居区虽称"唐房"，但绝非独立、封闭的区域，它与当地日本居民区彼此依存、相互交融。

地处博多西部的唐房是一片近水区域，面向御笠川的古河口展开。根据文献中关于博多湾入港海船停泊地点的记载，大型外洋船多寄泊于博多湾北部的志贺岛或湾域中部的能古岛。如果是这样，那么宋朝大型船舶到达博多湾边缘岛屿之后，需要利用近海中小型船舶将货物转载至博多唐房。

值得强调的是，以博多为据点的宋日贸易以及宋人的博多定居，是促使博多区域城市化的主因。在博多贸易刚刚展开的 11 世纪后期，博多只是一个普通的濒海聚落，日本居民人数十分有限，这从考古发现的 11 世纪后期博多日本人土葬墓数量上反映得非常清楚。至 12 世纪中期，博多人口增多，居留宋人已经有一定数量。根据日本文献记载，日本仁平三年（1153），太宰府目代藤原宗濑带领太宰府检违非别当安清、同执行大监种平、季富等五百余骑人，攻袭笞崎、博多一带，劫掠了宋商王升等 1600 户资财，③这就是史上有名的"仁平大追捕事件"，这次事件的背景是太宰府与箱崎宫之间对于宋商财富控制权的争夺。由此可以推知，12 世纪中期，博多、笞崎一带至少已有 1600 户住民，而且其中一部分是宋

① 黄建秋："福冈市博多遗址群出土宋代陶瓷器墨书研究"，《学海》2007 年第 4 期。
② 大庭康时：《博多の都市空間と中国人居住区》，《港町のトポグラフィ》，青木書店，2006 年。
③ 《石清水文书》卷五《宫事缘事抄笞崎造事》。

朝商人。①

12 世纪后期，宋日贸易趋于繁盛，唐房规模扩大，日本居民数量骤增。与此相对应，12 世纪后期日本土葬墓较之前期大幅度增多。到 13 世纪初，博多全域城市化进程基本完成。

博多宋人的移住，不仅促进了博多商贸的繁荣，也推动了博多文化的兴盛。1195 年，日本临济宗鼻祖——荣西，在博多百堂一带创建了圣福寺，是为博多第一座具有一定规模的佛教寺院，也是日本最初的禅道场。荣西于 1168 年第一次入宋，参访了明州阿育王山和台州天台山等地，1187 年再度入宋，随虚庵怀敞大师由天台山万年寺移驻明州天童寺，1189 年曾从日本往明州运去大量木材，协助建造天童寺千佛阁。②1191 年荣西归国后，在九州北部筑前、肥后地区传教。1194 年，禅宗因天台宗的排斥被一度宣停。1195 年，荣西在博多建圣福寺，可以说，该寺的建立和维持都与宋商势力的援助有密切关系。

1241 年，从宋朝归国的圣一国师圆尔辨圆又在博多创建承天寺弘扬禅法。圆尔 1235 年入宋，曾随明州天童寺痴绝道冲禅师学禅，后又赴径山寺师事无准师范大师，得其衣钵正传。承天寺的辟建，得到了博多宋商谢国明的支持。1248 年，承天寺因火再建之际，谢国明再次倾力援助。

上述以博多宋人社区为物质和信仰依托的禅寺，不仅成为禅宗在北九州地区的布教中心，而且又与宋人社区一起推进了中国生活文化在日本的传播。例如，食用小麦面条、荞麦面条、馒头以及饮茶的习惯，据说均源于博多。

事实上，博多宋人在社会经济生活上与当地日本社会联系密切，本地化进程相当快速。宁波曾发现三块宋代旅日华侨刻石，③其中，"丁渊刻石"和"张宁刻石"只言居住地——日本国太宰府，不言母国原籍地，这多少反映出两人故国归属意识的淡薄，尽管两人的宗教信仰还带有明显的中国色彩，但在身份认同上更趋近于居住国。上文提到的博多纲首谢国明，曾经作为地头掌管过宗像社领的玄

---

① 冈崎敬撰、严晓辉译："福冈市（博多）圣福寺发现的遗物——中国大陆舶来的陶瓷和银铤"，《海交史研究》1989 年第 1 期。

② 楼钥：《攻媿集》卷 57。

③ 顾文璧、林士民："宁波现存日本国太宰府博多津华侨刻石之研究"，《文物》1985 年第 7 期；王勇：《宁波天一阁所藏の博多在住宋人の石碑について》，《中国華東・華南地区と日本の文化交流》，关西大学出版部，2001 年；林士民：《宁波现存日本国太宰府博多津华侨刻石之研究》，《再现昔日的文明》，上海三联书店，2005 年。

旅日宋人的活跃与浙东石刻艺术的东渐

界滩小吕岛，而该岛地处宋日交通要道。这说明，博多宋商已经在北九州地方政治上拥有一定的势力。此外，宗像大社所藏阿弥陀经石上刻有承久二年（1220）2月12日纪年的"张氏寄进文"，寄进者张氏系宗像大宫司氏重之母，而铭文内容是张氏为前宫司氏实、权大宫司氏忠（张氏之夫）、母王氏等人写下的祈愿语。从这件遗物来看，宗像大宫司家两代都与王姓、张姓宋商联姻，并立所生男子作为大宫司继承人。

大量宋商移住九州，也将宋代中国的物质文化与精神文化移植到了九州，宋文化外输的载体不仅包括贸易陶瓷、丝绸、书籍等易于移动、流播的物件，也包括石刻之类的大体量物品。近年，萨摩塔的考古调查与研究，刷新了学界有关宋日文化交流的认识。萨摩塔是一种形制特殊的供养塔，下部为四天王浮雕须弥座，中部一般为壶形，雕有佛龛，顶部为屋檐状。根据目前的研究，日本九州发现的萨摩石塔，分布于九州北部、西北部和西南部（图 1），其石材均为中国宁波出产的梅园石，[①]其制作年代被推定为12世纪至14世纪前期。[②]笔者认为萨摩塔应是浙东或宁波工匠在宁波雕刻完成之后运至日本的，理由如下：

首先，假设萨摩塔系日本匠人在日本雕制的，那么萨摩塔的石材就不应局限于梅园石，理论上应存在以日本匠人所熟悉的本土石材制成的同形制遗物，且分布范围应该扩大到九州全境甚至本州。然而，事实上，迄今发现的萨摩塔仅见于九州，而且仅见于九州北部、西北部和西南部，且石材均为梅园石（至少可以肯定是浙东石材）。

接下来，考虑一下萨摩塔系渡日中国工匠在日本制作的可能性，在这种假设之下，或许渡日工匠倾向于选用他们所熟悉的中国石材，但考虑到工匠、工匠弟子及其石刻技艺的流动性，从逻辑上来讲，九州东部地区以及本州也应出现与萨摩塔同形制的石塔，但目前萨摩塔分布范围的调查结果并非如此。

最后，我们会发现，九州萨摩塔的特殊性也倾向于表明萨摩塔的制作地即宋

---

① 大木公彦、古泽明、高津孝、桥口亘："薩摩塔石材と中国宁波产の梅园石との岩石学的分析による对比"，《鹿儿岛大学理学部纪要》第 42 号，2009 年；大木公彦、古泽明、高津孝、桥口亘、内村公大："日本における薩摩塔・碇石の石材と中国宁波产石材の岩石学的特徵に关する一考察"，《鹿儿岛大学理学部纪要》第 43 号，2010 年；高津孝、桥口亘、大木公彦："薩摩塔研究——中国产石材による中国系石造物という视点から"，《鹿大史学》第 57 号，2010 年。

② 高津孝：《薩摩塔と碇石——浙江石材と東アジア海域交流》，国际日本文化研究センター《江南文化と日本——资料.人的交流の再发掘》，2011 年。

代明州（宁波）。萨摩塔具有三大特殊性：1.石材来源地明确，为宁波梅园石；2.所属时段短暂，仅一二百年，在日本本土尚未找到其源流与后续的遗物；3.分布地域集中——九州北部、西北部和西南部。萨摩塔一律为宁波石材，且在日本无传承脉络，这显示出萨摩塔的舶来性质，而上述萨摩塔集中分布的区域均是宋商足迹覆盖之地、宋船航迹经行之所，在鲜有宋商、宋舶活动记录的九州东部和中部则未发现萨摩塔。这一事实进一步证明，萨摩塔应是从明州港运往九州的石刻成品，其制作地即宁波，制作者应是宁波或浙东本地工匠。

迄今发现的萨摩石塔数量已达到 38 基，主要分布于九州北部的福冈县、佐贺县、长崎县以及九州南部的鹿儿岛县。①九州南部鹿儿岛县域内的萨摩塔合计 5 基，其中 1 基现存南萨摩市的坊津町（图 2），3 基位于万之濑川上游南九州市的川边町（图 3），另 1 基现存雾岛隼人町。这三个萨摩塔的发现地点之中，南萨摩市坊津是九州西南端的良港，附近的一乘院遗迹、泊浜等地点都发现了宋元贸易陶瓷；雾岛市隼人町向南面对锦江湾，附近的富隈之凑（浜之市港）是海船寄泊地，隼人町宫内地区（大隅正八幡宫周边）的弥勒院、桑幡氏馆、留守氏馆、泽氏馆等遗迹均发现有宋元时期的中国青瓷和白瓷；南九州市的川边町虽与海滨相距一段距离，但有万之濑川河道通往海边，而位于万之濑川河口地带的持躯松、渡畑、上水流、芝原、小薗等遗址均出土了宋元贸易陶瓷，其中，渡畑、芝原两遗址发现了与宁波宋瓦非常相似的中国瓦。②可以推测，万之濑川河口很可能是宋元海船的重要寄泊地，而坊津和浜之市港亦有可能是宋元海船的经行港湾。

九州北部长崎县发现的萨摩塔数量最多，达到 14 基，而且其中 13 基集中于海道要津——平户市域内，平户还发现了两尊石狮，石材与萨摩塔一致，具有宁波梅园石的特征，此外，平户还保存有一根宋元时期中国制碇石，据推定其石材也来自浙江。③九州北部的福冈县也是萨摩塔现存数量较多的地区，现已发现 10 基，而且发现了 5 根可能是浙江石材制成的宋元碇石（现存于承天寺、栉田神社、

① 井形进：《薩摩塔の時空》，花乱社，2012 年，第 146～150 页。
② 鹿児島県立埋蔵文化財センター：《渡畑遺跡（南さつま市金峰町）2》，鹿児島県立埋蔵文化財センター，2011 年，第 174、226 页；鹿児島県立埋蔵文化財センター：《芝原遺跡（南さつま市金峰町）3》，鹿児島県立埋蔵文化財センター，2012 年，第 298 页。
③ 高津孝：《薩摩塔と碇石——浙江石材と東アジア海域交流》，国際日本文化研究センター《江南文化と日本—資料・人的交流の再発掘》，2011 年。

旅日宋人的活跃与浙东石刻艺术的东渐

筥崎八幡宫、圣福寺、福冈市埋藏文化财中心）。另外，福冈县宗像市宗像大社所藏阿弥陀经石和福冈县博多区妙乐寺唐石，也都表现出宁波梅园石特征，很可能是南宋时期的中国石刻。佐贺县发现了 6 基萨摩塔，分布于武雄市、多久市、神崎市、神崎郡等地。上述地区之中，平户位于九州西北端，是由北九州前往中国大陆的海上交通要冲，平户岛最南端的志志伎神社冲之宫具有航标作用，志志伎神社冲之宫萨摩塔残存部分高 1.51 米，推测原高 3 米（图 4），[①]无疑与宋元海商的活动有关；福冈市博多区、志贺岛及其周边海滨，是宋商登岸、贸易和居住的主要区域，这一地区发现了相当数量的宁波梅园石石刻（包括萨摩塔、宋风石狮、碇石），这些石刻都应是宋商的舶来之物；关于佐贺县发现的萨摩塔的来路，一种可能是来自大村湾或有明海沿岸，另一种可能从平户或福冈滨海地区搬运过来的，后者可能性更大。

九州发现的浙东石刻作品应系海舶输日之物，根据芪岚整理的《宋元日往来商船一览表》[②]，两宋期间往返于明州（庆元）和日本之间的商船可以罗列如下：

1073 年，宋商孙忠从明州港航抵日本，带去了宋帝赠给日廷的金泥《法华经》和锦 20 匹。事见《参天台五台山记》。

1078 年，孙忠从日本航至明州。事载《宋史·日本传》、《善邻国宝记》。

1080 年，孙忠从明州航至日本越前敦贺，带去明州牒文。事见《扶桑略纪》。

1082 年，孙忠再次从明州航至日本。事见《百炼抄》。

1105 年，泉州客商李充从明州航抵博多湾志贺岛。事载《朝野群载》。

1168 年，宋通事李德照船从博多出港航抵明州。事载《千光祖师年谱》。

1169 年，宋商回程船抵明州，托明州纲首进献方物。事见《文献通考》。

1176 年，日商抵明州。事载《宋史·日本传》。

1202 年，日商抵庆元定海。事载《宋史·日本传》。

1211 年，苏张六从庆元航抵博多。事见《泉涌寺不可弃法师传》。

1241 年，日商从庆元返回博多。事见《圣一国师年谱》。

1242 年，博多纲首谢国明由博多抵庆元。该年杭州径山寺失火，博多承天寺开山圆尔辨圆委托谢国明赠送木材，协助径山住持无准师范重建伽蓝。事见《圣一国师年谱》。

---

① 井形进：《薩摩塔の時空》，花乱社，2012 年，第 78～83 页。

② 芪岚：《7—14 世纪中日文化交流的考古学研究》，中国社会科学出版社，2001 年，第 240～251 页。

上述通航记录，仅仅是文献中有明确记载的，未见诸文献的商舶往来航次要远远多于上述记录。

二、明州渡日石雕匠师与伊派石工作品

1181 年，日本高僧重源主持奈良东大寺的复建工程。为了保证工程的顺利完成，重源先后从中国聘来陈和卿、陈佛寿、字六郎、伊行末等工艺匠师协助各项施工。其中，陈和卿是铸造师，字六郎、伊行末则是石雕匠师。

东大寺寺内文献《东大寺造立供养记》中记载了日本建久七年（1196）字六郎等人协造东大寺内石雕之事：

> 中门狮狮、堂内石胁士、同四天像，宋人字六郎等四人造之。若日本国石难造，遣价直于大唐所买来也，运赁杂用等凡三千余石也。

由这条史料可知，字六郎等人为东大寺雕造的作品中包含有门侧石狮、佛堂内胁侍菩萨像以及四天王像。此外，由于这些石刻以日本国产石材难以雕造，因此特意从中国买来石料用于制作雕像。

那么，石料究竟购自中国的何处？2008 年 8 月，日本"中日石造物研究会"发表最新研究结果指出，奈良东大寺南大门放置的两尊石狮极可能是用宁波近郊所产梅园石制作的。该研究会学者对东大寺南大门石狮的石材与宁波梅园石的岩石矿物学特征进行了详细的鉴定比较，鉴定结果显示，石狮的石材为凝灰岩质地，呈泛红色调，岩石粒子微细，这些特征均与梅园石一致。这一研究结果一经发布，立刻受到了媒体的广泛关注。[①]实际上，在此之前，已经有研究者提出东大寺南大门石狮的石料可能系宁波梅园石的观点，但这只是基于肉眼观察而得出一种推测，此次"中日石造物研究会"的矿物学鉴定结论无疑具有极强的说服力。东大寺南大门两尊石狮像，东侧像高 1.8 米，西侧像高 1.6 米，均放置于高 1.4 米的石质台座之上。（图 5）

另外，有日本研究者还从东大寺石狮台座与南宋宁波石雕的纹饰比较中找到了两者之间工艺脉络的密切联系，他们指出，石狮台座侧面雕刻的卷云、牡丹、

---

① "東大寺南大門の獅子像は中国生まれ　原材料'梅園石'か"，《読売新聞》，2008 年 8 月 10 日；"2 獅子'宋出身'か　凝灰岩の材質酷似　東大寺南大門"，《産経新聞》，2008 年 8 月 10 日。

旅日宋人的活跃与浙东石刻艺术的东渐

莲华、鹿等精巧纹饰在宁波南宋时期石刻上均可找到类似实例。[1]

东大寺再建工程的主持者重源，曾三度入宋，游历浙东天台山和阿育王山，而且曾经从日本运去木材助建阿育王寺舍利殿，由此可见重源与明州结缘之深。旅宋期间，重源对中国营造法式做过精心考察，他或许亲眼看到过明州石工的作业情景。《东大寺造立供养记》所载石工字六郎等人虽然未必均系明州人士，但是，如果东大寺曾经舶回明州石材之事属实，那么他们应当参与了石料采办事宜并且对明州石材及石工集团有所了解。事实上，重源所聘宋人石工中影响最大的伊行末，确属明州出身，这在伊氏石刻作品铭文中可以得到明证。

现存可以确认为伊行末作品的石刻遗存包括：东大寺大佛殿及讲堂的石坛、四面回廊的铺石、奈良大藏寺层塔、般若寺十三重塔、东大寺法华堂前的石灯笼等。东大寺再建工程竣工之后，伊行末留居日本，后三例石质建造物均是伊行末的晚年作品，皆系典范之作，对日本后世石刻影响深远，以下分别加以介绍：

奈良大藏寺层塔：造于 1240 年，四面重檐无纹饰，与奈良般若寺十三重石塔形制大致相同，唯体量较小。层塔铭文曰"延应二年（1240）庚子二月四日造□了大工 大唐铭州伊行末"。

东大寺法华堂（三月堂）前石灯笼：建造于 1254 年。下部托座为圆柱形，上部灯腔为六面亭阁式，边壁雕作门扉状，上覆为六角攒尖顶。体表铭文曰："敬白 奉施入石灯笼一基 右志者为果夙愿所 奉施入之状如何 建长六年（1254） 伊权守行末"。法华堂（三月堂）前石灯笼的灯腔形状后来成为日本石灯的基本样式。（图 6）

奈良般若寺十三重石塔：此塔被誉为日本最具代表性的石塔之一，建于 1253 年，伊行末所造。高 12.6 米，四面重檐，无任何雕饰，但以其简洁明快、富于韵律感的外形，散发出一种独特的魅力。塔表有墨书："（建）长五年（1253）癸丑卯月八日奉笼之。"进入般若寺楼门，十三重石塔立刻映入眼帘，从般若寺本堂望去，石塔伫立于正南面。

除上述作品之外，奈良大野寺弥勒佛摩崖石刻和奈良大字桃香野字野堂弥勒菩萨立像，也被认为出自伊行末或其门人之手。

奈良大野寺弥勒佛摩崖石刻：始作于 1207 年，雕造于大野寺旁宇陀川河岸

---

[1] "東大寺南大門の石造獅子像 台座文樣も'南宋'と酷似"，《読売新聞》，2008 年 8 月 25 日。

高约 30 米的岩壁上，弥勒佛为立像，高 11.5 米，以线刻手法表现。

奈良大字桃香野字野堂弥勒菩萨立像：弥勒菩萨为站立姿势，右手在胸前结说法印，尽管石像表面遭到一定程度的风化，但仍可观察到衣纹雕作的自然流畅之美。像侧铭文为"当来导师弥勒佛建长七年（1255）"。

在日本居留期间，伊行末除了在奈良从事石雕创作、主持石质建筑构件的制作之外，还参与了重源于日本建仁元年（1202）发起的大阪南部平原狭山池的改修工程。1996 年，日本考古研究机构对狭山池取水设施——中樋遗迹进行考古发掘时，发现了重源所立"狭山池改修碑"，（图 7）该碑左数第四行刻有"番匠廿人之内"、第三行刻有"□东大寺大工伊□□"等铭文。[①]"东大寺大工伊"之下的字迹虽然难以识辨，但可以推定所记人物即伊行末。

1260 年，伊行末逝于异国土地，其子伊行吉为追悼亡父和抚慰悲母，于 1261 年乃父离世周年之际，在奈良般若寺雕造了两座笠塔婆（石塔）。这两座笠塔婆现立于般若寺本堂前右侧，南北并立，石材为花岗岩，塔身均为方柱形，顶为四角斗笠状，南塔高 4.46 米，北塔高 4.76 米，是日本笠塔婆式石塔中最古而且体量最大的作例。两塔前表下部铭文曰：

先考宋人行末者异朝明州住人也　来日域经藏月即大佛殿石坛四面回廊诸堂垣场荒无□□悉毁孤为□□□□□发吾朝□陈和卿为铸金铜大佛以明州伊行末为众殿□石坛故也土匪直也口者也则于东大寺灵地边土中得石修造正元二年（1260）七月十一日安然逝去彼嫡男伊行吉志□元年建立一丈六尺石卒塔婆

北塔上还加刻：

孝养父母心　功德最大一　是心发起者　成就自然智　当来证涅槃　永断于生死　若有至心听　常德无量乐

南塔还刻有：

诸行无常　是生灭法　生灭灭己　寂灭为药　于一切　不生懈怠心　十方大菩萨　愍众故行道

上述铭文是有关伊行末出身及赴日事迹的重要史料。铭文可证，伊行末确系

---

① 日本文化庁编：《発掘された日本列島—96 新発見考古速報》，朝日新聞社，1996 年，第 44～45 页。

旅日宋人的活跃与浙东石刻艺术的东渐

明州人士，在日本参与了东大寺诸殿石坛的营造。伊行末的子孙们继承了父祖遗业，继续从事石刻创作，并且形成了个性鲜明的石刻流派，这就是日本石刻工艺史上声名显赫的"伊派"，日本另一有名的石工流派——大藏派也是由伊派分流而成的，伊派及其支流大藏派对于日本石刻工艺的发展影响至深，其技术传统迄今依然存续。

伊派匠师中的代表人物，除了开山鼻祖伊行末及第二代传承人伊行吉之外，还有末行、行经、行恒、行长、行元等人，他们多系伊氏子孙，有的将"伊"姓表记为"井""井野"等日式姓氏。[①]13世纪末期至14世纪初伊派石工的主要作品列举如下：

京都府宇治市浮岛十三重塔：雕造于1286年，高约15.2米，形制与奈良般若寺十三重石塔如出一辙，是日本现存最大的石塔。该塔是修复附近的宇治桥之际建造的，工程由西大寺寺僧叡尊主持，由伊派石工负责施工。

奈良县生驹市石佛寺阿弥陀三尊像：雕造于日本永仁二年（1294）。像高约1米，正中为阿弥陀佛坐像，两侧为观音、势至立像，头光为莲花形。两菩萨旁边有铭文曰"甲午二月十五日 大愿主行佛 大工伊行氏"。另外，石佛寺所藏阿弥陀与上述阿弥陀三尊像风格一致，也被推定为伊派石工的作品，此像总高1.82米，像高1.39米，铭曰"嘉元四年（1306）七月日 近住行佛"。

奈良多武峰谈山神社十三重塔：与奈良般若寺十三重石塔形制相同，石塔基座上有"永仁六年（1298）"和"大工井行元"刻铭。

京都府山城市加茂町当尾摩崖阿弥陀三尊：雕造于当尾里山山腰的一块花岗岩山石上，三尊雕像处于同一窟龛，窟龛有明显倾斜，中尊阿弥陀佛坐像高约76厘米，两侧为观音、势至坐像，均为高肉雕，造像比例恰当，线刻流畅。像侧附有刻铭"永仁七年（1299）二月十五日，愿主住僧……大工末行"。

冈山县高粱市有汉町保月山高云寺址板碑、六面石幢以及二重石塔婆（宝塔）：冈山县有汉町保月山高云寺址内保存的板碑、六面石幢以及二重石塔婆，均为伊派名工井野行恒的石雕作品。石板碑雕造于日本嘉元三年（1305），高3.15米，宽0.43米，为扁方柱形，碑身自上而下有二佛、一弟子浮雕；六面石幢为嘉元四年（1306）的作品，高2.63米，底部有方板托座，幢身为六面柱状，上

---

① 在日语中，井与伊发音相同，井野与伊发音近似。

覆六角笠形顶，幢身第一面雕 7 尊佛，其余各面各有一佛，均以细腻的薄肉雕进行表现；二重石塔婆立于六面石幢之旁，年代同于六面石幢，塔身下置方形基座，塔身上层为四角笠形，四角微微翘起，下层为覆斗形。

此外，福冈市东区箱崎筥崎宫发现有一座井行长所作石灯笼，上有刻铭"观应元年（1350）"以及"大工井行长"，这件石雕已经晚至 14 世纪中期。

如果将日本留存的伊派匠师作品与伊行末故土明州现存南宋石刻进行比较，我们会发现，两者之间在美学气质上存在明显差异，这是因为，伊氏一派长期濡染于异国文化氛围之中，势必根据日本的风土民情和审美习尚对源自中国的工艺传统有所调整。然而，不可否认的是，伊派石刻作品中蕴含的中国元素并未由于远离故国而逐渐销声匿迹，相反，伊派将中国石刻对于精雕细刻的执著追求和日本石刻对于简质洗练的推崇喜尚折中融合在一起，使本派的作品拥有了极大的艺术张力。奈良般若寺十三重石塔，无疑是中国密檐式佛塔的一种几何化的变体，从每重塔檐四角上挑的角度，仍然可以看到作者对于宋式营造风格的固守。东大寺法华堂前石灯笼上仿门扉纹饰，很容易使人联想起史氏墓前石享亭上的同类雕作，尽管前者的雕工要简省许多。此外，如果仔细品味过散落于宁波各地的石塔、经幢，就会理解伊派佛教石刻能够拥有独特魅力的原因。

三、结　语

两宋时期，浙东地区人口增加、经济繁荣，对于建筑石件和工艺刻石的需求十分旺盛，根据史料以及考古资料可知，仅东钱湖周边墓园修造、坟寺营建[①]就构成了一个庞大而且持久的需求空间。与活跃的石材雕刻活动相对应，南宋浙东地区应当存在着一个人数不菲的石刻匠人集团，其成员不仅包含浙东本地工匠，还包括了长期在浙东从事石刻活动的外地工匠。这些匠人在职业实践中相互砥砺、彼此交流，共同提升了浙东石刻的工艺水准。

浙东明州是对日往来的门户，凭借这一区位之便，宋代浙东石刻制品直接被输出到日本九州西部和北部滨海地区。然而，需要指出的是，迄今学界有关浙东系石刻遗物和日本本土石刻遗物的对比研究，尚未揭示出萨摩塔、石狮等浙东输

---

① 袁颖："南宋史氏家族与东钱湖周边佛教文化遗产"，《鄞州文史》第 3 辑，2007 年。

旅日宋人的活跃与浙东石刻艺术的东渐

日石刻实物影响同时代日本本土石刻的痕迹。与此形成对照，浙东渡日石刻匠师却以技艺传承的方式独树一帜，对日本主流石刻传统产生了深远影响。

附记：笔者在相关文物调查中得到渡边芳郎、高津孝、井手诚之辅、井形进、桥口亘、江上智慧、杉原敏之等先生的协助，谨此致以诚挚谢意！

附图：

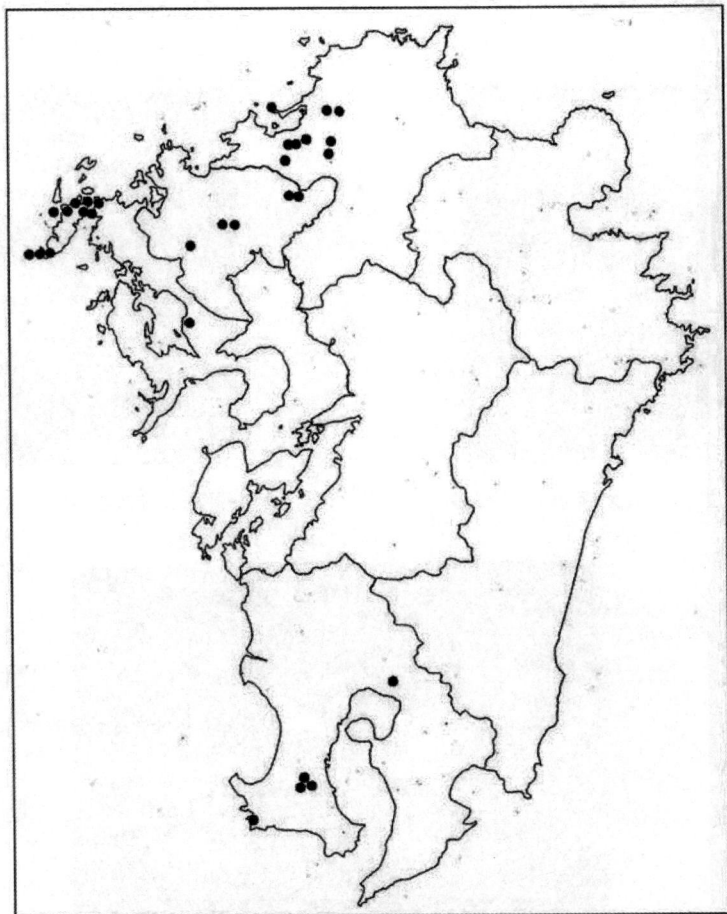

图 1 萨摩塔分布图

图2 坊津町辉津馆所藏萨摩塔

图3 川边町水元神社萨摩塔

图4 志々伎神社冲之宫萨摩塔

图5 东大寺南大门石狮

图6 法华堂前的石灯笼

图7 重源所立改修狭山池碑

松冈义正与京师法律学堂的民法学教育

熊达云

内容提要 晚清政府聘请日本法学顾问来华目的有两个，一个是请他们讲授近代法学，培养近代司法人才；另一个是委托其起草各种法律草案，以建设新的法律体系。在这种背景下成立的京师法律学堂，其教学内容基本上是日本现行法律，因此日本教习在教学中发挥了非常大的作用。其中松冈义正负责讲授民事关系的全部法律课程，其内容综括了民法总则、物权法、债权法、亲族法、继承法、民事诉讼法，破产法等。中国真正开始移植、引进近代民法始自晚清的修律活动，而对其作出直接贡献的应属日本法律教习兼法律顾问（调查员）的松冈义正。他在京师法律学堂从事的民事关系方面的法学教育，以及由京师法律学堂翻译的有关法学教材，为中国从此奠定大陆法系的民法体系作出了系统性贡献。

关 键 词 松冈义正 法律教习 京师法律学堂
民法学教育

作者简介 熊达云，日本山梨学院大学法学部教授中华法系经盛唐至明清，历经两千余年，绵延不绝。但是，进入近代，与中国不同质的西方法律文化随着资本主义的脚步进入中国，使中华法系面临几千年所未见之危局。在经过半个多世纪的抵制和反抗后，中华法系终于败下阵来，不得不直面现实，做脱胎换骨的改造。这就是发生在 20 世纪初期作为清末新政一环的修律活动。清末这一特殊时代的修律活动虽然算不得成功，但对于中国法律现代化所发挥的作用，厥功至伟，这大概是今天法制史学界的共识。探讨和研究晚清法律现代化的摸索，不能不涉及我们的近邻日本。在精通近代法律人才匮乏、修律任务繁重、时间紧迫的情况下，清廷不得不虚心向此前的学生请教，不仅派遣大量学习法律政治的公费、自费留学生前往日本，而且还连续不断地派出高官，对日本的政治行政、法律以及司法审判等法制系统开展了全方位的考察。①同时还高薪向日本聘请著名法学专家及司法实务人员，来华负责讲授近代法学并帮助起草各种法律条款。其中，东京大学刑法学教授、法学博士冈田朝太郎负责刑事关系法律，②东京控诉裁判所部长、东京大学法学学士松冈义正负责民事关系法律，东京大学商法学教授、③法学博士志田钾太郎负责商事关系法律，法学博士、高级法务官僚小河滋次郎负责行刑关系的法律。④本文拟着重探讨松冈义正与民事关系法律现代化之间的关系及其作用。由于篇幅所限，本文仅侧重探讨松冈义正在京师法律学堂负责的民事关系法律的教学情况，并简评其对清末民事关系法律教育进步的作用和贡献。

---

① 熊达云著：《近代中国官民の日本視察》，成文堂，1998 年。

② 关于冈田朝太郎与中国刑事法律的关系，李贵连："近代中国法の変革と日本の影響"；張培田："清末の刑事制度改革に対する日本からの影響"，池田温・劉俊文編：《日中文化交流史叢書 2 法律制度》，大修館書店，1997 年。

③ 关于松冈义正与中国民事法律的关系，参阅熊达云："清末における中国法律の近代化と日本人法律顧問の寄与について—松岡義正と民事関係法律の編纂事業を中心にして—"，JFE21 世紀財団《アジア歴史研究報告書》（2009 年度）以及吴泽勇："大清民事訴訟律修訂考析"，西南政法大学《现代法学》2007 年，第 29 卷第 4 期。

④ 关于冈田、松冈等人如何应邀来华，参阅熊达云："清末中国における日本人法律教員および法律顧問招聘の経緯について——京師法律学堂と修訂法律館による招聘を中心に"，山梨学院大学《研究年報 社会科学研究》第 33 号，2013 年 2 月。

松冈义正与京师法律学堂的民法学教育

一、京师法律学堂的设立经过

清末中国政府聘请日本法学顾问来华，从一开始就抱有两个目的，一个是请他们讲授近代法学，培养近代司法人才；另一个是委托其帮助起草各种法律草案，以建设新的法律体系。根据当时中国与英美日等国谈判改正的通商条约，英美日等国都同意俟中国的法律和法制与西方法律接轨之后放弃在中国的领事裁判权。[①]为了换取西方各国放弃在中国的治外法权，清廷就必须修改本国的法律体系，与近代法律接轨。

从负责谈判修改通商条约任上被任命为修订法律大臣的伍廷芳是一位在英国学习法律、并获取英国律师资格的第一位中国人，对于西方的法律制度有非常高深的造诣。[②]因此，当他来到修订法律馆，与中华法系的专家沈家本共同担负编纂近代法律的任务时，就意识到制定近代法律，如没有通晓近代法律的人才，法律也无法得到执行和落实，因此他极力主张设立附属于修订法律馆的法律学校，一面编纂法律，一面开展法律教育，培养储备司法人才。这一建议得到了沈家本的同意。关于这一点，沈家本是这样叙述的：

> 余恭膺简命偕新会伍秩庸侍郎修订法律，并参用欧美科条开馆编纂。伍侍郎曰，法律成而无讲求法律之人，施行必多阻阂，非专设学堂培养人才不可。余与馆中同人佥韪其议。于是奏请拨款设立法律学堂。奉旨俞允择地庀材克日兴筑。而教习无其人，则讲学仍托空言也。乃赴东瀛访求知名之士。群推冈田博士朝太郎为巨擘，重聘来华。松冈科长义正司裁判者十五年经验家也，亦应聘。而至光绪三十二年九月开学。学员凡数百人。[③]

于是，光绪三十一年（1905）三月，伍廷芳和沈家本联名上奏朝廷，要求设立法律学堂。奏折首先强调制定近代法律的重要性，认为当前中国与世界各国的贸易交流和人员往来日益频繁，难免产生矛盾和纠纷，如各级官僚不通晓外国法

---

① 光绪二十九年六月五日签订的《中英续议通商行船条约》12 款规定，"中国深欲整顿本国律例，以期与各国律例改同一律。英国允愿尽力协助以成此举。一俟查悉中国律例情形及其审断办法及一切相关事宜皆臻妥善，英国即允弃其治外法权"。田涛主编：《清朝条约全集》第二卷，黑龙江人民出版社，1999 年，第 1193 页。此后，美国、日本等国亦仿此写入了这一条款。

② 丁贤俊、喻作凤：《伍廷芳评传》，人民出版社，2005 年，第 63 页。

③ "法学通论讲义序"，沈家本《寄簃文存》卷六。

律，难以妥善处理中外人民之间的矛盾纠纷，同时随着新政事业的展开和深入，如不制定新法律，则很难保护国家主权。对此奏折写道：

> 窃臣等奉命现行律例按照交涉情形，参酌各国法律，悉心考订。开馆以来与编译各员旦夕讨论，深虑新律既定，各省未豫储用律人才，则徒法不能自行，终属无补。当此各国交通，情势万变。外人足迹遍于行省。民教龃龉，方其起衅之始，多因地方官不谙外国法律，以致办理失宜，酝酿成要案。将来铁轨四达，虽腹地奥区，无异通商口岸。一切新政，如路、矿、商标、税务等事，办法稍歧，诘难立至，无一不赖有法律以维持之。然则弥无形之患，伸自主之权，利害所关，匪细故也。①

接着，奏折在分析了当前法律人才与法学教育的现状后，指出了培养和储备精通法律人才对于推行新政的重大意义和现实意义。奏折写道：

> 至于查照通商条约，议收治外法权，尤现在修律本意，亟应广储裁判人才，以备应用。查学务大臣奏定学堂章程内列有政法科大学，然须预备科及各省高等学堂毕业学生升入。现在预科甫设专科之成，为期尚远。进士、仕学等馆，其取义在明澈中外大局，于各项政事，皆能知其大要。法律仅属普通科学之一，断难深造出洋。游学毕业法科者，虽不乏人，而未谙中国情形，亦多捍格。伏思为学之道，贵具本原。各国法律之得失，既当研厥精微，互相比较。而于本国法制沿革以及风俗习惯，尤当融会贯通，心知其意。两汉经师多娴律令。唐宋取士皆有明法一科。在古人为援经饰治之征符。在今日为内政外交之枢纽，将欲强国利民，推行无阻，非专设学堂，多出人才不可。日本变法之初，设速成司法学校，令官绅每日入校数时，专习欧美司法行政之学。昔年在校学员，现居显秩者，颇不乏人。宜略仿其意，在京师设一法律学堂，考取各部属员，在堂肄习毕业后，派往各省为佐理新政分治地方之用。②

---

① "修订法律大臣伍廷芳、沈家本会奏请专设法律学堂折"，刊载于《东方杂志》1905 年第 8 期《教育》，转引自丁贤俊、喻作凤编：《伍廷芳集》上册，中华书局，1993 年，第 271～273 页。上奏时间定为 1905 年夏，但从学务大臣孙家鼐于光绪三十一年（1905）七月丙午呈递的奏折来看，伍廷芳的奏折上奏时间似应在光绪三十一年三月二十日以前。

② "修订法律大臣伍廷芳、沈家本会奏请专设法律学堂折"，刊载于《东方杂志》1905 年第 8 期《教育》，转引自丁贤俊、喻作凤编：《任廷芳集》上册，中华书局，1993 年，第 271～273 页。

松冈义正与京师法律学堂的民法学教育

随后奏折具体提出了开办法律学堂的三种办法，奏折是这样写的：

一曰定课程。查大学堂章程内，法律学门所列科目，其主课为法律原理学、大清律例要义、中国历代刑律、中国古今历代法制考、东西各国法制比较、各国宪法、各国民法及民事诉讼法、各国刑事及刑事诉讼法、各国商法、交涉法、泰西各国法，其补助课为各国行政机关学、全国人民财用学、国家财政学，颇为赅备，即照所定学科酌量损益，分延中外教习，逐日讲授。唯大学堂章程系四年毕业，拟多加授课钟点，改为三年毕业。另立速成科，习刑律、诉讼、裁判等法，限一年半毕业。

一曰筹经费。常年经费如堂舍租金、教习薪水暨购买书籍、器具、饮食、杂用等项，力求撙节，每年约需银四万两。值此库储支绌，不敢请拨部款，应由各省督抚分筹拨济，大省约解三千两，中小省约解二千两，便可集事。分之见少，在各省尚不甚难。此项毕业学员，日后专为各省办事。现在育才之费仰及群力，于义亦合。至开办经费约需银三万两，请归户部筹拨。

一曰广任用。近日仕途猥杂，各省候补人员，文理未通者，指不胜屈。虽有课吏馆之设，而督抚事繁，未能躬亲督察，几至有名无实，遇有要政，本省无可用之人，不得不调诸他省。在平日已有乏才之患，将来新律颁行，需才更亟，非多得晓律意者不能行之无弊。应将学律各员于毕业后，请简派大臣详加考验，分别等差。其列优等者交部带领引见。按照原官品级以道府直隶州知州、知县等官，请旨录用。庶几学适于用，用其所学，于时政殊有裨益。①

清廷军机处接到朝廷发来的奏折，马上指示学务大臣孙家鼐研究应对措施。同年七月三日（1905 年 8 月 3 日），孙家鼐呈交奏折，认为"伍廷芳等所请专设法律学堂实为当务之急"，②表示全面支持修订法律馆制定详细的办学章程。

接获政府的许可，修订法律大臣马不停蹄，很快就制定了《法律学堂章程》，为京师法律学堂的早日开学做准备。《法律学堂章程》中包括"设学总义章""学科程度章""职务规条章"（职务总目、职务通则、附各员规条）、"学堂试验章""寄宿舍规条章"（附自习室规条）、"全堂通行规条章""讲堂规条章""运动场

---

① "修订法律大臣伍廷芳、沈家本会奏请专设法律学堂折"，刊载于《东方杂志》1905 年第 8 期《教育》，转引自丁贤俊、喻作凤编：《伍廷芳集》上册，中华书局，1993 年，第 271～273 页。

②《光绪朝东华录》第 5 册，总第 5384 页。

规条章""会食堂规条章""礼仪规条章""休假规条章""学堂禁令章""外部访问者接待规条章""图书馆规条章""经费规条章""督察出入规条章"等子章程。"设学总义章"规定，"本学堂以造就已仕人员、研精中外法律、各具政治知识、足资应用为宗旨，并养成裁判人才，期收速效"。①

经过一系列准备，京师法律学堂于光绪三十二年（1906）9 月正式开学。清廷为表示祝贺，向京师法律学堂赠送了一套《图书集成》。晚清培养司法专业人才的教育正式鸣锣开场。

二、京师法律学堂的组织结构及教学概况

京师法律学堂由修订法律大臣沈家本兼任"管理京师法律学堂大臣"，下设管理教学事务的教务提调、管理教材等事务的文案提调和管理日常行政事务的庶务提调，分别由曹汝霖、董康、许受衡、王仪通、周绍昌担任（见图 1），另设管理学生事务的监学，由吴尚廉、熙桢、张元节、林治喆担任。教员中除从日本聘请的冈田朝太郎、松冈义正外，基本上都是国内比较知名的学者和官员，他们是吉同钧、姚大荣、朱汝珍、钱承志、陈威、陆宗舆、稽镜、汪有龄、江庸、张孝栘、高种、熊垓、廉隅、汪曦芝、薛锡成、马德润、吕列煌、何廷式，②其中吉同钧是当时著名的刑法学家，③陆宗舆、江庸等后来都官至政府大臣，而且，很多人都有留学和国外考察经历，其中留学考察日本归国者最多。在担任提调、监学、教员的人员中，除不清楚许受衡、周绍昌、吴尚廉、张元节、林治喆、姚大荣、陈威、薛锡成、马德润、吕列煌是否有留学或考察日本的经历外，其余都能确认要么考察过日本，要么在日本留过学。而且，教师中半数以上同时又是修订法律馆的馆员。

---

① "修订法律大臣订定法律学堂章程"（1905 年），潘懋元、刘海峰编：《中国近代教育史料汇编·高等教育》，上海教育出版社，1993 年。第 129 页。

② 《法律学堂同学录》收藏于东京大学东洋文化研究所。另请参阅吴朋寿："京师法律学堂和京师法政学堂"，中国人民政治协商会议全国委员会文史资料委员会编：《文史资料选辑》（第 42 辑，总第 142 辑），中国文史出版社，2000 年，第 168 页。但吴文所载"管理京师法律学堂大臣沈家本伍廷芳"，经与《法律学堂同学录》比对，管理大臣仅有沈家本一人的名字。

③ 李欣荣："吉同钧与清末修律"，《社会科学战线》，2009 年，第 6 期。

松冈义正与京师法律学堂的民法学教育

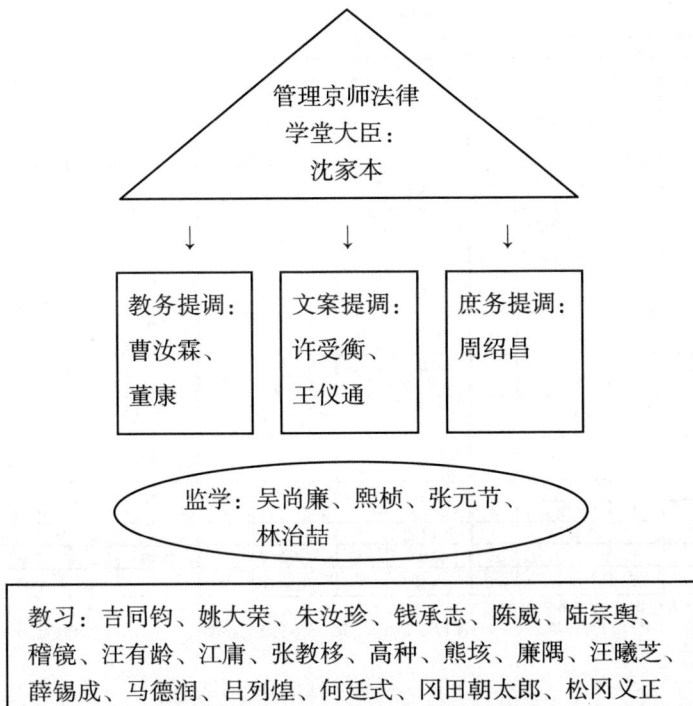

管理京师法律
学堂大臣：
沈家本

↓ ↓ ↓

教务提调： 曹汝霖、 董康	文案提调： 许受衡、 王仪通	庶务提调： 周绍昌

监学：吴尚廉、熙桢、张元节、
林治喆

教习：吉同钧、姚大荣、朱汝珍、钱承志、陈威、陆宗舆、
稽镜、汪有龄、江庸、张教栘、高种、熊垓、廉隅、汪曦芝、
薛锡成、马德润、吕列煌、何廷式、冈田朝太郎、松冈义正

注：本图系笔者根据"修订法律大臣订定法律学堂章程"和《法律学堂同学录》制作。

图 1　京师法律学堂的组织结构图

京师法律学堂的学生分为两种，一种为三年毕业的正科，一种为一年半的"速成科"。据"学科程度章"规定，三年制正科履修科目，第一年有大清律例及唐明律、现行法制及历代法制沿革、法学通论、经济通论、国法学、罗马法、民法、刑法、外语、体操；第二年有宪法、刑法、民法、商法、民事诉讼法、刑事诉讼法、法院编成法、国际公法、行政法、监狱学、诉讼实习、外语、体操；第三年有民法、商法、大清公司律、大清破产律、民事诉讼法、刑事诉讼法、国际私法、行政法、财政通论、诉讼实习、外语、体操课程（见表 1、表 2）。

表1　京师法律学堂的授课科目与一周授课时间

| 第一学年 | | | | 第二学年 | | | | 第三学年 | | | |
| 第一学期 | | 第二学期 | | 第一学期 | | 第二学期 | | 第一学期 | | 第二学期 | |
科目名称	一周授课时间	科目名称	一周授课时间	科目名称	一周授课时间	科目名称	一周授课时间	科目名称	一周授课时间	科目名称	一周授课时间
大清律例及唐明律	4	大清律例及唐明律	3	宪法	3	刑法	3	民法	4	民法	4
现行法制及历代法制沿革	4	现行法制及历代法制沿革	3	刑法	4	民法	4	商法	2	商法	4
法学通论	6	法学通论	4	民法	4	商法	3	大清公司律	2	大清破产律	2
经济通论	4	经济通论	4	商法	3	民事诉讼法	6	民事诉讼法	6	民事诉讼法	6
国法学	4	国法学	4	民事诉讼法	4	刑事诉讼法	3	刑事诉讼法	2	国际私法	4
罗马法	2	罗马法	2	刑事诉讼法	4	国际公法	2	行政法	3	财政通论	4
刑法	6	民法	4	裁判所编制法	2	行政法	2	国际私法	3	诉讼实习	6
外国文	4	刑法	6	国际公法	2	监狱法	3	财政通论	3	外国文	4
体操	2	外国文	4	诉讼实习	4	诉讼实习	4	诉讼实习	6	体操	2
		体操	2	外国文	4	外国文	4	外国文	4	毕业论文	
				体操	2	体操	2	体操	2		
小计	36	小计	36	小计	36	小计	36	小计	36	小计	36

出处：笔者依据上海商务印书馆编译所　编纂『点校本　大清新法令　1901～1911』（第三卷）商务印书馆、2011年7月、第393～395课程表制作。　第三学年第一学期的一周授课时间数为36课时、疑有误。

表2　京师法律学堂讲义科目与授课时间数

| 科目名称 | 第一学年 | | 第二学年 | | 第三学年 | | 合计 |
	第一学期	第二学期	第一学期	第二学期	第一学期	第二学期	
大清律例及唐明律	60	60					120
现行法制及历代法制沿革	60	45					105
法学通论	90	60					150
经济通论	60	60					120
国法学	60	60					120
罗马法	30	30					60
刑法	90	90	60	45			285
民法		60	60	60	60	60	300
宪法			45	45			90
商法				45	30	60	135
刑事诉讼法			60	45			135
民事诉讼法			60	90	60	90	300
裁判所编制法			30				30
国际公法			30	30			60
国际私法					45	60	105
行政法				30	45		75
大清公司律					30		30
大清破产律						30	30
诉讼实习			60	60	90	90	300
财政通论					45	45	90
监狱法				45			45
外国文	60	60	60	60	60	60	360
体操	30	30	30	30	30	30	180

出处："修律大臣订定法律学堂章程"潘懋元、刘海峰编《中国近代教育史资料汇编　高等教育》上海教育出版社，1993年12月，130页。

松冈义正与京师法律学堂的民法学教育

从表 2 所揭授课时间可以看出，外语教育最受重视，授课时间在各科目中最多，为 360 个课时，超过了民法、民事诉讼法、诉讼实习（各 300 个学时）和刑法（285 个学时）。所谓外语，实际上全部为日语教学，这可能与当时几乎所有的新订法律基本上都是由日本顾问起草有关。

速成科规定需要学习 14 门科目，分别是大清律例、唐明律、现行法制及历代法制沿革、法学通论、宪法大意、刑法、民法要论、商法要论、大清公司律、大清破产律、民事诉讼法、裁判所构成法、国际法、监狱法、诉讼实习等。

以上所列科目中，除大清律例、唐明律、现行法制及历代法制沿革外，其余法律尚在编纂中，因此其教学内容基本上采用了日本现行法律，可以想见日本教习以及日本留学生在教学中发挥的作用是非常大的。

京师法律学堂的教育目标是培养新法律体制下的司法人才，应该包括法官、检察官和律师。因此，能否通过短短几年的学习培养出社会所需要的司法人才，不仅关乎教育课程的设置以及合格教员的选任，更涉及学生的选拔。那么，进入京师法律学堂学习的都是些什么人物呢？由于教育体制的改革以及晚清官场争权夺利弊端的影响，京师法律学堂开办以后，在招收第三届学生时被迫与 1907 年创立的京师法政学堂合并，对京师法律学堂的管辖权也从修订法律馆转移至法部。因此京师法律学堂实际上只存在过两年，对于法律学堂的学生毕业后在社会上究竟做出过什么贡献，可以说无从考证。幸好京师法律学堂留存了一本第一期学生的花名册，我们可以从花名册中窥见当年京师法律学堂学生的基本概况。

笔者见到的这本同学录收藏于东京大学东洋文化研究所，题名为京师《法律学堂同学录》，是一本长 250 毫米，宽 145 毫米，仅有 20 页的小册子。扉页为修订法律馆最初的奏派人员名单。同学录分法律学堂职员与京师法律学堂第一次同学录两项，前一项中列记了管理大臣、提调、监学、管理员和教员的名单，后者则是同学录。共收录了 232 名学生的名单，每位学生除姓名外，还收录有"字""年龄"，"出生地""简历"和"住所"等信息（参阅附录）。

根据这份同学录，我们得知京师法律学堂的第一期学生充分映照了当年中国社会处于转型时期的特点。在这些学生中，年龄参差不齐，最年轻者只有 18 岁，最年长者为 53 岁，后者简直可以当前者的父辈。细分可以发现，30 至 39 岁年龄段的学生最多，共有 114 人，占全部学生的 49.14%，其次是 20 至 29 岁年龄段，共 67 人，占 28.89%，再次是 40 至 49 岁年龄段，共 25 人，占 10.76%，18

至 19 岁的只有 4 人，50 岁以上的仅有 2 人（52 岁 1 人，53 岁 1 人）。在学历方面，旧科举考试合格者为 37.5%，其中举人出身者 81 人，进士出身者 6 人。在经历方面，绝大部分学生都是等待实职任命的中下级官僚，其中地方的县知事和中央机关的主事（相当今天的处级干部）者最多，其中官品最高者为四品的长龄，官职最高者为法部郎中（相当今天的司局级）李懿德。①

　　第二期和第三期各招收了多少学生，以及学生的构成如何，由于迄今没有发现相关资料，我们无法知道，但从当时访问过京师法律学堂并观摩过教学的日本东京大学法学部副教授盐田环事后不久撰写的文章以及相关描述可以推测，当时京师法律学堂的学生总共近千人。②

　　目前不清楚京师法律学堂的学生是如何录取。但据法律学堂培养各级司法官的教育目标来看，大部分学生似乎来自所谓中央机关以及各地督抚的推荐。曾经担任监狱班教学的小河滋次郎的文章部分印证了这一点。他是这样写的：

　　　　法律学堂成立于光绪三十二年（明治 40 年），是一所独立的学校，不隶属于任何机关。余执教之处乃此学堂。冈田、志田、松冈、岩井、中村亦在此执教。该校现有学生约 600 人，先后已有两期学生毕业，即受过一年半教育的速成班和受过三年教育的完全班学生。我负责教育的学生不同于普通学生。为了接受我的教育，特别成立了一个监狱班，学生都是从各地特别募集的。该监狱班形式上是法部即司法省委托法律学堂开班的，但实际上完全由法律学堂管理，与法部几乎没有任何关涉。监狱班的学生共有约 120 人，多数是从法部的官吏或任职于大理院以及其他法院的人中选拔而来，毕业后肯定任命为监狱的官吏从事实际事务。③

　　京师法律学堂的教学和学生的学习情况如何？似乎差强人意。观摩过京师法

---

　　① 赵晓耕、李晓晖："京师法律学堂"，《中国民商法律网》（上传时间:2004-5-3），http://www.civillaw.com.cn/article/default.asp?id=15825 记载，"学堂第一届毕业生名单共有 225 人，最年长者 53 岁，最年轻者 18 岁，以 30 岁年龄段最多"。但此人数比同学录记载的人数少 7 人。

　　② 据赵晓耕李晓晖前揭文章称"该学堂创办几年，毕业者近千人，一时称盛"。另据盐田环在"北京之法律教育"一文中称"现今法律学堂现有在校生徒约七百人"。盐田环在另一编文章中又称"现在学生旧班约 220 人，新班约 550 人，合计约 800 人"（盐田环："清国法典编纂事情"法政大学《法学志林》第 12 卷第 2 号，1910 年，第 25 页）。盐田环到京师法律学堂参访是在开学后的第二年，因此他的数字中不含第三期招收的学生。由此看来，所言近千人应该可信。

　　③ 小河滋次郎："清国的狱制"（上），《刑事法评林》，1910 年，第 2 卷 9 号，第 55～56 页。

松冈义正与京师法律学堂的民法学教育

律学堂教学的盐田环是这样描述当时学生听讲情形的：

> 余一日至北京城西往访冈田博士，参观京师法律学堂。学堂占地约五百坪，房舍皆二层洋式建筑，有大小讲堂四间，另有会议室、编查室、教习室、图书室等设施。入一讲堂，岩井学士正讲授战时国际法。二百生徒凭几而坐，课本摊开，待通译停口之时始移目至书，或思考，或笔记。而半者直如仅占座席毫无表情。转至大讲堂，四百生徒频频笔记松冈学士之民法讲义，而其态度无异于前者。窃询其所以，乃因学堂监督时常于授课时拉出缺簿，查验出勤，旷课者减分，故彼等生徒被迫上学也。上学仅为义务，多数不管学问之研究，纯以拥有学籍为荣。自然并非全体以如斯者充之，其中亦有极为真挚踏实研习学术者，闻考试答案间有令教习惊异之人。唯概而观之，喜法律之名而不顾其实之徒居半。回顾我国学界现状，缺陷何其相似乃尔，不亦悲乎！①

从这段话中我们可知，当时的教学采取的是大课堂教学，动辄几百人挤在一间大教室里，老师的讲解通过翻译转达给学生，其收效可能要大打折扣。学生的学习也不是出于自觉，多有勉强之意，但其中也有考试成绩令老师惊异的学生。

相比盐田环旁观者的观察，直接承担讲授的小河滋次郎则对他的学生比较满意。他说，"学生的教育程度年龄等情况非常不同，其中既有不少高级官吏，因而年龄相应较长，学识经验较为丰富，同时也有年龄较轻，完全没有学历者掺杂其中。然而多数学生还是对学习非常有兴趣，热心求学，因此数次考试，大部分学生都取得了优秀的成绩。我自然高兴，校方管理当局也非常满意"。②

至于京师法律学堂及其学生对后来的中国有过什么贡献，由于该校持续时间短，晚清的修律活动又因辛亥革命半途而废，很难对此加以评估。据赵晓耕、李晓晖评价，"京师法律学堂的创办，培养了大量的法律人才，为中国法制的发展作出了一定的贡献。其所培养的人才在以后的政治及法律运动中，发挥了很大的作用。比如1910年冬，法律学堂学员熊煜、王克忠等人创建了北京法学会，并于辛亥年间设立政法研究所。自京师法律学堂设立后，全国兴起一股学法的热潮，法律学堂在全国各省如雨后春笋般纷纷兴起，其中比较著名的有袁世凯创办的北

---

① 盐田环："清国法典编纂事情"，法政大学《法学志林》第12卷第2号，第416页。

② 同上，第15、56页。

洋法政学堂等，促进了法律知识的传播、法律思想的变革，从此中国的法学教育步入了一个全新的阶段"。^①另据李贵连介绍，沈家本对法学会的成立给予了很大支持，并就任首任法学会会长。北京法学会还发行《法学会杂志》，为介绍、宣传近代法学作出了应有的贡献。^②

还有一事值得一提，就是曾任京师法律学堂教员，同时又是北京法学会会员的汪有龄联合法学会同人集资创办的私立朝阳大学。该校于 1912 年，即民国肇始之年创立，素有注重法学研究之风，且学校管理严格，汇集了一批法学名师执教，如日本学者冈田朝太郎、岩谷荪藏，中国著名民法学家余棨昌、民事诉讼法学家石志泉、著名律师及社会活动家江庸、罗马法学名家黄右昌等都在此任过教。因此，该校学风纯朴，研究氛围浓厚，培养出了很多优秀的学生，该校历届参加高等文官考试暨司法官考试的学生录取比例一直很高，且成绩总是名列前茅，多次受到当时的教育部和司法部的明令褒奖。曾在朝阳大学任教的陶希圣先生在《朝阳大学二三事》一文中说："中国法学和司法界，朝阳大学出身的人才是第一流，亦可以说是主流，法学教育史上，朝阳大学应居第一位。"^③在当年法学界有"南东吴，北朝阳"以及"无朝不成院"的说法。^④1949 年 8 月 5 日，朝阳大学更名为中国政法大学，1950 年 2 月，以华北大学为基础，吸收中国政法大学合并成立中国人民大学，从此朝阳大学的法学教育为人民大学所传承，虽然中途遇有挫折，但朝阳的法学研究传统最终为人民大学所继承。

或许可以说京师法律学堂的最大贡献就在于它的教员以及毕业生参与创立了中国法学教育的著名学府朝阳大学。

---

① 赵晓耕、李晓晖：《京师法律学堂》。

② 李贵连：《近代中国法制与法学》，北京大学出版社，2002 年，第 292 页。

③ 孙政华："百年朝阳：一所法律名校的繁盛与荒芜"，2012 年 04 月 18 日《法治周末》，转引自《凤凰网资讯》，http://news.ifeng.com/shendu/fzzm/detail_2012_04/18/13979237_0.shtml 。

④ 东吴：指位于苏州的教会大学东吴大学，侧重于英美法系的教学和研究，朝阳则指位于北京的私立朝阳大学，侧重于大陆法系的教育和研究。由于中国自清末确定通过日本法移植大陆法系后，民国继续沿用这一方针，朝阳大学的法学教育更接近于中国法律的现状和实际，因此司法考试合格率很高，没有朝阳大学出身的法官就很难组成法院，这便是"无朝不成院"的意思。

三、日本教习在京师法律学堂的教学概况

从前揭京师法律学堂的授课科目可以看出,法律学堂开学时准备讲授的专业法律课程大多数都是尚未起草、颁布的法律,因此只能请日本教习根据日本的现行法律以及日本的法律教科书或法学著作授课。表 3 是京师法律学堂日本教习承担的讲义科目,从中可知公法以及刑事诉讼法基本上由冈田朝太郎负责,私法部分以及民事诉讼法基本上由松冈义正承担,后期到京的小河滋次郎负责监狱法和监狱学,志田钾太郎承担商事关系方面的法律课程。

表3 日本教习承担的讲义科目			
	讲义科目	主要讲义学校	兼职学校
冈田朝太郎	法学通论、宪法学、行政法、刑法总则、刑法分则、裁判所构成法、刑事诉讼法、法院编制法	京师法律学堂(京师法政学堂)	京师大学堂
松冈 义正	民法总则、物权法、债权法、亲族法、相续法、民事诉讼法、破产法	同上	京师大学堂
岩井 尊文	国际公法、国法学	同上	不明
小河滋次郎	监狱学、监狱法	同上	京师大学堂
志田钾太郎	商法、会社法、船舶法、有价证券法、国际私法	同上	不明
中村 襄	不明	同上	不明
出处:笔者根据有关资料制作			

这些日本教习虽然都有不错的汉文造诣,但不能直接用中文授课,因此,他们授课时都必须经过翻译转述,这有盐田环的文章为证。

> 生徒于法律学堂须研读之科目者,民法、商法、刑法、刑事诉讼法、民事诉讼法、监狱学及国际法是也。此等科目中目下虽尚有未及开讲者,然学堂创立甫始,未经星霜,实非得已。讲师乃日本人,冈田博士担任刑法及刑事诉讼法,松冈学士担任民法及民事诉讼法,岩井学士担任国际法,新任之小河博士担任监狱。讲义悉数经由通译,故大多须预先颁授稿本至生徒。[①]

由于这一缘故,日本教习给京师法律学堂留下了一套珍贵的教学资料。这套资料可能是由中国教习翻译颁发给学生的,1911 年 5 月 15 日由京师法学编辑社

---

① 盐田环:"北京见闻录",《法学协会杂志》,明治四十一年第 26 卷第 9 号,第 417 页。

以"法学汇编"为题出版。《法学汇编》为丛书，由汪庚年编辑，共22册，除附册第一未署名，著者不详，附册第二为该学堂中国教习吉同钧讲述外，其余20册全部由日本教习著述。但是《法学汇编》出版半个月后，该书又由熊元翰、熊元襄兄弟编辑，以《法律丛书》的书名在安徽法学社出版，其内容与法学汇编基本一致，只是在编排顺序上稍异于《法学汇编》，并删除了法学汇编的附册第二，即吉同钧著述的《名词解、秋审条款、审判要略》。表4即为这两套丛书的具体内容。笔者比对过其中松冈著述的民法债权法的两个版本，除个别地方稍有不同外，在编排、内容上高度一致，因此可以断定，这两套丛书应该是由同一机构主持翻译的，这一机构很可能就是京师法律学堂。丛书的存在使我们今天得以了解当年日本教习在京师法律学堂讲授的具体内容，为我们研究探讨中国法律与日本的关系提供了一条重要线索。限于篇幅，本文仅就松冈义正讲授的民事关系法律的内容进行初步梳理，以了解松冈对于中国晚清民事关系法律的编纂、制定所起的作用。

表4　京师法律学堂两套丛书的书名比较

编集者名	汪庚年			编集者名	熊元翰、熊元襄	
出版社名	京师法学编辑社			出版社名	安徽法学社	
刊行年月	宣统三年五月十五日发行			刊行年月	宣统三年五月呈出、宣统三年六月二日刊行、民国元年九月三日再版、民国二年三月二四日三版、民国三年一二月一五日四版	
书名	法学彙编①			书名	法律丛书②	
编　　号	各卷书名	讲义者	页　数	编　　号	各卷书名	讲义者
第一册	法学通论·宪法·行政法	冈田	329	1	法学通论	冈田
第二册	大清刑法总则	冈田	286	2	法学通论·宪法	冈田
第三册	大清刑法分则	冈田	145	3	国法学	岩井
第四册	民法总则（上册）	松冈	401	4	国法学	岩井
第五册	民法总则（下册）	松冈	243	5	刑法总则	冈田
第六册	民法·物权法	松冈	246	6	刑法分则	冈田
第七册上	民法·债权法	松冈	160	7	民法总则	松冈
第七册下	民法债权法各论·亲族法·继承法	松冈	253、10、	8	民法总则	松冈
第八册	商法总则	志田	226	9	民法物权	松冈
第九册	会社法·手形法	志田	118	10	民法债权·总论·各论	松冈
第十册	手形法·船舶法	志田	132、79	11	商法总则	志田
第十一册	大清法院编制法	冈田	238	12	商法·会社·商行为	志田
第十二册	刑事诉讼法	冈田	252	13	商法·有价证券·船舶法	未署名
第十三册	民事诉讼法·破产法	松冈	233，112	14	法院编制法	冈田
第十四册	国际私法	志田	184	15	刑事诉讼法	冈田
第十五册上	国法学（上卷）	岩井	175	16	民事诉讼法	松冈
第十五册下	国法学（下卷）	岩井	299	17	破产法	松冈
第十六册	平时国际法	岩井	225	18	监狱学附监狱律	小河
第十七册	战时国际法	岩井	276	19	国际私法	岩井
第十八册	大清监狱律·监狱学	小河	126、86	20	国际公法	岩井
附册第一	经济学·财政学	未署名	135、35	21	经济学	未署名
附册第二	名词解·秋审条款·审判要略（吉同钧述）		71、32、222	22	财政学	未署名

出处：①、东京大学东洋文化研究所大木文库所藏『法学彙编（京师法律学堂讲义）』。全套分为四帙、第一帙为第1~5册、第二帙为第6~10册（第七册为上下二本，上册名债权法总论、下册名债权法各论·亲族法·相续法）共6册，第三帙为第11~15册（国法学·上）共5册，　第四帙为第15册（国法学·下）~18册与附册第一『经济学·理财学』、附册第二『法学彙编名词解·秋审条例·审判要略』共6册。全书共22册。②、李贵连『近代中国法制与法学』、北京大学出版社、2002年11月、第95页。

四、松冈义正承担的民事关系法律教育状况

松冈义正在京师法律学堂负责讲授民事关系的法律课程,其内容综括了民法总则、物权法、债权法、亲族法、继承法、民事诉讼法、破产法等。但从上述丛书收录的松冈的著述内容看,其中的亲族法和继承法讲授的非常粗略,这大概与这两部法律的起草任务由中国学者承担有关。同时,他还为清政府起草了民法总则、物权法、债权法、民事诉讼法、破产法等民事关系方面的法律草案,为晚清建立民事法律制度及其司法体系的探索发挥了开创作用。本文仅就其承担的民事关系的法律教育情况提供一些资料供大家探讨。

关于民法的教学情况

日本民法移植于德国民法。德国民法系根据潘德克吞法学理论编制的。所谓潘德克吞法学,就是重视成文法,重视法律概念,重视法律构成,德国的法学家及立法者根据这种法学理论,编纂了由民法总则、债权法、物权法、亲族法、继承法共五编组成的德国民法。日本模仿德国制定民法典时,同样采取了五编结构,只是将债权和物权的顺序颠倒。之所以这样做,据松冈解释,是因为"债由物而生,必先有物权而后有债权,事务发生之次序,本应如是也。德国之以债权在先,其理由则以总则而下,唯债权适用之范围为最大,因人类之生活关系,关于债者多也。换言之日本先物权而后债权,主事物发生之次序而言,德国先债权而后物权,主使用范围之广狭而言"[①]。此时中国京师法律学堂讲授民法,聘请的是日本学者松冈义正,他自然会按照日本的民法五编体系进行讲学。但日本民法继受自德国民法,因此,中国民法教学直接受日本影响最大,同时也间接受到德国民法的影响。

松冈义正是怎样讲授民法的呢?根据法学汇编以及法律丛书所收录的书籍以及京师法律学堂的课程安排看,民法教学的课程是按照五编体系设计的,即民法总则、物权法、债权法、亲族法以及继承法。

---

① 松冈义正《民法总则》(上卷),收录于《法学汇编》(第 4 册),第 59 页。

如前所述，松冈应聘来华名义上是来京师法律学堂讲学，而更大的任务是帮助清廷起草民法草案。因此，松冈在讲学时除了讲授民法本身的内容外，更注重强调学习、研究乃至理解民法实质。他在讲授民法总则时开门见山地强调，研究学习民法不可拘泥于形式，而应注重其精神。他认为，学习民法必须注意三点。他说：

第一，不可拘泥形式，拘泥形式则无一事可行，学法律学者，更宜引以为戒。盖拘泥形式者其于法律精神即不能理会，而反受法律之病。夫一国有一国之法，而其遵守法律，则皆在于精神而不在形式，总之法律有精神则国强，无精神则国弱。试观罗马帝国时代大法律家最多，其国亦日强，历史上称之为黄金时代，以法律有精神故也。至末世而专讲形式，不能适当法律之用，故至于衰微。

第二，须知书之精意。法律家之学说，各不相同。况当学术进步时代，谓前人之书后人无可指摘者，非也。要在辨别其精微，各取其长而已。故研究一家学说，必先以其说之是非决之于心，而后其学乃有用。如谨守前人之旧说，而不知抉择，其失必至于盲从。

第三，须端正其心术。学问者非浅尝薄涉所能得。法律之学非可克日而成，求学之时非办事之时，当于学问研究其全部融会而贯通之，则所发议论始克有当。如未深究而确见其理即发为议论，必一无所当。此亦法律家易犯之病也。平时于学问无所得，及其从事于法律，则茫然不知，于己既觉其苦，而国家社会亦受其害，又安用此法学为也。欲除浅尝薄涉之弊，其法有四，曰分析，曰沿革，曰比较，曰哲理。[①]

松冈强调，民法的本质是维护国家秩序，轻视它可能导致国家灭亡。"民法者与他法同为维持国家之秩序而存，秩序之维持乃保全人类共同生活之必要条件也。重秩序之人类发达，而轻之者灭亡，历史示之。故国家为维持其秩序计，一面设关于人类行为之法则，一面又设于实现此等法则效力上最为适当之法则。民法属于前者之法则，民事诉讼法属于后者之法则。"[②]

松冈告诫他的学生说，一部民法能否推行于全国，不取决于其形式而取决于

---

① 松冈义正：《民法总则》（上卷），收录于《法学汇编》（第4册），第1～3页。
② 同上，第3页。

松冈义正与京师法律学堂的民法学教育

其实质。"法有实质与形式。实质犹人之精神，形式犹人之容貌。……按法之为法，必以实质与形式而成。但有形式而无实质谓之恶法，则法之必以实质为先也明矣……民法者研究一国之风俗人情习惯而成者也，不如是则不能推行于全国。故凡立一法而推行于全国有所不行者，必于其实质上有缺点耳。"①

他接着阐释道："民法之实质的意义有广狭二者。广义之民法为法之全体……法律中有公法私法。公法者国家与人民关系之法，私法者人民与人民关系之法。……民法者，私法之全体也。法有公私之别，私法者支配个人的关系之法也。而民法常用于与私法同一意义之处。……夫公法者支配权力者与他之人格者，即权力者或无权力者之关系之法也。故如宪法、行政法、刑法、民事刑事诉讼法，规定国家内部关系之法。……私法者支配无权力者间之关系之法也。故如狭义民法、商法、国际私法，规定个人的关系之法，私法也，团体亦与个人同。"②

对于中国如何编纂民法典，松冈在介绍了英法德等国编纂法典的历史沿革以及日本民法学者穗积陈重关于世界各国古今法典编纂政策的研究和归纳后，认为世界各国编纂法典之政策可以分为五种，即抚慰策、持久策、统一策、整理策和一新策，同时认为日本编纂法典采用的是一新策而兼统一策。

据此他设问："中国编纂法典之政策宜属何策？"他认为，"今为各国交通之时代，而非闭关自守之时代，断不能墨守旧章，宜用一新策。各省章程命令，自为风气，各不相同，于统一上有大缺点，宜用统一策。中国本为文明之国，可用之法甚多，以其可留者而整理之，则为整理策。是中国编纂法典之策比日本犹多其一。宜乎较日本而尤难也。学者须知法典之编纂，即整理一国之法典，制定有公力之法律书之事业者也。故法典之编纂，以使法律之实质臻于善良，法律之形式臻于完全为目的。若法律之实质不良，反而道德之观念，或不适于社会之事情，则不得维持社会之秩序。法律之形式不具，疑义百出，不得确知其文意，则个人不克依法而主张权利与履行义务。此古今各国所以皆致力于法典之编纂也"③。

松冈以日本编纂民法的历史为例，直陈清政府编纂民法的必要性和紧迫性。他说：

> 日本编纂民法有二理由。一为改正条约，撤去各国领事裁判权。一为使

---

① 松冈义正：《民法总则》（上卷），收录于《法学汇编》（第4册），第5页。

② 同上，第6～12页。

③ 同上，第42页。

国民得适用于社会之新事物为政策。日本初与欧洲各国交通之时，事事失败，其最甚者为领事裁判权。今日之能改正条约收回领事裁判权者，其中历史甚多，非空言所能致也，乃于实际上求之而得之耳。就今日日本观，已与欧洲各国立于对等之地位。就以前之日本观，乌可得哉。而所以能如是者，非政府一方之功，国民亦与有力焉。当编纂法典之时，专注意于收回领事裁判权，思与各国一律。所以将日本之旧习惯置之一旁，而以一新法律为主，所用之旧法律已寥寥矣。其于全国颇亦大为不便。而全国政府臣民明知新法律之不便于己，乃以欲收回领事裁判权之故，宁不便于己，皆以用新法律为莫大之政策，日久相习，亦皆以为便矣，而领事裁判亦竟已收回，是为能达其目的也。就中国言之，则此事亦最为重要。今日之新修法律，非以治本国臣民为目的，必以治外国臣民、收回领事裁判权为目的。如仅为治本国臣民也，即不修新法律庸何伤。而必欲修新法律者，固明明为收回领事裁判权也。而犹必迟回瞻顾于本国之情形，不忍舍旧以图新，即领事裁判权决无收回之一日，亦多此一举而已矣。必也仿日本修订法律之政策，宁不便于国民，而以对于外国为目的。旧法之善者固宜留之，新法之良者必采用之，而后新法律可以修。今之论者执行新法律不宜于中国之说，只知治本国之民而不知治外国之民。此乃诸君之责任，有攻讦新法律者，必宜执此说以破其迷。言甚简单，可以数语晓之也。试以日本颁布新法之历史约略言之，中国学者可毅然兴矣。①

关于民法的内容，松冈按照日本现行民法体例，告诉他的学生们说，"民法以分为总则法、物权法、债权法、亲族法及相续法为通例"，并分别对物权法、债权法、亲族法和继承法以及总则法作了如下定义：

"物权法者规定物权关系之法也。按物权者，人有是物，有任己意使用是物或破毁是物完全之权，而或有欲占夺其物，侵害其物者，则不能不赖法律之保护。于是有规定物权关系之法则，曰物权法。然则物权者即事实上之关系物权法者，即他人负不侵害之之义务之关系也。"

"债权法者规定债权关系之法也。按上言物权，似人类之生活之关系在乎物，有物权而生活可无虑矣，而不然也。人之于物，不能物物皆备于己，更不能物物皆不与人。则人之因物而发生赠予借贷买卖之往来亦必然之势也。有往来即不能

---

① 松冈义正：《民法总则》（上卷），收录于《法学汇编》（第 4 册），第 43～44 页。

松冈义正与京师法律学堂的民法学教育

无债，有债而不能无法律上之关系。此债权之所由生也。以简单言之，则人与物直接者为物权，人与人间接于物者为债权。"

"亲族法者规定亲族关系及与此相伴之财产关系之法规之全体也。按亲族法者养成良国民之制造所也。或谓欧西之法与中国不同，其于纲常名教不甚注意，岂其然哉，岂其然哉。欧洲学者之于亲族法上，莫不非常注意。至谓亲族法为良国民之制造所。诚以国民之良莠，皆关系于亲族法之善否。故各国之富强皆根本于亲族法。亲族法善则国民之爱国心厚，否则良国民何自而出。日本于亲族法上亦非常注意。欧洲各国并于亲族法上有特别之注意。松冈学士谓然叹曰，亲族关系尽人而知，所不知者将来之亲族制度有非常之危险也。自财产制度个人制度发生以来，遂为亲族制度之大敌。"

"相续法规定相续及遗言之法规之全体也。按相续法者所以维持亲族者也。无相续则个人不能安心以为取引。自古至今，无论何国，权利义务必祈日加巩固。无相续法，日久必忘其权利义务之所在。有相续法，则权利义务所以永久而不替。故相续之权利义务之关系，于亲族大有影响。相续法中将提出遗言以定规则，各国视之皆极为重要。盖人生所最不能忘情者财产权也。然不能忘之于生前，而不能不忘之于死后。则虽有财产权，至于死后必丧失之矣。有遗言以为之维持，则身后之财产欲以之建学堂，设病院，悉秉遗言以为处置，即所以维持身后之财产权也。故各国视遗言极为重要。"

"总则法者，共通于物权关系、债权关系、亲族关系及相续关系之法规之全体也。按总则法合物权债权亲族及相续四种关系公同之法则。何以为公同之关系。凡事皆始于人。物与债之关系，为人而有关系也。亲族相续之为人之关系，不待言矣。故民法中必皆以人定法则。各国之民法莫不以人为规定。人既规定之后，乃规定能力。盖人皆同而能力各有不同。例如结婚，未有结婚能力时不能结婚，相续亦然。故能力居人之次而规定。有能力者必有能力之目的。苟无物，则能力无所用，故先关于人之观念，次关于物之观念，人与物之关系，定为法律之后，则各种权利得丧事实皆附焉。此则为民法之顺序也。民法总则法，可称为民法之根本法。若无总则法，则民法可不定矣。"①

总之，松冈给学生讲授民法，不是只限于讲授法律本身的内容，而是结合中

———————

① 松冈义正：《民法总则》（上卷），收录于《法学汇编》（第 4 册），第 46～51 页。

国即将编纂和实施民法的实际情况，根据西方国家以及日本的实践经验，为中国的修律活动提供一些有益的意见和建议。

鉴于松冈讲授的民法课程内容极其丰富和庞杂，不是一编短文所能详细介绍清楚的。为了给读者一个大体轮廓，笔者将松冈的讲义内容分别制作成几份表格，略作介绍，以供参考。

通过表 5 "松冈义正讲授之《民法总则》日文手记与中文出版品及在日本出版发行的《民法论总则》目录的对照"，可以发现，资料①似乎是翻译对松冈讲学的笔记，资料②则显然是资料③的翻译，因此内容比较全面。资料③应该是松冈赴华前撰述出版的著作，在京师法律学堂被当作教材使用。

表5　松冈义正讲授之《民法总则》日文手记与中文出版品及在日本出版发行的《民法论总则》目录的对照

日文手记本目录①		中文出版物目录②			日本出版本目录③		
諸言		绪论			諸論		
		第一章	民法之本质		第一章	民法の本質	
		第二章	民法之意义		第二章	民法の意義	
		第三章	民法之沿革		第三章	民法の沿革	
		第四章	民法之内容		第四章	民法の内容及び分類	
		第五章	民法之系统		第五章	民法の系統	
第一编	総論	第一编			第一編	総則法	
	第一章 私权	第一章	民法法规		第一章	民法法規	
		第二章	民法之渊源		第二章	民法の淵源	
		第三章	民法之效力		第三章	民法の効力	
		第四章	民法之适用		第四章	民法の適用	
		第五章	民法关系		第五章	民法関係	
		第六章	权利及义务		第六章	権利及び義務	
			第一节	权利之观念		第一節	権利の観念
			第二节	义务之观念		第二節	義務の観念
第二编	私権の主体	第七章	私权之主体		第七章	私権の主体	
	第一章 人(自然人)		第一节	私权主体之观念		第一節	私権主体の観念
	第二章 法人		第二节	自然人		第二節	自然人
第三编	私権の客体		第三节	法人		第三節	法人
	第一章 有体物(即ち物)	第八章	私权之客体		第八章	私権の客体	
	第二章 無体物		第一节	私权客体之观念		第一節	私権客体の観念
			第二节	物即有体物		第二節	有体物(即ち物)
			第三节	无形的生活资料		第三節	無形的生産資料
第四编	私権の得喪及び変更	第九章	私权之得丧失及变更		第九章	私権の得喪及び変更	
	第一章 概念		第一节	私权之得丧及变更之意义		第一節	私権の得喪及び変更の観念
	第二章 法律事实		第二节	法律事实		第二節	法律事実
	第三章 法律行为		第三节	法律行为		第三節	法律行為
	第四章 时(期日及期間)		第四节	时(期日及期间)		第四節	時(期日及び期間)

注释：本目录系笔者根据以下资料制作。①东京大学法学部近代法制资料室收藏之《松冈义正关系文书》(东京大学法学部近代立法过程研究会编集、昭和50年4月)的手记日文原稿《民法总则》；②东京大学东洋文化研究所大木文库收藏之《法学彙编》第4～5卷；③松冈义正著《民法论总则》(明治29年)《日本立法资料全集》信山社出版、平成18年8月20日。(原著由清水书店、明治40年9月1日出版)(节以下手段省略)。

表 6 "《松冈义正关系文书》收录松冈承担的《民法讲义物权法》中译稿目录" 系根据收藏于东京大学法学部近代法制资料室的《松冈义正关系文书》中的

松冈义正与京师法律学堂的民法学教育

《民法讲义物权法》制作的，原文为中文，估计系京师法律学堂的翻译根据松冈在课堂的讲义翻译而成。经与 1908 年出版的《民法论物权法》比对，其内容基本上来自该书，但有大量删节，原书中有关物权法的历史成因以及说明举例都被删去。

表6 《松冈义正关系文书》收录松冈承担的《民法讲义 物权法》中译稿目录

第一章 物权法之概念	（5）占有诉权与本权诉权之关系	（申）界标设置权
第一 性质	（甲）占有诉权之独立	（酉）围障设置权
第二 内容	（乙）本权诉权之准备	（戌）剪除权
第三 系统	（弐）偿还请求权及赔偿义务	（亥）距离保存权
第二章 物权总论	（一）偿还请求权	（甲）地上的工作物
第一 意义	（1）意义	（乙）地下的工作物
第二 种类	（2）手段	第六 效力③
（壹）所有权及定限物权	（子）留置权	（壹）所有权保护之理由
（一）所有权	（丑）收去权	（弐）所有诉权
（二）定限物权	（寅）偿还请求权	（一）所有物回复诉权
（1）用益物权	（3）范围	（二）所有权保全诉权
（2）担保物权	（二）赔偿之义务	（三）境界确定诉权
（三）实用	（1）要件	（四）果实返还及损害赔偿
（弐）动产物权及不动产物权	（2）范围	第七 取得
（一）动产物权	（参）动产权之取得及果实之取得	（壹）原始取得
（二）不动产物权	（一）动产权之取得	（一）先占
（三）实用	（1）要件	（二）加工
（参）本权及占有权	（2）效力	（三）混和
（一）本权	（3）特例	（四）附合
（二）占有权	（子）盗品及遗失品	（五）遗失物之拾得
（三）实用	（丑）家畜外之动物	（六）埋藏物之发见
（肆）主物权及从物权	（寅）不融通物船舶及不动产之从物等	（弐）伝来取得
（一）主物权	（1）善意之占有者	（一）一般承继
（二）从物权	（2）恶意之占有者	（二）特别承继
（三）实用	（子）狭义之恶意占有者	（三）有价取得
第三 效力	（丑）法定之恶意占有者	（四）无价取得
（壹）优先权	（寅）准的恶意占有者	（五）死因取得
（弐）追及权	（肆）适法及继续之推定	（六）生前取得
第四 取得	（一）适法之推定	第八 丧失
（壹）法律之规定	（二）继续之推定	（壹）绝对的丧失
（弐）法律行为	第四 取得	（一）所有权之抛弃
第五 丧失	（壹）原始取得	（二）所有物之消灭
（一）不基于权利者意思之事实	（一）占有的所持	（弐）相对的丧失
（二）基于权利者意思之事实	（弐）伝来取得	第九 共有
第六 对抗	（一）让渡	（壹）意义
（壹）立法主义	（1）占有的意思	（弐）效力
（一）引渡公示主义及引渡要件主义	（2）占有之转移	（一）处分权
	（子）引渡	（二）使用权
	（丑）由于意思表示之引渡	
（1）引渡公示主义	（二）相续	（三）管理权
（2）引渡要件主义	（三）效力	（四）归属权
（二）登记公示主义登记要件主义及地券交付主义	（参）代理取得	（五）所有权
（1）登记公示主义	（一）原始取得	（六）占有权
（2）登记要件主义	（二）伝来取得	（七）共担义务
（3）地券交付主义	第七 变更①	（八）注意义务①
（弐）第三者	（壹）他主占有	（参）取得
一 意义	（一）意思之表示	（一）互有权之取得
二 权利	（二）权利之变更	（二）共用物共有
（参）登记	（弐）恶意占有	（肆）丧失
（一）意义	（参）强暴占有	（一）分割之性质
（二）登记物权	（肆）隐秘占有	第五章 地上权
（三）登记事项	（伍）过失占有	第一 地上权之起源
（肆）引渡	第八 消灭	第二 意义
（一）意义	（壹）不依代理人之占有权消灭	第三 效力
（二）引渡物权	（一）占有的所持之丧失	第四 取得
（三）引渡事项	（二）占有的意思之抛弃	第五 消灭

　　表 7 "松冈义正《民法物权法讲义》（中译本）中关于地上权、永小作权、地役权的详细目录"则系根据王庚年编辑出版的《民法物权法讲义》制作的。实际上，该书是对松冈著的《民法论物权法》的翻译。《民法论物权法》出版于松冈赴华就任后的第二年。现在搞不清楚该书是松冈赴华前完稿、翌年出版的呢，还是在中国教书时写作完成后送回日本出版的。这两份表格的内容合在一起恰好是松冈所著《民法论物权法》的完整版。

表7 松冈义正《民法 物权法讲义》（中译本）中关于地上权、永小作权、地役权的详细目录

第五章 地上権	第一 永小作権使用他人土地之物権也	第三 地役権为不可分之権利也
第一节 地上権之性质	第二 永小作権払小作料而使用他人土地之権利也	（一）土地共有者之一人不得付于其持分设定地役権、又不得付其持分取得地役権
第一 地上権者行于土地上之権利也	第三 永小作権者于他人之土地因为耕作或牧畜而使用他人土地之権利也	（二）土地共有者之一人不得消灭付于其持分因土地而存之地役権、又不得消灭存于土地之上之地役権
第二 地上権者使用他人土地之権利也	第二节 永小作人之権利义务	（三）土地之分割或其一部之譲渡时地役権存于因其各部或其各部之上
第三 地上権者因所有工作物或竹木使用他人土地之権利也	第一 永小作人因耕作牧畜于必要范围内得任意支配土地、行使属于土地所有者之権能	第二节 地役権之権利
第二节 地上権者之権利义务	第二 永小作人有譲渡其権利以为権利目的之土地赁贷于他人又其権利供抵当之権利	第一 属人地役属地地役
第一 地上権者不拘何土地所有者得直接行其支配権于土地之上	第三 永小作人不得以为权利目的之土地供耕作牧畜以外之用途	第二 法定之地益因为而设定之地益
第二 地上権者不拘于土地所有者之権利之范围内有以地赁与他人或以其権利譲与他人及遗赠于他人之権利	第四 付于相隣者之関係	第三 田野地役市街地地役
第三 地上権者与土地之所有者同当服从于権利者之権利関係	第五 永小作人于为権利目的之土地上有物権而付于目的物得拒绝第三者之干涉、对干其侵害行为得行使物上请求権	第四 积极的地役消极的地役
第四 地上権者関于権利目的之土地得拒绝第三者之干涉对于第三者之侵害行为有求救济之権利	第六 永小作人因其権限而有附属于土地之工作物竹木之所有権、于其権限之存続期间内得处分之	第五 継続的地役不継続的地役
第五 地上権者関于其権利目的之事项且有任意支配土地之権利而其権利之行使常限于其目的之范围内为必要	第七 永小作権与借赁有定期使用权之性质	第六 表現的地役不表現的地役
第六 地上権者于所有行为権利目的之土地上之工作物及竹木有处分之権利	第八 永小作人虽因不可抗力付于收益受有损失时不得请求小作料之免除或减額	第二节 地役権之取得
第七 地上権者须支払定期地代付于土地所有者时有左之権利及义务	第九 永小作人因不可抗力引続于三年以上全不得收益又五年以上不得比小作料较少之收益者得放弃其権利	第一 设定行为
第三节 地上権之存続期间	第十 永小作人引続二年以上总干小作料之支払又既受破产之宣告时地主得请求永小作権之消灭	（一）契约
第一 以设定行为定地上権之存続期间时従其时间	第十一 関于変更土地之民法第二百七十一条之规定	（二）遗言
第二 不以设定行为定地上権之存続期间时即其时间以左之方法定之	第三节 永小作権之存続期间	第二 时效
（一）有特别之习惯时従其习惯	第一 永小作権之存続期间不得超于五十年又不得下于二十年	（一）得为取得时効目的之地役権
（二）无特别之习惯时地上権者无论何时得抛弃其権利	第二 当事者不定永小作権之存続期间时其期间依左之方法定之	（二）共有者之取得时効
（三）地上権者不抛弃地上権时当事者得以存続期间之确定请求之于裁判所	（一）有别段之习惯时従习惯	第四节 地役権之効力（原文のまま）
第四节 地上権之消灭	（二）无特别之习惯时期限为二十年	第一 要地之所有者（即地役権者）之権利
第一 目的物之灭失	第四节 永小作権之消灭	第五节 地役権之消灭
第二 土地之收用	第七章 地役権	第一 地役権之行使为绝对的不能时
第三 権利之抛弃	第一节 地役権之性质	第二 地役権与承役之所有権既混同时
第四 存続期间之满了	第一 地役権为行于他人土地上之物権也	第三 承役地之占有者具备取得时効必要之条件于占有时
第五 第三者之取得时効	第二 地役権为土地所有者于他人土地上之所有之権利也	第四 地役権者二十年间不行使其権利时
第六 消灭时効	第二 地役権为土地所有者以他人土地供自己土地便益之権利也	第五 地役権者放弃其権利时
第七 混同	第二 地役権为土地所有者于他人土地上之所有之権利也	第六 承役地因公用被徵收时
第八 地上権消灭之请求	第三 地役権为土地所有者以他人土地供自己土地便益之権利也	第七 地役権附有解除条件或终期其条件或期限到来时
第六章 永小作権	（一）便益之性质	第六节 入会権
第一节 永小作権之性质	（二）便益之种类	

注：本目录系笔者根据《民法物権法讲义》（『法学彙編』第六册、东京大学东洋文化研究所大木文库所收）内容制作。

松冈义正与京师法律学堂的民法学教育

表 8 "松冈义正讲义《民法·债权法》（总论）的详细目录""表 9、表 10 松冈义正《民法讲义债权法各论》（附担保）的详细目录"系根据汪庚年编辑的同名丛书的《民法债权法》和《民法债权法各论》两书的内容整理而成。这两本著作松冈在日本国内没有出版过，应该是松冈在京师法律学堂时的讲义稿的译本。

表8 松冈义正讲义『民法·债权法』（总论）的详细目录

民法债权法总论	（一）意义	（壹）意义
第一章　债权法的概念	（二）选择权	（贰）连带债务
第一　性质	（三）给付之确定	（一）性质
第二　内容	（1）选择权之行使	（二）原因
第三　系统	（2）给付之不能	（三）效力
第二章　债权总论	（拾）任意债权	（1）债权者及债务者间之效力
第一　意义	第四　效力	（2）债务者相互间之效力
第二　种类	（壹）债务之履行	（叁）连带债权
第三　目的物	（一）履行之时	第五　不可分债务关系
（壹）意义	（二）履行之地	（壹）意义
（贰）要件	（三）履行之效力	（贰）多数债权者之不可分债务
（叁）单一债权	（贰）迟滞	（叁）多数债权者之不可分债权
（一）单一债权	（一）债务之迟滞	（肆）变更
（二）聚合债权	（1）要件	第六　保证
（三）区别之实用	（2）效力	（壹）意义
（肆）可分债权	（子）强制履行	（贰）原因
（一）可分债权	（丑）损害赔偿	（叁）效力
（二）不可分债权	（寅）危险负担	（一）保证人与债权人间之效力
（三）区别之实用	（卯）契约解除	（1）债权者对于保证人所有之权利
（伍）一定债权	（3）迟滞之终了	（2）保证人对于债权者所有之权利
（一）一定债权	（二）债权者之迟滞	（二）保证人及主债务者间之效力
（二）不一定债权	（1）要件	（三）保证人相互间之效力
（三）区别之实用	（2）效力	第四章　债权之变更
（陆）特定物债权及不特定物债权	（子）由于供託之责任	第一　概念
（一）特定物债权	（丑）损害赔偿	第二　债权的让渡
（二）不特定物债权	（寅）不履行责任免除	（壹）意义
（三）区别之实用	（3）赔偿之终了	（贰）要件
（柒）金钱债权	（叁）间接诉权	（一）指名债权
（一）意义	（一）意义	（二）指图债权
（二）应给付之金钱	（二）要件	（三）无记名债权
（三）效力	（三）效力	（四）记名式所持人払込债权
（捌）利息债权	（肆）废罢诉权	（叁）效力
（一）意义	（一）意义	（一）让渡人及让受人间之效力
（二）种类	（二）要件	（二）让受人及债务者间之效力
（1）约定利息	（三）效力	第三　债务之引受
（2）法定利息	（四）时效	第五章　债权之消灭
（3）区别之实用	第三章　债权之当事者	第一　概念
（三）利率	第一　意义	第二　弁济
（1）约定利率	第二　多数当事者之债权	第三　相杀
（2）}法定利率	第三　连合债务关系	第四　更改
（3）区别之实用	（壹）意义	第五　免除
（四）重利	（贰）原因	第六　混同
（五）偿还	第四　连带债务关系	
（玖）选择债权		

注：本目录由笔者依据汪庚年编集『法学彙编』所收松冈义正讲义『民法·债权法』内容摘录制作而成。

关于民事诉讼法的教学情况

松冈在赴任中国之前，不仅担任东京控诉院（现东京高等裁判所）民事裁判部的部长，而且长期在日法法律学校、明治法律学校、明治大学、法政大学、早稻田大学、日本大学等大学讲授民事诉讼法、人事诉讼法，其讲义分别由所在大学出版，数量多达 10 种[①]。而且，松冈作为梅谦次郎的助手全程参与过日本民事诉讼法的修订工作，[②]可见松冈对于民事诉讼法有非常深厚的造诣。因此，他对于民事诉讼法的教学实在是驾轻就熟。

---

① 据日本学者西英昭著："清末民国時期法制関係日本人顾问に関する基礎情報·補遺"介绍，共出版了以下书名的讲义录：（1）《民事訴訟法》（松岡義正述、和佛法律学校·1901（6～8 编、34 年度乙种講習科用））（2）《民事訴訟法》（岩田一郎講述、和佛法律学校·1902（6～8 编由松岡講述：明治 35 年度講義録））（3）《人事訴訟手續法》（和佛法律学校明治 36 年度特別法講義録）（和佛法律学校·1903）（4）《民事訴訟法講義》（明治法律学校明治 36 年度第三学年講義録）（明治法律学校講法會·1903）（5）《民事訴訟法》（仁井田益太郎講述、法政大学·1904（6～8 编由松岡講述：明治 37 年度講義録））（6）《民事訴訟法講義》（横田五郎講述、明治大学出版部·1904（3～5 编由松岡講述））（7）《民事訴訟法》（松岡義正講述、法政大学·1905（3～5 编：明治 38 年度講義録、6-8 编：明治 37 年度講義録）（8）《民事訴訟法》（板倉松太郎·松岡義正講述、法政大学·1905（7～8 编由松岡講述））（9）《民事訴訟法》（横田五郎講述、法政大学·1907（3～5 编由松岡講述））（10）《民事訴訟法》（日本大学明治 40 年度法科第二学年講義録）（日本大学·1907）。

② 请参阅熊达云："清末における中国法律の近代化と日本人法律顾问の寄与について—松岡義正と民事関係法律の編纂事業を中心にして—"，JFE21 世紀財団《アジア歴史研究報告書》（2009 年度）。

松冈义正与京师法律学堂的民法学教育

表9 松冈义正《民法讲义 债权法各论》(附担保)的详细目录(一)

序言	第二节 赠与之效力	第十一章 寄托
第一 法律行为	第一款 普通赠与之效力	第一节 寄托之观念
第二 法律行为以外之事实	第二款 特别赠与之效力	第二节 寄托之效力
	第三章 卖买	第一款 受寄者之义务
第一编 契约	第一节 总则	第二款 寄托者之义务
第一章 总则	第一款 诺卖之定义	第十二章 组合
第一节 契约之定义	第二款 卖买之种类	第一节 组合之观念
第二节 契约之沿革	第三款 定款	第二节 组合之效力
第一 口头契约	第四款 卖买之费用	第一款 对内之关系
第二 节面契约	第五款 卖买规定之准用	第一项 组合之财产
第三 要物契约	第二节 卖买之效力	第二项 业务之执行
第四 合意契约	第一款 卖主之义务	第三项 财产及业务之检查
第三节 契约之区别	第一项 本有之义务	第四项 损益之分配
第一 双务契约及片务契约	第二项 担保之义务	第二款 对外之关系
第二 有偿契约无偿契约	第二款 买主之义务	第三节 组合契约之终了
第三 诺成契约要物契约	第一项 支付代金之义务	第一款 脱退
第四 要式契约不要式契约	第二项 承领目的物之义务	第二款 解散
第五 定式契约希享契约	第二节 买回	第十三章 终身定期金契约
第六 主契约从契约	第一款 买回之意义	第十四章 和解
第七 有名契约无名契约	第二款 买回特约之效力	第一节 和解之观念
第四节 契约之成立	第一项 买回由于意思表示	第二节 和解之效力
第一款 总则	第二项 债权者之间接诉权	
第二款 申込	第三项 对于第三者之效力	第二编 事务管理
第一项 申込之性质	第四项 买回对第三者之效力	第一章 事务管理之观念
第二项 申込之效力	第一 通则	第二章 管理者之义务
第三项 申込效力之丧失	第三款 特例	第三章 本人之义务
第一 申述之取消	第三款 共有者之一人以买回之	
第二 承诺	特约而卖却其持分之场合	第三编 不当利得
第三 拒绝	第四节 交换	第一章 不当利得之观念
第四 变更承诺	第五章 消费贷借	(一)因他人之财产或劳务受利益时
第五 期间满了	第六章 使用贷借	(二)因之损失于他人
第六 申述者或被申述者之	第七章 赁贷借	(三)无法律上之原因
死亡及能力丧失	第一节 总则	第二章 不当利得之效力
第七 契约目的物之消灭	第二节 赁贷借之效力	第一 原则
第三款 承诺	第一款 于当事者间之效力	第二 例外
第一项 承诺之性质	第一项 赁人之义务	(甲)非净济债
第二项 承诺之效力及其效力发生之时期	第二项 赁借人之义务	(1)无债务而为弁济时
第四款 广告	第三项 赁借权之让渡及赁借物之转贷	(2)有债务而未至弁济期时
第一项 广告之性质	第三节 赁贷借之终了	(3)非债务者因错误而为债务之弁济时
第二项 广告之撤消	第八章 雇用	(4)因不法原因之给付
第三项 应募者间之关系	第一节 雇用之概念	
第四项 优等赏募广告	第二节 雇用之效力	第四编 不法行为
第五节 契约之效力	第一款 劳务者之义务	第一章 不法行为之观念
第一款 双务契约之效力	第二款 雇主之义务	(一)侵害他人权利
第一项 债务不履行时之效力	第三节 雇用之终了	(二)因之生损害之事
第二项 债务不能履行时之效力	第九章 请负(中国谓之包办)	(三)故意或过失
第二款 为第三者利益之契约之效力	第一节 请负之观念	第二章 不法行为之效力
第六节 契约之解除	第二节 请负之效力	第一节 赔偿之义务者
第一款 契约解除之意义	第一款 请负人之义务	第一 未成年者及心神丧失者之不法行为
第二款 解除权之发生	第二款 请负之终了	第二 使用者及请负人之不法行为
第一项 因契约之解除权	第十章 委任	第三 工作物占有者之责任
第二项 因法律规定之解除权	第一节 委任之观念	第四 动物占有者之责任
第三款 解除权行使之方法	第二节 委任之效力	第五 共同不法行为者之责任
第四款 多数当事者间之解除权	第一款 受任者之义务	第六 正当防卫
第五款 解除权行使之效力	第二款 委任者之义务	第二节 求偿者
第六款 解除权之消灭	第三节 委任之终了	第三节 赔偿之方法
第二章 赠与		第四节 求偿权之实行
第一节 赠与之定义		

注:本目录由笔者根据汪庚年编集《法学汇编》收录之松冈义正讲义《民法·债权法各论》中文的内容制作。

　　他在《民事诉讼法讲义》的序言中写道:"研究民事诉讼法与民法同,亦有三要点。1.知法律之沿革;2.知各国之立法例;3.知法理。夫民事诉讼法之条文异常繁多,各国均在千条以上,不能一一言之,亦不必一一言之。但提纲挈领,知其原则足矣。知其原则,则各国学者起草者之意思可以推测而得。为裁判官时,亦能解释法律,不至茫然无依据。若欲将其条文详细研究,则属异日成为法学家之责任,而非今日切要之事。然则民事诉讼法者,以探求原则为必要者也。适用条文,法典俱在,不难按册而稽。故一切法律皆有根本法理,又有自体适用之别,舍自体（条文）而专由适用以推求根本法理，省曲折周转之烦，乃最良之方法也。"[1]他认为"民事诉讼法之本质乃本诸国家公力保护私权之手续也。……民事诉讼之意义就其实质言，乃国家与当事者间所成立之权利义务关系，诉讼关系又从其外观言，则保护私法上利益之手续也"[2]。

表10 松冈义正《民法讲义　债权法各论》（附担保）的详细目录（二）

担保	第一 共益费用之先取特权	第三 质权者收取自质物所生之果实、有先于他债权者以之充弁济之权利
第一章　总论	第二 葬式费用之先取特权	第四 质权者有就质物优先济之权利
第二章　留置权	第三 雇人给料之先取特权	第五 质权者得为质物之转质
第一节　留置权之性质	第四 日常用品供给之先取特权	第六 质权者就质物支出必要费或有益费时、有使质物所有者偿还之权利
第一 留置权为物上担保	第二款　特别之先取特权	第七 质权者有善良管理者之注意占有质物之义务
第二 留置权者属于占有他人之物者之权利	第一项　动产之先取特权	第八 质权者有返还质物之义务
第三 留置权者属有关于目的物所生之债权者之权利	第一 不动产赁借人之先取特权	第九 为担保他人之债务设定质权者因弁济其债务或债权之实行已灭失其物之所有时、对于债务者有求偿权
甲 要有关于物所生之债权	第二 旅店宿泊之先取特权	第四节　动产质
乙 债权要在于偿还期	第三 运输之先取特权	第五节　不动产质
第四 留置权者为占有者至受其债权之偿还止留置其物之权利	第四 公吏职务上过失之先取…	第一 不动产上之物权非经登记不得以之对抗于第三者
第二节　留置权之效力	第五 动产保存之先取特权	第二 从为质物之不动产之用法得为其使用及收益
第一款　留置权者之权利	第六 动产卖买之先取特权	第三 不动产质权之存续期间不得超过十年
第一 留置权者至受其债权全部之偿还止有继续占有留置物全部之权利	第七 种苗肥料供给之先取特权	第四 不动产质权率相关于抵当之规定
第二 留置权者就自留置物所生之果实有受优先偿还之权利	第八 农工业劳役之先取特权	第六节　权利质
第三 留置权者关于为留置物所支出之必要费、有益费、有使所有者偿还之权利	第二项　不动产之先取特权	第一款　权利质之设定
第二款　留置权者之义务	第一 不动产保存之先取特权	第二款　权利质之实行
第一 留置权者以善良管理者之注意任保管留置物之责	第二 不动产工事之先取特权	第五章　抵当权
第二 留置权者非有债务者之承诺不得使用留置物及为质贷或以此供担保	第三 不动产卖买之先取特权	第一节　抵当权之性质
第三 留置权者有返还留置物之权利	第三款　先取特权之顺位	第一 抵当权为物上担保
第三节　留置权之消灭	第一 一般先取特权之顺位	第二 抵当权为行于不动产之权利
第一 留置物已灭失时	第二 特别先取特权相互之关系	第三 抵当权为自当事者之意思表示所生之权利
第二 主债权已消灭时	第三 一般先取特权与特别先取特权之关系	第四 抵当权为不强占有目的物之权利
第三 留置权者已失利的物之占有时	第四 同一顺位之先取特权者相互间之关系	第五 抵当权为就目的物先他债权者受弁济之权利
第四 债务者供相当之担保而请求贷权之消灭时	第三节　先取特权之效力	第二节　抵当权之目的
第五 留置权者已违背其义务、自债务者请求消灭留置权时	第一款 关于动产先取特权之效力	第三节　抵当权之效力
第三章　先取特权	第二款 关于一般先取特权之效力	第一款 关于动产先取特权之效力
第一节　总则	第三款 关于不动产先取特权之效…	第二款 抵当者与第三者之关系
第一款　先取特权之性质	第四书　质权	第三款 抵当权之实行
第一 先取特权为物权	第一节　质权之性质	第四节　抵当权之消灭
第二 先取特权者为他物权又为从权	第一 质权为他物权	第一 主债权之消灭
第三 先取特权者自法律规定所生之权利	第二 质权为从权	第二 抵当不动产之灭失
第四 先取特权者为就债务者之财产先他之债权者受自己债权之弁济之权利	第三 质权为自当事者之意思表示所生之权利	第三 涤除
第二款　先取特权之目的	第四 质权为必要占有目的物	第四 第三取得者之弁济
甲 权利之目的物	第五 质权为占有目的物、且先他债权者以目的物供济之权利	第五 竞卖
一 卖却目的之代金	第二节　质权之目的物	第六 抵当不动产之公用微收
二 自赁贷目的物所生之债权	第一 要为特定之对体物	第七 混同
三 目的物上所设定权之义	第二 要为可让渡之物	第八 抛弃
四 自目的物灭失毁损所生之赔偿金	第三 要为质权设定者之所有物及得所有者之承诺之物	第九 消灭时效
乙 权利行使之条件	第三节　质权一般之效力	
第二节　先取特权之种类	第一 质权者于元本利息违约金质权实行之费用	
第一款　一般之先取特权	第二 质权者至完全受其弁济止有留置质物之权利	

注：本目录由笔者根据汪庚年编集《法学汇编》收录之松冈义正讲义《民法·债权法各论》中文的内容制作。

① 松冈义正:《民事诉讼法》，汪庚年编辑《法学汇编》第13册，第1页。
② 同上，第12页。

松冈义正与京师法律学堂的民法学教育

在日本现行民事诉讼法中有一项关于检察官参与民事审判的规定,对此松冈认为,这种安排"于理论上未尝不合,而事实上则检事但知刑事上之学问,欲使其干涉民事,于民事上之知识每多欠缺。另设民事上之检事机关,则经费太多。以刑事上之检事干涉民事必有非常之错误。故各国以检事干预有关公益之民事,于实质上毫无裨益。且民事诉讼上之目的物,不外乎纯粹之私法关系与非纯粹之私法关系,而断无纯粹关于公益之私法关系。故民事上裁判之范围不能超过于当事者申立之外"①。事实上,日本没有公布的民事诉讼法修正稿本中取消了这一规定,后来松冈为中国起草的民事诉讼法草案也没有写入。

关于松冈讲授的民事诉讼法的具体内容,由于内容太多,本文不拟详述,讲义的详细内容请参阅表 11。

---

① 松冈义正:《民事诉讼法》,汪庚年编辑《法学汇编》第 13 册,第 56 页。

表11 松冈承担的《民事诉讼法》讲义的详细目录

注：本目录由笔者根据松冈义正《民事訴訟法講義》（法学彙編第13册）东京大学东洋文化研究所大木文库所藏）的内容制作。

松冈义正与京师法律学堂的民法学教育

关于破产法的教学情况[①]

当时日本的破产法不是一部单行法律，它作为第三编列入于日本商法之内。晚清修律之际正是中国与西方各国修订通商条约之后，外国资本开始大量涌入，而清政府尚没有制定出商法，为避免中外合资公司破产引起的纠纷和麻烦，清政府特别需要企业破产清算的知识和规范破产的法律。破产法草案就是松冈任满回国后受清廷特别委托由松冈在日本替中国起草的。可见当时的清政府十分重视破产法。关于松冈讲授的破产法内容请参阅表 12。

---

① 松冈来华前，即在东京法政大学讲授过破产法。

表12 松冈义正讲授的《破产法讲义》(中文本)详细目录

出处:本目录系笔者根据《松冈义正关系文书》收录的《破产法讲义》中文笔记的内容制作。每一编的编号保持原状。

注释:①之原文没有标题,系笔者根据《法学汇编》第13册收录的《破产法》补充的。另外《法学汇编》的"破产法"之保全处分中增加了以下内容:"第一、为别除相比之提示义务、第三、(原文如此)向破产管财人为送达物之交付、第四、动产之封印、第五、帐簿之认证、第六、关于破产者之处分"。同时,第四章"破产财团"、第五章"破产之效力"中也增加了"(肆)之(二)关于破产宣告后所为权利行为之效力、(1)关于诉讼行为以外权利行为之效力"等内容。原文(3)改为(二)的(2)。《松冈义正关系文书》第一编总则没有独立成编,而是放在绪言之中。

五、松冈义正的贡献简评

传统的中华法系是以刑法为主线,国家组织法和行政法为两翼编织而成的法律体系。当晚清政府开始编纂民法,把目光投注于西方的近代民法时,猛然发现传统的中华法系里居然没有西方式的民法体系,"中国法律唯刑法一种,而户婚、田土事项,亦列入刑法之中,是法律既不完备,而刑罚与民法不分,尤为外人所指责"[①],因此主张模仿西方分门别类编纂新法。据张仁黼看来,中华法系中包含民法的内容,只是没有独立成编,只要把他们清理出来,独立门户,中国的民法体系就可以大功告成了。这种说法到 20 世纪的 80 年代似乎被再一次强化,其主要推手是著名的法制史学家张晋藩先生。他在 1983 年召开的中国法律史学会第一次年会上明确指出,"诸法合体、民刑不分是中国古代法典的体例,就法律体系而言,是诸法并存,民刑有分的"[②]。张先生此后为挖掘中国的民法历史不懈努力,先后撰述和主编了《清代民法综论》(中国政法大学出版社,1998 年)及《中国民法通史》。受此影响,中国出版了不少关于古代民法史的著作,如 1993 年上海人民出版社的《中国民法史》(叶孝信主编)、1996 年吉林人民出版社的《中国民法史》(孔庆民、胡留元、孙季平编著)以及 2005 年中国政法大学出版社的《中国财产法史稿》(郭建著)等。这些著作的出版,对于今天的人们了解研究中国古代如何处理民事法律关系提供了难能可贵的资料。但是,古代散见于各种律令格式及古文献中关于民事关系的一些规定能否概括成为民法似乎值得商榷和探讨。我们知道,任何一种法律都是在一定的法律思想指导下编纂而成的。近代西方的民法是规范平等的民事主体之间的财产和人身关系的法律,它的诸如私有财产不受侵犯、债权法中的私法自治原则、物权法中的物权法定原则等,都是中华法系中所不具备的。因此,严格地说,中华法系中充其量只有关于民事关系方面的规定,而远远称不上是一套完整的法律体系,"中国古代并不存在严格意义上的近代性质的民法"[③]的结论是非常正确的。

---

① "大理院正卿张仁黼奏修订法律请派大臣会订折",故宫博物院明清档案部编:《清末筹备立宪档案史料》(下卷),中华书局,1979 年,第 835 页。

② 张晋藩主编:《中国民法通史》,福建人民出版社,2003 年,第 3 页。

③ 郭建、姚荣涛、王志强:《中国法制史》,上海人民出版社,2000 年 12 月,第 356 页。

　　中国真正开始移植、引进近代民法始自晚清的修律活动，而对其作出直接贡献的非日本法律教习兼法律顾问（调查员）的松冈义正莫属。他在京师法律学堂从事的民事关系方面的法学教育，以及由京师法律学堂翻译的有关法学教材，为中国从此奠定大陆法系的民法体系作出了系统性的贡献。

　　首先，松冈义正在京师法律学堂的民事法律关系的教学实践为中国近代的民法学教育奠定了规范化的教育课程。1862 年清廷开办同文馆，象征着中国近代教育的开始。但至 19 世纪结束，这些近代学堂也很少有开设法学课程的，1869年同文馆聘请美国人丁韪良（W.A.P.Martin）讲授《万国公法》可以说是唯一的法学教育课程。1897 年创立的湖南时务学堂和 1895 年设立的北洋大学堂虽然设有法律学科，但前者把民法与宪法划分为"内公法"，后者则由于教员基本都是美国人，因此讲授的法律也基本上是判例法的美国法律。当京师法律学堂开学之际，中国仅有的三所公立大学都设置有法学或法政学科。但是，这三所大学的法学教育中关于民法学的课程都十分简单。从表 13 可知，这三所大学的法科课程都没有详细的民法学的教育课程，如京师大学堂的课程名称是各国民法及民事诉讼法，山西大学是契约法、民法，北洋大学则为合同律例、田产法。京师法律学堂比这三所大学开学略晚，但在民事法律关系的教育课程上却较为系统，将民事法律细分为民法总则、物权法、债权法、亲属法、继承法以及破产法，开展分门别类的教育，这开创了中国近代民法学系统教育的先河。这种民法学教育课程后来成为中国大学法学教育的传统，无论是中华民国的北洋政府时期，还是南京国民政府时期，以及当今的中华人民共和国，其民法学的教育大体上都秉承了将民法总则、物权法、债权法（合同法、侵权行为法）、婚姻法（家庭关系法）、继承法作为其基本内容的教学体系。例如，朝阳大学的法律讲义中关于民法部分就列入了民法总则、债权总论、债权各论、民法物权、民法亲属编（2 种）、民法继承编（2种）等。[①]

────────────

[①]《朝阳大学法律科讲义（非卖品）》（校阅者：陶德骏、王选、李良），北京朝阳大学，1925 年版。

松冈义正与京师法律学堂的民法学教育

表13 清末京师大学堂、山西大学、北洋大学的法学课程		
京师大学堂政法科大学法律学门	山西大学西斋法律学	北洋大学法科律例学
法律原理学、大清律例要义、中国历代刑律考、中国古今历代法制考、东西各国法制比较、各国宪法、各国民法及民事诉讼法、各国刑法及刑事诉讼法、各国商法、交涉法、泰西各国法、各国行政机关学、全国人民财用学、国家财政学	法律学、罗马法、国际公法、名法、伦理、英文、财政学、宪法、契约法、刑法、商法、刑事诉讼法、民法、交涉法、国际法制比较、法文、大清律例要义、中国历代刑律考、中国古今历代法制考、海军律	国文国史、英文、西史、生理、天文、大清律要义、中国近世外交史、宪法史、宪法、法律总义、法律原理学、罗马法律史、合同律例、刑法、交涉法、罗马法、商法、损伤赔偿法、田产法、成案比较、船法、诉讼法则、约章及交涉法参考、理财血、兵学、兵操
出处:《大学堂章程(大学堂附通儒院)》、北京大学校史研究室编《北京大学史料》(第一卷 1898~1911)北京大学出版社,1993年4月,103页;http://www.baike.com/wiki/山西大学法学院(2013年3月31日下载);李贵连《近代中国法制与法学》北京大学出版社,2002年11月,214页。		

其次,松冈义正在京师法律学堂讲授民事关系法律时留下的民法学和民事诉讼法学的教科书成为此后中国民法学教材的滥觞。虽然松冈来华前后,中国的出版界也先后出版了一些诸如梅谦次郎等民法学大家的民法著作,但似乎都不是作为学校的教科书,而是作为了解研究日本法律现状的法学读本而出版。因此,这些出版物对于学校的法学教育影响不是很直接。而松冈在京师法律学堂的讲学,其影响不是其他人所能比拟。松冈当年的讲学内容虽然依据的是日本现行法律,但由于他同时又负责为清廷起草民事关系方面的法律草案,因此其讲义内容不可避免地会涉及起草中的法律内容。这从松冈负责的民事诉讼法讲义的结构就可以窥测其一斑。在日本现行民事诉讼法中,并没有将诉讼程序分成通常诉讼程序和特别诉讼程序,而松冈为清廷起草的民事诉讼法草案就明确地将其分成为通常诉讼程序和特别诉讼程序,在他的讲义中也是按这种编排结构开展讲学。民国肇始,万象更新,当政者尚无力建设新的法律体系,因此很多地方借用了晚清法律修订馆起草的法律草案。如民国初年即发布《关于民事诉讼法草案的应用》的通知,决定将该草案有关法院管辖的各章规定予以运用。[①]1921 年 7 月 22 日更以教令第 26 号公布了根据松冈义正起草的民事诉讼法草案修订而成的《民事诉讼法草案》。[②]该草案的条文以及部分结构虽然做了一些变动,但基本框架还是保留了松冈的模式。因此朝阳大学根据该法编订的教科书仍然可以看到松冈义正使用过的讲义的影子。

---

① 《中华民国法令大全》,商务印书馆,1914 年 4 月。

② 《法令大全》,1924 年编订,商务印书馆,1924 年 6 月。

附录：京师法律学堂第一期同学名录

氏　名	字	年齢	出生地	略歴	住所
瑞　麟	玉書	53	鑲紅旗満洲人	乙酉科挙人、兵科筆帖式	記入無
黄　昌煒	彤甫	52	安徽合肥県	監生、法部主事兼襲雲騎尉	盧州会館
陶　緒長	箴若	48	江西新建県	裁缺光禄寺署正	兵馬司後街
長　齢	鶴汀	47	正紅旗満洲人	附生、四品衛吏部候補主事	宣武門内素羅布胡同中間
易　昌元	紹乾	46	四川万県	廩貢生、翰林院孔目藍翎五品頂帯	石灯庵
楊　光樾	季雯	46	山東高密県	丁酉科抜貢、候選直隷州州判	嫻眠胡同趙宅
賀　常昱	礼卿	46	直隷清苑県	歳貢、五品衛選用知県	順治門外大街
周　国麟	子荃	45	浙江山陰県	監生、礼部簿正	佘家胡同
張　朝甲	魯雲	45	四川合江県	丁酉科抜貢、直隷州州判、塩提挙銜	爛麺胡同劉宅
徐　鍾祥	吉卿	45	広西臨桂県	庚子辛丑併科挙人、揀選知県	宣武門内石灯庵
沈　毓火奎	幼樵	43	湖北孝感県	廩生、候選県丞	椿樹三条
喬　従鋭	少紱	42	直隷天津県	丁酉科挙人、揀選知県	西城劈柴胡同
王　桐蔭	吉人	42	直隷東光県	乙未科進士、度支部主事	宣武門外下斜街
呉　煥英	賜瓊	42	広西藤県	丁酉科抜貢、法部主事	化石橋
楊　庭琕	藝蓀	41	湖南常寧県	廩貢生、候選員外郎、度支部主事	教場頭条
張　元勲	貢三	41	四川資州	候選県丞	爛麺胡同
姚　武林	翰園	41	江蘇阜寧県	乙酉科抜貢、翰林院孔目	騾馬市淮安会館
周　徳隆	雲階	41	鑲藍旗漢軍	乙酉科挙人、理藩部七品筆帖式	奉天会館
宗室文鈞	韡臣	41	鑲藍旗第五族	戊子科挙人、庚寅恩科進士、記名御史、翰林院撰文	記入
劉　翼経	子詒	41	福建侯官県	戊戌科進士、四品衛礼部主事	保安寺
周　文塋	厚齋	41	貴州遵義県	丁酉科抜貢、癸卯恩科挙人、山西補用知県	本堂
劉　樹聲	乙青	40	四川万県	庚子辛酉併科挙人、雲南補用知県	石灯庵
丁　傳福	子餘	40	江蘇丹徒県	癸卯恩科副貢、直隷州州判	本堂
念　槐蔭	祐三	40	山東堂邑県	廩生、候選州判	松筠庵
蒋　鴻斌	均儒	40	山東藤県	庚子辛酉科挙人、揀選知県	山左会館
烏　金佈	嵩齢	40	吉林双城堡満洲正黄旗	附生、四品衛同知用候選知県	吉林新館
向　鑾之	金台	40	四川万県	五品衛遇缺先選用府経歴	石灯庵
呉　衍任	少垣	39	江西南昌県	庚子辛酉併科挙人、揀選知県	長巷頭条南昌会館
林　怡	仲沂	39	福建侯官県	甲午進士、礼部主事	爛麺胡同
程　桂芬	芳譜	39	浙江永康県	癸巳恩科挙人、広西補用知県	東大市金華会館
李　懿徳	明軒	39	直隷清苑県	附貢生、法部郎中	松筠庵
楊　慶棠	思勉	39	福建侯官県	甲午科副貢、法部小京官	南下窪福州老館
札　拉芬	蘭圃	39	満洲鑲藍旗	甲午科挙人、筆帖式	前泥窪
王　克忠	樸川	38	廣東西寧県	庚子辛丑併科挙人、工部主事、奏調大理院行走	潘家河沿高州館
生　紹蘭	芳齋	38	山東平陰県	附生、礼部序班	宣武門内象房橋観音寺
郭　玉山	温儒	38	河南温県	甲午科挙人、揀選知県	潘家河沿懐慶会館
景　山	松年	38	駐防正黄旗満洲人	戊子科挙人、起居注筆帖式	崇文門内炮廠銭局東

京師法律学堂第一期生名簿

松冈义正与京师法律学堂的民法学教育

京師法律学堂第一期生名簿(続一)					
左 樹玉	森唐	38	湖北応山県	癸卯恩科挙人、揀選知県	象坊橋
朱 錫韓	賜雲	38	広西賀県	癸卯恩科挙人、揀選知県	本堂
鍾 濂	希洛	38	浙江銭塘県	庚子辛丑併科挙人、法部主事	西珠市口仁銭会館
周 達	蘇甫	38	貴州貴筑県	監生、候選従九	翠華街
姚 熙績	丞輔	37	浙江余杭県	廩生、丁酉科挙人、揀選知県	兵馬司街
趙 元珂	逢菴	37	山東黄県	丁酉科抜貢、度支部主事	前門裏細瓦廠
徐 仲衡	宇甫	37	江蘇荊渓県	癸卯恩科挙人、揀選知県	永寧胡同史宅
賀 寅清	静山	37	安徽宿松県	癸卯恩科挙人、丁未科会考欽用主事籤分法部行走	南柳巷永興寺
曹 鼎汾	雁橋	37	浙江蕭山県	癸卯恩科挙人、揀選知県	老墻根
秦 曾源	心逵	37	江蘇嘉定県	甲午科挙人、陸軍部主事	二龍坑王爺佛堂
孫 鴻綱	習之	37	安徽懐遠県	前北洋武備学生、候選県丞	本学堂
馮 演秀	少礼	37	廣東鶴山県	附貢、広西試用州同	前王公廠石灯庵
黄 雲冕	澹供	37	江西南昌県	庚子辛丑併科挙人、法部主事	南昌会館
陳 芝昌	剣秋	37	廣東新会県	廩貢生、法部主事	新会新館
王 樹栄	仁山	37	浙江帰安県	甲午科挙人、候選知県	本学堂
劉 澄清	紹泉	37	湖南郴州県	附貢、候選通判	丞相胡同上湖南館
李 秉超	溯舫	37	山東諸城県	監生、候選県丞	安福胡同中街路南
易 昌炳	藻丞	37	四川万県	廩貢、候選県丞	本学堂
章 祖傴	穀生	37	浙江烏程県	廩貢、度支部主事	西単牌楼梯子胡同
何 宝権	小軾	36	廣東番禺県	壬寅科挙人、内閣中書	上斜街番禺館
黄 周	達成	36	広西陽朔県	癸巳恩科挙人、揀選知県	広西老館
彭 光瑩	秀文	36	廣東南海県	優附貢生、花翎候選道、度支部主事	米市胡同
董 来江	燕唐	36	江西南康県	丁酉科抜貢、度支部小京官	太平街関帝廟
王 東楷	模亭	36	直隷天津県	前北洋武備学生、陸軍第一鎮正軍校	本堂
施 爾常	端生	36	江蘇華亭県	記入無	本学堂
姚 徳鳳	威伯	36	江蘇新陽県	歳貢生、候選同知	崑新会館
魏 正邦	薪傳	36	直隷天津県	北洋武備師範畢業生、陸軍第五鎮工程営督隊官	記入無
張 修祜	毅若	36	江蘇上元県	壬寅科挙人、候選知県	本学堂
陶 炳章	鳳年	36	福建侯官県	丁酉科挙人、揀選知県	老墻根
区 家偉	伯翹	36	広西蒼梧県	戊戌科進士、礼部主事	宣武門外大街
喬 保元	子嘉	36	直隷天津県	廩貢生、戊子辛卯挑取謄録学部国子典籍	小沙土園
汪 毓烜	若孫	35	江蘇長洲県	庚子辛丑併科挙人、候選知県	順治門外上斜街
褚 栄泰	蘊楠	35	浙江嘉興県	増貢生、候選州同	象房橋北永甯胡同
楊 廷書	偉雲	35	順天固安県	壬寅科優貢録用教職	兵部窪北石碑胡同後坑路北
章 朝瑞	雲崧	35	江西南昌県	甲午科挙人、揀選知県	長巷頭南昌会館
張 業廣	小春	35	湖北漢陽県	癸卯恩科挙人、揀選知県	草廠八条漢陽館
周 汝為	樹勛	35	直隷宝坻県	丁酉科副貢、候選直隷州州判	干魚胡同鴻吉号
王 化宣	席卿	35	直隷天津県	北洋武備学生、陸軍第二鎮正軍校	宣武門外教場頭条

	京師法律学堂第一期生名簿(続二)

徐 際恒	久成	35	四川万県	庚子辛丑併科挙人、吏部主事、　奏調大理院行走	山西街夔府会館
戴 鴻功	霞村	35	直隷天津県	前北洋武備学生、陸軍第四鎮隊官	本堂
馬 歩瀛	海峰	35	陝西大荔県	甲辰恩科進士、法部主事	大荔会館
郭 書成	漢清	35	安徽合肥県	陸軍第六鎮正軍校	北鬧市口後宅
王 太卿	紫宸	35	奉天錦県	癸卯恩科挙人、法部候補主事	西珠市口奉天会館
範 天杰	晋賢	35	四川永川県	庚子辛丑併科挙人、内閣中書	永光寺中街路西大門
張 家枢	酉山	35	四川閬中県	甲午科挙人揀選知県	本学堂
鄧 殿華	筱薌	35	廣東三水県	庚子辛丑併科挙人、丁未科会考、欽州知県籤分直隷補用	本学堂
辛 際唐	述祖	34	江西万載県	壬寅科挙人、内閣中書	宜分万会館
馬 耀宗	星臣	34	河南羅山県	庚子辛丑併科挙人、内閣中書	松筠庵
梁 文光	星階	34	山東益都県	庚子辛丑併科挙人、揀選知県	山左会館
朱 窩藻	霈聲	34	順天大興県	附貢、礼部序班兼襲雲騎尉	前門外南火扇
李 在瀛	仲洲	34	四川楽山県	庚子辛丑併科挙人、度支部主事、奏調大理院行走	順治門内前王公廠路南
喬 鴻聲	実甫	34	直隷安平県	副貢、候選州判	興隆街
栄 興	耀舟	34	鑲藍旗人	北洋武備学生、陸軍第鎮磻磻正軍校	宣武門内鬧市口
鄧 儀中	鷗予	33	福建侯官県	癸卯恩科挙人、揀発広西知県	宣武門外老墻根
楊 潤	沢華	33	直隷宛平県	監生、前大理寺候補評事	西単牌楼白廟胡同
殷 本浩	瀚生	33	安徽合肥県	北洋将弁学生、陸軍第三鎮工程営隊官	本堂
叶 鏡湜	冠生	33	広西岑溪県	癸卯恩科挙人、礼部主事	海北寺街広西三館
陳 雲岫	芸青	33	湖北漢陽県	附生、陸軍第八鎮協参領	本学堂
陳 延年	晴初	33	廣東番禺県	癸卯恩科挙人、法部主事	宣武門外上斜街番禺館
段 芝清	寿崖	33	安徽合肥県	陸軍第四鎮砲隊副軍械官	本堂
張 玉昆	瑞峯	33	直隷滄州	甲午科挙人、截取知県	本堂
傅 紹儒	聘三	33	順天寧河県	庚子辛丑併科挙人、法部主事	宣武門外香炉営二条
宗 慶鏞	夔笙	33	直隷密雲県	附貢、礼部儀制司序班	宣武門外大街
徐 巽	権伯	33	安徽歙県	丁酉科挙人、内閣中書、候選知	順治門内太平街
範 之魯	屏藩	33	山東歴城県	附貢、候選府経歴	東斜街縄串胡同
陸 起	鳳騫	32	江蘇太倉州	廩貢生、候選県丞	順治門内西斜街
何 慶雲	朵壇	32	廣東新会県	附貢生、広西試用州同	新会新館
高 顕祚	嘯霞	32	江西新建県	庚子辛丑併科挙人、揀選知県	南横街
梁 韻清	錫真	32	広西臨桂県	癸卯恩科挙人、候選知県	広西館
許 国鳳	彝定	32	江蘇金匱県	丁酉科挙人、内閣中書	東安門内井児胡同
唐 啓虞	宥在	32	湖南慈利県	丁酉科抜貢、四川試用直隷州	澧陽館
朱 家槙	幹卿	32	山東肥城県	癸卯恩科挙人、度支部主事	本堂
江 沆	梅盦	32	四川巴県	供事塩提挙衛候選通判	潘家河沿
王 鳳至	桐梧	32	四川万県	附貢生、議叙通判	本堂
徐 士楨	黼臣	31	江西玉山県	監生、安徽遇缺先補用州吏目	鉄門廣信会館
伊 勒図	信卿	31	山東青州駐防鑲白旗人	翻訳挙人、筆帖式	鑾儀衛夾道

松冈义正与京师法律学堂的民法学教育

京師法律学堂第一期生名簿(続三)					
史 致培	厚卿	31	江蘇宜興県	監生、法部主事	西珠市口内白果巷宜荊新館
王 士拭	仲明	31	山東日照県	附貢、礼部序班	順治門外山左会館
張 仁壽	頡籛	31	江蘇青浦県	壬寅科挙人、内閣中書	西河沿中間
周 仲曾	孝魯	31	湖北黄陂県	廩生、陸軍第21混成協執事官	本学堂
周 作霖	梅田	31	順天宛平県	癸卯恩科挙人、内閣候補中書	宣武門外前青廠
何 文泉	清湧	31	直隷交河県	北洋武備学生、陸軍第二鎮隊官	本堂
馬 履恒	月槎	31	直隷宝坻県	癸卯恩科挙人、揀選知県	象坊橋龍泉寺
江 保傳	僑侯	31	江蘇元和県	庚子辛丑併科挙人、内閣中書	西単牌楼二龍坑潘寓
潘 毓椿	懋庭	31	直隷塩山県	丁酉科挙人、内閣中書委署侍読	寓松樹胡同
王 枢	汝密	31	四川三台県	癸卯恩科挙人、揀選知県、京師高等審判庁行走	西磚胡同曾宅
熊 国瑋	特生	31	四川万県	癸卯恩科挙人、揀選知県	石灯庵
李 文蠹	鳳挙	31	山東章邱県	庚子辛丑併科挙人、揀選知県	本学堂
許 森芳	尺冊	31	廣東開平県	癸卯恩科挙人、候選直隷州知州	肇慶西館
秦 樹忠	式禹	31	広西雛容県	丁酉科抜貢、内閣中書	賈家胡同
姚 弼憲	礪渠	31	四川江津県	庚子辛丑併科挙人、法部主事	永光寺中街
陳 経	礼庭	30	江蘇江陰県	癸卯恩科挙人、丁未科会考飲用主事籤分大理院行走	前門内高碑胡同陳宅
樊 鴻修	竹生	30	山東鄒平県	貢生、花翎員外郎衞度支部主事	石碑胡同
王 錫鑾	鏡銘	30	広西臨桂県	庚子辛丑併科挙人、揀選知県	粤西会館
劉 子修	悝初	30	廣東新寧県	廩貢、候選部司務	前孫公園広州七邑館
伍 大奎	晃甫	30	廣東新会県	優廩貢生、分省試用直隷州知州	新会新館
沈 銓	幼重	30	浙江会稽県	附貢、候選府経歴	山会邑館
王 佺孫	曙笙	30	順天府宝坻県	附監生、候選県丞	象坊橋龍泉寺
王 義榕	述和	30	直隷易州	庚子科優貢、江蘇補用知県	松筠菴
王 寅山	景唐	30	山東楽安県	庚子辛丑併科挙人、揀選知県	山左会館
胡 宏恩	偉堂	30	安徽懷寧県	附貢、分省試用知県	象房橋観音寺
程 徳霖	汝春	30	四川万県	候補知県	夔府会館
徐 厚祥	子山	30	江蘇嘉定県	吏部郎中	蘇州胡同
林 鼎章	西智	30	福建閩県	壬寅科挙人、揀選知県	校場胡同
増 禄	益臣	29	満洲正白旗	廕生、候選知県	地安門外扁担廠
石 春熹	旭東	29	直隷容城県	附生、北洋陸軍武備学堂畢業生、候選県丞	記入無
銭 瑛	璧臣	29	江蘇甘泉県	陸軍第三鎮正軍校供事、議叙従九品	揚州老館
史 棠	韻琴	29	四川万県	監生、候選県丞	西単排楼手帕胡同
増 鉞	幼鶴	29	正紅旗、満洲	貢生、候補員外郎、奏調大理院行走	慧照寺路北大門
朱 鈞声	子和	29	山東肥城県	庚子辛丑恩正併科挙人、度支部主事	山左会館
汪 兆彭	翰青	29	安徽績溪県	監生、候選県丞	石附馬街
陳 洪道	演九	29	浙江太平県	庚子辛丑恩正併科挙人、揀発広西知県	后孫公園台州館
許 逢時	翊謙	29	湖南湘陰県	監生、法部主事	松筠菴
劉 善錡	作琳	29	直隷玉田県	癸卯科挙人、丁未会考飲用主事籤分学部行走	直隷新館

京師法律学堂第一期生名簿(続四)					
王　承穀	南生	28	浙江長興県	附貢、五品衛廣東試用府経	西城永寧胡同
呉　保琳	林伯	28	安徽歙県	監生、礼部太常寺典簿、分省補用同知	聿居胡同
沈　其泰	伯寅	28	浙江帰安県	増貢、度支部主事	永寧胡同
陳　兆煌	景亮	28	廣東番禺県	優附貢生、江西試用知県	番禺新館
李　昌宣	重光	28	四川安岳県	庚子辛丑併科挙人、内閣中書	宣武門内前王公廠
廣　勳	虞琴	28	山東青州駐防旗人	附貢、候選州判、陸軍第九協執事官	本学堂
勒　宗鈞	子和		河南安陽県	監生、知県用直隷補用県丞	南横街
王　恩栄	世卿	28	直隷定興県	附監生、法部主事	宣武門外上斜街
李　詵	思本	27	江蘇昆山県	方略館供事、候選布理問	崑新会館
呉　天錫	荷之	27	安徽合肥県	陰生、同知衙山東候補知県	本学堂
劉　景烈	暁愚	27	江西贛県	候選知県	西珠市口贛寧館
楊　津	孟川	27	山東濰県	附貢、度支部主事、奏調大理院行走	李閣老胡同
馬　祖乾	君健	27	江蘇常熟県	陸軍部主事	上斜街
胡　沢涛	紹恒	27	湖南善化県	附貢候選県丞	順治門大街善化街
李　泰三	幼泉	27	河南汜水県	監生、候選知県	太平街天仙庵
恩　培	植生	27	正藍旗満洲人	附貢生候選筆帖式	西交民巷博済庵廟内
李　振蟄	典五	27	湖南桂陽州	附貢生候選県丞	上湖南館
鮑　忠淇	竹川	27	江西臨川県	廩貢生、度支部員外郎	上斜街
王　桐	碩川		奉天漢軍鑲黄旗人	分省補用知県	西四排楼兵馬司街
陳　養愚	智若	27	四川江北庁	附貢、藍翎五品衛候選県丞	皮庫営四川館
司徒　衡	孟境	27	廣東開平県	法部主事	肇慶西館
万　敷	鉢公	27	湖北潜江県	南学肄業生、候選州吏目	潘家河沿
陳　宝輿	蓮生	26	福建閩県	附貢、中書科中書	順治門外保安寺街
李　受益	樸郷	26	広西臨桂県	監生、候選知県	本学堂
何　毓璋	達甫	26	陝西石泉県	甲辰恩科進士、法部主事	山西街
岑　鼎勗	天如	26	廣東順徳県	試用典史	順邑老館
趙　汝梅	雪邨	26	直隷玉田県	附貢、候選県丞	太平街
秦　樹勳	建奇	26	広西雒容県	増貢、候選県丞	柳州会館
關　應雲	伯龍	26	廣東開平県	監生、陸軍部主事	李鉄拐胡同
惲　福鴻	寛仲	26	江蘇陽湖県	附貢、法部主事、奏調大理院行走	前王公廠石灯庵
楊　汶	次明	26	山東濰県	附監生、法部司務	天顕巷
汪　徳温	潤民	26	安徽休寧県	附貢生、礼部太常司典簿	丞相胡同
周　国華	仲濂	26	安徽合肥県	候選知県	西河沿三元井 度支部何宅
石　熙祚	仲嶧	26	山東長山県	附貢、法部主事	西単牌楼旧刑部街
陳　懋豫	用剛	26	福建閩県	癸卯科挙人、揀選知県	順治門外保安寺街
李　庶瑛	伯良	26	河南盧氏県	廩貢、候選知県	蘇線胡同北頭路西史宅
陳　懋咸	虚谷	25	福建閩県	壬寅科挙人、揀選知県	順治門外保安寺街
向　沢藩	伯屏	25	四川万県	廩貢、候選州同	西草廠胡同山西街 夔府会館

松冈义正与京师法律学堂的民法学教育

京師法律学堂第一期生名簿（続五）					
唐　延芬	誦先	25	広西臨桂県	附生、知州用、議叙通判	驢駒胡同広西中館
左　念康	台孫	25	湖南湘陰県	廩貢、法部郎中	東安門外、西堂子胡同
劉　思誠	幼軒	25	甘粛隴西県	監生、候選知県	西単牌楼石虎胡同
王　謙柄	子益	25	陝西鄜県	癸卯恩科挙人、度支部主事	山西街
貴　德	立夫	25	鑲黄旗漢軍人	官学生、内務府筆帖式	徳勝門内蔣養房草廠大坑路西
成　煦	春谷	25	満洲鑲藍旗人	陰生、法部主事	阜城門内武定侯
石　泉	季蓀	25	広西臨桂県	癸卯恩科挙人、揀選知県	前門外粵西会館
陳　紹箕	鑒亭	24	江西靖安県	監生、陸軍部員外郎	魏染胡同
欧陽　鈞	鹿賓	24	福建長楽県	監生、法部主事	宣武門内東城根
張　允同	子鄭	24	廣東番禺県	監生、法部主事	前青廠番禺新館
沈　燕貽	子翼	24	浙江帰安県	分省試用知県	報子街
王　昌言	禹門	24	安徽太平県	附生、四品廕生候選州判	本学堂
王　義検	昉瞿	24	直隷易州	廩貢生、候選州同	松筠庵
胡　熙寿	犖齋	23	湖南寧郷県	庚子辛丑併科挙人、内閣中書	前王公廠路南
熊　載光	錫之	23	湖北黄安県	監生、候選県丞	象坊内
劉　春曙	雪初	23	湖北黄岡県	監生、候選県丞	興隆街黄岡館
楊　述傳	雲澄	23	江蘇丹徒県	監生、法部郎中	米市胡同
張　仁普	瑩瑶	23	広西臨桂県	庚子辛丑併科挙人、揀選知県	前門外粵西老館
唐　維翰	西圓	22	広西臨桂県	附監生、候選県丞	広西会館
朱　得森	瑞男	19	湖南慈利県	優廩貢生、候選県丞	海北寺街澧陽会館
劉　元紀	蕭堂	18	湖北穀城県	附貢、候選県丞	象坊橋
謝　盛鎔	鉄臣	18	四川開県	江蘇試用典史	前王公廠石灯菴
朱　鼎棻	秉一	18	順天大興県	候選従九	前門外大耳胡同
楊　乃賡					
樊　駿聲					
椿　齡					
鉄　祐					
呉　鎮藩					
陳　祥泰					
李　錫爵					
張　志潭					
金　潤棠					
程　德任			俞　効曾		
黄　培文			胡　明盛		
葛　鴻濬			紀　大経		
王　大亨			李　光傑		
陸　長淦			諸　克聡		
余　沅芬					

京師法律学堂第一期生名簿（続五）					
唐　延芬	誦先	25	広西臨桂県	附生、知州用、議叙通判	驢駒胡同広西中館
左　念康	台孫	25	湖南湘陰県	廩貢、法部郎中	東安門外、西堂子胡同
劉　思誠	幼軒	25	甘粛隴西県	監生、候選知県	西単牌楼石虎胡同
王　謙柄	子益	25	陝西鄜県	癸卯恩科挙人、度支部主事	山西街
貴　徳	立夫	25	鑲黄旗漢軍人	官学生、内務府筆帖式	徳勝門内蒋養房草廠大坑路西
成　煦	春谷	25	満洲鑲藍旗人	陰生、法部主事	阜城門内武定侯
石　泉	季蓀	25	広西臨桂県	癸卯恩科挙人、揀選知県	前門外粤西会館
陳　紹箕	鑒亭	24	江西靖安県	監生、陸軍部員外郎	魏染胡同
欧陽　鈞	鹿賓	24	福建長楽県	監生、法部主事	宣武門内東城根
張　允同	子鄭	24	廣東番禺県	監生、法部主事	前青廠番禺新館
沈　燕貽	子翼	24	浙江帰安県	分省試用知県	報子街
王　昌言	禹門	24	安徽太平県	附生、四品廕生候選州判	本学堂
王　義検	昉瞿	24	直隷易州	廩貢生、候選州同	松筠庵
胡　煕寿	犖齋	23	湖南寧郷県	庚子辛丑併科挙人、内閣中書	前王公廠路南
熊　載光	錫之	23	湖北黄安県	監生、候選県丞	象坊内
劉　春曙	雪初	23	湖北黄岡県	監生、候選県丞	興隆街黄岡館
楊　述傳	雲澄	23	江蘇丹徒県	監生、法部郎中	米市胡同
張　仁普	瑩瑤	23	広西臨桂県	庚子辛丑併科挙人、揀選知県	前門外粤西老館
唐　維翰	西圓	22	広西臨桂県	附監生、候選県丞	広西会館
朱　得森	瑞男	19	湖南慈利県	優廩貢生、候選県丞	海北寺街澧陽会館
劉　元紀	蕭堂	18	湖北穀城県	附貢、候選県丞	象坊橋
謝　盛鎔	鉄臣	18	四川開県	江蘇試用典史	前王公廠石灯菴
朱　鼎棻	秉一	18	順天大興県	候選従九	前門外大耳胡同
楊　乃廣					
樊　駿聲					
椿　齢					
鉄　祐					
呉　鎮藩					
陳　祥泰					
李　錫爵					
張　志潭					
金　潤棠					
程　徳任			俞　効曾		
黄　培文			胡　明盛		
葛　鴻濬			紀　大経		
王　大亨			李　光傑		
陸　長淦			諸　克聡		
余　沅芬					

日本经济
与金融研究

世纪之交日本的经济体制改革

杨栋梁　刘　轩

内容提要　20世纪90年代初泡沫经济崩溃后，为了改变"制度疲劳"制约经济发展的状态，增加社会发展的活力，继中曾根执政时期推行的第一波规制缓和、国企民营化后，日本再次掀起了经济体制改革高潮，政府的行政规制进一步放宽，金融监管强化，实现了道路公团及邮政事业的民营化。本文拟以这一时期日本社会经济发展的一般状况为背景，以分析桥本内阁和小泉内阁的有关政策为重点，探讨这一波经济体制改革的政策思路和实施手段，进而对其实施效果进行初步的评价。

关 键 词　日本　经济体制改革　规制缓和　民营化

基金项目　教育部人文社会科学重点研究基地重大项目"战后日本国有企业民营化研究"（13JJD770016）

作者简介　杨栋梁，南开大学世界近现代史研究中心、日本研究院教授；刘轩，南开大学日本研究院副教授在日本的资本主义经济发展史上，明治维新废除了封建制度，建立资本主义的生产关系；二战后的改革，调整了资本占有关系，建立了"赶超型""官主导""组织化"的市场经济体制。但是，当日本经济进入发达国的成熟阶段后，这种具有浓厚发展中国家性质的经济社会体制①失去了以往的活力而展现出"制度疲劳"状态。因此，20世纪90年代泡沫经济崩溃后，改革现行经济体制势在必行。"改革"和"不良债权""泡沫崩溃"一样，成为世纪之交日本社会使用频率最高的"关键词"，近代以来的第三次经济体制改革就是在这种背景下展开的。

一、经济体制改革的轨迹

严格说来，20世纪80年代铃木、中曾根内阁时期已经揭开了第三次经济体制改革的序幕，其标志性成果是在经济自由化的国际大潮下推行了规制②缓和和国有企业民营化。但是，平成景气的繁荣反而延滞了改革的进程，以致在进入90年代以后，日本政府必须同时面对经济重振和改革深化的两大课题。由于1993年宫泽内阁垮台后自民党长期执政的时代结束，政局不稳成为常态，甚至出现一年内政府三次更迭的现象，导致世纪之交的经济体制改革走走停停，经历了一个曲折的过程。

1991年11月，宫泽内阁成立，这是自民党单独执政的最后一个政权。面对经济急剧滑坡，自民党权钱交易丑闻屡屡曝光的两大棘手难题，宫泽内阁无暇顾及改革，而是把恢复景气作为政策重点，大幅度降低存款利率，大规模投入公共资金，推行了扩张性财政政策。在党务运营方面，宫泽无力控制党内"造反"局面，自民党出现分裂并终因"内乱"失掉了政权。

此后，日本政治进入大分化、大重组时期。1993年8月，细川护熙为首的八党联合内阁成立后，"变革"的调门高昂，还曾一度提出了设立"国民福利税"方案，但方案刚一公布就遭到反对，被迫在"一天半后收回"③，结果改革雷声大雨点小，最后不了了之。

---

① 中谷岩：《日本经济的历史性转换》，东洋经济新报社，1996年，第307页。

② 日文中用汉字表述的"规制"一词，在汉语中没有直接对应的词汇，因此也有被译成"管制"或"限制"的情况。

③ 金子贞吉：《战后日本经济的总点检》，学文社，1996年，第296页。

世纪之交日本的经济体制改革

1994 年 6 月羽田内阁短命而终后，社会党和自民党这对战后以来的"老冤家"结亲，组成了以社会党党首村山富市为首的新内阁。村山内阁的经济政策是试图在改革和恢复景气的二者间寻求平衡，然而 1995 年 1 月发生的阪神大地震完全打乱了既定计划，村山内阁成了"救灾内阁"。具有讽刺意味的是，一贯反对消费税的社会党竟在自己执政期间把现行的消费税率由 3％提高到 5％，党的"气节"受到了质疑。

1996 年 1 月，桥本龙太郎出任首相，组成三党联合内阁。在施政演说中，桥本基于"从本国的经济近况看，个人消费和设备投资正在恢复，生产方面也出现好的征兆，经济的恢复开始呈现出摆脱缓慢的原地踏步状态的种种迹象"[1]的乐观判断，声称本届政府的使命就是"变革"与"创造"，为此要把 20 世纪最后的五年分成三个阶段，以一年时间实现经济的真正复苏，以三年时间推行经济结构改革，之后开始调整和完善 21 世纪型的社会经济基础。

1996 年 11 月，自民党在战后首次实行的小选区制选举中获胜，桥本连任并第二次组阁。由于社会党退出联合政权，桥本觉得可以大干一场了。在桥本内阁提出的财政改革、金融改革、经济结构改革、社会保障改革、行政改革和教育改革等"六大改革"方案中，经济体制改革的内容占了四项。

与以往在部分领域渐进式推进的改革形成对照，桥本内阁的经济体制改革是激进式的一揽子改革。但是，这种休克疗法式的改革超出了社会的承受能力，遇到了包括自民党乃至桥本派内部等各种既得利益集团的强力抵抗，刚刚出现转机的经济也被一闷棍打了下去，加上东亚发生货币金融危机，经济状况再次急转直下。1997 年 11 月，桥本内阁在党内的压力下，暂时冻结财政改革计划，并极不情愿地推出紧急经济对策，扩大了公共投资并实行减税。由此，桥本内阁陷入推进改革和恢复景气两面作战的困境。

1998 年 7 月，"好人"小渊惠三组阁。小渊内阁虽然原则上继承桥本政府的改革路线，但在处理不良债权等问题上采取了更加务实和稳健的措施。在景气对策上，为了制止经济下滑，完全放弃了桥本内阁制定的财政重建计划，接连抛出大规模减税和扩大财政投资措施，为刺激景气恢复而投入的公共资金创造了历届政府纪录。在强力的景气刺激政策下，连续两年负增长的日本经济出现了回升。

---

[1] 《读卖新闻》1996 年 1 月 23 日。

2001 年 4 月，经过森喜朗内阁整整一年的过渡，"怪人"小泉纯一郎上台并立即刮起第二轮改革的旋风。同年 5 月 7 日，小泉在第 151 次国会上发表施政演说时宣称："基于没有结构改革就没有日本的再生和发展的信念，通过推行经济、财政、行政、社会、政治领域的改革，断然推行可称为'新世纪维新'的改革。"他还表示，"没有结构改革就没有景气恢复"，而"结构改革无禁区"。为此，他将以"不怕痛苦，不畏触及既得利益，不为老经验束缚"的"三不"精神领导改革。小泉承诺说，政府的经济政策将"由需求追加型向不良债权处理和资本市场结构改革"转变，在二至三年内解决不良债权问题，最终"建立适应 21 世纪环境的竞争性经济体系"。此外，为推行财政结构改革，年度国债发行要控制在 30 万亿日元以内，同时抓紧邮政事业民营化研究，尽快提出改革方案。①

6 月 26 日，小泉领导的内阁经济财政咨询会议发表《今后经济财政运营及经济社会结构改革的基本方针》，其中阐述的政策见解是：十年的经济停滞降低了日本经济社会原有的实力，悲观情绪正在蔓延。改变这种状况并开辟新的经济增长道路需依靠"知识和智慧"。"知识和智慧将通过技术革新和创造性的破坏，使人力和资本由效率低下部门向高效率、高社会需求的增长部门移动，从而带动经济增长"。"为使资源的移动通过市场和竞争实现，必须铲除抑制市场发展和增长的障碍"。只有通过这种痛苦的、"创造性的破坏"过程，才能建立一个尊重市场规则和社会正义、与自然共生，且人人安居乐业、开放而对世界有魅力的社会，最终实现"新世纪维新"的目标。

这份文件把经济结构改革计划细化为七个方面。

第一，民营化与规制缓和。在"民间能做的尽量交给民间做"的原则下，彻底改变公共金融机构的职能，发挥民间金融机构的作用并扩大其收益机会，同时大力推进民营化，改造特殊法人，削减特殊法人的补助金，把竞争原理和民间经营管理方法引进医疗、护理、福利、教育等以往主要由公共部门承担的领域，探讨国营邮政事业及部分国立大学的民营化问题，进一步放宽电气通讯、能源等领域的政府管制。

第二，支援挑战者计划。为发挥个人和企业的潜力，在制度层面上促进间接金融向直接金融供给方式的转变，通过税收等制度改革，使政策倾斜面由以往的

---

① http://www.ioc.u-tokyo.ac.jp.

支持储蓄转向支持股票投资，以期构建一个"韧性社会系统"。同时加强市场监督功能，保证市场在公平、公正、公开的原则下，按照自由竞争的原理运行。

第三，加强保险机能计划。在公共和个人共同分担的前提下，建立"简明易懂而又值得信赖的社会保障制度"，加强医疗管理水平，提高医疗质量。

第四，知识资产倍增计划。推进教育改革，以生命科学、信息技术、环境、超精密技术材料等四大领域为战略重点，推进人才大国和科学技术创造立国目标的实现。

第五，生活维新计划。建立尊重个性、男女共同参与、能够舒适地劳动和生活的社会基础，建设一个国民生活安全而又安心的社会。

第六，地方自立的活性化计划。本着"行政服务权限面对当地居民"的基本原则，中央政府将通过修改国库补助金制度和地方交付税制度提高地方行政和财政权限，同时要求地方政府承担起地区产业发展、国民生活及社会保障服务的责任。

第七，财政改革计划。建立简洁、高效的政府，严格控制国债发行，逐步实现财政收支平衡目标，在资源分配上将采取弹性的重点分配办法。

由于国民对改革的支持以及小泉个人的风格和魄力，小泉内阁成为执政期长达五年半的长期政权，这也为小泉政府推行其改革计划提供了时间上的保证。从结果上评价，可以说小泉内阁是改革承诺兑现率较高的政府。

二、从规制缓和到规制改革

规制的全称是"公共规制"，日本政府的解释是，"公共规制一般是指国家及地方公共团体为实现特定政策目的而对企业和国民活动进行的干预和介入"。[①]规制可分为经济性规制和社会性规制两大类，其手段包括许可、认可、行政指导、价格支持等多种形式。

关于规制缓和或改革的目的，日本政府文件中列举的五点理由是：提高国民生活质量，使消费者享受自由经济社会的发展成果；按照市场原理，促进产业结构的转变；在制度层面上协调国际关系；减轻行政事务和国民负担，确保行政运

---

① 总务厅：《规制缓和推进现状》，大藏省印刷局，1996年，第23页。

营的公开性和透明性。①

规制缓和是从铃木内阁推行行政改革开始的，90 年代后作为"平成改革"的主要内容继续推进，直到把"缓和"升格为"改革"。

1981 年 3 月，第二届临时行政调查会成立后（1983 年 3 月解散，简称"二届临调"），就政府机构改革、国有企业民营化及规制缓和等问题，先后向政府提交了五份咨询报告。随后，政府于 1982 年 12 月成立第一届临时行政改革推进审议会（1986 年 6 月解散，简称"一届行革审"）。根据二届临调和一届行革审的建议，政府每年都提出行政、财政改革方案，并制定或修改了若干项规制缓和的法律。1987 年 4 月，第二届临时行政改革推进审议会成立后（1990 年 4 月解散，简称"二届行革审"），于 1988 年 12 月提出"关于公共规制的缓和"咨询报告，竹下内阁采纳了报告并制定"规制缓和推进纲要"。1990 年 10 月，第三届临时行政改革推进审议会成立（1993 年 10 月解散，简称"三届行革审"）。1994 年 1 月，细川内阁成立了行政改革推进本部。7 月，村山内阁做出"今后规制缓和的推进"决定，计划在五年内缓和对 1228 个项目的规制。12 月，成立行政改革委员会，规制缓和开始进入具体实施阶段。同年，日本政府首次发表《规制缓和白皮书》。1996 年 11 月，桥本内阁设立了统筹改革的最高决策机构——行政改革会议，12 月制定"行政改革日程表"，翌年 3 月修改规制缓和推进计划，规制缓和进一步加速。1998 年 1 月，规制缓和委员会成立并取代行政改革委员会后，制定了推进规制缓和三年计划。

截至 1998 年的规制缓和涉及住宅、土地、通讯、流通、金融保险等广泛领域，收到了一定的效果。新的粮食法颁布后，大米的销售由许可制变成登录制，国民不必在指定的米店，而是在普通超市也可以购买了。大规模零售店铺法的修改，放宽了商业、流通业的准入限制，中型百货公司、超市、连锁店的增加及其同业间竞争的加剧，方便了消费者。电业准入标准的放宽及弹性电费的实施，通讯业打破国有垄断后形成的竞争机制，交通线路及运费规制的放宽，不但给消费者提供了更多的选择机会，而且带来了实惠。例如，国民可以根据不同的价格和服务，选择不同航空公司的航班或电话公司，而在规制缓和以前的行业垄断、价格划一时期，国民是没有这种选择的自由的。

---

① 总务厅：《规制缓和推进现状》，大藏省印刷局，1996 年，第 28～29 页。

世纪之交日本的经济体制改革

1999 年 4 月，规制缓和委员会改称规制改革委员会，虽然只是两字之差，但却反映出制度设计者的煞费苦心。当时日本正是银行危机、失业率上升、地方经济发展停滞的时期，鉴于前期的规制缓和工作告一段落，政策的重点开始转移，即不但要缓和或废除某些公共规制，还要建立一种能够支持创业、增加就业的机制，对符合这一方向的民间发展计划，政府将超越现有的制度限制，通过财政补贴和减税等措施予以扶持。小泉内阁成立后，进一步明确了"规制改革"的方针。2001 年 4 月设立的综合规制改革会议，对新时期经济、社会领域的规制改革提出了许多具体实施建议。2004 年后，该会议被规制改革、民间开放推进会议所取代。

在小泉内阁推行的规制改革中，事前规制向事后确认的行政管理转变是一项重要举措。为了防止垄断、促进竞争，1999 年废除了《禁止垄断法》中关于萧条卡特尔、合理化卡特尔适用除外的规定。2002 年，提高了违反《禁止垄断法》罚金的数额，并把公正交易委员会划归总理府直接领导。

另一项重要举措是，基于把医疗、福利、教育等一并放入经济社会规制总框架下的考虑，从 2003 年起在全国推行"结构改革特区"试点。同年 4 月 9 日颁布的《结构改革特别区域法》第 1 条规定：制定法律的目的是通过设立结构改革特别区域，"推进教育、物流、研究开发、农业、社会福利等领域的经济社会结构改革，增强地方活力，提高国民生活，促进国民经济发展"。第 2 条规定：所谓结构改革特区，"是地方公共团体为发挥地区活力而自发设定的区域"。[1]2007 年，日本政府在《结构改革特别区域基本方针》中进一步强调，推行特区制度的基本理念是："从'规制必须全国统一'的思考方法转到'同意适合地区特点的规制'上来，通过符合地区实际的规制改革，找到'由官到民''由国家到地方'的加快规制改革的突破口。"文件还规定，地方经济的再生必须坚持"互补""自立""共生""综合性"和"透明性"五原则。[2]

这项改革在实施过程中有如下特点。其一，关于特区的种类和方式，政府不作参照性提示，完全靠地方公共团体和民间根据本地区的特点设计并提出方案。其二，地方公共团体要对有关事业的运营负全责。其三，根据先行试点的成功经

[1] http://www.kantei.go.jp/jp/singi/.

[2] http://www.kantei.go.jp/jp/singi/kouzou2.

验，向全国推广规制的特例。①

截至 2007 年 11 月 22 日，日本政府已经对全国结构改革特区进行了 15 次审查，"认定" 962 件，待批特区 420 件；对地域再生项目进行了 8 次审查，认定 953 件。②

962个特区的都道府县分布情况是：北海道最多，为104件。超过30件的有长野（70件）、东京都（43件）、兵库（37件）、茨城（36件）。不到10件的有德岛（6件）、佐贺（6件）、冲绳（5件）。其他府县在10～30件之间。开设特区的主体部门分布情况是：市町村单独740件，市町村合作21件，县单独136件，县市町村78件，县际合作2件，其他7件。特区的领域分布是：国际物流22件，产学合作40件，产业活性化64件，IT产业68件，农业111件，城乡交流91件，教育191件，幼保85件，生活福利256件，特色城镇28件，环保节能17件，国际观光交流8件。

953个地域再生项目的都道府县分布情况是：北海道、岩手、长野、爱知超过30件，东京都、香川县不到10件，其他为10～30件。立项主体为市町村583件，县市町村315件，县独立41件，其他为横向合作。这些项目一般都结合了当地的资源、地理、人文条件，体现了自己的特色。

三、金融体制改革

1986 年，英国撒切尔政府以修改证券制度为重点，推行了俗称 "大爆炸" 的金融改革。1996 年桥本龙太郎上台后，也效仿英国推行了 "日本版金融大爆炸"。这一改革至 2002 年基本结束，由此日本的金融体制发生了重大变革。

战后日本的金融规制主要表现在对资金准入的规制、对证券市场的规制和对金融机构分业经营的规制三个方面。③至 1993 年，已先后实行了外汇兑换自由、缓和公司发行债券限制、自由利率、允许证券公司销售国债等制度改革，但分业限制、禁止混业或兼业的制度尚未从根本上打破，严厉的金融市场准入限制依旧，金融商品开发落后，无法满足信息时代消费者的多样化、简捷化要求。

1996 年 11 月，桥本第二次组阁后推行雄心勃勃的六大改革计划，金融改革

---

① ③ 桥本寿朗、长谷川信、宫岛英昭：《现代日本经济》，有斐阁，2006 年，第 405 页。

② http://www.kantei.go.jp/jp/singi.

世纪之交日本的经济体制改革

是重点之一。桥本在金融改革咨询书中指出，改革的目的是"使我国的金融市场成为与纽约、伦敦并驾齐驱的国际金融市场"，"为此，不仅要按照市场原理使金融行政朝着透明的方向转变，而且必须对市场本身进行结构改革"。桥本提出的改革三原则是：其一，通过市场准入、商品和价格的自由化，建立按市场原理运行的自由的市场（free）。其二，制定明确、公开的规则，保护投资者，建立透明而值得信赖的市场（fair）。其三，完备适应全球化的法律制度、会计制度和监督体制，建立国际上最先进的市场。[①]

桥本的改革方案出台后，外汇审议会、金融制度调查会、证券交易审议会、保险审议会等各种政府咨询机构分头行动，研究各领域的改革实施方案，并于1997年6月汇总成报告书。以此为根据，政府制定了实施改革的有关法案，并在1998年获得国会通过。

经过1996年以来的金融体制改革，日本的金融制度发生了以下变化。1998年4月修改外汇法后，普通银行已可以办理个人外汇储蓄业务。同年11月修改证券法，允许成立网上交易证券公司。1993年允许银行、证券、信托以子公司方式混业经营时对其经营领域尚有严格限制，比如银行的窗口销售限于住宅贷款及生命保险，改革后原则上已取消分业限制，2000年银行、证券公司等金融机构已可以办理生命保险、个人养老保险业务。以1999年批准瑞穗集团成立为开端，解除了战后以来一直实行的金融持股公司限制。2003年起允许开展证券中介业务，银行及便利店均可办理股票预购业务。此外，银行法修改后，跨行代理业务禁令也被取消。

改革给日本金融业带来的变化是多方面的。

第一，金融行政的变化。截至1998年6月，大藏省是金融管理和监督的主管行政部门。1998年6月，成立由总理府管辖的金融监督厅，大藏省民间金融业务检查与监督的管理业务移交该厅，证券交易等监督委员会也划归总理府领导，大藏省下的金融管理机构只保留了金融企划局，负责金融制度的调查与修改。2001年1月省厅机构大改革后，大藏省更名财务省，金融企划局取消，金融管理业务全部移交给金融厅。由此，金融行政被直接置于首相的领导之下。

第二，金融组织的变化。金融改革引起的金融业并购和重组，改写了战后形

---

① 三桥规宏等：《日本经济入门》，日本经济新闻社，2006年，第270页。

成的日本金融地图。由于制度改革和清理不良债权是同时进行的，金融机构在进行整顿的过程中，普遍增强了风险意识和提高自有资本构成的紧迫性，一些经营绩效较差的金融机构不得不寻求合作伙伴，走合并或被兼并的道路。金融持股公司禁令的解除，则为金融机构的重组提供了制度上的可能。结果，世纪之交日本金融组织的变动令人眼花缭乱，2002 年 3 月朝日银行加入大和银团后，城市银行的大合并、大重组基本完成，形成了三菱东京、三井住友、UFJ（日本联合）、瑞穗和里索纳等"四大加一小"五个银团，各银团开展的综合业务中，包罗了储蓄、贷款、信托、投资、证券等内容。2005 年 10 月，由于 UFJ 加入三菱东京银团，又使日本的银行资本更加集中，形成了"三大一小"的新格局。与此同时，保险业的重组也在进行，2004 年 1 月，明治生命和安田生命两大保险公司合并，成立明治安田生命保险相互公司。

第三，制度改革促进了市场竞争和活力，金融服务走向多样化。以往，一个企业从成立到上市需要 20 年以上时间，但是随着制度上的规制放宽，IT 部门等一批风险创新型企业获准上市并迅速发展。另一方面，与大批金融机构的破产相对照，一批新的金融机构却应运而生，其中最抢眼的当属电子银行。例如，2000 年 10 月，三井住友银行和某连锁便利店公司共同出资，成立了日本网上银行。该银行原则上不设窗口服务的营业部，而是利用互联网、电话以及便利店、邮储银行等设施为顾客服务，由于具有存款利息高，手续费便宜、利用方便等优点，已经开拓出自己的市场。

面向市场化的金融体制改革通过加剧竞争，提高了金融服务效率，丰富了金融商品的品种，给消费者带来了实惠，同时也加大了市场风险，"活力门"事件就是在这种政策环境下发生的。因此，对金融改革成效的评价，还需要以长期、综合的观点进行耐心的观察。

四、道路、邮政民营化改革

2001 年 4 月，小泉纯一郎上台。在小泉执政的五年多时间里，国民支持率高达 80％以上，为日本内阁制度建立以来所仅见。小泉博得如此"人气"的一个重要原因，在于他善于迎合国民厌烦派阀政治的心理及"小政府"要求，摆出了一副"宁可搞垮自民党也要改革"的"国民改革家"姿态。小泉上台时，提出

世纪之交日本的经济体制改革

了"民间能办的事业交给民间"的原则，并承诺推行道路、邮政民营化改革。但是，由于各种利益集团的顽强抵抗，改革异常艰难，最终结果与最初的设想相比已大打折扣。

战后，日本的国道及高速公路建设一直由国家投资经营，并先后于1956年成立日本道路公团、1959年成立首都高速道路公团，1962年成立阪神高速道路公团，1970年成立本州四国联络桥公团。与民营化以前的国铁、电话电信公社一样，四大道路公团按照国有企业模式运营。

20世纪70年代以后，在"列岛改造""国土开发"的口号下，道路建设掀起高潮，连接干线道路的支线及地方线路急剧增加。但是，由于许多新建道路是根据政治原则而非收益核算原则修建的，因此始终处于入不敷出的赤字状态。例如，本州四国间的跨海大桥向世界显示了最先进的技术，成为日本的骄傲，但是由于投资巨大而过往车辆不多，设计阶段就清楚靠收取过桥费永远无法收回投资成本。类似的道路投资在北海道、东北、九州及日本海一侧也普遍存在，国家每年须拨付2000至3000亿日元的巨额财政资金维持亏损线路的运营。据统计，1999年，四大道路公团中，除了日本道路公团尚能保持盈利外，其他三大公团的营业收支全部是赤字，其中收支比为首都公团100:120.6，阪神公团100:148.8，本四公团100:260.8。四大公团的资产与债务之比是：日本道路公团100:99，首都公团100:110，阪神公团100:133，本四公团100:146。四大公团的负债总额接近40万亿日元。[①]也就是说，如果是民营企业并按照市场原则，四大公团已全部破产。

2001年12月19日，小泉内阁做出《对特殊法人等事业及组织形态应采取的措施》决议，其中有关道路公团的主要内容有，政府从2002年起不再向道路事业提供财政经费；2005年以前实现道路公团民营化，并建立相应的民间新机构，新机构要在市场竞争机制下运营，降低成本，在现有收费标准下于50年内产生成本下降的效果。

为了推进道路民营化改革，小泉在内阁中特设了行政改革大臣的临时岗位，任命少壮派政治家石原伸晃出任。2002年6月，制定相关法律，成立了由七名委员构成的道路关系四公团民营化推进委员会，责成其进行道路公团民营化的可行性研究。

---

① 角本良平：《道路公团民营化》，流通经济大学出版会，2003年，第32页。

2003 年 12 月，经过一年的准备，小泉内阁完成了与执政的自民党、公明党的内部协调，制定出道路关系四公团民营化基本框架。翌年 3 月，政府向国会提交了改革法案。2004 年 6 月 2 日（9 日颁布），由自民党、公明党控制的国会通过了《高速道路股份公司法》（公司法）、《独立行政法人日本高速道路保有、债务返还机构法》（机构法）、《关于日本道路公团等民营化后道路关系法律整备之法律》《日本道路公团等民营化关系法实施法》（实施法）等改革四法案。一年后，日本政府及其国土交通省又发出了实施这四部法律的政令和省令。

根据上述四法律及有关政令、省令，政府对道路公团改革做出了如下决定。第一，关于民营化的目标。新的民营公司要继承道路四公团债务，并在 45 年内偿还 40 万亿日元债务本息；尊重公司的自主性，使其能以较少的国民负担快速建设确实必要的道路；发挥民间智慧，制定多样和弹性的收费标准，并提供多种服务。第二，关于民营化的组织性措施。根据"上下分离"原则，将资本与经营分开。成立独立行政法人日本高速道路保有、债务返还机构，负责道路四公团资产和债务的管理；将日本道路公团一分为三，组成东日本、中日本和西日本三家公司，与首都、阪神、本四一起，在全国形成高速公路由六大股份公司经营的格局；四公团民营化改制及六大民营公司的成立在 2005 年完成。第三，关于道路资产所有及债务关系。道路四公团的债务由新公司分摊继承；日本高速道路保有、债务返还机构（简称"机构"）将高速公路等资产分别租赁给六家道路公司经营，租金每五年调整一次，各公司以高速公路费为收入来源，用于支付管理费用和偿还租金，其结余部分用于偿还旧债；机构在各公司还清债务后解散。新公司可以发行公司债券方式筹集发展资金，将来条件成熟亦可以上市，但政府持股要保证 1/3 以上。第四，关于新公司的运营，赋予新公司自主开展服务项目等自主权；政府对亏损线路继续给予财政补贴，但公司制定公路收费标准等须经政府批准。

2005 年 10 月 1 日，道路四公团解散，东日本、中日本、西日本、首都、阪神、本州、四国六家民营高速道路公司正式挂牌成立。

对于道路公团改革，舆论普遍感到失望。其最大的问题是，民营化后成立的公司并不具备《公司法》规定的民间企业功能，其功能性缺陷是法律上还不允许这些民营公司把盈利放在主要位置，国家作为公司唯一的股东，目前依然可以从人事、财务乃至经营方针等方面干预公司运营，法律上赋予公司的独立性甚至不如国铁民营化后的JR各公司高。对此，财界领袖、经团联会长奥田硕也批评说：

世纪之交日本的经济体制改革

"没有利益民营公司怎么能生存？"[1]可见，道路公团改革与国民的期望相距甚远，"煮了夹生饭"。因此，其民营化的效果还有待时间的检验。

邮政事业民营化是小泉在任期间推行的又一项改革，但其难度之大曾险些让小泉政府翻船。

邮政在日本政府直接管辖的事业中历来占有重要位置。1885年实行内阁制度时设立的递信省是与外务、内务、大藏、陆军、海军、农商务省并列的七省之一，邮政事务由该省管辖。1949年，日本政府机构改组，递信省更名为邮政省。2001年1月，根据桥本内阁制定的计划，中央省厅管理体制大改革完成，原来的1府21省厅缩编为1府12省厅，邮政省被取消，邮政事务由新成立的邮政事业厅接管，其行政接受总务省领导。2003年4月，邮政事业厅废除，特殊法人"日本邮政公社"成立，邮政原则上变成了民间资本可以参入的事业。

邮政公社的业务包括邮递、邮政储蓄和简易保险三部分，至2002年改制前，全国共有24752个邮局，职工约28万人。邮局实际上是日本最大的国家储蓄银行，2003年邮政公社成立时，邮政储蓄存款的余额为224万亿日元，简易保险金余额为122万亿日元，两大账目合计346万亿日元。与民营化前的国铁、道路公团不同，邮政事业的经营始终保持"黑字"状态，每年向国家上缴一定的利润。

小泉上台后的2001年6月，成立了小泉的私人咨询机构"邮政三事业前途的思考恳谈会"，负责人是经济评论家田中直毅。该组织于2002年9月向小泉提出最终报告书，建议邮政事业完全实行民营化。

小泉在任期间，利用中央行政机构大改革的机会，急剧扩大了总理府的权力，同时挑选有关内阁成员组成经济财政咨询会议，这一组织是小泉执政期间经济改革和经济政策的最高决策机构，委员长由小泉亲自担任，实际负责人则是庆应大学教授、以民间人士身份入阁的竹中平藏。为了推行邮政民营化改革，经济财政咨询会议先后举行了20余次学习研讨会，邀请许多专家学者就邮政民营化改革问题做专题报告，邮政改革的设想和计划也在此基础上形成了。

2003年9月，小泉在第157次国会施政演说中再次强调"民间能做的让给民间"的原则，宣称为了建立简洁、高效的政府，要把邮政事业、财政投融资和特殊法人的改革捆绑在一起，探讨新的改革方案，其中邮政事业要在2005年实现民营化。

---

① 角本良平：《三个民营化》，流通经济大学出版会，2005年，第70页。

2003年10月，经济财政咨询会议专题讨论了邮政事业的民营化问题。会议决定：民营化要坚持"活性化""整合性""便利性""资源活用"和"兼顾"五原则。

2004年4月，小泉下令在内阁官房中设立邮政民营化准备室，由此邮政民营化进入拟定实施计划阶段。同月，经济财政咨询会议发表了《关于邮政民营化的论点整理》文件，阐述了民营化的意义、理论依据、改革的方向和方法。文件开篇即强调说："邮政民营化是明治以来的大改革，是改革的核心。其效果不仅影响到财政、行政，而且涉及金融、物流等关联产业，实为宏大而深远的改革。虽然难度很大，但对邮政放手不管又何谈官府事业改革？在'民间能做的交给民间'的方针下，为了实现'由官到民'的转变，增强日本经济活力，邮政民营化改革势在必行。"[1]关于改革的必要性，文件主要强调了三点：即让国民的生活更加方便；把"看不见的国民负担降到最低"（有关统计表明，邮政公社如果向普通民间企业一样纳税，则2005年度的纳税额将多达6938亿日元[2]）；贯彻市场原理，废除最大的"国家银行"，实现社会资金流向"由官到民"的转变。

2004年8月，经济财政咨询会议制定了《民营化基本方针的框架》交政府讨论。9月10日，小泉内阁以此为蓝本，讨论并制定了《邮政民营化的基本方针》。与此同时，小泉还决定在内阁中增设邮政民营化担当大臣一职，并任命经济财政担当大臣竹中平藏兼任。

2005年4月27日，小泉内阁制定了邮政民营化关联六法案，准备提交国会讨论通过。法案中写道：实行邮政民营化改革的目的是"提高经营自主性、创造性和效率，促进公正而自由的竞争，提供多样优质的服务，方便国民，通过资金的更自由运用，增强经济活力"。[3]为使法案顺利通过，小泉在执政的自民党、公明党、保守党及在野的各党派间做了许多说服工作，但是直到国会表决前，不仅在野的各党派根本不买账，就连自民党内部也没有实现意见统一。

2005年7月5日，第162次国会众议院大会就小泉内阁提出的邮政民营化六法案进行表决，结果赞成233票，反对228票，法案以5票之差的微弱多数通过。自民党议员中，37人投了反对票，14人弃权。这一结果让小泉火冒三丈，于是发出

---

① 泷川好夫：《邮政民营化的金融社会学》，日本评论社，2006年，第7页。

② 同上，第226页。

③ 同上，第110～111页。

世纪之交日本的经济体制改革

狠话，在接下来的参议院表决中，如果自民党议员再出现类似情况，必将按照党的纪律严惩不贷。

8月8日，参议院大会表决，结果赞成108票，反对125票，法案被否决。这次投票中，自民党议员22人投了反对票，8人弃权。

根据日本法律，法案只有在参、众两院都获得通过时方为有效，若出现众议院通过、参议院否决的情况，还可以举行第二次众议院表决，若法案以2/3票数通过，则以众议院的表决为准，通过法案。法律的又一条规定是，首相有权在认为必要时解散议会，重新举行全国大选。

法案被参议院否决后，小泉不顾部分内阁成员和党内的强烈反对意见，立即解散了众议院，他要通过重新选举，由国民决定是否应该进行邮政民营化改革。在接下来的第44次众议院议员选举中，"哀兵"小泉领导的自民党获得296席，在选举中大胜，加上合作的公明党等，执政党席位达到327席，超过了2/3所必要的320席。

10月11日，第163次特别国会众议院大会以338票赞成、138票反对、超过2/3的绝对多数票通过法案。10月14日，参议院也进行了与法案成立与否无关的表决，结果以134比100通过法案。在众、参两院进行第二次表决时，绵贯民辅、龟井静香、平沼纠夫等自民党腕级政治家仍然投了反对票。[①]

2007年10月1日，日本邮政公社解散，成立日本邮政股份公司、邮便局股份公司（窗口服务网）、邮便事业股份公司、邮政储蓄银行股份公司、简易生命保险股份公司等五个民营公司。同时成立的还有独立行政法人邮便存款、简易生命保险管理机构（简称"机构"），后者继承公社时期邮政储蓄及保险的契约并进行资产管理。根据法律规定，五家民营公司中，目前几乎100%由政府持有的股票将尽快面向民间出售，最终政府的持股率将降至1/3以上。五家公司中，邮储银行、生命保险两公司要在10年内把股票全部售出，届时将变成纯粹的民间公司。

---

① 事后，小泉为首的自民党对"邮政改革国会"期间"造反"的本党议员进行的处分结果是：绵贯民辅、龟井静香、野吕田芳成等10人被除名，平沼纠夫、堀内光雄、野田圣子等27人被劝退，三人党员资格被停止一年，14人一年内不得在党内任职，高村正彦等23人被警告处分。

日本国民生活的现状与国际比较

刘昌黎

内容提要　因泡沫经济崩溃和长期经济停滞的影响，日本国民的生活水平在 20 世纪 90 年代前期就提高缓慢，90 年代末到新世纪初又出现了持续下降的局面。就家庭的收入、消费水平而言，现已低于 1990 年的水平，可说是今不如昔。从国际比较看，日本国民的生活水平总体上在主要发达国家中处于中等偏下水平。因此，日本国民在生活方面缺乏与经济大国相称的富裕感和幸福感。

关 键 词　国民生活　现状　国际比较

作者简介　刘昌黎，东北财经大学国际经济贸易学院教授

日本国民生活的现状与国际比较

自 20 世纪 90 年代初泡沫经济崩溃以后，日本经济就陷入了长期停滞的局面，并一直持续到新世纪初，失去了宝贵的 20 年。其中，90 年代年均实际经济增长率只为 1%多一点，新世纪前 10 年又下降到 1%以下。其结果，日本出现了失业增加、工资减少的局面。以此为背景，日本国民生活水平在 90 年代前期提高缓慢，90 年代末到新世纪初又出现了持续下降的局面，可说是今不如昔。对此进行研究并进行国际比较，是研究和认识现代日本经济的重要方面，本文拟对此做一初步的论述和分析。

一、家庭的收入、消费水平

（一）家庭实际收入和可支配收入的变化

在高速经济增长时期，日本家庭的实际收入和可支配收入增加很快（见表 1）。以工薪家庭的月均收入为例（下同），1955—1970 年，实际收入和可支配收入分别增加了 287.2%和 300.2%，扣除物价上涨因素，按可支配收入计算的实际生活水平提高了 121.3%。

在低速经济增长时期，家庭的实际收入和可支配收入虽然增加很快，但扣除物价上涨因素，实际生活水平提高的幅度明显减小，其中 20 世纪 70 年代提高 25.7%，80 年代提高 18.6%。

90 年代初泡沫经济崩溃以后，在日本经济陷入长期停滞的情况下，家庭的实际收入和可支配收入不仅增长缓慢，而且在 1997 年增加到顶点的 595214 日元和 497036 日元以后，转向减少。2002—2007 年，在景气复苏的过程中，家庭的实际收入和可支配收入也依然处于连年减少的局面。2008 年经济危机以后，家庭的实际收入和可支配收入进一步减少，2012 年分别减少为 518506 日元和 425005 日元，都低于 1990 年的水平。如果扣除物价上涨因素，则 2012 年按可支配收入计算的实际生活水平比 1990 年下降了 9.0%。

表 1 1955—2012 年日本工薪家庭的实际收入和实际支出等的变化情况

（每月平均，单位：日元、%）

	1955 年	1970 年	1980 年	1990 年	2000 年	2005 年	2010 年	2012 年
每户平均人数（人）	4.71	390	3.83	3.70	3.52	3.46	3.41	3.42
每户平均就业人数（人）		1.55	1.50	1.64	1.67	1.66	1.66	1.68
实际收入	29169	112949	349686	521757	562754	524585	520692	518 506
可支配收入	25896	103634	305549	440539	474411	441156	429967	425005
实际支出	26786	91897	282263	412813	430329	412928	406649	407375
消费支出	23513	82582	238126	331595	341896	329499	318315	313874
食品支出	10465	26606	66245	79993	75174	70947	69597	69469
非消费支出	3273	9315	44137	81218	88343	83429	90725	93501
剩余	2383	21052	67424	108944	132515	111657	111653	111131
储蓄存款总额（万日元）		26	473	694	1356	1292	1244	1233
负债总额（万日元）				340	580	616	679	695
平均消费倾向	90.8	79.7	77.9	75.3	72.1	74.7	74.0	73.9
恩格尔系数	44.5	32.2	27.8	24.1	22.0	21.5	21.9	22.1
家庭储蓄率	11.9	17.7	17.3	13.9	8.7	3.0	2.5	
消费者物价指数	17.3	32.5	77.1	94.5	102.7	100.4	100.0	99.7

资料来源：矢野恒太纪念会：《日本的 100 年》，国势社，2000 年；总务省统计局：《日本统计年鉴》，2014 年。

（二）家庭支出结构的变化

在 20 世纪 50 年代以来家庭收入增加的过程中，家庭支出也相应地增加了。不过，从家庭支出的内容看，60 年代以前是消费支出增加较快，而七八十年代则是非消费支出增加较快。1955—1970 年，家庭的消费支出增加 251.2%，非消费支出增加 184.6%，而 1970—1990 年则分别增加 301.5% 和 771.9%。1990—2000 年，在家庭收入增长缓慢的情况下，非消费支出增加 8.8%，仍超过消费支出增加的 3.1%。2000—2012 年，在家庭实际支出减少的情况下，非消费支出只增加 5.8%，而消费支出则减少了 6.8%，家庭消费生活水平的下降更为明显。

在上述过程中，家庭消费支出占可支配收入的比重即平均消费倾向在 60 年代呈迅速下降趋势，70 年代以后则下降趋缓，2000 年下降到 72.1%，2012 年又恢复到 73.9%。

日本国民生活的现状与国际比较

（三）家庭消费结构的变化

战后初期，日本家庭支出主要用于满足基本生活需求，1950 年食品占消费支出的比重即恩格尔系数曾高达 57.4%。经过 20 世纪五六十年代的高速经济增长，1970 年恩格尔系数下降到 32.2%，2000 年又下降到 22.0%，其后基本稳定在这一水平上。从 1990—2012 年家庭消费结构的变化情况看（见表 2），消费比重明显提高的是交通通信支出，所占比重由 10.1% 提高到 16.0%，提高 5.9 个百分点；住房、水电煤气、医疗保健、文化娱乐、教育的比重也有所提高，占比下降的是被服和服装鞋帽、家具和家庭用品。交通通信支出占比提高，与国内旅游特别是出国旅游增加有很大的关系，这也是日本国民生活水平提高的重要表现之一。2012 年，日本出国旅游人数为 1849 万人次，比 1989 年的 996 万人次增加了 85.6%。

表 2　1996—2012 年度日本家庭消费结构的变化情况

（2 人以上工薪家庭月均支出，单位：日元、%）

	1990 年		2000 年		2005 年		2010 年		2012 年	
	金额	比重	金额	比重	金额	比重	金额	比重	金额	比重
食品、饮料	79993	24.1	75174	22.0	7947	21.5	69597	21.9	69569	22.1
住房	16475	5.0	21716	6.4	21839	6.6	20694	6.5	20479	6.5
水电煤气	16797	5.1	21282	6.2	21328	6.5	21704	6.8	22511	7.4
家具家庭用品	13103	4.0	11268	3.3	10313	3.1	10638	3.3	10484	3.3
被服服装鞋帽	23902	7.2	17195	5.0	14971	4.5	13573	4.3	13552	4.3
医疗保健	8670	2.6	10901	3.2	12035	3.7	11398	3.6	11721	3.7
交通通信	33499	10.1	43632	12.8	46986	14.3	48002	15.1	50233	16.0
文化娱乐	16827	5.1	18261	5.3	18561	5.6	18195	5.7	17992	5.7
教育	31761	9.6	33796	9.9	32847	10.0	34160	10.7	30506	9.7
其他	90569	27.3	88670	25.9	79671	24.2	70353	22.1	66926	21.3
合计	331595	100.0	341896	100.0	329499	100.0	318315	100.0	313874	100.0

资料来源：总务省统计局：《日本统计年鉴》，2014 年。

（四）家庭消费水平的变化

从 20 世纪 50 年代中期高速经济增长开始到 80 年代，日本家庭的消费水平一直是伴随收入的增加而迅速提高，而在 1990—1995 年小幅度提高以后就转向下降。根据表 3 的统计，2000 年，2 人以上家庭的消费水平指数从 1995 年的 107.5 下降到 103.9，2008 年又下降到最低的 99.5，2010 年回升到 100.0 以后，2012 年又下降到 98.8，比 1995 年下降了 8.7 个百分点。其中，下降幅度最大的是被服、服装鞋帽，由 1990 年的 193.2 下降到 2012 年的 99.9，几乎下降了一半。食品和教育也分别由 118.5 和 108.8 下降到 99.8 和 102.1，分别下降 18.7 个百分点和 6.7 个百分点。相比之下，同期交通通信、家具家庭用品、医疗保健、文化娱乐和住房的消费水平则有所提高，分别提高 32.9、26.9、19.3、12.9、3.2 个百分点。

表 3　1990—2012 年日本家庭消费水平指数的变化情况

（2 人以上家庭，以 2010 年为 100.0）

	综合	食品	住房	水电煤气	家具家庭用品	被服服装鞋帽	医疗保健	交通通信	教育	文化娱乐	其他消费
1990	106.3	118.5	97.1	82.1	80.3	193.2	83.9	68.4	108.8	81.5	86.6
1995	107.5	112.8	119.5	94.4	83.8	163.4	89.2	76.9	105.5	80.3	90.9
2000	103.9	108.4	112.0	100.9	80.9	128.4	92.2	88.0	98.4	83.7	89.5
2005	102.6	104.2	106.5	102.6	87.3	114.3	103.2	96.9	93.0	88.8	99.3
2006	100.5	102.9	100.0	102.8	86.5	108.8	102.0	94.6	94.8	88.4	94.4
2007	101.4	103.4	98.9	99.8	87.7	109.8	104.1	95.3	95.9	92.3	101.7
2008	99.5	101.4	92.5	98.6	90.3	105.8	100.5	96.0	95.9	93.8	99.8
2009	99.7	100.6	93.3	97.8	92.7	102.6	103.7	98.6	98.2	96.4	101.1
2010	100.0	100.0	100.0	100.0	100.0	100.0	100.0	100.0	100.0	100.0	100.0
2011	97.9	99.5	103.9	97.1	103.9	99.3	102.0	92.5	102.3	95.0	95.0
2012	98.8	99.8	100.3	96.8	107.2	99.9	103.2	101.3	102.1	94.4	96.6

资料来源：总务省统计局：《日本统计年鉴》，2014 年。

二、国民生活的基本情况

（一）住宅

从住宅方面看，2008 年日本住宅总数为 5758.6 万户，约相当于家庭总数 4 997.3 万户 1.15 倍，超过 1978 年的 1.08 倍和 1998 年的 1.13 倍，处于住宅过剩的局面。当年，拥有个人住宅的家庭占家庭总数的 61.1%，其余 38.9% 为租房户。其中，户主 40 岁以下家庭拥有个人住宅的比率为 28.4%，比 1983 年的 42.2% 下降 23.8 个百分点，这与年轻人收入减少、失业增加有很大的关系。

住宅建设（包括新建和改建）一直是家庭和个人消费支出的重要方面，也是日本经济景气的主要指标之一。20 世纪 70 年代，日本每年新开工建设的住宅一直在 140 万户以上，其中 1970 年为 148.5 万户，1990 年增加到历史最高的 170.7 万户。90 年代以后到新世纪初，家庭和个人的住宅建设明显萎缩，2003 年减少到 116.0 万户，2009 年减少到 77.8 万户，2012 年也只回升到 88.3 万户。从新建住宅的平均面积看，1968 年为 62.52 平方米，2000 年增加到 97.48 平方米后，2012 年又减少到 88.82 平方米。

1998—2008 年，自有独门独户住宅总数由 2059.9 万栋增加到 2518.7 万栋，增加 22.3%，栋均建筑面积由 293 平方米减少到 285 平方米，减少 2.7%；租赁独门独户住宅总数由 259.6 万栋减少到 192.1 万栋，减少 26.0%，栋均建筑面积由 130 平方米增加到 134 平方米，增加 3.1%。

（二）耐用消费品普及

20 世纪五六十年代，日本家庭的主要耐用消费品是黑白电视机、电冰箱和洗衣机。80 年代，小汽车、彩色电视机、组合音响等成了主要耐用消费品。90 年代，摄像机、数码相机、微波炉等相继进入了大众消费。21 世纪以来，计算机、超薄液晶电视等又成了新的消费热点。

2005—2012 年，耐用消费品普及率提高的是小汽车（83.9%→84.1%）、超薄液晶电视（19.8%→96.4%）、计算机（68.3%→78.0%）、手机（85.3%→95.0%）、摄像机（40.2%→41.5%）、数码相机（53.7%→77.0%）、光碟机（61.1%→77.7%）、温水洗洁坐便（58.0%→70.3%）、系统厨房（50.8%→64.1%）、热水器（50.9%→57.1%）、衣物干燥机（27.3%→31.7%）、洗碗机（24.4%→30.6%）、房间空调（88.2%→90.5%）。

（三）储蓄和负债

20 世纪 70 年代以前，家庭储蓄率逐年提高，1974 年曾高达 23.2%，1980 年仍为 17.3%。然而，80 年代以后特别是进入 21 世纪以来，家庭储蓄率日趋下降，2000 年已不足 10%，2005、2010 年又分别下降为 3.0%和 2.5%。

从储蓄额方面看，1990 年代以前家庭储蓄一直是迅速增加的趋势，而进入 21 世纪以后则开始转为减少。2000 年，家庭平均储蓄额为 1356 万日元，比 1990 年增加 95.4%，相当于家庭实际收入的 200.8%；2012 年，家庭平均储蓄额为 1233 万日元，比 2000 年减少 9.1%，相当于家庭实际收入的 198.2%。

从负债方面看，因买房、建房借款以及购买汽车、家用电器等的分期付款增加，工薪家庭平均负债额由 1990 年的 340 万日元增加到 2012 年的 695 万日元，增加一倍多，占实际收入的比重由 54.3%提高到 111.7%。

（四）家庭资产

伴随收入和储蓄的增加，日本家庭资产在 80 年代以前一直呈迅速增加的趋势。1970—1990 年末，家庭（包括个人企业，下同）资产总额从 224 兆日元增加到 2663 兆日元，增加了 10.9 倍。90 年代以后，日本家庭资产总额增长缓慢，2006 年增加到顶点的 2759 兆日元后转为减少，2011 年末为 2556 兆日元，比 2006 年末减少 7.3%，比 1990 年末减少 5.0%。2011 年末，扣除负债的家庭净资产总额为 2196 兆日元，比 2001 年的 2282 兆日元减少 3.8%。

从每户家庭平均的资产拥有情况看（见表 4），1999 年为 4388 万日元，2009 年减少到 3588 万日元，相当于当年收入 651 万日元的 5.5 倍。家庭拥有的主要资产是实物资产，其中住宅、宅基地资产占绝大部分。2009 年，在家庭拥有的

日本国民生活的现状与国际比较

资产总额中，实物资产为 2641 万日元，金融资产（储蓄 – 负债）为 947 万日元，分别占 76.6% 和 23.4%；在实物资产中，住宅、宅基地资产为 2514 万日元，占 95.2%。

不过，大城市家庭与中小城市特别是町、村家庭在资产拥有方面的差别很大。2009 年，大城市家庭每户平均的资产总额为 4307 万日元，相当于町、村家庭 2944 万日元的 1.46 倍。

表 4　日本 2 人以上家庭每户拥有资产的情况

（单位：1000 日元）

		资产总计	金融资产	实物资产					
				合计	住宅、宅基地			耐用消费品	高尔夫等各种会员权资产
					合计	现居所资产	现居所以外资产		
年度	1999 年	43875	8963	34912	32972	27016	5956	1677	263
	2004 年	39004	9503	29501	27857	22091	5766	1501	143
	2009 年	35878	9467	26411	25143	20221	4923	1171	97
阶层	大城市	43072	8988	34084	32979	27021	5958	1006	98
	中等城市	35505	9363	26143	24841	19448	5392	1192	110
	小城市	33354	9309	24045	22688	18327	4361	1267	90
	町村	29441	10631	18811	17495	14218	3277	1237	79

资料来源：总务省统计局：《日本统计年鉴》，2014 年。

（五）人均寿命

1947 年，日本人口的平均寿命男性为 50.06 岁，女性为 53.96 岁。其后，随着生活水平和医疗水平的提高。人口平均寿命迅速提高，是战后以来日本经济发展最重要的成果之一。日本男女平均寿命提高的具体情况是：1970 年分别提高到 69.31 岁和 74.67 岁，1990 年分别提高到 75.92 岁和 81.90 岁，2012 年分别提高到 79.94 岁和 86.41 岁。

（六）教育

教育既是国家发展的根本大计，也是家庭和个人最为关心的事情，直接体现了家庭生活水平的提高。日本虽然早在第二次世界大战以前就基本上普及了九年义务教育，但大学升学率一直不高，1955 年只为 10.1%，1970 年才提高到 23.6%。80 年代，在高中升学率提高的基础上，大学升学率迅速提高，1980 年达到 37.4%。其后经过 10 年左右的徘徊，90 年代又开始迅速提高，2000 年达到 49.1%。进入新世纪以后，大学升学率提高又趋缓慢，2010 年只提高到 52.2%，2013 年又下降到 50.8%。

三、生活水平的国际比较

（一）国民收入分配的比较

1.人均 GDP 和人均国民收入

在日元升值达到顶点的 1995 年，日本人均 GDP 和人均国民收入都曾高达美国的 1.5 倍左右，是主要发达国家中的最高水平。经过 90 年代的经济停滞以及日元贬值，2001 年日本人均 GDP 减少为 32740 美元，人均国民收入减少为 25899 美元，分别相当于美国的 92.3% 和 82.3%（见表 5）。2011 年，因日元升值，日本人均 GDP 和人均国民收入各达 46192 美元和 47629 美元，在主要发达国家中都仅次于加拿大和美国，高于英国、德国与法国。不过，由于日本物价水平高，其按货币购买力平价计算的人均 GDP 和人均国民收入都大打折扣。以日美比较为例，2011 年，日本人均 GDP 相当于美国的 96.5%，而按货币购买力平价计算的人均 GDP 只相当于美国的 71.8%，在主要发达国家中只略高于意大利，属于偏低的水平。

日本国民生活的现状与国际比较

表 5   主要发达国家人均 GDP 和人均国民收入的比较

（单位：美元）

国家	人均 GDP		人均国民所得		按货币购买力平价计算的人均 GDP	
	2001 年	2011 年	2001 年	2011 年	2006 年	2011 年
日本	32740	46192	25899	47629	31796	34486
美国	35476	47882	31468	48585	44557	48043
加拿大	23063	50565	19021	49686	36863	40440
英国	24435	38918	21894	39308	35119	35642
意大利	19611	36124	16210	35849	30399	32939
德国	22962	43865	19298	44682	33522	39518
法国	21903	42642	19386	43446	31426	35133

资料来源：总务省统计局：《日本统计年鉴》，2014 年。

2.收入分配差距

1980-2000 年，日本家庭收入分配的基尼系数由 0.2729 提高到 0.2972，一直处于公平分配的范畴。2009 年，日本家庭可支配收入分配的基尼系数为 0.283，低于美国的 0.372、英国的 0.345、意大利的 0.338、加拿大的 0.318 和澳大利亚的 0.312，高于法国的 0.283、德国的 0.278 和瑞典的 0.237，在发达国家中处于偏低的水平。

日本收入分配差距小与收入再分配政策的实施有很大关系。根据表 6 的统计，2011 年日本当初收入分配的基尼系数为 0.5536，再分配收入的基尼系数为 0.3791，改善度为 31.5%，其中社会保障实现的改善度为 28.3%，税收实现的改善度为 4.5%，都是 1999 年以来的最高水平。

表 6   1999—2011 年日本收入再分配改善基尼系数的效果

年份	基尼系数				再分配实现的基尼系数改善度（%）		
	①初始收入	②社会保障给付-社会保障费	③可支配收入（②-税金）	④再分配收入（③+实物给付）	合计	社会保障实现的改善度	税收实现的改善度
1999 年	0.4720	0.4001	0.3884	0.3814	19.2	16.8	2.9
2002 年	0.4983	0.3989	0.3854	0.3812	23.5	20.8	3.4
2005 年	0.5263	0.4059	0.3930	0.3873	26.4	24.0	3.2
2008 年	0.5318	0.4023	0.3873	0.3758	29.3	26.6	3.7
2011 年	0.5536	0.4067	0.3885	0.3701	31.5	28.3	4.5

资料来源：厚生劳动省：《平成 23 年所得再分配调查报告书》，2013 年 10 月公布。

3.贫困人口比率

2005 年，日本贫困人口占总人口的 14.9%，虽然低于美国的 17.1%，却明显高于法国的 7.1%、英国的 8.3% 和德国的 11.0%，在主要发达国家中属于偏高的水平；贫困儿童占儿童人口的 13.7%，虽然低于美国的 20.8% 和德国的 16.3%，但却明显高于法国的 7.6% 和英国的 10.1%，在主要发达国家中也属于偏高的水平。

（二）国民生活主要指标的比较

日本与美国、英国、德国和法国国民生活主要指标的比较情况如表 7 所示。

表 7　主要发达国家国民生活主要指标的比较情况

（单位：%）

主要指标	日　本	美　国	英　国	德　国	法　国
有个人住宅家庭的比例（2008 年）	61.1	68.4	68.1	41.6	57.2
住宅户均面积（平方米，2008 年）	94.1	148.5（2009）	91.6（2010）	99.9（2006）	107.8（2009）
人均住宅面积（平方米，2008 年）	37.3	65.5（2009）	39.0（2010）	49.5（2006）	48.4（2009）
中等教育在学率（2010 年、男）	99.4	88.8	97.4		97.6
中等教育在学率（2010 年、女）	99.7	90.2	99.6		99.3
大学在学率（2010 年，男）	63.1	79.2	50.5		50.1
大学在学率（2010 年，女）	56.2	111.3	69.5		63.5
教育投资占 GDP 比率（2009 年）	5.2	7.3	6.0	5.3	6.3
学前教育个人负担比率（2009 年）	56.6	22.4	7.3	27.8	4.5
义务教育个人负担费用率（2009 年）	10.1	8.5	9.5	13.0	7.5
高等教育个人负担费用比率（2009 年）	67.8	66.0	35.1	15.0	16.3
社会保障占名义 GDP 比率（2005 年）	18.6	15.9	21.3	26.7	29.2
养老保险	8.6	5.3	6.1	11.2	10.9
医疗保险	6.3	7.0	7.0	7.7	7.8
社会福利	3.7	3.6	8.2	7.8	10.5
医疗费支出占 GDP 的比率（2010 年）	9.5	17.9	9.6	11.6	11.9
公费医疗比率（2010 年）	82.5	53.1	83.9	77.1	77.8
人均医疗费支出（美元）（2010 年）	4065	8362	3503	4668	4691
每千人医生人数（2005—2010 年平均）	2.1	2.4	2.7	3.6	3.4
每千人病床数（2005—2010 年平均）	13.7	3.0	3.3	8.2	6.9
人口平均寿命（岁）（2009 年）	83	79	80	80	81

日本国民生活的现状与国际比较

主要指标	日 本	美 国	英 国	德 国	法 国
婴儿死亡率（‰）（2011 年）	2.3	6.4（2009）	4.3（2010）	3.5	3.5
每 10 万人交通事故件数（2009）	577.5	504.2	265.2	379.6	115.5
每 10 万人交通事故死亡人数（2009 年）	4.5	11.0	3.6	5.1	6.8
犯罪率（2005 年）	2.3	4.16	9.34	7.96	6.67
犯罪被害人数占人口的比率（2005 年）	9.9	17.5	21.0	13.1	12.0
杀人案件/10 万人）（2012 年）	0.52	6.40	1.50	1.37	2.15

资料来源：总务省统计局：《世界的统计》，2013 年 3 月公布。

1.住宅

2008 年，日本拥有个人住宅的家庭比率为 61.1%，低于美国的 68.4% 和英国的 68.1%，高于法国的 57.2% 和德国的 41.6%，在主要发达国家中属于中等偏上水平。不过，从每户和每人平均的住宅面积看，2008 年日本分别为 94.1 平方米和 37.3 平方米，在主要发达国家中都是最小的。

2.家庭储蓄率与金融资产、金融负债

20 世纪 80 年代以前，日本家庭储蓄率不断提高，曾经是世界上家庭储蓄率最高的国家之一。然而，90 年代特别是新世纪以后，日本家庭储蓄率不断下降，2010 年只为 2.1%，大大低于法国的 16.1%、德国的 11.3%、英国的 7.6% 和美国的 5.3%，在主要发达国家中是最低的。

2008 年，日本家庭人均金融资产为 1118 万日元，略少于美国的 1294 万日元，明显多于英国的 854 万日元、法国的 668 万日元和德国的 640 万日元；人均金融负债为 823 万日元，略少于美国的 846 万日元，明显多于英国的 489 万日元、法国的 453 万日元和德国的 414 万日元。

3.医疗、健康水平

2010 年，日本人均医疗费支出 4065 美元，不足美国 8362 美元的一半，在主要发达国家中只高于英国的 3503 美元，属于偏低的水平；医疗费支出占 GDP 的比率为 9.5%，不仅大大低于美国的 17.9%，而且低于法国的 11.9%、德国的 11.6% 和英国的 9.6%。不过，日本公费医疗的比率为 82.5%，仅次于英国的 83.9%，高于法国的 77.8%、德国的 77.1% 和美国的 53.1%。

按 2005—2010 年的平均计算，日本每千人拥有的医生人数为 2.1 人，病床数为 13.7 张，其中前者少于德国的 3.6，在主要发达国家中是最少的，后者明显多于德国的 8.2 张，在主要发达国家中是最高的。

多年来，日本不仅一直是世界上最长寿的国家之一（其中女性长寿世界第一，男性长寿世界第五），婴儿死亡率也是发达国家中最低的，2011 年为 2.3‰，比美国的 6.4‰低一半以上。

4.教育水平与教育负担

2010 年，日本中等教育的男女在学率都接近 100%，在主要发达国家中是最高的；大学在学率男为 63.1%，女为 56.2%，其中男性低于美国的 79.2%，高于英国的 50.5% 和法国的 50.1%，女性低于韩国的 85.7% 和美国的 111.3%，与西欧各国都大体相当。

从家庭和个人的教育费用负担比率看，由于义务教育普及，日本家庭和个人负担中、小学生教育费的比率为 10% 左右，与其他主要发达国家基本持平。但是，在学前教育和高等教育阶段，日本私人负担教育费的比率却是发达国家中的最高水平。2009 年，日本学前教育私人负担费的比率为 56.6%，大大高于法国 4.5%、英国 7.3%、美国 22.4% 和德国 27.3%，大学教育个人负担费的比率为 67.8%，也大大高于德国 15.0%、法国 16.3%、英国 35.1% 和美国 64%。

5.社会保障

日本社会保障给付费的总体水平一直处于发达国家中的偏低水平。2009 年度，日本社会保障给付费相当于 GDP 的 22.2%，略高于美国的 19.5%，明显低于法国的 30.2%、丹麦的 29.8% 和瑞典的 29.8%，在 OECD 的 34 个成员国中排第 19 位。

从国民负担率（租税负担额+社会保障负担额/国民收入总额）看，1980 年度日本为 31.3%，其中租税负担率为 22.2%，在主要发达国家中是最低的，社会保障负担率为 9.1%，略高于美国，接近于英国，明显低于法国和德国（见表 8）。2013 年度，日本的国民负担率提高到 40.0%，在主要发达国家中仍然属于偏低的水平。其中，租税负担率为 22.7%，社会保障负担率为 17.3%，与 1980 年相比前者只提高 0.5 个百分点，而后者则提高 8.2 个百分点，几乎提高了 1 倍。结果，日本国民的社会保障负担率就明显高于了美英两国的水平，与德法两国的差距也大为缩小了。

表 8　主要发达国家国民负担率的比较

（单位：%）

	日本		美国		英国		德国		法国	
	1980 年	2013 年	1980 年	2010 年	1980 年	2010 年	1980 年	2010 年	1980 年	2010 年
国民负担率	31.3	40.0	32.8	30.9	50.0	47.3	47.9	50.5	55.5	60.0
租税负担率	22.2	22.7	25.4	22.6	39.7	36.4	28.6	28.6	30.4	35.2
社会保障负担率	9.1	17.3	7.4	8.4	10.3	10.8	19.3	21.9	25.2	24.8

资料来源：财务省：《国民负担率的国际比较》，2013 年 12 月公布。

6.社会安全

多年来，日本一直是世界上最安全的国家，交通事故率和犯罪率都是世界上最低的国家之一。

从交通安全方面看，2009 年日本每 10 万人的交通事故为 757.5 件，超过美国的 604.2 件、德国的 379.6 件、英国的 265.4 件和法国的 115.5 件。不过，日本交通事故的死亡率却很低，2009 年每 10 万人的交通事故死亡人数为 4.5 人，虽然多于英国的 5.6 人，但却大大少于美国的 11.0 人，也少于法国的 6.8 人和德国的 5.1 人。

从社会治安面看，2005 年日本犯罪率为 2.3%，犯罪被害人数占人口的比率为 9.9%，前者明显低于英国的 9.34%和德国的 7.96%，后者明显低英国的 21.0%和美国的 17.5%；2012 年，日本每 10 万人发生的杀人案件为 0.52 件，明显少于美国的 6.40 件和法国的 2.15 件。

四、缺乏富裕感、幸福感的国民生活

如前所述，日本国民生活在收入水平以及住房、医疗、健康水平、受教育程度和社会安全等方面大都处于发达国家中的先进水平，国民负担率也不高。尽管如此，日本国民在生活方面却缺乏与经济大国相称的富裕感和幸福感。

首先，国民对家庭生活的富裕感不断减弱。根据日本厚生劳动省国民生活基础调查（见表 9），在 2001 年的调查中，感到生活很苦、比较苦的家庭分别占家庭总数的 20.2%和 31.2%，合计占 51.3%；感到生活比较宽裕、很宽裕的家庭只分别占家庭总数的 4.3% 和 0.5%，合计占 4.8%。在 2012 年的调查中，上述比率前者分别为 28.6%、31.8 和 60.4%，后者分别为 3.5%、0.4% 和 3.9%。

表 9　日本家庭生活富裕感的调查情况

（单位：%）

年度	很苦	比较苦	一般	比较宽裕	很宽裕
2001 年	20.2	31.2	43.7	4.3	0.5
2005 年	23.0	33.2	39.0	4.4	0.4
2010 年	27.1	32.3	35.8	4.1	0.7
2012 年	28.6	31.8	35.8	3.5	0.4

资料来源：厚生劳动省：《平成 24 年国民生活基础调查》，2013 年 10 月公布。

其次，根据 OECD 的调查（见表 10），2010 年日本国民生活的幸福度指数为 68.0%，不仅大大低于澳大利亚和瑞典的 87.0，也不及美国的 84.0、英国的 82.4、德国的 78.7 和法国的 73.8，在 34 个成员国中排第 21 位。其中，日木在安全和教育方面的得分很高，各为 9.9 和 9.0，在表中所列国家中分别排第一、第二位，而在生活满足度、悠闲舒适、住房、健康方面的得分都很低，各为 4.1、4.1、4.5 和 4.9，在表中所列国家中大都排名垫底，在市民参与、家庭收入、人际关系方面的得分也不高，在表中所列国家中也大都排名靠后。

表 10　OECD 成员国国民幸福度排名（2010 年）

排名	国家	合计	住房	家庭收入	工作	人际关系	教育	环境	市民参加	健康	生活满足度	安全	悠闲宽松
1	澳大利亚	87.0	7.5	4.5	7.6	8.3	7.6	8.7	9.4	9.3	8.1	9.5	6.5
2	瑞典	87.0	6.1	4.6	7.1	7.6	8.2	9.7	8.7	8.8	9.3	8.2	8.7
3	加拿大	86.6	7.7	5.8	7.6	8.4	7.5	8.4	6.0	9.2	8.8	9.7	7.5
4	挪威	86.3	7.4	3.8	8.6	8.0	7.1	9.2	6.4	8.0	9.6	9.1	9.1
5	瑞士	85.9	5.9	7.8	8.9	8.5	7.3	8.2	3.6	9.2	10.0	8.6	7.9
6	美国	84.0	7.7	10.0	7.4	6.8	6.9	7.9	5.8	8.4	7.5	8.9	6.7
7	丹麦	83.8	5.9	3.9	7.5	8.4	7.4	8.9	7.0	7.2	9.1	8.7	9.8
8	荷兰	83.1	6.9	5.5	8.1	8.4	7.1	6.9	5.2	8.3	9.0	8.3	9.4
9	冰岛	82.8	5.9	3.1	7.7	10.0	7.4	9.2	5.7	8.8	9.4	9.4	6.2
10	英国	82.4	6.1	5.5	7.7	8.8	5.9	9.5	7.0	8.3	6.9	9.5	7.2

日本国民生活的现状与国际比较

排名	国家	合计	住房	家庭收入	工作	人际关系	教育	环境	市民参加	健康	生活满足度	安全	悠闲宽松
11	新西兰	82.3	6.2	3.3	7.2	8.0	7.5	8.7	7.3	9.3	8.2	9.4	7.2
12	芬兰	81.4	6.1	3.5	6.5	7.6	9.5	8.8	6.0	7.3	8.8	9.1	9.2
13	奥地利	80.5	5.9	5.2	7.9	8.4	6.2	7.8	6.4	7.6	8.7	9.2	7.2
14	爱尔兰	80.3	7.8	3.6	6.2	9.9	6.6	8.8	5.6	8.7	7.0	9.1	7.0
15	卢森堡	80.2	6.1	7.3	8.2	7.1	4.4	8.5	6.8	7.8	7.3	8.2	8.5
16	比利时	78.8	7.1	6.0	6.7	7.6	7.4	6.8	5.8	7.7	7.2	7.4	9.1
17	德国	78.7	6.1	5.2	7.3	9.0	7.7	9.3	4.4	7.0	6.0	8.6	8.1
18	法国	73.8	6.3	5.1	6.1	8.0	5.5	7.9	4.4	7.9	6.3	8.2	8.1
19	斯洛文尼亚	69.6	5.6	2.1	6.2	7.6	7.5	7.0	6.3	6.4	4.4	8.8	7.7
20	西班牙	68.9	6.7	2.9	3.9	8.0	4.8	6.2	5.1	8.6	5.1	8.6	9.0
21	日本	68.0	4.5	5.6	7.0	6.8	9.0	7.0	5.1	4.9	4.1	9.9	4.1

资料来源：OECD Better Life Index（BLI） 2013 年版，http：//memorva.jp/ranking/world/oecd_bli_2013.php。

最后，随着日本经济社会的发展，国民的生活富裕观、幸福观也发生了新的变化。根据日本内阁府的国民生活舆论调查，对于今后"优先重视物质生活富裕"还是"优先重视精神生活富裕"的问题，1972 年回答"优先重视物质生活富裕"的人占 40.0%，超过了回答"优先重视精神生活富裕"者的 37.3%。其后，对上述问题的回答结果发生了截然相反的变化，1999 年选择"优先重视精神生活富裕"的人占 57.0%，已大大超过了选择"优先重视物质生活富裕"的 29.3%。2013年，上述比率分别为 61.8%和 30.3%，优先重视精神生活富裕的比率进一步提高了。这意味着近年来日本国民对生活满意度下降的主要原因之一，是对精神生活方面的不满在增加。对生活满意度高的人主要是如下一些人：合家团圆的人；与邻里关系密切的人；工作单位人际关系融洽的人；非独身家庭的人；已经结婚的人；年收入多的人。在 20 世纪 90 年代以来特别是新世纪以来的经济社会发展中，由于导致上述人群减少的因素在增加，从而出现了国民生活满意度的下降。

日本立国战略的实施与国家软实力的提升

平力群

内容提要 不管是"日本经济模式"的成功，还是"酷日本"形象的构建都是在日本国家发展战略的总体制度框架内以软实力资源建设为基础实现的。换言之，软实力提升是依赖软实力资源建设、弥补与运用实现的，即"发现软实力资源→建设软实力资源→运用软实力资源"与"发现软实力资源不足→弥补软实力资源不足"是提升国家软实力的有效路径。本文试图通过分析日本立国战略的实施与软实力资源建设、软实力提升间的内在关联性，阐释决定一国软实力、软权力大小的不仅仅取决于该国所拥有的软实力资源，更取决于发现、建设、弥补、运用这些软实力资源能力的观点。

关键词 立国战略 软实力 软实力资源

基金项目 教育部人文社会科学重点研究基地项目基金资助"战后日本提升国家软实力研究"（11JJD770025）；国家社会科学基金项目"国家创新系统支撑下日本发展新兴产业制度安排研究"（13BGJ010）

作者简介 平力群,天津社会科学院日本研究所副研究员

日本立国战略的实施与国家软实力的提升

约瑟夫·奈在 1989 年撰写的《注定领导》（Bound to Lead）一书中率先提出了 "soft power" 的概念，[①]并指出 "soft power" 是通过吸引而非强迫或收买的手段来达己所愿的能力。它源于一个国家的文化、政治观念和政策吸引力。[②]根据奈对软实力的定义，从广义的角度看，日本的影响力即其软实力主要体现在以下两个方面：一是日本经济模式的成功大大提高了日本在本地区的威望；二是 "酷日本"，尤其是日本的流行文化影响了亚洲的年轻一代。[③]而不管是 "日本经济模式" 的成功还是 "酷日本" 形象的构建，都是在日本国家发展战略的总体制度框架内，以软实力资源建设为基础而实现的。换言之，软实力提升是依赖软实力资源建设、弥补与运用实现的，即 "发现软实力资源→建设软实力资源→运用软实力资源" 与 "发现软实力资源不足→弥补软实力资源不足" 是提升国家软实力的有效路径。

立国战略是基于一国政府对国际国内现状、经济社会发展方向和发展规律的正确认识，为确保一国立足于国际社会的根本战略，指导经济社会发展的基本方针与政策体系。所谓 "什么什么立国" 就是以 "什么" 来支撑国家的发展，"什么" 就是一定时期社会发展的战略方向与战略重点。在日本的立国战略中包含了实施日本软实力资源建设的具体规划。所以，日本国家软实力提升与日本立国战略具有不可忽视的内在联系，但同时立国战略也成为日本软实力建设的拘囿。

一、软实力的提升路径

对软实力问题的研究，实际上就是对如何实现国家利益最大化的研究。当比较优势不再完全依赖于自然禀赋，当国家间通过国际市场竞争所获得的利益超过通过战争所获得的利益，当精神需求大于物质需求的时候，对如何形成和提升软权力、软实力等可以影响国家竞争优势，强化产业竞争力，增加产品附加价值的无形力量的关注程度就会越来越高。

国家软实力作为一国综合国力的重要组成部分，在与硬实力的相互作用、相

---

① 约瑟夫·S·奈著，门洪华编译：《硬权力与软权力》，北京大学出版社，2005 年，第 7 页。

② 约瑟夫·S·奈著，吴晓辉、钱程译：《软力量——世界政坛成功之道》，东方出版社，2005 年，前言第 2 页。

③ 克劳德·迈耶：《谁是亚洲领袖——中国还是日本》，社会科学文献出版社，2011 年，第 90 页。

互影响下，国家竞争优势、国际格局及国家财富走势得以形成。因此，研究国家软实力最核心的问题，也是研究该问题的目标，就是要回答国家软实力是如何形成的，以及如何提升的问题。对该问题的不同理解将直接影响到国家战略的制定，关乎国家利益的形成。

国家软实力形成的基础是国家所拥有的能形成软实力的资源，即"软实力资源"。要实现对本国软实力的提升首先要客观、清醒地认识本国所拥有的软实力资源的优势、不足与缺失，然后才能通过对所认定的具有优势的软实力资源进行有效运用，对不足的软实力资源通过建设予以丰富、加强，然后运用，对缺失的软实力资源利用所拥有的软实力资源进行替代，以实现提升国家软实力的目标，即"发现软实力资源→建设软实力资源→运用软实力资源"与"发现软实力资源不足→弥补软实力资源不足"是提升国家软实力的有效路径。因为，首先，拥有"软实力资源"仅仅体现的是一种潜在的能力，而非现实的能力，只有通过对这些资源的有效开发和运用，这些资源才能转化为现实的力量。其次，国家"软实力资源"的规模和质量不是固定不变的，它可通过适当的制度安排进行丰富、扩大和优化，而对国家软实力资源规模和质量的扩大和优化是提升国家软实力的最基本的推动力量。另外，由于一个国家不可能拥有所有的资源，而且有些资源的不足是由国家所处的地理位置与国土面积决定的，是不可改变的。这些不足虽然无法通过努力而改变，但可以通过其他优势资源进行弥补。因此，如何用所拥有的资源弥补资源的不足，或规划运用有待强化或丰富且可以通过努力实现强化与丰富的资源对先天不足的资源进行替代，就成为软实力资源建设中的重要部分。可见，决定一国软实力、软权力大小的不仅仅取决于该国所拥有的软实力资源，更取决于发现、建设、弥补、运用这些软实力资源的能力。

综上所述，国家软实力的提升是通过"发现资源→建设资源→运用资源"与"发现资源不足→弥补资源不足"这两条相互独立又相互依托的路径实现的。而日本政府所推出的一系列立国战略不仅反映了日本国家总体发展战略的原则，而且为了适应国际、国内环境的变化，从本国实际出发，抓住发展中的主要矛盾和薄弱环节，对国家战略重点进行调整，进而确定了在不同发展阶段以什么资源作为支撑国家发展的核心竞争力，并通过具体的管理实施机构制定具体措施，调动社会各方面的资源与智慧，支持该资源建设的系统规划。日本软实力资源建设是在日本国家发展战略的总体规划下有计划、按步骤地有效推进与实施的，日本国

日本立国战略的实施与国家软实力的提升

家软实力的提升与日本立国战略的实施具有内在的相关性。

二、日本立国战略的继承性演进

在国家现代化过程中，执掌政权者及社会团体乃至企业并非是消极被动地投入到现代化过程中去，而是积极主动地参与，不断进行政策选择，制定出经济发展的战略、策略以及具体措施，以便实现由这些政治嘱托制定的经济发展计划与最终目标。[①]

战后以来，从20世纪50年代日本政府提出"贸易立国"后，又相继提出了"科学技术立国"、"科学技术创造立国"、"文化立国"、"IT立国"、"知识产权立国"、"观光立国"、"环境立国"和"文化产业立国"等一系列立国战略（参见图1）。日本立国战略的提出和制定，是在日本政府对日本自身和国际竞争方式全面认识的基础上进行的，反映了随着国家资源优势和国际竞争方式变化，国家在不同发展阶段资源建设重心的移动。因此，这一系列发展战略的提出不是孤立和割裂的，不是新战略对旧战略的否定，而是为了应对国际竞争方式的改变，保持国家竞争优势而进行的战略调整，是后者对前者的延续、运用与提升。在时间上这些战略分层叠加，形成重叠结构；在空间上这些战略分工明确呈现并存状态。这些立国战略是国家发展战略思想和战略方向的表达方式，即以贸易、技术、文化开发为战略支柱，带动经济乃至整个国家的发展。[②]而我们也确实观察到了随着一个个立国战略的推进，日本解决了一个个制约国家发展的瓶颈及发展过程中的障碍，并逐渐发展成为一个具有良好国际形象的经济大国。如"贸易立国"战略的实施，不仅使日本制造从"质次价廉"的代名词转变为"优质产品"的符号，而且确立了日本国家的发展方式与发展道路。"科学技术立国""科学技术创造立国"战略的实施，使日本摆脱了不为国际社会作贡献，只会利用其他国家技术发明的"搭便车"者形象，而且支持了日本经济的可持续发展，并为"环境立国""IT立国"乃至"文化产业立国"战略的提出提供了技术依托，推动了日本国家形象向创新型、负责任国家形象的转变。而文化立国战略改变了日本国民在国际社会中的形

---

① 王新生：《政治体制与经济现代化——"日本模式"再探讨》，社会科学文献出版社，2002年，第290页。

② 宋绍英："论日本的'立国论'"，《日本学刊》，1996年第1期。

象，从"经济动物"变成了"懂生活、讲礼貌、有教养的国民"，日本也从一个曾遭全世界讨厌的国家转变成了受世界欢迎的国家。①

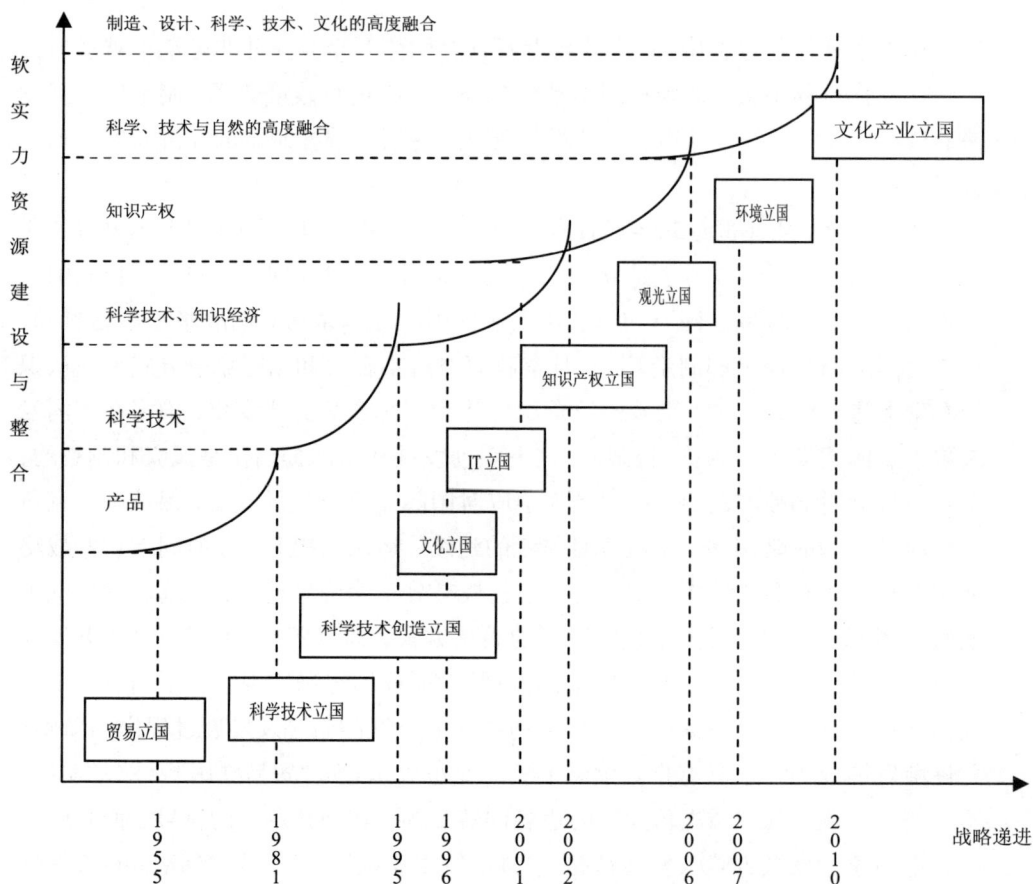

图1　战略继承与软实力资源维度演进示意图

日本立国战略之所以有效地支持了软实力资源的建设，是基于日本立国战略的如下特点：

_____

① 村山宏：《日本曾遭全世界讨厌》，日经中文网：http://cn.nikkei.com/columnviewpoint/column-special1/5035-20130313.htm。

日本立国战略的实施与国家软实力的提升

1.不同立国战略是在统一的产业结构升级政策范式下形成的，日本"立国"战略的本质为"出口产业立国"，即要努力实现与世界生产体系的稳定分工，而不仅仅是参与国际交换。①因此，"出口产业立国"贯穿始终，不管是贸易立国、科技立国、科学技术创造立国、文化立国、IT立国、知识产权立国、观光立国还是文化产业立国，都是通过对社会某方面资源的重点建设及通过对不足资源的替代来增加产品和产业的竞争力，获得并保持在国际竞争中的有利地位，获得国家财富的最大化。

2.随着日本工业化的完成，工业经济向知识经济的迈进，世界经济一体化程度的加深，国际竞争方式的改变，战略重点从强调硬资源向软资源，从重视硬产业向重视软产业转移。

3.随着资源内容不断被丰富、资源规模不断被扩大，国家发展战略从单一化向多元化发展。从日本国家发展战略演化中可以透视出"发现资源（发现资源不足）→建设资源（寻找替代资源）→运用资源→提升国家综合国力"这一在发展战略引领和制度支持下日本综合国力螺旋上升的进程。随着日本国家基础设施、教育、科技、经济水平的提高、社会的成熟，软资源与软实力对国家综合国力的贡献度不断提高，国家战略重点逐渐向无形资源方面倾斜，并呈现了多元化趋势。

4.随着日本经济实力的提高，进入20世纪80年代日本国家发展战略不再仅仅满足于"经济大国、政治小国"的地位，开始表现出对"政治大国"目标的诉求，并开始寻求实现"政治大国"目标的道路。与此相对应，日本立国战略也从单纯追求经济增长开始兼顾国家形象建设。进入90年代，日本政府开始有意识地进行软实力资源建设。文化立国、文化产业立国既是日本成为经济大国后为实现政治大国、正常国家的战略安排，也是在从工业经济迈向知识经济，世界经济一体化下，国际竞争方式改变后日本为保持其在国际分工中的有利地位的明智选择。在全球经济一体化的形势下，日本企业以前所未有的速度成为国际市场的全面参与者。在"贸易立国"战略思想指导下，日本政府不遗余力地支持大中小型企业实施海外扩张。而通过对文化的宣传，使国外消费者对日本产生好感，增加消费者人数，进而利用独特的异国文化的异质性，增加产品的魅力，不仅可以提高产品的竞争力获得规模经济的利润，而且还能提高产品的附加价值，提升该国的国际影响力。因为承载着一国文化、技术与劳动的精美产品被国外消费者所接受的同

---

① 陈淮著：《日本产业政策研究》，天津大学出版社，1991年，第95页。

时，消费者也就对该国有了最直接的印象。

5.日本政府所提出的这些立国战略绝不是空穴来风突发奇想式的空洞口号，而是经过缜密的调查与论证后，通过配套相应的法律保障、实施机构与计划来支持政策目标实现的。立国战略的继承性演进与日本软实力资源的丰富与强化形成了互为依托、相互促进的良性循环。随着日本立国战略的继承性演进，日本软实力资源也不断得到丰富。软实力资源的丰富成为日本国家软实力提升的基础。

三、立国战略下日本软实力资源的建设、运用与拘囿

日本型经济模式之所以能成为日本国家的软实力，是基于该模式在支持了日本经济高速发展的同时，在一定程度上解决了"自由市场模式"所无法解决的"效率与公平"的平衡。而日本经济奇迹的出现，与构成日本型经济模式的国家发展战略对发展方式与发展路径的选择是分不开的。构成日本型经济模式的"国家发展战略"与"日本型经济体制"共同支撑了日本科学技术资源的建设，也正是日本对科学技术资源的有效运用，才使得日本摆脱了自然禀赋的约束，最终实现了对西方的赶超并创造了经济奇迹。同样，以日本流行文化为代表的"酷日本"之所以能成为日本的国家软实力，也离不开"文化立国""IT立国"与"知识产权立国"战略下，日本政府对数字媒体技术、网络传播技术、渠道及文化资源为基础的内容资源建设的成功。

但需要特别指出的是，软实力的概念是 20 世纪 80 年代末才被提出，因此可以把日本政府对软实力资源建设分为无意识阶段与有意识两个阶段。如果说"日本经济模式"的成功对软实力的提升，是日本发展经济获得经济成功的副产品，那么通过建设内容资源打造"魅力日本"形象，提升日本软实力则是在日本政府精心策划下实现的。

1.以技术实力弥补自然禀赋的不足

虽然现在人们普遍认为日本生产的产品是高品质与可信赖的，但日本制造曾经是劣质产品的代名词，充斥市场的劣质产品成为日本的致命问题。[1]出现过由

---

① 高柏著，安佳译：《经济意识形态与日本产业政策——1931—1965 年的发展主义》，上海人民出版社，2008 年，第 142 页。

日本立国战略的实施与国家软实力的提升

于"一美元衬衣"而引发的日美间纺织品摩擦问题。但在日本政府贸易立国、科学技术立国的国家发展战略引导下,企业改变了依靠廉价劳动力和不惜以降低质量为代价来获得利润,通过价格竞争扩大出口的方式。随着声势浩大的质量管理运动,全面提高了日本制造的产品质量,并将产业重心转移到研发和生产知识密集型的高附加值、创新型产品上,日本产品如今已经拥有最佳工艺、极具创新的国际声誉,走上了通过发展技术比较优势,在世界经济结构中占据有利的分工领域,获得比较利益最大化的可持续发展之路。也正是"贸易立国"战略的实施,使日本放弃了利用廉价劳动力实现出口的方式,引导企业走上了贸易强国之路。

经过"开发主义"与"贸易主义"的论争,日本最终确定了贸易立国的战略。1953 年 12 月,日本经济审议厅长官冈野清豪提出的"冈野构想"明确指出,发展日本经济的关键在于振兴出口。1955 年 12 月,鸠山一郎内阁制定的《经济自立五年计划》把"振兴贸易"列为基本政策之一,贸易立国战略由此形成。[①]

日本的"贸易立国"战略并不是简单的扩大出口,而是通过建立在生产技术的比较优势来参与国际分工,并在世界经济结构中占据有利的分工领域,是对比较优势经典定义的修正,在此基础上确立了日本通过动态比较优势的最大化实现发展的方式。通过修正,比较优势不再意味着大自然赐予了一个经济体丰富的资源或廉价劳动力,而是意味着增加产品价值,从而能在国际贸易中为国家带来更多收益的生产技术。尽管日本在当时并不拥有这种比较优势,但这种比较优势可以通过努力获得。[②]在这一经济思想指导下,支持日本政府所确定的"贸易立国"战略不再是一般地努力参与国际分工,简单地扩大出口,而是立足于通过国家扶植发展出口产业,参与国际分工,在世界经济结构中占据有利的分工领域。与属于一国自然禀赋的廉价劳动力和自然资源的比较优势不同,生产技术的比较优势是通过有目的的努力可以实现的。为了获得这种优势,日本政府不仅为私营企业提供可以用以生产设备和技术改造的政府贷款,而且还支持或发起了企业层面的制度改革,使日本的管理环境有利于创新的实现。[③]

正如诺斯在《制度、制度变迁与经济绩效》一书中所指出的:"人们所持的

---

① 章前明:"试析战后日本对外政策在'贸易立国'战略中的作用",《浙江大学学报》,1997年第2期。

② 高柏著、安佳译:《经济意识形态与日本产业政策——1931—1965 年的发展主义》,第 24 页。

③ 同上,第 139 页。

信念决定了他们的选择，而这些选择又构成了人类处境的变化。"以"动态比较优势"①为理解依据，在日本政府的支持与引导下，"日本型经济体制"得以形成。所谓"日本型经济体制"一般包括，企业与劳动者关系中的长期固定雇佣、根据在企业工作时间的工资制度与内部晋升制度；金融市场中的以间接金融为主的主银行制度；企业间关系中的承包制、企业系列制；企业内股东权利低下及决定股东无权利状态的相互持股与由内部晋升的人员占据董事会的大部分席位；在政府与企业关系中大量使用行政指导，官僚退休后在其所支持的行业团体中所占有特殊地位等。②"日本型经济体制"成为日本持续创新的制度基础，从而支持了日本经济奇迹的出现。换言之，日本经济模式之所以能成为日本软实力是由于日本经济的成功证明了日本型经济模式的有效性。而日本经济模式的形成与"贸易立国"战略的确立具有密切的关系。

2.重塑日本国家形象

国家形象直接关系到国家在国际社会的"声誉资本"（Reputational Capital），成为开放经济条件下民族国家在世界范围内开展经济活动的通行证。一个积极正面的国家形象无疑会增强国家的竞争力，提升国家的软实力。而国家形象是对该国企业所生产的产品形象、该国的国民形象、该国的政府形象等的综合反映。高速增长的经济一方面造就了实力强大的日本企业和众多国际知名品牌的日本产品，同时给日本带来了严重的污染问题，也给日本人带来了"经济动物"的称号。这些问题都成为此后日本立国战略需要解决的新课题。

第一，立国战略与国民形象。经济民族主义极大地推进了日本经济崛起，但此时的日本在国际社会的形象和身份受到非议，世界舆论还不时给日本加上"经济动物"的国家身份标签，使日本人的国际形象受损。文化是培育多样化的个性、丰富的感性与创造力的土壤。为实现以大量生产为中心的经济发展方式向以提高品质与质量为中心的生产方式的改变，有必要重视文化的传承与建设。而且，各国独特的文化与历史犹如一个国家的"脸"。通过国际间文化交流，在向国外传递本国主张的同时，还可以促进各国国民间、国家间相互理解，增进友好关系，改变不良印象。在这一背景下，日本文化厅1995年推出了《21世纪文化立国方

---

① 道格拉斯·C.诺思著，杭行译：《制度、制度变迁与经济绩效》，格致出版社，2008年，代译序第42页。

② 冈崎哲二、奥野正宽：《現代日本システムの源流》，日本経済新聞社，1995年，第273页。

日本立国战略的实施与国家软实力的提升

案》，其中明确提出了以教育为基础的"文化立国"战略。

第二，立国战略与日本政府形象。对公害的治理反映出一国政府的公信力。战后经济高速增长时期，日本发生了轰动一时的"四大公害"。受"以生产为中心"思想的驱使，日本政府对公害问题熟视无睹，造成前所未有的环境破坏。1966年公害案件为 8000 件，到 1971 年增长了 3 倍，[①]日本还成为二氧化碳第四排放大国。日本被贴上了"环境公害大国"的标签，不仅削弱了日本产品在对外贸易活动中的竞争优势，对日本产品在国际市场上的销售也产生了不利影响，而且使日本国家形象大打折扣。面对国际压力，如何解决承担国际义务与促进国内经济发展的矛盾，从根本上改善经济体系，构建循环经济社会就成为必然选择。[②]也正是在这一背景下，日本提出"环境立国"战略。当然，"环境立国"战略的提出，除了基于国际社会的压力外，日本在"科学技术立国"与"科学技术创造立国"战略下为其在环境和能源领域所打下的技术基础与丰富经验也是密不可分的。

鸠山由纪夫政府 2009 年 12 月在丹麦哥本哈根召开的《联合国气候变化框架公约》缔约方第 15 次会议上向国际社会承诺，"到 2020 年将日本的温室气体排放量减少到 1990 年时 25%"。其目的是在解决地球环境问题的国际应对当中，不仅要向世界显示出"日本领导世界"的地位，[③]而且还要在国际社会中确立日本是一个负责任国家的国际形象。通过实施"环境立国战略"，日本抢占了未来全球经济发展的至高点，从而保持了其在国际分工中所占据的优势地位。日本如果能为解决地球规模的环境能源问题作出贡献，不仅可以获得经济性收入，而且还可以获得国际社会的高度评价。

第三，立国战略与"魅力日本"。20 世纪 90 年代，日本陷于"失去的十年"的尴尬处境。经济停滞期的到来，无疑使得对已获得经济大国这种"身份感认同"的日本社会民众再次产生了不安。促使日本政府强烈地意识到需要用文化手段向世界说明一个真实的日本，纠正世界对日本的错误定位。为此，一方面日本政府大力支持国际文化教育交流，让世界了解日本，培养"知日派"；另一方面向世

---

① 尹小平："日本经济高速增长的得与失"，《现代日本经济》，2007年第1期。

② 李赶顺："浅析日本'循环经济'发展战略的实施及其方策"，《日本学刊》，2002年第6期。

③ 北澤宏一：《科学技術は日本を救うのか》，ディスカヴァー・トゥエンティワン，2010 年，第158 页。

界输出文化产品，让世界感知日本的现代文化与文化价值。①

内容产业（content industry）政策在文化立国、IT立国、知识产权立国这三种政策方向的交叉点上应运而生。②在内容产业政策支持下，内容资源得到极大丰富。然后通过对内容资源的有效运用，以大众文化为核心的"魅力日本"形象成为日本软实力的重要内涵。

日本内容政策包含于知识产权立国政策中，其发展是以文化立国战略与IT立国战略实施后所强化的文化资源与IT资源为基础的。可以说，内容资源是在知识产权立国战略中得到丰富与强化，并在此后实施的文化产业立国战略中得到有效运用，内容不再仅仅停留在软实力资源层面，而是已成为日本软实力——"流行文化"为代表的"魅力日本"的核心与载体。在通过日本流行文化在世界范围内展示"魅力"的过程中，展示了日本服饰、饮食、建筑风格、自然风光、生活方式、习俗及历史，潜移默化地传播了日本民族的价值观和文化，增进了国际社会对日本的了解与理解，进而提高了日本国家的软实力。

3.立国战略下日本软实力建设的拘囿

如上所述，日本软实力主要体现在"日本经济模式的成功"与"酷日本形象的确立"。而如今，不仅"失去的二十年"已使"日本经济模式"的吸引力大打折扣，而且日本政府不能正确对待历史的态度，更使日本精心设计的国家形象暗淡无光。

首先，立国战略应该是随着国内外条件的变化，确保一国立足于世界之林的根本战略。因此，不仅立国战略的具体措施，而且立国战略的基本范式也应该随着时代的变化而变化，虽然后者的变化频率要远远低于前者。而日本立国战略虽然在战略、策略以及具体措施上实现了继承性演进，但战略范式却没能做出相应的调整。基于僵化的日本战略范式形成的"日本经济模式"，由于无法适应时代的变化，不但无法支持日本经济的可持续发展，反而成为经济发展的制度障碍，而日本经济发展的不良表现，反过来又使"日本经济模式"的吸引力大打折扣。

其次，为建立"酷日本形象"，日本有意识地淡化、否认甚至美化过去发动侵略战争的历史。但事与愿违，这种对历史的错误态度，不仅没有使"酷日本形

---

① 胡文、涛林坚："简论日本文化产业的缘起与发展特征"，《日本学刊》，2011年第1期。
② 归泳涛："日本的动漫外交——从文化商品到战略资源"，《外交评论》，2012年第6期。

日本立国战略的实施与国家软实力的提升

象"更加完美，反而引起了世界人民，特别是深受日本侵略国家的不满，大大降低了"酷日本"的影响。

四、结　语

在这里应该强调的是，一国的文化、价值观念、社会制度、发展模式的国际影响力与感召力的提高恰恰是通过对"硬实力资源"和"软实力资源"的有效运用的一种结果，如果没有"硬实力资源"和"软实力资源"作为国家权力的基础，进行不切实际的宣传反而会起到消极作用，不仅不能增强"软权力"，反而削弱了"软权力"。正如国家品牌指数（National Brands Index，简称 NBI）的创立者西蒙·安霍尔特所指出的，比起政府通过宣传改善国家品牌形象，更应该注重了解国家实际存在的问题，然后通过"制定竞争战略→根据战略诞生伟大的想法→实施这些想法→把成功的改变告诉世界"来提高对国家评价的良性循环。[①]日本国家立国战略继承下的演化与上述西蒙所强调的提升国家软实力的路径保持了高度的一致的同时，也反映出立国战略下日本软实力建设的拘囿。

----

① 金子将史："国家ブランディングと日本の課題"，《PHP Policy Review》，2009 年 9 月 1 日，http://research.php.co.jp/policyreview/pdf/policy_v3_n16.pdf。

金球化、金融危机与日本金融体系变迁

薮下史郎

内容提要　全球化的意义在于世界经济一体化,它带来了经济利益,其比较优势取决于各国所拥有的资本量、劳动及土地等生产要素的相对比例。全球化所具备的网络外部性影响到各国按照新自由主义的思想制定经济政策或实施制度改革。全球化同时导致收入差距的扩大、地球环境的破坏和世界性金融危机的爆发。日本在全球化背景与金融自由化浪潮下发生了金融体系的危机与变革,它带给我们的经验教训是政府没有及时应对金融自由化引入相关的规制,以及在房地产泡沫的滞后处理上导致了失败。在全球化的世界经济背景下,国际政策协调以及规则的建立十分重要。

关　键　词　全球化　反全球化　金融危机　日本　金融体系变迁

基金项目　日本国际交流基金共同研究项目"全球化视野下日本资本市场战略研究"

作者简介　薮下史郎,日本早稻田大学政治经济学术院教授

全球化、金融危机与日本金融体系变迁

一、前　言

20世纪80年代前后，在一些经济发达国家出现了自由化浪潮，这些国家采取了"规制缓和""民营化"等政策。事实上，自由化是美国里根政权及英国撒切尔政权在国内外积极推动的结果。中曾根内阁是日本自由化的推手，其内容包括国有企业民营化改革、20世纪70年代后期的利率自由化及金融改革、对外关系上的汇率自由化、取消关税壁垒及资本移动管制等贸易与资本的自由化。金融自由化作为自由化中极为重要的内容，其快速发展得益于计算机、通讯及信息处理技术的飞速进步。技术进步不仅带动了金融商品的开发与金融服务的进步，促进了金融机构的经营改革，还扩大了资金流动范围，使得除传统的银行外，信托银行、保险公司，以及住宅金融等非银行金融机构的作用日益显著。

民营化、规制缓和及金融自由化与全球化浪潮对许多国家产生了重要影响，甚至许多人认为它是造成世界性金融体系不安定及金融危机的根源。本文重点考察对象是20世纪80年代之后迅速发展的全球化、金融自由化与金融危机，探讨其背后的经济学含义及影响。[①]接下来的小节考察全球化的经济学含义及其迅速发展的原因。第三节从经济学视角梳理对全球化的批判，第四小节探讨在诸多国家发生的金融危机与金融自由化、规制缓和及全球化的内在联系，第五节考察金融自由化与日本金融体系的变迁，最后小节是结论。

二、全球化的经济学含义

从2010年底的"阿拉伯之春"（阿拉伯世界的反政府示威）到纽约的"占领华尔街"的示威游行，由青年主导的大规模的抗议活动蔓延世界。作为反全球化的代表，不得不让人联想到1999年的"西雅图运动"，大批地球环保组织、人权保护组织以及市民团体走上街头，对全球化表示不满与抗议。

---

① 关于全球化理论，参考 Stiglitz（2002）（2006）（2012），Bhagwati（2004）等。

（一）全球化带来的经济利益

本文虽然重点考察全球化的经济学含义，但须明确的是在考察全球化的同时需要留意全球化本身具有的政治、社会及文化意义。

从经济层面看，全球化的意义在于世界经济一体化，原有的以本国为主的经济圈逐渐扩展到世界范围，商品、服务等进出口活动以及劳动、资本等生产要素的跨国移动增加，即商品、资本及人力的国际移动更为自由。美国政府以及 IMF 等国际机构对全球化的推动起着牵引作用，全球化背后的经济思想是基于新古典经济学的"华盛顿宣言"，它主张在自由竞争条件下，市场经济可以实现高效率的资源配置，因此世界各国可以通过自由竞争达到其所期待的结果。

经济学中所谓的"经济交易的机会"产生于拥有不同商品及需求的不同经济主体之间。交易对象无论是买方还是卖方均通过"交易"来满足其需求，并从"交易"中获得收益。

何为"经济利益"？

全球化使得国际众多交易对象间的交易成为可能，人们通过全球化可以廉价获得高品质及多种多样的商品及服务，全球化使得提高资源分配高效率这一经济目标的实现不仅局限于一国国内，而是扩展到全球。

第一，比较优势。全球化使不同的国家在可能利用的技术条件下专注于相对合理价格的产品的生产，并通过增加产量实现出口，同时可以以合适的价格进口海外商品及服务。按照比较优势理论，不同的国家均可以享受通过与海外商品及服务的交换而实现的经济利益。由此产生的贸易利益，即便是处于绝对劣势，也会由于与他国相比某产品的生产费用相对较低，从而专注于该商品的生产获得出口优势。

比较优势并非产生于各国可以利用的技术资源的差，而是取决于各国所拥有的资本量、劳动及土地等生产要素的相对比例。例如土地资源丰富、拥有大面积农业用地的国家由于其农产品及乳农制品生产费用低，这些产品的生产具有相对的比较优势。

第二，市场扩大与国际竞争日益激烈。除比较优势外，全球化导致出口市场日益壮大，生产该产品的产业部门产生了规模经济效益，产品成本下降。同时，在大量生产过程中劳动者熟练程度提高因此生产效率提高。企业为争夺市场，开

全球化、金融危机与日本金融体系变迁

始进行海外扩张。国际竞争引起技术层面的竞争，技术进步促进了大量新商品的开发与面世。

第三，资本与劳动转移的自由化。 全球化加剧了作为生产要素的"人"与"资本"的国际移动。资本由收益率低的企业、产业及地区向收益率高的部门移动，全球化使得资本移动由国内扩散到海外，资本的利用效率提高，世界总产量提高。

但是国际的资本移动对于参与直接投资与证券投资的国家来说影响迥异。进行直接投资的国家由于将生产活动转移到海外因而更加关注追求长期利益。证券投资的主要形式是购买海外债券及股票以及资金借贷，伴随短期收益率的变化，资本流出入频繁，这些构成了不安定的资本移动因素。信息通信技术的高度发展使得海外投资信息的收集更为便利，加剧了国际的资本移动，这也是短期资本移动成为通货金融危机主要原因的根据。

劳动移动国际化的影响与资本自由化效果类似。劳动者追求高收入导致劳动这一要素的国际流动，但该种移动影响到劳动服务的安定供给，因此它与伴随着全球化的一系列社会问题密切相关。

（二）全球化与网络外部性

全球化是指世界经济的一体化，即经济圈向世界范围扩散，人、商品及资本跨国界移动，从该角度出发考察全球化的含义，它并非新生事物。但 20 世纪 80 年代以后的全球化有了新的特征，即范围更宽、速度更快，信息通信技术（ICT）的发展以及以新自由主义为基础的世界范围自由化潮流的蔓延是产生这一特征的重要原因。

第一，信息通信技术与网络外部性

毫无疑问，现代运输交通技术的进步是全球化的牵引力，20 世纪 80 年代以后全球化进入新的发展阶段，信息通信技术的飞速发展是其重要的推动力量。计算机等信息技术的进步节约了信息处理的成本，人们可利用的信息量增加，信息量的增加削弱了各种不确定性。

以互联网为核心的信息通信技术的发展使得国际信息传递更为便捷与快速，它对个人、企业等主体的经济行为产生了极为重要的影响，也孕育了巨大商机。

由于信息通信技术的快速发展，金融市场上的金融商品更为丰富，投资对象呈多样化。

但信息通信技术存在网络外部性。所谓的网络外部性是指个人消费商品及服务中所得到的效用取决于利用该商品及服务的其他人的数量，人数越多，每个人得到的效用越高。最典型例子便是电话服务了，加入电话网络的人越多，甚至当所有人都加入的时候每个人的效用才最大。①

网络外部性概念同样适用于目前信息通信技术领域。加入互联网人数的增加使得与国内外的信息交换更为畅通与快捷，利用互联网取得的效用同样与互联网的利用人数成正比，可以说，网络外部性的存在与全球化的迅速发展相辅相成。

第二，经济思想与网络外部性

一项经济政策或制度变革不会给每一个社会成员都带来效用，反之亦如此，每一项经济政策与制度变革的效用与损失都是相对的。在相对民主的社会，为了使政策能够照顾到方方面面的利益，通常是通过政治过程来制定政策，这便不可避免地导致利益集团的既得利益影响到政策制定。

但凯恩斯认为经济思想的影响力远远超过利益集团对政策制定的施压，他强调官僚与政治家过去形成的经济思想深刻地影响了政府的政策决定过程。②

那么，为什么自由主义经济思想影响并推动了全球化？这一问题可以从网络外部性的视角解释，因为经济思想也具备一定的网络外部性。假定某项政策提言基于某种思想或见解，持该思想或见解的人数越多该项政策提言就越容易得到社会认可与接受，随着社会认同感的上升，政策提言的社会影响力必然提高。随着思想具有一定的社会影响力，其社会发信力必然提高。也就是说，经济思想的网络外部性是在具备相同经济思想的政治家的发信力彼此相互影响并逐渐增强的过程中发挥效应的。

网络外部性具备一定的"随波效果"，当一种经济思想成为社会的主流，众多的所谓的持相同观点的人起而仿效，由此产生的"随波效果"加强了经济思想的扩散。在新自由主义的经济思想的背景下推动的全球化也可以看出网络外部性

---

① 网络外部性的概念最早是由 Rohlfs（1974）提出的，他指出网络外部性是需求方规模经济的源泉。当一种产品对消费者的价值随着其他使用者数量增加而增加时，就说这种产品具有网络外部性。译者注。

② Keynes（1936），p. 383.

全球化、金融危机与日本金融体系变迁

的效果。同时，新自由主义经济思潮也随着全球化程度的加深而超越国界乃至蔓延到全球，影响到各国纷纷按照新自由主义的思想制定经济政策或实施制度改革。可见，新自由主义思潮与全球化是相辅相成的。

三、反全球化

对于全球化，已经有许多来自社会及文化方面的批判，本文试从经济学的视角论证。众所周知，新古典经济学建立在市场原理基础之上，理性的个人与企业、完全竞争市场、完全信息、价格调整等等，均是其理论的前提条件。但市场是存在失灵的，信息不对称等导致的市场不完全性时刻存在于现实社会中，全球化背景下也会由于市场的失败导致众多问题，从而加剧国际经济调整的困难。

（一）收入差距的扩大

市场机制不能实现分配平等，全球化会拉大国际与国内之间的收入差距，同时，全球化还会加大发达国家与发展中国家之间的收入差距，这是普遍存在的对全球化的批判，但也有对此质疑的呼声，认为全球化给众多发展中国家带来了经济增长的机会。

具有国际竞争力的产业及地区可以充分享受全球化的利益，但在竞争力薄弱的产业及地区企业破产及失业不可避免。日本近些年来中小企业向海外转移生产，出现了产业空洞化的现象。为适应产业结构的调整，劳动者在产业与地区间转移不仅成本上升还会导致一些社会问题。成长型产业与企业需要大量拥有新技能与知识的劳动者，这会增加劳动者的训练费用。因此，国内劳动者的资源移动并非容易，短期内很难实现完全雇佣。此外，全球化要求劳动者跨国移动，伴随国外流入的劳动者与本国劳动者间的竞争，会出现诸如低收入的外国劳动者替代本国劳动者，或是本国劳动者收入下降的情况。

（二）地球环境的破坏

全球化导致"市场失败"的又一个典型是世界范围的环境破坏与全球变暖。

各国经济增长带来的负外部性不仅影响到本国，还会蔓延到海外，直至温室效果二氧化碳的排出影响到全球。环境破坏与地球温暖化作为一项负的国际公共产品其危害遍及所有国家，诸如此类问题远非一个国家所能独立解决的，它与解决公共产品供给方面的问题一样，由于经常产生搭便车现象很难找到有效对策。

（三）世界性金融危机

对全球化的批判还来自一些人认为全球化会导致世界范围的金融危机与经济萧条。例如，短期资本的跨国移动造成各国外汇制度以及金融制度的不安定，以及大量投机性资金流入金融市场甚至原油与粮食市场导致原油价格与粮食价格的不稳定。也就是说，资金的跨国移动一方面提高了世界范围资金分配的效率，但也会引起国际金融通货制度的不稳定以及商品市场的价格动荡，还会危及全球信用体系。下面将重点讨论金融危机问题。

四、金融自由化与金融危机

20世纪80年代前后开始的由美国等西欧各国积极推动的金融自由化及规制缓和加剧了金融体系的不安定性，全球化也被指责为是造成世界范围的金融危机的重要原因。全球金融市场日益融合必然加剧金融危机向他国蔓延的速度，即全球化带来了经济不安定与金融脆弱性这一负的外部性。

（一）各国金融体系的不稳定

始于大萧条时期的美国金融制度在20世纪80年代显现出其不稳定因素。专营住宅金融的储蓄信贷组合（S&L）在利率自由化与规制缓和的背景下积极从事高风险投资，伴随20世纪80代后期的投资失败，该机构陷入了经营危机。

金融自由化对日本的负面影响是从20世纪90年代开始出现的。80年代中后期股价、地价等资产价格的高腾源于众多的金融机构的大量融资，随着泡沫经济的破灭资产价格急落，金融机构形成大量不良债权，日本经济开始陷入长期萧条，同时，金融机构大量破产，金融体系处于极不稳定的状态。

全球化、金融危机与日本金融体系变迁

1997 年 7 月泰国政府宣布实施浮动汇率，该国货币泰国铢的汇率大幅下跌，东亚爆发了通货金融危机。泰国金融危机的本质与日本类似，都是由房地产泡沫的破灭引起的，其泡沫的形成源于大量跨国资金的炒作。1997 年下半年，泰国房地产市场供给过剩，泡沫破灭，跨国资金大规模撤离，结果导致泰国的金融机构陷入经营危机，泰国铢暴跌。泰国金融危机迅速蔓延到韩国、印尼、马来西亚及其他东亚各国。韩国金融体系的最大问题在于韩国企业过剩的海外借款，出于对经济低迷中大量企业丧失了偿债能力的判断，外国银行终止了对韩国企业的融资。

世界范围的金融危机仍然困扰着进入 21 世纪的全球经济。以美国次贷危机为导火索的金融危机在 2008 年雷曼破产后金融体系的不安定性向世界迅速蔓延，危机源自金融最尖端技术的聚集地——美国，其影响异常深远。

斯蒂格利茨等经济学家一致认为在过去数十年间金融体系的不安定性逐渐加强、金融危机的程度逐渐加深。[①]

（二）金融市场与信息不对称

金融市场的功能在于通过由生产率低的私人部门向生产率高的企业部门的资金融通，为资金的借贷双方带来收益的同时提高经济整体的生产率。在企业通过发行债券与股票从家庭及私人投资家手中筹集资金的所谓的直接金融制度下，企业将资金用于投资并从其中获得的收益中偿还本息。但也存在资金市场不能发挥其功能的情况，也存在借方企业不能按照契约偿还的情况，在企业的投资计划中风险不可避免，其未来收益具备不确定性。面对债务不履行，私人投资家为规避风险可能终止资金供给，此时企业融资陷入困境。

理解金融交易中存在的信息不对称现象非常重要。对于资金贷方来说，借方企业是否具有良好信用、是否能够按契约偿还资金等等，存在诸多不确定性。在不完全信息条件下往往利率上升，提高了具备良好信用、及时偿还的借方的借款成本，借方有可能因此放弃借款。另一方面，借方也有可能因为利率上升而投向高收益项目，它所伴随的高风险极易导致逆向选择与道德风险的发生。

---

① 参照 ufman（2009、Roubini and Mihn（2010）、Shiller（2008）等。

（三）金融中介与道德风险

银行等金融中介的存在意义在于解决金融市场中资金借方与贷方间的需求错位，多数情况下资金的贷方并不掌握借方企业的经济活动及其财务状况方面的信息，他们可以通过将资金存放于银行等金融中介，间接地为企业提供资金。也就是说，所谓的间接金融，是银行等金融中介作为存款方的代理人向具有良好信用的借款方贷款。

但是在间接金融体系下，银行的股东与经营者间，或是存款方与银行间同样存在着信息不对称。银行股东及存款者并不掌握资金贷款方及其财务状况等相关经营信息。由于信息不对称，银行经营者存在违反股东及存款者利益进行高风险经营的可能性，对银行经营实施监管又涉及信息费用的问题。同时，信息具备公共产品的性质，某人收集到银行经营的信息，意味着其他的股东及存款人可以免费利用，这便是公司治理为什么较难实施的理由。

1.存款保险与道德风险

存款保险制度是指在银行破产的情况下存款人可以得到的一定数额内的偿还，其目的是对存款人的存款给予安全保障，同时排除健全银行的挤兑风险。但是，存款保险制度本身隐含着对存款者的监督激励不足的问题，经营者自身可能认为即便贷款失败存款者也有存款保险制度作依托，这会导致其经营努力不足，也就是说，存款保险制度本来是防范信用风险的安全网，有时却成为道德风险的温床。

2.银行救助与道德风险：大到不能倒

不仅仅是美国与日本，当一国面临银行及金融机构破产时通常的做法是政府救济。其结果为银行经营者传递一种信息，即即便银行破产也会因为政府出手相助而减少损失，这种情况助长了银行经营者承担过度风险。

政府为什么会救助面临破产的银行或金融机构？市场经济下存在众多小规模的买方与卖方，其中的若干企业破产会有其他企业取而代之。但是市场竞争原理并不能完全适用于规模庞大的银行，其破产会对经济整体造成巨大危害。当代银行间不仅仅是决算关系，它们通过各种复杂的证券交易联系越发紧密，由一家银行的破产所引起的多米诺骨牌效应不可小觑，这会加大金融体系的不安定性。考虑到现代金融体系的上述特征，政府的救助必不可少。

（四）金融自由化与银行的道德风险

斯蒂格利茨将银行过度风险承担的原因归咎于规制缓和与金融自由化下银行的租金减少了。[①]在规制条件下，银行与其他金融机构间的竞争受到保护，为维持垄断获得的租金，银行必须要审慎经营，可以说，规制对银行形成了维持审慎经营的激励。但是金融自由化放松了规制，围绕利率及金融商品市场竞争激烈，银行在规制条件下获得的租金大幅减少，审慎经营的激励也随之消失，取而代之的是银行转向高风险高收益项目投资。规制缓和和金融自由化成为金融体系不安定的因素。下面将要探讨金融自由化以后出现的新现象对银行行为及金融危机产生的影响。

第一，证券化与金融衍生品

证券化的一般过程表现为，持有房地产及贷款债权的金融机构作为发起人将所持资产出售给特别目的公司 SPC，SPC 将持有该资产预期获得收益的权利向投资者出售。经过该过程"衍生"出来的证券即发起人将所持有资产进行背书的金融衍生品。

投资家通过证券化有效地实现了分散投资。发起人将资产保留过程中的风险通过证券化转嫁给了投资者并提高了其自有资本收益率。证券化还提高了金融商品的标准化程度并增加了资产的流动性和金融交易的便捷度。

但证券化也带来了新的问题，金融工学的大量应用使得新的金融商品层出不穷且日益复杂、不确定性强，其信息不对称的特征更为显著。尤其是证券化往往表现为新旧金融商品间的多重证券化，这对金融商品品质的把握难上加难，发起人等出售资产方本身并不真实地保有该资产的特征，这决定了他们往往疏于对资产收益性及贷款风险的审查与监督，实际上，证券化虽然能够聚集众多的投资者，但它在对信息活动的激励上表现较弱。

第二，杠杆

除银行的自有资金外，它还可以通过吸收存款筹集资金，并将之用于贷款与证券投资从而从中获利，存款对于银行来说是借入资金但具备杠杆功能。若银行的投资收益率高于借入资金利率，银行会想方设法提高借入资金，因为其收益率

---

① 参见 Hellmann，Murdock，and Stiglitz （2000）。

将成比例增加。但是经济低迷与泡沫破灭背景下银行投资的收益率下降使得他们蒙受巨额损失，因此，为使银行实现健全经营要求自有资本比率的规制。

在自由化之前金融机构大多采取分业经营，现代金融体系中非银行金融机构同样从事类于银行的中介业务，但对这些非银行金融机构的规制并不严格，利用这一点，他们提高杠杆率、扩大高风险业务、通过创新金融衍生品出售资产，获得了极高的收益。来自非银行金融机构间的竞争引发了道德风险，也是过度风险承担的始作俑者。

第三，资产表外化

资产表外化是指将资产负债表中资产的一部分或通过销售或通过证券化转移至表外，从而达到缩小资产规模的目的。通过缩小资产规模可以偿还部分借入资金提高自有资本收益率。资产表外化还可以使资产所有者规避资产价格变动风险，同时优良资产的表外转移也可以作为他们筹措资金的手段。

金融机构通过证券化转移部分资产及负债至表外的做法使金融机构的财务状况与经营状况不能如实地反映在资产负债表中，资产及贷款债权的销售也会增加有毒资产。

第四，近视眼式经营

美国企业的近视眼式经营是造成金融机构过度风险承担的重要原因。不合理的企业薪酬制度下经营者热衷追求高风险的短期投资，影响到金融机构的风险投资，是造成金融机构破产的原因之一。

五、金融自由化与日本金融体系变迁

如前所述，受全球化与信息技术革命的影响，日本国内出现了金融规制缓和金融自由化，金融体系出现了许多重要的变革，同时全球化与自由化也成为日本金融体系危机的根源。本节就 20 世纪 70 年代以来日本金融体系的发展、变革及其不安定因素予以梳理。

（一）规制与保护下的日本传统金融体系

二战后的日本金融体系保证了成长产业的资金配给，为经济高速增长作出了

全球化、金融危机与日本金融体系变迁

重要贡献，也正是由于这样的原因，造成了日本的金融体系成为政府严格规制与保护下的产物。政府为了维持金融体系的安定与信用秩序的稳定，严格限制金融机构的经营行为与金融机构间的竞争，在所谓的"护送舰队式"的体制下，金融机构无论经营好坏与效率高低均得以存活下来，金融体系处于相对"安定"的状态。

"安定"状态下的金融体系以两个重要的规制为特征，一个是"业务分离规制"，另一个是"利率规制"。前者以银行和证券业务的分离和长期金融与短期金融的分离为标志，即严格禁止金融机构同时经营银行业务与证券业务，银行又被分割为以从事短期金融业务为主的普通商业银行和经营长期业务的长期信用银行与信托银行。其目的是促进金融机构的高度专业化，从而提高资金配置效率，保证金融体系的稳定。

政府为实现促进经济增长的目标采取了人为的低利率政策以刺激投资，即所谓的利率规制，存款与贷款利率受政府指导，其前提是保证银行能够充分获利。利率规制不能反映资金市场的供需状况，人为地制造了需求过剩与信贷配给。利率规制虽然使银行更为容易地获得租金，但对经济整体的发展不利，阻碍了资金分配的有效性。

政府为实施各项规制，不得不人为地割断了日本国内金融市场参与国际竞争，阻碍了金融市场国际化的进程。金融国际化，首先要求金融自由化顺利实现，也就是说，国际化是金融自由化发展的必由阶段，同时它与金融自由化又是相辅相成的。

（二）金融自由化与金融制度改革

日本的金融体系自 20 世纪 70 年代中期以来发生了重要变化。金融体系的变迁是随着日本经济在 1974 年和 1979 年经历了两次石油危机后由经济高速增长转为低速增长而逐步演进的。在此期间，政府逐渐认识到在某些经济部门实施规制的弊端，加之经济交易本身国际化程度日益加深，日本国内逐渐开始放松规制，金融部门内部的一些规制也先后或被放松或被撤销。在此背景下，日本的金融自由化以 20 世纪 70 年代中后期开始的大量赤字国债的发行为契机逐渐开展起来。首先是利率自由化，层出不穷地涌现出新的金融商品，放松规制最初表现在与国债交易相关的业务范围。以 1979 年开始的大额存款利率自由化为契机,直至 20 世纪 90 年代中期为止,基本实现了利率的完全自由化。原本银行、信托银行和证券公司之间不允许进行业务交叉的界限被打破,三者间以子公司的形式实现了业务渗透。

从 20 世纪中后期开始,日本国际贸易中的经常项目收支出现黑字,且在 1971 年尼克松冲击与 1973 年浮动汇率体制确定后持续黑字,长期困扰日本经济的国际收支问题得到了解决。1980 年外汇法的修正进一步放松了日本在国际贸易与资本移动方面的规制。海外资本交易的自由化增强了日本国内与国际金融商品及服务的可替代性,日本国内的金融机构感到深受各项规制管制的困扰,这也成为推动日本金融自由化的外在力量。

计算机、信息通信技术的进步加速了金融自由化的步伐,因为技术进步促进了新金融商品与服务的发展,也迫使金融机构的经营出现了革命性的变化。这些都成为放松规制的有力武器。

在金融自由化的过程中,资金流动不再单纯通过银行,依赖非银行金融机构的比例扩大。例如信托银行、保险公司、消费者金融、住宅金融等非银行金融机构的作用日益增强;同时自 20 世纪 70 年代以后债券发行方面逐渐放松规制以来,企业资金筹措途径呈多元化。随着经济发展渐入低增长的轨道,日本投资资金的民间需求下降,大企业对银行的依存度降低,毫无疑问,这一点也是随后泡沫经济形成的重要原因,即造成银行信贷投向房地产等其他高风险领域,众多的大型商业银行、农协系统金融通过子公司将大量的住宅资金投放市场。这与东南亚金融危机的导火索——泰国的不动产泡沫以及美国的次贷危机均有异常相似的地方。

(三)平成萧条与金融体系不安定

进入 20 世纪 90 年代,泡沫经济崩溃,资产价格暴跌,形成了金融机构的大量不良债权,银行资产负债表恶化逐渐表面化。90 年代初期先是信用金库、信用组合及第二地方银行等小规模金融机构破产,进而,1997 年城市商业银行之一的北海道拓殖银行宣告破产,1998 年日本长期信用银行和日本债券信用银行破产,并接受了政府的国有化管理。地方、城市及长期信用银行的纷纷破产严重

全球化、金融危机与日本金融体系变迁

影响到证券公司、保险公司及其他金融机构的经营，作为日本四大证券公司之一的山一证券也在几乎同一时间宣告破产。

这场金融体系不安定的风波对实体经济产生的影响不可估量。由于银行"惜贷"，经济复苏举步维艰。为恢复金融体系的稳定，日本政府推动了清算破产银行、导入存款保险支付制度等一系列金融制度改革，其主要内容是金融机构的大规模合并与再编。改革后的日本金融市场虽然规模扩大了，但性质更为"垄断"。"垄断"的结果一定程度上保护了日本金融体系的稳定，使其没有在 2008 年世界性金融危机爆发时受到很大的冲击，但笔者认为日本金融体系的资源配置效率仍然低下。

泡沫经济破灭后日本金融机构大多面临深刻的不良债权问题，危及金融体系的稳定，全球化与金融自由化程度的加深同样动摇了日本金融体系的安定化。造成日本金融体系不稳定的原因还有来自金融机构自身的部分，例如，银行没能迅速、及时地应对国际化与金融自由化下来自市场的挑战。起初，银行的经营行为虽然受规制影响，但可以获得"政策租金"，但国际化与金融自由化带来的市场竞争导致其"政策租金"缩小，面对如此变化，银行经营行为表现为转向高风险投资，是典型的经济学意义上的"道德风险"。例如，银行面对大企业的"脱媒"，其业务经营大规模转向较容易获得担保的房地产信贷。

六、结　语

斯蒂格利茨虽然指出了全球化的种种不利影响，但并非没有认识到全球化为世界经济带来的好处。现实的经济社会中市场机制并不能够充分发挥其功能，斯蒂格利茨认为政府如何应对全球化十分重要，政府有必要实施一定程度的政策引导与规制。

值得注意的是，政府的职能在于制定经济规则或制度，但如同市场存在失灵一样，政府行为同样有失败的情况发生，例如政府没有及时应对金融自由化引入相关的规制，在对引起金融危机的房地产泡沫的对应上也导致了失败。

全球化下的世界经济背景下，国际政策协调以及规则的建立同样重要。例如，为稳定通货金融制度需要制定短期国际资本移动的规制，或许有必要导入"托宾

税",[1]即通过对短期资本移动课税，引导投资家更加关注长期投资行为。但是国际规则及制度也属于国际公共产品的范畴，有关国际金融交易规则及国际制度的制定绝非易事。

参考文献

[1] 藪下史郎（2013）、『スティグリッツの経済学　「見えざる手」など存在しない』、東洋経済新報社。

[2] Bhagwati.Jagdish（2004）, *In Defense of Globalization*, Oxford University Press.

[3] Hellmann, Thomas F., Kevin C.Murdock, and Joseph E.Stiglitz（2000）, Liberalization、Moral Hazard in Banking, and Prudential Regulation：Are Capital Requirements Enough? *American Economic Review*, March, pp.147~165.

[4] Kaufman, Henry（2009）, *The Road to Financial Reformation：Warnings, Consequences, Reforms*, John Wiley & Sons, Inc.

[5] Keynes, John M., *The General Theory of Employment、 Interest and Money*, Macmillan Roubini, Nouriel, and Stephen Mihn（2010）, *Crisis Economics：A Crash Course in the Future of Finance*, The Penguin Press.

[6] Shiller, Robert J.（2008）, *The Subprime Solution：How Today's Global Financial Crises Happened、 and What to Do about it*、 Princeton University Press.

[7] Stiglitz, Joseph E.（2002）, *Globalization and its Discontent*, W.W.Norton.

[8] Stiglitz, Joseph E.（2006）, *Making Globalization Work*, W.W.Norton.

[9] Stiglitz, Joseph E.（2012）, *The Price of Inequality*, W.W.Norton.

[10]Tobin, James（1978）, A Proposal for International Monetary Reform, *Eastern Economic Journal*, 4, pp.153~159.

[11] Tobin, James（1998） with the collaboration of Stephen S.Golub , *Money, Credit, and Capital*, McGraw-Hill.

　　附　记：本文基于参加南开大学日本研究院和南开大学近现代史研究中心主办的"20世纪东亚国际关系的演变"国际学术研讨会（2013年10月）的论文《全球化的经济学含义与金融危机》修改而成。

本文由郑蔚　译

---

① "托宾税" 详见 Tobin（1978）, Tobin（1998）。

金融结构、制度转型与日本多层次复合型资本市场的构建

郑　蔚

内容提要　战后日本在赶超式发展战略下，市场本身的竞争均衡无法和政府的产业政策相匹配，由此产生了"外生管制性"的金融结构，这种以牺牲"市场"的择优机制为特征的金融结构在 IS 背景出现逆转、资本供过于求的局面下暴露出其低效率性并随着金融自由化、国际化的冲击出现了向"市场型外源融资结构"的转化趋势。在日本的产业结构出现多样化成长型产业并存的局面下，外源型融资结构中融入了大量的市场因素，形成了更为多层次复合型的金融结构，日本的金融制度与此相适应实现了由"银行业集中"向"资本市场回归"的转型。

关 键 词　日本资本市场　金融制度　金融结构　市场型间接金融

基金项目　日本国际交流基金共同研究项目"全球化视野下日本资本市场战略研究"

作者简介　郑蔚，南开大学日本研究院副教授

一、引言：问题的提出

　　金融体系在现代经济发展中的作用举足轻重，但现实中世界各国的金融体系结构存在着巨大差异。"银行主导型"这一制度特征虽然已经定格于二战后的日本，但近年来日本学界多使用"市场型间接金融"一词来描述其当前的金融制度[①]，也有学者使用"直接金融+市场型间接金融"一词。[②]西方学界也公认日本目前已经不能归类为银行主导型的经济体。[③] 这说明，日本金融制度随着经济发展阶段与金融结构的变迁正在经历着转型。但是，日本为什么没有因为单调的市场增进实现了向直接金融的转化？而是出现了"市场型间接金融"这样一种介于直接金融与间接金融之间的混合体？这种金融制度的融合，抑或称之为"创新"是否是现代日本金融制度的终极表现？也许，它仅仅是向直接金融制度转型过程中的过渡体？笔者认为，"市场型间接金融"这一金融体系是日本实现由"银行业集中"向"资本市场回归"金融制度转型的体现，是与日本现阶段的经济发展与金融结构特征相互作用的结果。

　　观察一国金融结构与金融制度变迁的特征不能割裂它与经济发展的内在联系，国内外已经有大量文献从不同的金融制度安排在储蓄动员、风险分担与资源配置方面的机制与方式上孰优孰劣的角度探讨了不同金融结构对于经济发展的可能影响。然而单纯基于金融体系的特性来判断哪种金融结构更有利于经济发展显然是不全面的，还需要从金融体系与实体经济的两方面特性入手来分析。正如林毅夫等（2006，2009，2012）所指出的"在经济发展过程中的每个阶段都存在与其最优产业结构相适应的最优金融结构"[④]。 本文的目的是从经济发展阶段与金融结构内在及动态联系的视角探讨战后日本金融制度演进的特征与方向及其

---

　　① "市场型间接金融"一词最初由日本学者蜡山昌一2002年提出，后被学界和政界广泛采用。

　　② 冈部光明："现代金融の特徵，評价，課題"，《国際学研究》第42号，2012年10月。

　　③ 林毅夫、徐立新："金融结构与经济发展相关性的最新研究进展"，《金融监管研究》2012年第3期。

　　④ 最优金融结构理论的提出最初发表于2006年林毅夫等人的工作论文中（北京大学中国经济研究中心讨论稿，No.C2006013），该工作论文于2009年登载于《经济研究》第8期，本文参考文献及相关论述中略去2006的文献。林毅夫等人在2012年的研究中介绍了该理论的最新发展动态，详见《金融监管研究》2012年第3期。

存在的内在机理。

二、理论探讨：文献评价与假说

（一）金融结构理论的"新旧观"

自戈德史密斯在 1969 年对金融结构及其发展对经济增长的影响的探讨之后，学界围绕金融发展与经济发展的关系展开了激烈的论争，其主要观点可以归纳为"银行观""市场观""服务观"及"法律观"四类，但其共性是都没有摆脱经济表现决定于金融深度而不是金融结构这一传统的经验共识，本文暂且称之为"旧观点"。

持"银行观"的学者认为，银行为主导的金融体系可以更好地履行获取信息、监督管理者等方面的功能，同时在提供减小金融服务风险方面也更具优势。持"市场观"的学者发现在充满不确定性和创新的环境中，银行在信息获取上反而不占优势，相反地，市场型融资结构在提供大量的风险管理工具上具有优势。持"金融服务观"与"法律观"的学者认为采用什么样的金融结构并不重要，关键要看该结构下的金融服务效率（契约执行效率）是否高、投资者保护制度是否完善、法律是否健全，这些都会对经济增长产生重要影响。

然而，金融结构对于经济发展是否真的无关紧要？随着时间的推移，人们越来越关注金融结构与实体经济发展的内在联系。尤其是人们对转轨国家以及发展中国家的经济发展轨迹的观察发现了经济政策互补性的重要。一些研究认为随着一个国家变得富裕，它将需要不同的金融服务、例如银行和债券市场来配合其实体经济的发展。林毅夫等提出的"最优金融结构"理论将金融结构与实体经济的关系研究推向了一个新的高度。他们从一国要素禀赋的基本结构特征出发，分析了在不同的劳动力、资本及自然资源的组合下产业结构的差异，而不同的产业中的企业具有不同的规模和风险特征、融资需求和信息特征，这些差异会需要不同的金融结构或特定的金融制度安排来支持，因此，一国在不同的经济发展阶段或时期的金融结构内生决定于其产业结构，随着产业结构的提升，金融结构应该发生相应的调整，相关的金融制度安排也应该发生内生性的演进或变迁。

这些研究的共同之处在于质疑"旧观点"的同时肯定了金融结构对经济发展

的影响。由此产生的"新观点"最近在实证上取得了很大进展。例如
Demirguc-Kunt、Feyen 和 Levine（2011）运用跨国界样本数据，探索了金融结构
与最优金融结构的偏离程度与经济增长速度之间的关系，提出"金融结构缺口"
概念，认为大的金融结构缺口与低的经济产出相关。Cull 和 Xu（2011）的研究
进而考虑了金融结构潜在的内生性。一些研究还考察了政府最高层领导人的信
仰、政策决策者对待金融自由化或跳跃式金融发展可能性的信仰等因素对金融结
构偏离最优路径的影响，尤其肯定了政治经济学框架对于研究历史事件下的银行
结构的有效性，它从另一个侧面验证了"新观点"。[①]

（二）制度金融学的"新范式"

金融结构理论的"新观点"虽然肯定了政治因素对金融结构的影响，但并未
对不同的金融制度之间的内在联系展开充分讨论，近些年来涌现出的"制度金融
学"文献对我们研究假设的进一步提出起到了推动作用。

超出了金融结构的范畴，美国经济学家 Merton and Bodie 在 1995 提出了"金
融功能观"，认为金融中介与金融市场在金融体系中的构成只是一个次要的问题，
金融体系所提供的整体功能才是最重要的。2005 年，两位学者进一步挑战金融
理论的核心阵地长期被新古典经济学所占据、金融分析的制度范式被排斥在主流
金融学框架之外这一事实，在西方理论史上首次明确提出并定义了"（新）制度
金融学"，指出"金融功能外生性和金融制度内生性"这一命题，把金融活动的
功能视为制度的"基点"或"给定条件"，而金融体系的制度结构及其变迁则可
以在该理论内被推导出来，并指出金融制度结构是长期变迁形成的。

从根本上说，金融学的制度分析框架源于对瓦尔拉斯均衡框架难以成为讨论
货币金融问题的合适基础的发现与质疑。2002 年，Stiglitz & Greenwald 提出货币
金融界学的"新范式"，将信息、风险以及激励等制度因素引入货币经济学的分
析范畴，因此信贷和银行因素占据了该范式的核心位置。除了对货币金融的交易
成本视角给予关注外，秘鲁经济学家 Soto 在 2000 年的研究丰富了制度金融学的

---

① 包括 Hellmann, Murdock 和 Stiglitz（1997）、Lin, Sun 和 Jiang（2011）、Calomiris 和 Haber（2011）
等研究。

金融结构、制度转型与日本多层次复合型资本市场的构建

所有权视角，Borland & Yang 创立的"分工均衡"货币制度分析框架"为现有经济学找回制度、经济组织等关键要素并形成一个全新的体系"——构建制度金融学的基础框架具有不可替代的作用。

（三）"新范式"视野下的金融制度转型

近年来，日本学界也出现了从"新观点"与"新范式"的视角讨论其金融结构变迁与制度改革的文献。随清远肯定了政治因素对金融制度设计产生影响的事实，但认为政策制定者的制度设计能力是有限的，它无法解决伴随着由于变化莫测的国际经济环境以及不断复杂化的金融交易而产生的各种不确定性，决定金融体系方向的主体应该是民间部门，因此更应重视市场机能的发挥。[1]薮下史郎是日本系统地利用制度金融学来分析金融体系特征与变迁的学者，他认为日本金融结构演化的最终方向应该是向直接金融的转型，但经济的长期萧条以及"逆向选择"及"道德风险"等信息问题导致了高昂的转型成本，影响到金融改革的进程。[2]藤井真理子从金融的功能视角，指出直接与间接两种金融制度是并存的而非排他的，诸如风险投资、证券化等金融创新其实是两者相互结合、相互作用的产物。[3]铃木卓实的研究从"比较制度分析"的视角支持两种金融制度的并存。[4]

金融结构理论的"新观点"对于本文研究假说的提出具有两点启示意义，一是它提示了一个国家的金融结构会随着经济发展不同阶段的产业结构的调整与升级而发生内生性的动态演化，这意味着金融结构可以作为独立的政策考量因素之一而允许一国在经济发展过程中对金融政策和机构进行适当的调整。战后日本在赶超期恰恰通过其"温和的"金融约束政策实现了金融深化，但在随后的经济成熟期以及转型期却因为金融结构调整没能进行适当地进行而阻碍了其经济的发展，对此，我们可以由"最优金融结构"理论进行解释。第二点启示是"新观

---

① 随清远："銀行中心型金融システム——バブル以降の銀行行動の検証"，東洋経済新聞社，2006年，第202页。

② 薮下史郎：《貨幣金融制度と経済発展》，有斐閣，2001年，第368页。

③ 藤井真理子："金融システム分析への機能的アプローチの視点"，財務省財務総合政策研究所《ファイナンシャル・レビュー》September–2001年，第156页。

④ 铃木卓实："金融制度と経済発展——多国データに基づく実証研究"[J/OL]，2003年，第24页。

点"肯定了政治对金融结构动态演化的影响，这一点，也为解释日本金融体系变迁过程中政治因素的强有力影响提供了理论依据。

然而，"新观点"虽然有助于我们理解经济发展与金融结构动态演化的相互关联，却无法解释为什么日本出现了"市场型间接金融"这样一种"混合型"的制度？新制度金融学的"新范式"揭示了两种制度可能存在的内在联系，它强调在一种金融制度组合中，不能只看单个的制度因素是否有效，而要看它们组合起来是否有效，同时还需要用演进的视角来看待各种金融制度产生及存在的合理性。可见，这种范式可以帮助我们解释"市场型间接金融"这样一种"混合型"金融制度存在的合理性。

本文试提出如下假说：经济体在不同的发展阶段具有与其相适应的金融结构，它随着要素禀赋结构的变化和产业技术结构的提升、企业规模和风险特性的变化而演变，在其动态演化过程中，日本的金融制度实现了由"传统型"的间接金融向"市场型"的间接金融的制度转型。①

三、"外生管制性"银行业结构与"传统型"间接金融

（一）要素禀赋与比较优势特征

日本经济的高速发展得益于能够不断遵循经济的比较优势提升产业结构。20世纪 50 年代，日本经济体要素禀赋结构的主要特点是非熟练劳动力相对充裕、资本相对稀缺，劳动密集型产业和资本密集型产业的劳动密集型部分具有比较优势，日本依托学习、吸收国外的先进技术并加以改良的商业模式优先发展了以纺织业为代表的劳动密集型产业。劳动密集型产业的企业规模通常较小，尤其是在资本方面，此时金融结构的效率，取决于它为劳动密集型、规模小且成熟的企业的融资需求提供服务的能力。由于企业往往缺乏标准的财务信息，对公司负责人的监督成为企业的外部资金提供者所关注的主要问题，银行，尤其是小型地方银行比股票市场具有更多优势。到 20 世纪 60 年代，随着剩余劳动消失，即阿瑟·

---

① 本文所指"传统型"即"以银行为中心的间接金融体系"的简称；"市场型"即"市场型间接金融"的简称，文章在论述过程中全称与简称并用。详见郑蔚："日本'传统型'向'市场型'间接金融转化的经济分析"，《现代日本经济》2010 年第 4 期。

金融结构、制度转型与日本多层次复合型资本市场的构建

刘易斯所说的"转折点"的通过，日本逐渐失去了在劳动密集型产业的比较优势，转而发展资本密集型的重化工业作为其主导产业。对高速增长期日本制造业所有部门创造的实际附加值的年平均增长率观察发现，材料型重工业中的化学工业达23.3%，配件加工型重工业中的电机工业达到了 68.6%。资本密集型产业的企业规模扩大，由此产生了旺盛的投资需求。

（二）政府主导的"外生管制性"银行业结构的建立

许多国家的金融发展经历一再表明，一种银行制度的有效性不能脱离其特定的环境和条件，或者说，一种银行制度所能提供的有效金融供给不能脱离一国特定背景之下的金融需求，金融供给归根结底是内生于金融需求的。

战后初期的日本，在大部分基础设施被战争摧毁、失业率很高的背景下，政府无力在短期内修复与重建残缺的内源融资制度，最终形成的政府主导型经济增长模式只有倚重外源融资机制，大企业投资的旺盛的资金需求促使政府"量身定制"了一种特殊的"外生性"银行业结构，分别由长期信用银行、城市银行、地方及第二地方银行、金库及合作金融、政策金融组成，通过它，既能广泛而迅速地动员储蓄，又能有力地为产业部门的发展与升级提供"信贷配给"。家庭部门的储蓄通过银行业中介动员到金融市场，再融通到企业部门。其中，城市银行主导大企业及其主银行系列的短期资金融通，长期信用银行负责中长期设备资金贷款，地方及第二地方银行贷款则受到限制，只能面向特定区域范围内。在此限定下，中小金融机构中的剩余资金通过银行间拆借市场流向城市银行。即金库及合作金融、政策银行、中小银行构成金融市场上的资金来源方，它们吸收了家庭部门的储蓄，以各种形式（包括银行间同业拆借、金融债等）流向城市银行和长期信用银行。其中，占最大比例的是城市银行通过"协调融资团"将资金融通给大企业及他们的主银行系列企业。

这种"外生性"兼具政府管制性质的金融结构在搜集信息、对借款者进行筛选和监督方面有更强的激励，并且更易与借款者形成长期关系，从而使更多的投资项目得到信贷支持，使资金能够有效地配置到符合赶超期要素禀赋结构所决定的具有比较优势的重化工业的产业中，金融结构也因与实体经济的最优产业结构相匹配而有效地发挥了其动员储蓄、风险分担与资源配置方面的功能，在此基础

上，以银行为主导的"传统型"金融制度逐渐成熟。

四、"市场型外源融资结构"的过渡

（一）要素禀赋结构升级与管制性银行业结构变迁的需求

日本在进入经济稳定增长期后的要素禀赋结构发生了动态变化。在资本方面，与高速增长期年平均 16% 的民间设备投资的增加率相比，1974 年至 1985 年间下降到 3.9%。但资本对实际 GDP 的贡献率 1970 年至 1989 年间仍维持在 4.2% 的平均水平。相比之下，劳动对经济增长的贡献在 1955 至 1968 年间平均为 2%，20 世纪 70 年代下降至接近零的水平，全要素生产率的贡献率由 20 世纪 70 年代初的 3.9% 下降到 80 年代末的 1.9%。在 70 年代石油危机发生以后，资源贫乏的日本经济逐步从资源消耗大的重化工业转向资本密集、产业链条较长的汽车制造业。进入 80 年代以后，日本人均收入水平已经进入世界经济强国的行列，研发密度高的电子产业也成为其经济的主导产业。与赶超期不同的是，模仿欧美先进技术的边际生产率下降，独立开发新技术所带来的成本与风险上升，技术进步和产业、产品结构的提升应该更多地通过新产品、新技术的研发活动实现。由于其具有自生能力的企业不仅面临企业家风险，更面临很高的技术创新风险和市场风险，处在这些产业中的企业一般对于资金融通的需求规模较大。所以，其有效的金融体系必然要适应于这种风险特征和资金需求特征，金融结构变迁，即相应的银行业集中度及大中小型银行比重的变化受到了来自市场的挑战，并由此产生了由"管制性"向"竞争性"银行业结构变迁的内在需求。

（二）"制度捆绑"与"相机治理"的内部演化

图 1 显示的外生性银行业结构通过系列制度捆绑形成了企业与各自金融机构之间的排他性主银行关系，通过这种捆绑，形成了借款企业的财务困难由其主银行解决，主银行则从制度捆绑中获得租金和特许权价值这样一种特殊的相机治理结构。但是，日本经济在进入稳定增长期后，IS 曲线显示出储蓄大于投资、即摆脱了赶超期的资金不足开始进入资金剩余的状态，经济结构的转变，使得外生

金融结构、制度转型与日本多层次复合型资本市场的构建

管制性银行业结构的制度捆绑出现松动进而导致相机治理机制的内部演化。

表 1   法人企业部门资金来源构成比

	1965 －1969	1970 －1974	1975 －1979	1980 －1984	1985 －1989	1990 －1994	1991	1992	1993	1994	1995	1996
银行借入	86.9	85.5	83.5	85.4	69.9	89.2	79.1	81.7	101.1	115.7	－6.8	－551.5
民间	77.5	78.4	71.9	76.4	64.7	39.1	62.5	46.2	50.3	－21.7	－15.4	－441.7
公共	9.4	7.1	11.6	9.0	5.1	50.1	16.6	35.6	50.8	137.5	8.6	－109.8
有价证券	11.3	10.0	15.4	15.1	21.9	31.9	29.9	19.9	11.7	81.0	21.2	354.4
公司债	4.0	3.4	5.8	3.1	3.5	30.3	9.5	15.6	26.0	95.7	29.6	387.8
股票	7.0	6.6	7.9	8.5	9.3	7.0	3.3	1.7	4.8	18.7	6.3	139.1
CP	0.0	0.0	0.0	0.0	4.6	－7.9	－8.8	－0.7	－7.2	－26.8	6.4	18.1
对外借入	1.8	4.5	1.1	－0.5	3.6	－13.3	－0.2	－0.9	－5.5	－69.9	79.2	278.9

注：1965—1969、1970—1974、1975—1979、1980—1984、1985—1989、1990—1994 分别表示五年间的平均值。

资料来源：日本银行：《资金循環勘定》各年版。

由于国内资本市场放松规制，同时部分解除了企业利用海外资本市场筹资的禁锢，大企业筹措资金的手段及渠道更具多样化。例如索尼公司在 1970 年率先以完全公募的形式发行股票；1973 年企业被允许在海外市场发债并放开一部分无担保可转换债券的发行；1979 年开始包括普通债券在内的无担保机制制度化；1981 年通过商法修正，认股权证公司债券的发行得以放开。受融资渠道多元化的影响，大企业尤其是制造业大企业更加积极地利用资本市场，以银行借贷为主的外部融资比例下降，利用证券市场直接融资的比例上升。如表 1 所示，制造业企业内部融资的比例由高增长期平均 30.4%上升到低增长期的 45.1%，1980 年攀升至 68%。通过银行外部融资的比例由 34.3%下降至 1.2%，同期股票外部融资的比例则由 7%上升至 12.8%。由于大企业筹资渠道的多样化，它们更加重视对银行的甄别，通过考察银行外部融资的效率，趋向于向效益好的主银行集中融资。同时，对于利用资本市场的大企业来说，主银行在信息生产方面的优势逐渐被证券市场的评级机构所代替，其对企业经营的监管功能下降。也就是说，企业与主银行间的制度捆绑出现了松动。

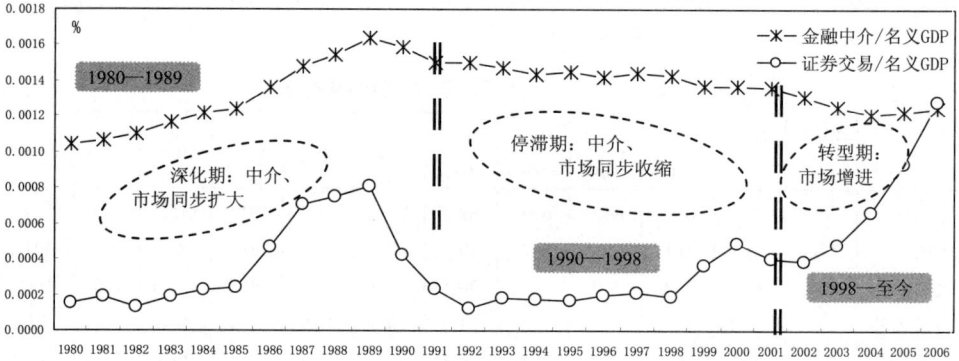

图1 日本金融结构变迁：中介与市场规模

注：本文选择了"金融中介信贷总额与名义 GDP"之比作为考察金融中介规模的指标，用"证券交易额与名义 GDP"之比作为考察金融市场规模的指标，"证券交易额"为证券 1 部和证券 2 部交易总额。

资料来源：日本银行网站 http://www.boj.or.jp/statistics/.

但是，从图1可以看出，日本在 1980 年到 1989 年这一阶段资本市场规模逐渐成长，而原有银行业规模并未倒退，即金融中介规模增大与金融市场化程度加深同步进行，其原因一方面来自战后日本的金融结构对金融深化的积极影响，一方面也决定于外生性银行业结构由"垄断性"向市场"竞争性"发展的事实，在此过程中，"相机治理"的结构并没有消失而是出现了内部转化，其原因在于企业一旦遭遇经营危机或紧急事态往往在资本市场不能得到所需的追加资金供给，只能求助于主银行系列，这也从另一个侧面反映出日本金融国际化程度的低下与资本市场的不发达，为应对企业脱媒，银行采取提高承兑与代理证券业务的比例、积极开展项目融资及金融衍生品交易等方式将"相机治理"的结构在内部演化的基础上得以继续维持。表 2 显示了日本法人企业部门整体的资金来源情况，其中来自民间银行的外源融资截至 20 世纪 90 年代初仍然保持在 68% 的高位。这说明该期间的金融结构呈现出在外源型融资结构基础上的"市场增进"，或称之为"市场型外源融资"。

可见，形成于战后高速增长阶段的外生管制性银行业结构在资金不足背景下因其充分发挥了动员储蓄与信贷配给的功能而成为"最优"金融结构，但该结构

金融结构、制度转型与日本多层次复合型资本市场的构建

在经济进入稳定增长、企业资金剩余的背景之下出现了诸多不适应性。放松管制与大企业对资本市场的"青睐"加深了结构中的市场竞争因素，尽管当时的日本已经面临金融自由化和国际化的外部冲击，由于对固有体制产生的外生依赖，当随后的金融结构演进需要因素的成长时，前面的金融演进路径早已被"锁定"，金融结构的变迁只能在制度捆绑的松动与相机治理的内部转化中裹足不前。日本的例子同样暴露出当经济体进入成熟期的发展阶段后，在构建竞争性、支持技术革新的金融体系方面以高度银行业集中为主的金融结构的弊端。

五、"资本市场回归"型金融制度的转型

（一）要素禀赋、产业结构升级与融资结构多样化的需求

20 世纪 90 年代初，伴随着房地产市场价格和股市同时崩盘，日本从 20 世纪 50 年代开始一直延续到 80 年代末期的长达 40 年史无前例的经济增长戛然而止，随之而来的不仅仅是近 7 年的接近零增长，更是被人们广泛描述的日本"失去的" 10 年、甚至 20 年。从要素禀赋结构看，资本积累呈增长趋势，主要归因于金融保险业及服务业的贡献，而且，服务业的劳动人口大幅增加，但生产率增长率却相对停滞，生产率增长率大幅提高的是劳动人口相对减少的电气机械业，金融保险业的生产率虽有所增加但劳动人口下降。也就是说，劳动力流向劳动生产率低下的部门带来了整体经济平均生产率的下降。同时，全要素生产率对经济增长的贡献率下降。但是 20 世纪 90 年代制造业、运输通信业附加价值的提高决定于其全要素生产率的上升。其中，尤以制造业的全要素生产率上升幅度最为明显，由 1990 至 1997 年间的平均—0.61%的水平上升到 1998 至 2000 年间的 4.31%。这说明以机械设备类行业为代表的制造业振兴是日本产业结构变化的重要特点之一。从产业结构升级来看，信息通信、软件开发等新兴产业的比重上升，并同时出现了多样化的成长型产业并存的局面。虽然新兴产业与企业具有较高的科技含量其期待增长率相对较高，但往往业绩不稳，且并不具备较成熟的担保条件，因此仅仅依靠银行外源型融资、尽管外源型融资出现了市场增进也是不够的，他们更期待能利用风险投资以及其他更为灵活的筹资方式。

（二）结构转型：由"银行业集中"向"资本市场回归"

与要素禀赋与产业结构变化相联系，日本银行业高度集中的金融结构逐渐暴露出弊端：1.风险过度集中。小林孝雄等人的研究证明，日本平均的家庭部门金融资产总额约为美国的 1/3，其中银行存款占比高出美国两成，向投资转化的部分（以向企业贷款）日本只占美国的一半，股票与债券的发行额日本只占美国的 1/3。①也就是说，日本企业的事业风险的 38%左右由提供贷款的银行负担，美国银行的风险负担率只有 26%，可见，日本产出部门的信用风险主要由银行支付。2.没有实现金融服务的全覆盖。小林孝雄等人的研究还揭示了大企业与中小企业的负债结构，与大企业平均 22%的负债比率相比，中小企业只占 4%，而美国两者的比率分别为 36%和 24%。②日本高度集中的银行业部门并没有惠及中小企业。可见，高度集中的银行业结构代替了资本市场的许多功能，风险过度集中挑战了银行业的稳定，为满足包括众多中小企业的融资需求，构建向资本市场"收敛"与"回归"的金融结构的必要性愈发显著。

事实上此期间日本的金融体系已经出现了变化：1.金融机构的股票持有率及事业法人的股票持有率出现长期下降的趋势，这说明伴随着主银行结构的"稀化"，事业法人与金融机构间的相互持股现象面临解体。2.与此相对照，外国人所持日本股票数量大幅增加，2004 年日本企业发行股票总数的近 1/4 都是由外国人购买的。3.年金信托、投资信托等国内机构投资者所持股票数量增加。

该结果从图 2 中可以得到更为清晰地描述。即从 20 世纪 90 年代末开始，金融中介占名义 GDP 的比例与资本市场占名义 GDP 的比例开始出现与前两个阶段相背离的走势，说明银行地位的下降与伴随着市场增进导致的资本市场地位的上升，直到 2006 年，两者终于"相交"，意味着日本的金融结构出现了由单纯的"银行业集中"向"银行"与"市场"互为融合、进而向资本市场回归的结构方向转型，它被称为"市场型间接金融"，即在保留原有间接金融的基础上（图 1 显示的"金融中介"），吸收直接金融的优势（图 1 显示的"市场"）而形成的金融结构。

---

① 小林孝雄、ジェフリーボーン、佐井りさ："ルローバル・リスクシェアリングーー強靭な金融システムの構築に向けて"，東京大学《経済学論集》72 – 4，2007 年，第 74 页。

② 同上，第 76 页。

金融结构、制度转型与日本多层次复合型资本市场的构建

（三）构建多层次复合型资本市场的制度创新与效果

伴随着泡沫经济的破灭以及银行危机的出现，直到 1998 年日本商业银行的惜贷现象仍然十分严重，1999 年以后，银行在"注资"条件下为完成"经营健全化计划"的目标在"惜贷"的同时出现了增加贷款的趋势。如图 2 所示，银行"惜贷" 在 1997 年以后恶化，其中以向中小企业贷款最为严重，但在 1999 年以后，银行对大企业、中坚企业及小企业的"惜贷"均有所缓解。

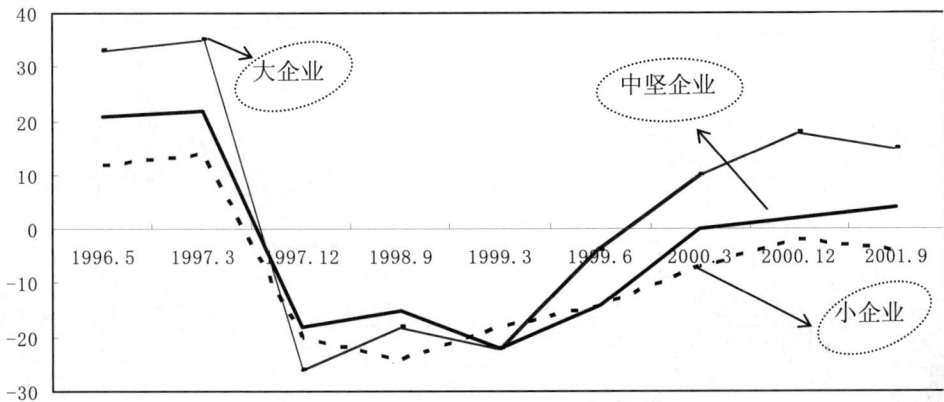

图 2　商业银行贷款态度判断 DI 趋势图

资料来源：日本银行《企业短期经济观测调查》，笔者绘制。

在银行"惜贷"缓解的同时，围绕着银行中介职能的恢复以及利用资本市场构建多层次金融结构，金融市场化改革在政策导向、例如"金融大爆炸"以及制度建设上取得了长足的进步。表 2 表示了投资信托、证券化、贷款债权流动化以及银团贷款方面的制度构建，可以看出，日本自 20 世纪 90 年代末期开始构建多层次金融结构的制度建设逐步完善。

表 2　日本构建多层次复合型资本市场结构的制度进程

所有金融商品	1998 年	《金融体系改革法》
	2006 年	《金融商品交易法》
投资信托	1997 年	解除对银行窗口销售的禁止
	1998 年	解除对"公司型投资基金"的禁止，可以成立证券投资法人
	2000 年	导入"房地产投资基金"，证券投资法人的投资对象扩大到有价证券以外。
证券化与流动化	1993 年	制定关于证券化的第一法——《特定债权法》
	1998 年	制定利用特殊目的载体 SPV 实现证券化交易的《SPC 法》
	1998 年	制定《债权转让特例法》，便于指名债权的转让
	2000 年	实施《资产流动化法》，使流动化商品对象扩大。
银团贷款与贷款债权买卖	2003 年	银团贷款的银行担保化
	2004 年	修改《民法》：可根据申请者请求使本金确定可能化

资料来源：冈村秀夫·田中敦·野间敏克·藤原贤哉著《金融システム論》有斐閣，2005 年，第 145 页。

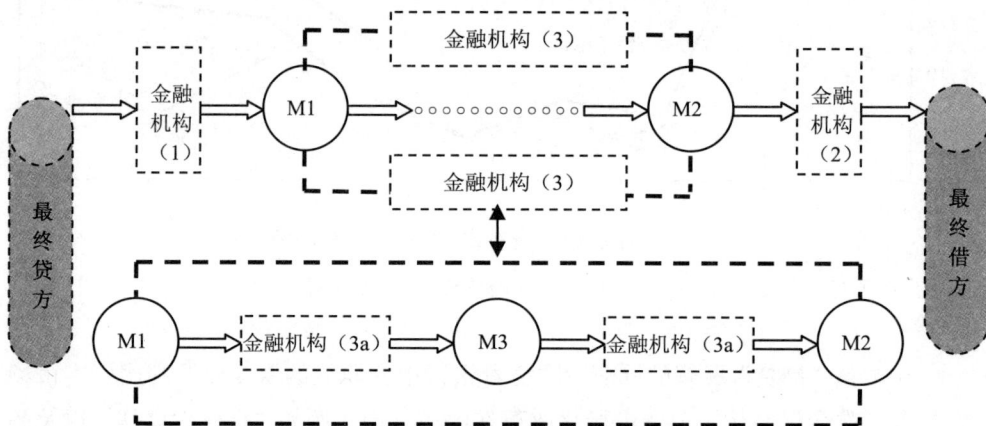

图 3　日本多层次复合型金融结构图

注：M1、M2、M3 分别代表市场，箭头所指方向为资金流动的方向。

"市场型间接金融"实质上是将间接金融与直接金融相互融合的一项金融制度创新，其特征是通过资本市场将资金借贷方与金融中介有机地结合起来，其目的是实现金融服务的全覆盖。这种多层次、复合型的金融结构如图 3 所示，通常可以表示为多家金融机构以不同层次的市场为媒介进行"贷款债权"的买卖交易。

金融结构、制度转型与日本多层次复合型资本市场的构建

例如，"金融机构（1）"将由投资者筹措来的资金通过资本市场运作，"金融机构（2）"负责向资金需求方发放贷款，"金融机构（3）"则通过资本市场实施贷款债权的"流动化"，由于它主要斡旋于不同的市场间，通常可以细分为（3a）和（3b），前者指在短期市场筹措资金，后者则负责长期金融商品的投资，是实施"证券化"的有力机构。例如，银团贷款即为图3中常见的金融机构通过资本市场运作的实例，尤其对于大企业、跨国企业集团以及一些重大项目建设来说在需要筹措巨额资金时"银团贷款"的优势凸显，由于它可以通过资本市场分散银行的风险，近年来其市场规模迅速扩大，由1998年的5000亿日元上升到2008年的29.3兆日元。从资金来源方来看，投资信托是另一种金融机构与资本市场连接的方式，自表2所示20世纪90年代末的投资信托的"爆炸式"制度改革以来，其市场规模迅速提高，其中，银行承兑的"契约型公募投资信托"的纯资产由1998年末的1993亿日元增加到2005年末的199087亿日元，占市场份额由0.9%上升到38%。

可见，"市场型间接金融"的结构突破了以往以单纯的"（金融）机构"为中心的模式，而是转向"市场"和"机构"为中心的复合型模式，使资金供给者可以选择多样化的投资组合以降低其投资风险，又可使风险较高的新技术项目更易通过金融市场获得需要的资金，还可使资产规模较大的金融中介能够通过投资组合的分散化来降低投资风险与流动性风险。

六、结　语

本文基于制度金融学的视角，对战后日本金融制度的变迁与转型进行了分析与考察。战后日本在赶超式发展战略下，市场本身的竞争均衡无法和政府的产业政策相匹配，由此产生了"外生管制性"的金融结构，即通过集中的银行业分布政府用"管制"取代"市场"完成资金配给。这种以牺牲"市场"的择优机制为特征的金融结构在IS背景出现逆转、资本供过于求的局面暴露出其低效率性并随着金融自由化、国际化的冲击出现了向"市场型外源融资结构"的转化趋势。在日本的产业结构出现多样化成长型产业并存的局面下，外源型融资结构中融入了大量的市场因素。日本转变增长模式的关键在于形成具有择优机制的资金分布市场，由原来的密集投资转向通过提高企业创新能力来带动技术进步，多层次复合型向资本市场回归的结构成为与其产业结构转型相适应的金融结构，与此相对应，日本的金融制度实现了由"传统型"向"资本市场回归型"的转型。

金融危机后的国际金融监管新变化及特征分析

——兼论日本金融市场新动向

曹 华

内容提要 2007 年金融危机中,金融系统内部的缺陷逐渐显现,使得危机后国际金融机构和各国政府积极制定新的监管标准,力促金融机构在以后可以稳健运行,更好地发挥其资源配置的功能。 在监管理念层面,以巴塞尔委员会为首的国际金融机构从时间维度和空间维度防范系统性风险,加强对于影子银行的监管,以弥补监管空白;在公司治理层面,国际金融机构和各国政府从会计准则、流动性、薪酬制度等方面加强监管。

关 键 词 流动性 影子银行 薪酬制度 系统性风险

基金项目 国家社科基金项目"全球金融危机背景下的货币政策协调研究"(09BJL039);中央高校基本科研业务费专项基金项目 "上市公司高管薪酬设计与优化研究"

作者简介 曹华,南开大学经济学院金融系副教授

金融危机后的国际金融监管新变化及特征分析

自 2007 年以来,次贷危机的爆发给金融机构和实体经济造成了巨大的冲击,同时也暴露了监管机构在金融监管方面的缺陷。在这次金融危机之后,国际金融组织和各国的监管机构从各个方面进行了改进,以弥补监管空白和加大监管力度。在这次的监管改革中,以巴塞尔委员会为首的国际金融机构和各国政府对金融监管框架进行了重新构架。对于系统性风险的防范和对影子银行的监管得到了监管当局的高度重视和关注。对于系统性风险的研究在理论界可以追溯到很早,但引起监管当局对其防范的重视却是在这次金融危机之后。根据网络学,金融市场的不完全相关性加大了横截面系统风险;金融机构的顺周期性加大了时间维度的系统性风险的积累。系统性风险的爆发对整个经济的影响巨大,因此,对于系统性风险的防范引起了监管当局的高度重视。巴塞尔委员会在修订 Basel Ⅲ 时,强调宏观审慎监管以防范系统性风险;英美等国政府出台了一系列法律法规来加强对系统重要性金融机构的监管,以纠正系统重要性金融机构的外部性,防范系统性金融风险。影子银行机构较传统金融机构的发展较晚,但其发展特别迅速,并且在金融创新中起到了重要的作用。但是监管机构对影子银行的监管却一直处于监管空白状态,间接导致其对这次金融危机的爆发和恶化起到了推波助澜的作用。在这次危机之后,巴塞尔委员会和英美日等国政府相继出台了一系列的法律和法规对其进行监管。除此之外,监管当局还对加强公司的内部治理做出了相关规定,在公允价值、薪酬制度、流动性等方面加强了监管强度,使其能够与公司的利润和风险挂钩。本文拟从对系统性风险的防范、影子银行体系的监管、加强公司内部治理等方面阐述国际金融机构和各国监管当局的监管改革,以及国际金融危机后日本金融市场的反映。

一、金融危机与系统性风险

在此次金融危机之前,国际金融机构和各国政府在金融监管方面,都主要集中在微观方面,认为只要单个金融机构是健康的,整个金融体系就可以稳健运行。在此次危机后,巴塞尔委员会一方面加强对单个金融机构的监管;另一方面,强调宏观审慎监管,以防范系统性风险。[①]以前的经济理论倾向于认为系统性风险是外生的,不能通过预防来进行避免。但此次金融危机以来,经济学家更注重系

[①] 国际清算银行总经理杰米·卡如纳于 2010 年 4 月 23 日在巴塞尔委员会金融稳定机构和国际货币基金组织主办的会议上的讲话。

统性风险的内生性，希望通过宏观审慎监管来控制系统性风险，从而抑制经济波动。Mauro 指出，在欧洲对于系统性风险防范存在的问题：缺乏降低单个机构系统性关联的合适的监管工具；对于跨境金融机构应重新分配监管责任，加强国际金融监管；在出现危机时缺少紧急解决方案；对于监管当局对突发事件的及时处理缺乏关注。[①]系统性风险主要有两个来源，一是从横截面角度即空间维度上讲，指大型金融机构的相互关联和共同行为引发的风险；二是从时间维度上，指随着时间不断积累的失衡引发的风险。对于系统性风险的监管，从时间和空间两个维度进行防御是当前趋于一致的观点。Danielsson and Zigrand 认为系统性风险是由于金融机构利用其可免费搭乘的外部性所导致的过度的杠杆率和风险而引起的。[②]Harrigton 指出系统性风险的四个来源：资产价格传染的风险；违约传染的风险；不确定性和信息不对称风险的传染；不理性传染的风险。[③]国际货币基金组织（IMF）、国际清算银行（BIS）和欧美等国政府将防范系统性风险列为金融监管改革的重要内容，G20 峰会也对系统性风险的防范进行了讨论。

（一）对于时间维度系统性风险的监管

风险通常是在经济上行时积累而在经济下行时显现出来，通常是随着时间逐渐积累起来的。顺周期性的产生不仅与金融体系中公允价值的会计规定、信用评级、内部评级法等有关，而且与金融机构本身的经营方式和央行的货币政策有关。正是由于这种顺周期性，使金融体系在经济上行时，积累了大量的风险，尤其是系统性风险，当经济出现冲击时，金融系统就会面临崩溃。而且实体经济和金融体系高度相关，在金融体系和实体经济的相互作用下，经济会出现较大波动。Mauro 指出由于金融机构的高杠杆率等原因使得风险在经济繁荣时积累而在经济低迷时显现。Kane 指出因为政府随时准备救助系统重要性金融机构，大型金融

---

① Mauro.Reshaping Systemic Risk Regulation in Europe，*The Brown Journal of World Affairs* 2010（2）：vol.16，No.2.

② Danielsson，Jon and Zigrand，Jean-Pierre. Equilibrium asset pricing with systemic risk. *Economic theory*，2008（2）.

③ Harrington，S.E.The Financial Crisis，Systemic Risk，and the Future of Insurance Regulation. The Journal of Risk and Insurance，2009（4）.

金融危机后的国际金融监管新变化及特征分析

机构表现出机会主义的特点，在经济繁荣时过度利用这种机会而投机。这样会扩大随时间积累起来的系统性风险。[1]Plantin 指出公允价值的会计处理方法使金融机构在经济繁荣时提高杠杆率，从而使金融机构在经济衰退时更加脆弱。[2]盯市计价的方法加大了金融机构的亲周期性。为了避免金融机构的顺周期性，防止金融危机，提出了避免或缓释金融机构顺周期性的方法。

第一，建立反周期的资本缓冲制度

新近出台的 BaselⅢ为了遏制资本监管的顺周期性，采取了反周期的资本监管措施。在第一支柱下，校正新协议下最低资本要求的过度亲周期性。在经济上升阶段，增加缓冲资本；在资本下降阶段，减少缓冲资本。而且，在这次的改进中，提高了对资本质量的要求，不仅提高了普通股在一级资本中的重要性，还简化了二级资本，取消了三级资本。这样，使资本充足率指标在控制银行风险方面更加有效。在第二支柱下，增加反周期附加资本。Brunnermeier 建议使用两个资本乘数，第一个乘数与流动性水平有关，即与信贷水平和杠杆率挂钩；第二个乘数与资产与负债的期限不匹配有关。[3]Goodhart and Persaud 认为由于盯市计价和VaR 模型的亲周期性导致资产负债表不能真实反映银行的风险状况，为了避免这种情况，逆周期资本应与银行的资产增长速度挂钩。[4]

第二，采用前瞻性的拨备制度

可以借鉴西班牙的动态减值准备理论，采用前瞻性的拨备制度。西班牙的拨备制度的基本原理为：将准备金分为两个部分，一部分为专项准备，这部分准备具有亲周期性；另一部分为一般准备，这部分准备金具有反周期性。FSA 建议提取风险加权资产的 2%～3%做缓冲准备。在经济繁荣时期，专项准备的水平较低，一般准备水平较高；在经济衰退时期，专项准备水平较高，一般准备水平较低。这样，在整个金融经济周期中，两项准备之和就会处于比较平稳的水平。

---

① Kane. Redefining and constaining system risk. Financial Market Regulation. Springer New York.2010. pp 107～120.

② Plantin, G., Sapra, H., Shin, Hs.Marking-to-Market:Panacea or Pandora's box? .Journal of Accounting Research，2008（2）.

③ Brunnermeier, M.A., Crockett, C., Goodhart, M., Hellwig, A., Persaud and H Shin.The fundermental principles of fianacial regulations.Geneva Reports on the World Economy，2009（11）.

④ Goodhart, C., Persaud, A. Party paper's guide to financial stability. Financial Times, 2008（5）:11.

（二）对于空间维度系统性风险的监管

对于空间维度的系统性风险，在金融危机前后有不同的认识。Brunnermeier 等指出，传统的观点认为系统性风险的爆发是由于某个外来事件引起的，例如单个金融机构的。这些金融机构具有内在脆弱性，当一家金融机构出现危机时，就会通过它们之间的关联传递到其他机构。[1]Rochet and Tirole 指出，系统性风险的产生的主要原因是银行间的相互传染，初始冲击传播的主要渠道是银行间的借贷关系。[2]Summer 认为，少数金融机构的倒闭或对金融体系的外来冲击会引起金融体系的连锁反应，导致金融危机。[3]Allen and Gale 认为，金融危机的传播取决于银行间市场的结构，完全相关的金融市场将会削弱初始冲击；不完全相关的金融市场将视其不同结构对金融市场造成不同的风险。[4]Bernanke 指出过去的银行监管过分关注单个金融机构的风险，而忽视了金融机构之间的相互关联。[5]在此次金融危机之后，更加关注对于空间维度的系统性风险的防范，主要体现在以下方面。

第一，对具有系统重要性的金融机构（SIFIs）实施特别监管

SIFIs 具有外部性，会对系统性风险产生较大的溢出效应，为了防范系统性风险，应该对 SIFIs 实施特殊监管。国际货币基金组织、国际清算银行和金融稳定理事会 2009 年共同颁布了《系统重要性金融机构、市场和工具的评估指引》，提出从规模大小、替代性、关联性等三个方面评估金融机构的系统重要性的评估方法。具有系统重要性的金融机构，会对社会产生负的外部性。所以针对外部性的解决方法，同样适用于金融机构。一种方法为征税，国际货币基金组织（IMF）2010 年提议机构征收"金融稳定税"，税基为除股本和受保险存款保护以外的银行负责，积累的税款将成为未来对银行和金融机构的救助资金。这样同时还可以

---

① Brunnermeier, M.A., Crockett, C., Goodhart, M., Hellwig, A., Persaud and H Shin.The fundermental principles of fianacial regulations[R].Geneva Report on the World Economy, 2009（11）.

② Rochet, J.C., Tirole, J. Interbank Lending and Systemic Risk.Journal of Money, Credit and Banking, 1996（28）: 73.

③ Summer, M.Banking regulation and Systemic Risk.Open Economic Review, 2003（14）.

④ Allen, F., Gale, D., Financial Contagion.The Journal of Political Economy, 2008（1）.

⑤ Bernanke, B.S. Financial Reform to Address Systemic Risk. Speech at the Council on Foreign Regulations, Washington D.C., 10 March 2009.

金融危机后的国际金融监管新变化及特征分析

抑制银行"大而不倒"的激励。还有一种方法是使外部成本内部化，国际清算银行（BIS）和英格兰银行在 2009 年提出使用宏观审慎政策使外部效应内部化，用来控制系统性风险。在 2009 年美国财政部发布的白皮书中规定了对具有系统重要性的金融机构监管当局具有更宽的监管权限。还可以让金融机构对其资本、损失、流动性等购买保险，保证金融机构的安全。Acharya and Richardson 建议监管部门可要求银行从私人部门购买保险。这样既可以利用市场力量对流动性风险进行定价，也可以抑制银行的道德风险。[①]对具有系统重要性的金融机构从提高其损失能力、实行更严格的风险暴露要求、强化结构性监管措施、建立流动性附加监管框架和系统重要性银行处置框架五个方面对"大而不倒"金融机构加强了监管。[②]

第二，对具有系统重要性的金融工具进行监管

在次贷危机中，有很多新型金融工具，比如 CDS、CDO 等。创新这些金融工具的本来意图是优化资源的配置，使风险能够在不同的投资者之间进行有效率的分配。但这次的金融危机表明，金融创新加大了信息不对称，而且这是美国次贷危机爆发的一个主要原因。[③]高速发展的信息技术，使一些金融产品在全世界范围内被大范围持有，导致了金融机构行为的一致性，很容易产生"合成谬误"。这样使得很多金融机构具有共同的风险敞口，加大风险集中度，并且使金融机构逐渐同质化。一旦这种金融工具出现波动，就会对整个金融体系造成冲击。美国财政部在 2009 年 5 月 13 号公布的《OTC 监管改革方案》和 6 月 17 号公布的《金融监管改革方案》中指出：鼓励交易者在交易所进行交易；标准化的场外衍生品交易要通过中央对手方结算；向中央储存库报告场外交易的信息，并对持仓头寸加以限制。FSA 也强烈支持通过中央清算系统对 CDS 交易进行可靠的清算。还有学者认为应该对这种金融工具应进行更严格的资本金要求，这样可以在受到冲击时吸收损失，保证金融系统的稳定。

第三，建立高效的信息披露机制

---

① Acharya ，V.V.，Richardson，M. Critical Review: A Journal of Politics and Society.Volume 21，Issue 2-3，2009.special Issue: Causes of the Financial Crisis.

② 陈伟钢："从金融系统六大特性看银行业系统性风险机制"，《银行家》2011 年 2 期。

③ Bullard，J.，Neely，C.J.，and Wheelock，D. Systemic Risk and the Financial Crisis:A Primer. Fedaral Reserve Bank of St.Louis Review，September/October 2009.

信息不对称会导致逆向选择和道德风险,任何金融危机的爆发都与逆向选择和道德风险的加剧有关。Bullard 等指出不能将经营好的和不好的金融机构分辨出来将导致在金融危机时期大部分借贷行为消失。因此,建立良好的信息披露机制将在有些金融机构出现问题时,依然维持金融市场的正常交易,就可以较好的避免金融机构之间的相互传染。

二、金融危机与影子银行系统

影子银行虽然是非银行机构,但是其功能与传统银行非常相似。影子银行体系主要包括投资银行、对冲基金、货币市场基金、债券保险公司、养老基金、特殊目的机构等非银行金融机构。巴曙松将影子银行的基本特点可以归纳为以下三个。其一,交易模式采用批发形式,有别于商业银行的零售模式。其二,进行不透明的场外交易。影子银行的产品结构设计非常复杂,而且鲜有公开的、可以披露的信息。这些金融衍生品交易大都在柜台交易市场进行,信息披露制度很不完善。其三,杠杆率非常高。[①]由于没有商业银行那样丰厚的资本金,影子银行大量利用财务杠杆举债经营。再加上影子银行大都在 20 世纪五六十年代之后发展起来的,所以对其监管较为放松,有很多业务都处于监管真空状态。

本轮金融危机发生以来,国际组织和各国政府都加强了对影子银行的监管,出台了一系列的法律法规。当前国际上对影子银行体系监管的改革措施主要集中在四个方面。

(一)扩大监管的覆盖范围

一方面把具有系统重要性的金融机构纳入监管。2009 年 4 月,在 G20 峰会公布的《复苏与改革的全球计划》中,把评级机构和具有系统重要性的对冲基金纳入监管。美国财政部在 2009 年公布的《金融体系全面改革方案》中提出,监管要覆盖金融衍生品和一定规模的私募股权基金和风险投资基金。另一方面加大了对结构复杂的金融工具和场外交易的监管。30 人小组在 2008 公布的《金融改

---

① 巴曙松:"加强对影子银行的监管",《中国金融》,2010 年第 14 期。

金融危机后的国际金融监管新变化及特征分析

革报告，促进金融未来的框架》中提出，对 OTC 衍生品市场加强监管，提高结构化产品的透明度，并且提出要改革评级机构。英国的金融服务局和财政部在 2009 年颁布的《衍生品场外交易市场改革方案》中提出，加强对场外衍生品市场交易的监管，以维持金融体系的稳定。

（二）加大监管的强度

在危机爆发之前，各国的监管当局对影子银行系统的监管一直持监管放松的态度。金融危机后，对影子银行系统加大了监管的强度。国际金融机构和各国政府对影子银行在资质能力、估值方法、内部治理、资产安全、最低准备金要求、表外交易、信息披露制度、场外交易方面等都做了具体的规定，弥补以前的监管空白或监管放松。在表外业务方面，巴塞尔委员会在 2009 年 7 月发布的《新资本协议框架完善协议》对债务抵押证券的再证券化赋予了更高的风险权重，加强对识别表外风险暴露和资产证券化业务风险的指导，并提高了证券化、表外交易活动和风险暴露的信息披露要求。美国授权商品期货交易委员会（CFTC）和证券交易委员会对场外衍生品监管，它们有权确定参与掉期交易机构的资本和保证金要求，限制其风险敞口，同时在交易系统上添加保护措施。英国大幅度强化了场外衍生品的交易对手风险管理。

（三）加强风险隔离，预防系统性风险

金融机构由于其高度关联性，很容易通过资产负债表等传导机制将风险传递到其他金融机构。美国的金融监管改革法引入沃尔克法则，对银行拥有的对冲基金或私募基金做出了严格的规定。对冲基金或私募基金所投资的金额须低于银行一级资本的 3%；而且对冲基金或私募基金的投资比重也须低于 3%。监管机构要求银行将类似的投资活动从加入存款保险体系的银行机构中分离出来，将 CDS 等高风险的衍生产品剥离到特定的子公司，银行只保留常规的衍生产品。

（四）要求大型金融机构建立危机自救方案

为了防止影子银行的道德风险，美国出台的金融监管改革法要求发行资产证券化的金融机构履行风险管理责任和具有系统重要性的对冲基金等非银行金融机构建立危机自救方案。英国的监管机构强调非银行金融机构要约束其行为，避免其破产影响金融稳定和使用纳税人的钱。

三、金融危机与公司治理

监管机构一直很关注金融机构的内部治理，对于其持有资产、杠杆率、信息披露、透明度、流动性等方面都做出了具体的规定，以防止单个金融机构尤其是系统重要性金融机构的破产而引起系统性风险。但这次的次贷危机显示了银行等金融机构内部治理的不足。巴塞尔委员会的调查表明，公司治理存在的主要问题有：董事会和高级管理层缺乏对风险的全面了解、激励机制不当、信息不对称、内部沟通不及时、市场约束力不强。Bullard 等（2009）指出这次系统性风险的爆发与金融机构的杠杆率和不充分的风险管理等因素有关。Haldaneand and May 认为对于多级金融监管具有里程碑意义的日程是对流动性和金融资产设定更高的监管标准，但并不是仅仅针对单个金融机构。[①]在这次的金融危机过后，国际监管机构和各国政府对金融机构内部的流动性、会计处理、薪酬制度等方面制定了更严格的监管标准。

（一）提高流动性的监管标准

在金融危机爆发初始，金融机构的杠杆率非常高，有的甚至高达 60 倍，次贷危机爆发时房地美和房利美的杠杆率高达 62 倍。金融机构，尤其是影子银行在没有监管和准备金要求的情况下，大规模的创造信用，而且资产与负债存在着严重的期限错配。在金融危机爆发后，资产价值大幅下降，由于金融机构的高杠杆性，多家金融机构的资本都不足以吸收损失，金融机构陷入了流动性危机。

---

① Haldane，A.G.，May，R. Systemic risk in banking ecosystems. Nature，January 2011.

金融危机后的国际金融监管新变化及特征分析

Mora 指出在金融危机爆发后，投资者会从证券市场撤资，在更为安全的国债市场进行投资或者转化为银行存款，这样会使资本或货币市场陷入流动性危机。[1]在金融危机之后，国际金融机构对流动性的监管提出了新的要求。Basel Ⅲ 对流动性做出了以下改进：

第一，流动性披露要求。根据 Basel Ⅲ，在第三支柱下，要求金融机构披露流动性，定期公开披露流动性风险状况和流动性风险管理方面的信息。这样，就可以借助市场的力量，对进入机构的流动性风险进行监督，防止银行等金融机构陷入流动性危机。

第二，设置新的评估指标。巴塞尔委员会在 2010 年 4 月公布了《流动性风险测量的国际框架、标准和检测》中，引入了两个流动性监管指标：流动性覆盖比率（liquidity coverage ratio LCR）和净稳定资金比率（net stable funding ratio NSFR）。流动性覆盖比率是指优质流动性资产储备与未来 30 日的资金净流出量之比。流动性覆盖率衡量短期压力情景下的单个银行应对流动性中断的能力。净稳定资金比率是指可用的稳定资金与业务所需的稳定资金之比。净稳定资金比率度量中长期内银行可供使用的稳定资金来源能否支持其业务的发展，推动银行使用稳定资金来源为其业务融资。

第三，设置监测工具。巴塞尔委员会分别设置合同期限错配、融资集中度、可用的无变现障碍资产和与市场有关的监测工具。通过这些指标，巴塞尔委员会对金融机构的流动性风险可以起到一定的防范作用。

在危机爆发后，不仅国际金融机构对流动性监管做出了改革，而且各国都对流动性风险管理做出了改进。在金融危机爆发前，亚洲各国都普遍采取了以定性为主的风险管理方式，在危机爆发后，各国都引入了定量的监管要求，以便更有效的保证金融机构充足的流动性。欧美也对流动性做出了新的规定。英国对流动性的改革主要表现在以下五个方面：对流动性的风险控制与系统管理做出了更高要求；对流动性实施差别监管；储备高流动性的资产，作为资本缓冲；加强对跨境金融机构的监管；加强流动性风险报告的要求。[2]

① Mora，N.，Can Banks Provide Liquidity in a Financial Crisis.Economic Review，Third Quarter 2010.

② 巴曙松、王璟怡、王茜："流动性风险监管：巴塞尔协议Ⅲ下的新挑战"，《中国金融》，2011 年第 1 期。

（二）对盯市计价的改进

国际会计准则中对公允价值的规定是：对于每一类金融资产和金融负债，无论是已经确认还是未经确认，企业均应揭示有关公允价值的信息。当受到及时性或兼用的限制，而不能以足够的可靠性确定金融资产或金融负债的公允价值时，应连同揭示与其公允价值有关的基本金融工具的主要特征方面的信息来揭示这一事实。但是国际会计准则对于公允价值的规定进行的会计处理起到了顺周期效应，即市场高涨时，由于交易价格高，容易造成相关金融产品价值的高估；市场低落时，由于交易价格低而造成相关产品价值的低估。正是由于公允价值会计准则导致众多银行不得不过多地和不合理地减计资产，导致此时市场价格不能准确反映担保品的真实价值，压缩了银行的放贷，进一步使经济震动。并且拉低了资本充足率，金融机构在资本紧张的情况下被迫在短时间内变卖手上的资产，引发新一轮由于更低市价引起的资产减值，由此形成一个"死亡螺旋"：交易价格下跌—资产减计—核减资本金—恐慌性抛卖—价格进一步下降。[①]Plantin 等分析了公允价值在不完全市场上所引起的会计效应。[②]公允价值并不能按监管者的意图发挥正确衡量证券价格的作用。Danielsson and Zigrand 认为，市场出清时的资产价格与现实世界的资产价格有相当的差距，这其中有一个原因是因为金融市场是不完全的。[③]因此，在金融危机时期，如果此时使用盯市的公允价值会计，那么财务报表就会反映出资产价格的巨大波动，这将直接影响金融机构资产价值，会产生新的金融危机传导机制。即使金融机构将所持有的资产持有到期，虽不受清偿力的约束，但由于流动性黑洞的存在，[④]这种传导将直接快速导致金融机构流动性无法满足监管比率指标。

根据 FAS 的规定，金融机构所持有的资产被划分为三个等级，这三个等级分别采用不同的计价方法。在第一等级上，所持有的资产是具有高度流动性的，

① 黄亭亭："公允价值争议：计量可靠性与顺周期性的分析"，《武汉金融》，2009 年 5 期。

② Plantin, G., Sapra, H., Shin, Hs.Marking-to-Market:Panacea or Pandora's box?Journal of Accounting Research，2008（2）:435～460.

③ Danielsson,Jon and Zigrand,Jean-Pierre. Equilibrium asset pricing with systemic risk. Economic theory，2008（2）.

④ Morris, S., Hyun Sony Shin.Liquidity Blach Holes[J].Review of Finance，2004（8）:1～18.

则根据可得的市场价值进行计价。在第二等级上，银行管理者可以针对不可获得市场价值的银行资产，使用市场输入的方法对金融资产进行定价。在第三等级上，由于金融机构的资产极不具有流动性或其他原因，可以不使用盯市的计价方法，而由高管们根据必要的假设依赖模型来进行定价。在金融危机冻结了市场流动性以后，FASB 对盯市计价的做法做出了一些改进。

由 IASB 和 FASB 合作成立以应对危机的金融危机的咨询小组（FCAG）承认盯市计价的做法在金融危机的爆发中起到了一定的作用，但是仍坚持会计准则应保持中立的态度。Pozen 认为，不论是对政客还是对高管来说，都没有一个唯一的好办法来对金融资产定价。所以，在对证券价格的会计处理上，在保持公允价值的主体上，再采用其他的会计处理在市场失灵时进行必要的校准为其发展趋势。[①]

（三）薪酬制度的监管进展

所有权与经营权的分离导致了严重的委托代理关系。为了激励管理者能以公司价值最大化为目标管理公司，金融机构对高管都以丰厚的薪酬作为激励，但薪酬的高低又仅与当期的业务与利润相关。这次的金融危机暴露了薪酬制度的缺陷，原有的薪酬制度对金融危机的传播和恶化起到了推波助澜的作用。Hellwig 指出由于高管们的贪婪，他们在并不完全理解有关的次级抵押贷款的金融工具时就盲目投资。[②]王兆星提出薪酬制度存在的缺陷，主要表现在以下三个方面：第一，管理者与所有者之间存在着信息不对称，在存在利益冲突的情况下，薪酬制度更多的体现管理者的意图。第二，薪酬制度鼓励管理者在短时期内进行冒险行为，以期望获得高回报。第三，金融机构的风险存续期与薪酬发放的时间跨度不一致，导致金融机构通常隐藏着风险。[③]冯海霞指出，在薪酬与激励机制中最重

① Pozen, R.C.Is It Fair to Blame Fair Value Accounting for the Financial Crisis?.*Harward Business Review*.November，2009.

② Hellwig1, M.F., Lorenzoni, G.. Bubbles and Self-Enforcing Debt *Econometrica*，2009（77）.

Hellwig, M.F. Systemic Risk in the Financial Sector:An Analysis of the Subprime-Mortgage Financial Crisis.DE Economist, 2009（2）.

③ 王兆星："股份制商业银行面临的五个重大环境变化"，http://money.163.com/10/1022/20/6JKI1V9K00252H36.html/。

要的是要将短期激励与机构的长期利益挂钩以及将风险与收益相匹配。在金融危机爆发前，高管的薪酬制度不在监管的范围之内，但这次的金融危机显现了薪酬制度的缺陷和对金融危机的影响，因此国际金融组织和各国监管当局都对金融机构高管的薪酬制度给予了高度重视。[①]对于薪酬制度的监管改革趋势为：将薪酬制度纳入监管范围；加强对薪酬制度的披露；使薪酬与风险挂钩。

2009 年 4 月 9 日，FSB 颁布了《薪酬制度的稳健原则》和《执行〈薪酬制度的稳健原则〉的标准》，确立了薪酬与风险直接匹配的原则。巴塞尔委员会颁布了《薪酬制度评估方法论》，将薪酬制度纳入了监管的范围。G20 峰会同意、认可并实施 FSB 有关薪酬制度的最新强制原则，并对企业提供相关支持。巴塞尔委员会等国际金融机构在金融危机后出台了一系列的规范性文件，其中关于薪酬制度的改革措施包括：要求银行设立独立的薪酬委员会；要求薪酬委员会加强与风险管理委员会的合作，对薪酬机制与激励方式展开全面评估，并向相关监管机构进行报告，并且这些工作都将独立于管理层；要求加强对薪酬制度的披露，披露的内容包括：薪酬政策的决策程序和薪酬体系的设计要素等。除此之外，还对薪酬制度与资本的联系、风险挂钩等方面做了具体的规定。

四、国际金融危机后日本金融市场的反映

国际金融危机爆发后，日本金融厅虽采取了一系列应急措施，但仍然坚持鼓励金融创新的原则，没有采取过多的金融监管调整措施，这与美英等国积极进行金融监管改革形成鲜明对比。相比较其他国家，美国次贷危机对日本金融机构的直接冲击比较小。日本从泡沫经济崩溃后十余年经济低迷的惨痛经历中对其后果有着深刻的认识，由此形成了较为保守、谨慎的经营理念。日本的金融机构在泡沫经济后，对高负债、高杠杆的运作模式以及高收益、高风险的金融衍生品持有一种警惕态度。

金融危机虽未对日本金融机构造成大的冲击，但导致实体经济的恶化。出口的大幅下滑、日本股市和汇率的剧烈变动，这一切都间接影响到了日本的金融部门。为了缓和市场价格过度波动对日本实体经济的打击，日本金融厅制定了以下

---

① 冯海霞："金融危机后国际金融机构公司治理的反思与改革"，《中国金融》2010 年 15 期。

金融危机后的国际金融监管新变化及特征分析

稳定市场的短期应急措施：第一，会计措施的调整与国际会计动向相对应。第二，缓解中小企业贷款条件的措施。同时金融厅修改了监管指导和金融检查手册，扩充了变更贷款条件后的中小企业融资中不属于坏账情况的处理方式。第三，修改《金融功能强化法》，推动中小企业融资。金融厅向国会提交修改法案，以求通过国家注资增强金融机构的金融中介功能，达到支援地方经济和中小企业的目的。该修改法案于 2008 年 12 月通过后迅速实施。第四，部分放松自有资本比率监管。作为有时限的措施，日本国内基准行停止从自有资本中扣除有价证券的评估损益，国际基准行在巴塞尔协议的范围内，认可国债等信用风险为 0 的债券的评估损益不反映于自有资本的处理选择。

除了制定一些短期措施，日本金融厅还制定了中长期监管结构的治理措施：将行政资源尽早投入到对金融危机影响的把握和分析上，尽早采取应对措施；明确证券化商品的原资产的可追查性，充实监管方针中的风险管理和信息公开；对评级公司进行加强监管的讨论；强化金融厅的内部体制，设立新的部门来专门负责把握市场动态。

五、结　论

综上所述，这次金融危机的爆发显示出许多监管的缺陷与漏洞，最主要的表现在于对系统性风险缺乏宏观审慎监管。国际金融机构和各国政府从多个方面加强了对金融体系监管的改进。对于系统性风险，主要从时间维度和空间维度两个方面加强监管。时间维度主要是防范金融体系的顺周期性，空间维度主要是防范金融机构之间的关联性。此外在流动性、影子银行系统、会计准则、薪酬制度方面，也从多个角度进行了加强和改革。金融危机后的国际金融监管呈现出加大监管覆盖面和加强监管强度的特征，以保持银行等金融机构的稳健运行，防范金融危机。

日 本 历 史

与 社 会 研 究

从邪马台国到大和朝廷的变迁

——三角缘神兽镜的铸造和前方后圆坟的营建

王 凯

内容提要 据中国正史记载，公元前后至 3 世纪左右，先后有倭奴国、倭面土国、邪马台国这三个倭人政权粉墨登场，与大陆封建王朝开展外交活动。然而，最终统一日本列岛的却是从未在中国史书中出现过的大和国。其凭借自身的"发明"——三角缘神兽镜和前方后圆坟不但完成了统一大业，而且在 5 世纪时与我国南朝政权建立起了稳定的外交关系。这一戏剧性的演变既可谓是历史之偶然，又是其必然。

关 键 词 邪马台国 大和国 三角缘神兽镜 前方后圆坟

基金项目 中央高校基本科研业务费专项资金项目资助项目"日本上代诗歌与大陆移民研究"（NKZXB1247）

作者简介 王凯，南开大学外国语学院日语系教师，历史学博士近年来，随着对奈良县樱井市缠向遗迹考古发掘工作的进展，邪马台国问题又成为学界和民间热议的话题。关于邪马台国的所在地，其衰落消亡以及大和国兴起，并最终成为大和朝廷的具体过程等均是日本古代史研究的未解之谜。本文拟结合近来文献史学与考古发掘的相关成果，以三角缘神兽镜的铸造与前方后圆坟的营建为切入点，尝试论述倭人社会从邪马台国向大和朝廷过渡的历史进程。

一、倭人与汉赐铜镜：邪马台国的盛衰

自西汉时代起，乐浪海中的倭人便"以岁时来献见"，开拓民间以及与带方郡等地方政府之间的交往渠道。①至汉光武帝建武中元二年（57 年），倭奴国王奉贡朝贺，开启了中日两国"官方往来"的先河。年迈的光武帝对此次倭人来朝龙颜大悦，赐以"汉委奴国王"金印。②随着倭人和两汉王朝官民双向交流的日益密切，大陆先进的物质、技术文明陆续传入日本列岛。从考古出土情况来看，两汉铜镜作为象征大陆文化的代表性物品亦被广泛传播，且颇为倭人喜爱。③

在奴国朝贡 50 年后的永初元年（107 年），倭人的新代表帅升等一行来到洛阳"献上口百六十人"，"愿请见"汉安帝。然而，帅升等人此行似乎并未携带加盖此前光武帝所赐金印的国书。如此贸然来访使得以为倭人之王"世世统传"的东汉皇帝对其不用先帝所赐印绶互通国书之举深感不满。《后汉书》对帅升朝贡的记录简陋之原因恐怕也在于此。安帝既知倭人不用印绶，便决定赏赐些"实用物品"加以打发。如此，在回礼清单中自然少不了当时倭人喜爱的铜镜。

经过汉朝皇帝赏赐行为而得到的铜镜平添了不少"价值"，即一种来自大陆封建王朝的、可以用来彰显自身统治正统性与权威性的政治意义。对此，帅升等人似乎深有领会。他们试图通过"二次下赐"的方式，确立或巩固其自身在列岛内的统治地位和支配体系。然而，汉赐铜镜毕竟数量有限，而需要借助其力量确立或巩固自身统治的"国王"又甚多。倭人无法妥善处理汉赐铜镜在列岛内的"再分配"问题，由此反而引起战乱——"倭国乱"。

据《梁书》记载，这场"倭国乱"发生在汉灵帝光和年间，即 178—184 年

---

① 班固撰、颜师古注：《汉书》，中华书局，1962 年，第 1658 页。
② 范晔撰、李贤等注：《后汉书》，中华书局，1965 年，第 2820～2821 页。
③ 森浩一：《倭人伝を読みなおす》，筑摩書房，2010 年，第 192～196 页。

从邪马台国到大和朝廷的变迁

左右。[①]又据《三国志》对"倭国乱"的相关记载,若将动乱时间逆推"七八十年",则"以男子为王"者极有可能为帅升。[②]如此推算,这场动乱爆发于帅升朝贡后的可能性极大。

倭国动乱之时也正值东汉末年中原军阀割据,战火连年,民不聊生之际。由于中国古代江南地区与日本列岛早在远古就有交通联系,[③]因此原本生活在该地区的百姓便东渡扶桑以避战乱,而他们中间有一部分则是铸造铜镜的工匠。大批吴人工匠的东渡使得列岛内铜镜铸造技术在短时间内有了突飞猛进,倭人仿制铜镜的规模迅速扩大。[④]

然而,这一技术革新对于倭人社会原本就激荡动乱的局势却是火上浇油。由于倭人"三十许国"开始竞相仿造铜镜,以试图采用"下赐"铜镜的方法来确立其政治统治权威。因此,倭制铜镜不仅在数量上急剧增加,而且为了达到与众不同的效果,铜镜的样式也是层出不穷。可是,事与愿违,倭制铜镜的泛滥反而使其失去了政治象征意义的权威性,汉赐铜镜这一唯一标准被打乱,这加剧了动乱局势并最终形成了《后汉书》中所谓的"桓、灵间,倭国大乱"的局面。

在这场大乱的末期,卑弥呼以其个人"事鬼道、能惑众"的特殊才能暂时稳定了局面而被"共立"为王。为了树立并巩固自身统治权威,新女王不得不去寻求某种可以代替倭人仿制铜镜的具有绝对政治象征意义的物品。她做出的决定便是向魏王朝遣使以求得魏赐铜镜,希望通过借助大陆封建王朝下赐的政治权威来巩固自身在岛内的统治。

景初二年(238年),卑弥呼遣使求诣天子。以难升米为首的使团在曹魏与辽东公孙氏之间的大战勃发之际来到带方郡乞见,又于战火刚熄之时前往魏都朝贡,足以见倭人诚意。对此,魏明帝大悦,称其"忠孝",封其为"亲魏倭王";并郑重赐给卑弥呼所好之物,其中就有"铜镜百枚"。对于这些铜镜的用途,魏明帝还特意嘱咐称"悉可以示汝国中人,使知国家哀汝"。[⑤]

---

① 姚思廉:《梁书》,中华书局,1973年,第806页。

② 陈寿撰、裴松之注:《三国志》,中华书局,1959年,第856页。

③ 王勇:"古代日本的吴越移民王国",王勇编:《中国江南:寻绎日本文化的源流》,当代中国出版社,1996年,第49~70页。

④ 王仲殊:"日本三角缘神兽镜综论",《考古》,1984年第5期。

⑤ 陈寿撰、裴松之注:《三国志》,中华书局,1959年,第857页。

卑弥呼成功获得魏赐铜镜后，其治国虽然取得了一定效果，但是在其死后，倭人社会又再次发生战乱，后立其宗女壹与才得平息。值得注意的是，壹与在登上王位之后也立刻遣使向曹魏朝贡，其目的恐怕与卑弥呼一样，也是为了获得魏赐铜镜以巩固其统治权威。然而，此时魏王朝自身的统治已经岌岌可危，恐无暇对应倭人的请求。邪马台国也因无法获得魏赐铜镜而走向没落，在中国史书的记载中销声匿迹。

综观公元前后至 3 世纪倭人社会的反复动乱，在一定程度上说明，仅依靠从大陆封建王朝获得下赐铜镜以树立在日本列岛内的统治权威这种方法并不可行，其效果难以持久。尤其是大陆封建王朝或朝鲜半岛一旦局势发生动荡，倭人统治者便无法定期定量地获得铜镜，因而导致汉赐铜镜在列岛内无法进行"再分配"，其统治权威便得不到巩固。邪马台国衰亡的具体原因恐怕就在于此。

二、大和国的发明：三角缘神兽镜与前方后圆坟

邪马台国并非当时日本列岛内唯一的"国家"，不为中国正史记载的位于近畿地区的大和国也正在逐步兴起。[①]如前文所述，位于九州北部地区的邪马台国继承了同样位于该地区的奴国与面土国的政治传统，主要以汉赐铜镜为载体，依靠借助大陆封建王朝的权威来树立巩固其在日本列岛内的统治地位。然而，与其不同的是，大和国的高明之处在于其选择了一条放弃依靠大陆封建王朝的下赐行为获得统治权威的方法，开辟了一条"独立自主"地创造自身统治权威的道路。

与紧邻朝鲜半岛南端、和大陆交通方便的九州北部地区不同，大和国位于日本列岛的近畿地区，通往大陆的水陆交通与邪马台国相比均有不便，而且中途又有"敌国"阻挠，可谓路途艰难。因此，这在客观上决定了大和国较难通过朝贡的方式以定期获得大陆封建王朝的下赐物品用以巩固统治。另一方面，大陆与朝鲜半岛局势一旦发生动荡，倭人就无法稳定地获得下赐物品，而且与大陆封建王朝的交流也会被切断。曹魏政权维持时间不长，且极不稳定。此后，西晋南迁，成立东晋；而北方则进入五胡十六国这一中国历史上大分裂、大融合的时代。即便是在九州北部地区，占尽地利之便的倭人都因为朝鲜半岛和中国北方地区联系

---

① 王金林：《简明日本古代史》，天津人民出版社，1984 年，第 42～44 页。

从邪马台国到大和朝廷的变迁

中原的要道被切断而无法与大陆封建王朝的中央政权建立起稳定的外交关系，获得下赐物品，更何况是地处偏远的大和国呢！4 世纪以后，中国史书对当时倭国相关的记载骤然减少，足见两地交往之疏远。

在当时国际形势剧变的背景下，又受到上述地缘政治因素的影响，这客观上使得大和国在政治运营上必须有所变革，否则将难以维持统治。三角缘神兽镜的铸造和前方后圆坟的营建便是当时大和国统治者"自主创新"留下来的物证。

在日本列岛，三角缘神兽镜的出土案例屡见不鲜，而中日考古学界对中国是否存在三角缘神兽镜问题存在较大分歧。[①]从分布上来看，近畿地区出土的三角缘神兽镜占多数，而与大陆和朝鲜半岛交流密切的九州地区则相对较少。[②]由此不难推测，作为近畿地区政治中心的大和国极有可能是三角缘神兽镜诞生、流行的核心地区。

倭人统治者认为铜镜兼具政治性与巫术性，三角缘神兽镜也不例外。可是，倭人获得铜镜的手段却截然不同。以邪马台国为代表的九州北部地区诸国主要通过向大陆封建王朝朝贡以获得汉赐铜镜作为象征统治权威的物质载体。然而，此并非长久之计。一旦中原或朝鲜半岛局势动荡，倭人便无法定期获得足量的汉赐铜镜，这也将直接危及其在该地区的统治。倭人统治者对此深有查知，因此他们便借助前来躲避战乱的吴人工匠的技术力量在日本列岛内仿制铜镜。虽然吴人工匠的东渡使得列岛内的铸造技术在短时间内有长足进步，制造足够数量的铜镜也不再成为问题，但是在"小国"林立的九州北部地区，需要统一某种样式的铜镜作为权威的象征却十分困难。由于诸国无法达成合意，倭人仿制铜镜的样式杂乱反而引发了局势混乱。因此，邪马台国的卑弥呼以及她的后继者壹与都不得不采取向大陆封建王朝请求下赐铜镜以作为确立政治权威的手段。这使得此间倭人仿制的各类铜镜在这一地区逐渐失去其政治象征意义。

与此相比，大和国的倭人统治者则采取了另一套办法。为了解决维持统治所需铜镜的质和量的问题，大和国的统治者决定创造一种特定样式的铜镜作为在近畿地区各国中象征政治权威的载体，而这就是三角缘神兽镜。或许类似于三角缘神兽镜的铜镜或其雏形在九州北部地区倭人仿制的铜镜中偶然也会存在，但是问

① 宫代荣一、冢本和人著，葛继勇译："对中国新发现的三角缘神兽镜的疑问和反思"，《华夏考古》，2012 年第 3 期。

② 近藤乔一：《三角缘神獣镜》，東京大学出版会，1988 年，第 81~83 页。

题的关键在于倭人统治者是否将其视为其象征统治权威的唯一标准铜镜。三角缘神兽镜在九州北部地区的出土量便可说明，这一镜种在该地区并没有作为统治权威的绝对象征而被确立下来。与此相对，为了确立近畿地区各国之间以及其内部的统治秩序，大和国的统治者开始大量生产三角缘神兽镜，并将其确定为"唯一标准"，从而摆脱了因滥造各种铜镜而引发的混乱，也克服了维持自身统治却需要借助"外力"的弱点。随着三角缘神兽镜这一政治象征器物的确立，在九州北部地区的王权因大陆封建王朝的下信物得不到保障而迅速衰落的时候，近畿地区的王权统治却可以在一定时期内保持稳定发展。概言之，大和国巧妙地利用了其地理条件和政治环境上的劣势，通过"发明"三角缘神兽镜构建了政治的繁荣。

如果说三角缘神兽镜的铸造只能维持倭人统治者的现世权威的话，那么为了世世代代延续其统治，大和国统治者又创造了另一项发明——前方后圆坟。

日本列岛的古坟主要营建于 3 世纪后期至 7 世纪前期，一般多为倭人统治者的墓葬。邪马台国女王卑弥呼就曾"大作冢"，其规模庞大"径百余步"，且有"殉葬者奴婢百余人"。[1]当时，日本列岛内小国林立，统治者都有自己特色的墓葬。因此，古坟的形状也各种各样，有圆坟、方坟、八角坟等，其中最具有代表性的古坟形状当属前方后圆坟。

从日本列岛内古坟的分布以及形态来看，近畿地区与九州北部地区有着明显不同。大型前方后圆坟主要集中于近畿地区，而越往西，则古坟的规模变得越小。到了九州北部地区，墓葬明显受到了朝鲜半岛以及大陆封建王朝的影响，圆坟增多而前方后圆坟这一列岛特有的墓葬形式几乎销声匿迹。[2]由此不难推测，与铜镜分布的情况相似，以邪马台国为代表的九州北部地区的墓葬形式深受大陆封建王朝和朝鲜半岛的影响，而位于近畿地区的大和国则更加倾心于构建前方后圆坟。

虽然前方后圆坟遍布于除现在的北海道和冲绳以外的广大地区，但是其原型的发祥地极有可能位于大和地区。[3]九州北部地区的诸王权，因为其坟墓样式深受大陆以及朝鲜半岛的影响，难以通过树立某种特有的坟墓样式来明确谁才是"王中之王"，因此政治局势动荡，权力传承不稳定。然而，大和国统治者的独

---

① 陈寿撰、裴松之注：《三国志》，中华书局，1959 年，第 858 页。

② 白石太一郎："天皇陵の被葬者を推理する"，《中央公論》，2012 年 12 月号。

③ 寺沢薰："纏向方先方後円墳の构造"，森浩一：《考古学と技術》，同志社大学考古学シリーズ刊行会，1988 年。

从邪马台国到大和朝廷的变迁

到之处在于通过"前方后圆坟"这种有着独特造型的古坟以区别于其他国王的墓葬，用以显示大和国统治者的特殊地位，确保其死后该系统的权力传承。

前方后圆坟无论是其选址，还是其外观，都具有很强的视觉冲击力，而九州北部地区乃至朝鲜半岛的墓葬所缺乏的正是这一要素。[1]大和国的统治者正是依靠营建前方后圆坟这一"可视"的墓葬形式，不仅维持了其系统内权力的传承，而且也为"看到"前方后圆坟的其他"小国"提供了可以模仿的样本。由于各国的实力大小以及与大和国的亲疏关系不同，因此前方后圆坟呈现出地址分散、规模迥异的特征。但是，从整体上来看，大和国正是通过这一方式客观上扩大了其势力影响范围，形成了既具有身份认同性、又具有阶层性的政治统治体系。[2]虽然建造古坟需要花费大量的人力物力，但是摆脱大陆封建王朝的影响，朝着倭人自身创造的特定形式而进行的集体劳动也加强了近畿地区乃至日本列岛内倭人的凝聚力，孕育了倭人自身政治文化的产生。

位于近畿地区的大和国因地理位置远离大陆，所以不易得到来自大陆先进技术文化的滋养。从中国正史对其缺乏记载这一点来看，和邪马台国等位于九州北部地区的倭人群体不同，大和国并没有得到大陆封建王朝对脱离于自身政治文化体系以外的这一群体的"倭人"的认同感。然而，大和国的统治者积极利用了这一消极因素，变不利为有利，创造了特有的象征统治权威的器物——三角缘神兽镜与象征权力延续的建筑——前方后圆坟，从而与以邪马台国为代表的九州北部地区诸国借助大陆封建王朝的权威维持统治不同，走上了一条独立自主的发展道路。虽然这条道路起步艰难，且路途坎坷，但是随着大和国内部以及以其为中心的周边政治势力的形成和稳定，大和国的发展更加快速，延续传承也更加稳定，并最终超越了逐渐没落的九州北部地区诸国而成了日本列岛的政治中心。

三、从"大和国"到"大和朝廷"：
关于倭人诸国兴衰模型的思考

综观 3 世纪前后的日本列岛，无论是以邪马台国为代表的九州北部地区倭人诸国的衰落瓦解，还是以近畿地区为中心扩张势力的大和国的发展，都处于一个

---

① 広瀬和雄：《先方後円墳の世界》，岩波書店，2010 年，第 23～30 页。

② 都出比呂志：《古代国家はいつ成立したか》，岩波書店，2011 年，第 68～70 页。

弱肉强食的时代，而且这段历史的演化又是一个漫长而复杂的过程。

从《汉书》中的倭人"百余国"至《后汉书》时的"使驿通于汉者三十许国"，最后到《三国志》时，则成了"今使译所通三十国"。倭人国家数量的变化说明了日本列岛整体呈现出统一的趋势，但这是一个缓慢前行的过程。其中，既有新的国家诞生，也有旧的国家没落。"国"的产生和消失交织在一起，列岛朝着统一的方向演变，邪马台国的衰亡和大和国的兴起亦在其中。

就邪马台国没落和大和国兴起的具体过程，学界难以形成定论。究其原因，在于是否应该承认在当时的日本列岛内同时存在邪马台国和大和国这两个可以代表倭人社会的国家。根据以往日本学界的见解，主张邪马台国是列岛内唯一可以代表倭人社会的国家的观点占据优势。如此，邪马台国的所在地也就自然成了学界聚焦的热点。

1910 年 5 月至 7 月，内藤湖南先后发表题为《卑弥呼考》的系列论文，在考论邪马台国女王卑弥呼究竟是谁的同时，一反占据当时学界多数派意见的九州说，通过比对《通典》等各类版本的中国古文献记录，将《魏志倭人传》中"斯马国"以后的国名与近畿地区的地名相比较，全面提出了邪马台国大和说。对此，同年时任东京帝国大学文科大学史学科兼任教授的白鸟库吉则发表《倭女王卑弥呼考》进一步推进了邪马台国九州说，由此邪马台国争论的帷幕正式拉开。①

经过百年论战，近来，随着位于奈良县樱井市的缠向遗迹箸墓古坟的考古发掘进展，邪马台国大和说虽然在学界逐渐占了上风，但是仍然缺乏决定性的证据。而以位于佐贺县神崎市的吉野里遗迹作为邪马台国九州说依据的论者也面临着同样的窘境。发生这种情况的主要原因就在于这两处遗迹的构造十分相似，难以获得具有决定性意义的考古证据以证明自己就是邪马台国的遗址。

邪马台国争论之所以难以化解，还在于思维方式的束缚。学界对邪马台国的绝对追求，即无论是邪马台国，还是其女王卑弥呼，都认为是某一时代的绝对唯一的存在。对此，正如许多学者已经指出的那样，在 3 世纪的日本列岛，以邪马台国为首的倭国并不是唯一的诸国联合体，女王国之东的倭种之国以及狗奴国的存在都证明了这一点。因此，无论邪马台国是位于九州还是位于畿内，都不能否

① 佐伯有清：《邪馬台国論争》，岩波書店，2006 年，第 28～63 页。

从邪马台国到大和朝廷的变迁

认另一个诸国联合体在畿内或九州与邪马台国同时并存。[①]谁也无法完全保证，在当时的日本列岛内只有邪马台国一国之联合，现在考古发掘出土的城郭和古坟遗址构造仅是邪马台国的专利。日本海一侧的出云地区，[②]濑户内海一侧的吉备地区，[③]都存在着与邪马台国和大和国类似的倭人国家联合体的可能性。邪马台国也好，卑弥呼也罢，既要将其作为个体，即代表当时日本列岛内的"一国"和"一王"来看，同时也应该具有宏观灵活的视野，考虑到列岛内其他相似的"国"与"王"存在的可能性。

从这一意义上来说，在思考 3 世纪日本列岛内小国统一进程的问题上，"邪马台国东迁说"则提供了较为灵活的思考方式。所谓"东迁"，即认为邪马台国本在九州地区，其势力东迁形成了大和国。[④]此外，"王朝交替说"在思维方式上是对前者的继承和发展。这一学说认为，记纪神话中的神武东征传说完全是根据应神天皇和仁德天皇时代，以倭人势力东迁事实为原型所创造的，并提出了源于应神、仁德、特别是仁德朝的新王朝学说。新王朝兴起于九州，后东迁并定都于难波高津宫。[⑤]这从侧面肯定了所谓的"新王朝"就是以邪马台国为中心的北九州地区倭人势力的延续。

神武东征等神话暗示了邪马台国残余势力的东迁和大和国对融合吸收其他倭人势力的事实。例如，《日本书纪》神武天皇即位前纪戊午年春二月酉朔丁未条记载道："戊午年春二月丁酉朔丁未、皇师遂东舳舻相接。方到难波之崎、会有奔潮太急。因以名为浪速国。亦曰浪花。今谓难波讹也。讹、此云与许奈磨卢。"此后，《日本书纪》神武即位前纪又记载道："三月丁卯朔丙子、溯流而上、径至河内国草香邑青云白肩之津"。[⑥]这两则记录在解释"难波"这一地名的起源，说明难波和神武东征神话之间存在联系的同时，还明确指出了神武天皇在登陆"难波之崎"后的征战路线，即"逆流而上"，在"河内国草香邑青云白肩之津"登陆。"难波之崎"即后来的"难波津"，可见神武天皇是自西向东渡海而来，此后，

---

① 王海燕：《日本古代史》，昆仑出版社，2012 年，第 38 页。

② 村井康彦：《出雲と大和——古代国家の原像をたずねて》，岩波书店，2013 年。

③ 門脇祯二：《邪馬台国と地域王国》，吉川弘文館，2008 年。

④ 和辻哲郎：《日本古代文化》，岩波书店，1920 年，第 54 页。

⑤ 水野祐：《日本古代王朝史論序説》，小宫山书店，1952 年。

⑥ 小島憲之、直木孝次郎、西宫一民校注・訳：《新編日本古典文学全集 2 日本書紀①》，小学館，1994 年，第 198 页。

经过一系列战斗，最终完成了进入大和、创建王朝的大业。这则神话从表面上来看，是西来的倭人占据了大和地区，创立了大和国。然而，事实上，应该是近畿地区已有的大和国这一倭人诸国联合吸收了东来的倭人势力，即没落后的以邪马台国为代表的九州北部地区乃至濑户内海地区的倭人势力，并壮大了自身力量。

　　无论是认为邪马台国和大和国并存的静态观点，还是邪马台国东迁成为大和国这种"点对点"式的动态观察，都应该修正性地加以看待。邪马台国和大和国之间并非独立存在、毫无关系，也不宜机械式地认为邪马台国"一步到位"迁到了近畿地区。其具体的历史过程可以模拟为，在以邪马台国为中心的九州北部地区倭人势力逐渐衰落的过程中，大和国有了自身的发展，并主动、被动地融合了部分九州北部地区以及濑户内海沿岸等地区的倭人先进势力，从而最终形成了大和朝廷的雏形。邪马台国的衰落在很大程度上是因为其与朝鲜半岛以及大陆在地缘政治的层面上关系十分紧密，因此大陆局势的动荡直接影响到当地倭人社会的稳定。大陆与朝鲜半岛的局势的"余震"使得原本生活在九州地区的倭人开始经由濑户内海，逐渐向政治较为安定的近畿地区聚集。其结果便是，汇集了岛内优秀人才的大和国最终实现了统一列岛，经过 4 世纪的对外扩张，并在 5 世纪时开始与中国的南朝政权建立起了稳定的外交关系，成为真正意义上的大和朝廷。

四、结　语

　　综上所述，历史的演变并非单层单向的，而是同时复层多向交错发生的。在邪马台国势力发展的同时，大和国势力也在逐渐成长。然而，过度依靠大陆封建王朝力量的邪马台国适得其反，其统治不如善于"发明创造"的大和国稳健，最终走向了没落。伴随着其倭人的迁徙，大和国在客观上吸收了邪马台国的部分残余势力，壮大了自身力量。可见，大和朝廷的诞生既是历史之偶然，也是历史之必然。

加藤完治的农业殖民教育思想及实践

马　伟

内容提要　加藤完治是日本近代农本主义的代表,在他毕生从事的殖民教育中,以日本古神道为理论基础,着重培养青少年的"农民魂"和"开拓魂"。山形县自治讲习所任教期间是其殖民教育的"预演阶段",此阶段着重培养学员的"农民魂",提升农村从业者的素质,并为殖民教育积累经验。茨城县国民高等学校任教期间是其殖民教育的"发展阶段",开始有针对性进行殖民教育。内原训练所的教育模式是加藤完治塑造"开拓魂"的"总实践阶段"。加藤完治还是"满蒙"殖民政策的策划者、推进者。日本"满洲移民"对中国东北残暴的侵略及其本身悲惨的结局,他有着不可推卸的责任。

关 键 词　加藤完治　殖民教育　农本主义　"开拓魂"

基金项目　教育部人文社会科学青年基金资助项目"日本'北满'移民研究(1931—1945)"(11YJC770040)

作者简介　马伟,佳木斯大学社科部讲师近代日本，在全力西化的同时，极力复苏本土的皇国主义、农本主义。所谓"皇国"理论，源于古神道，而古神道实质源于古代农业劳动者的某些衍生行为。那些抱有复古情感的农本主义者，将农业与古神道、忠君敬神思想相结合，进而推行农本教育。明治维新后，古神道很快发展为国家神道，而国家神道最终成为日本法西斯的精神支柱，农本主义教育也随之演变为农业殖民教育。在这一过程中，加藤完治的作用不容低估。他不仅终生从事农业殖民教育，还摸索出一套殖民教育模式。九一八事变后，又将这种学校式的殖民教育付诸实践，推进"满洲移民"。同时，其殖民实践的训练模式也是该殖民教育模式的运用和扩展。

一、加藤完治其人

加藤完治，1884 年生于东京本所乡瓦町。1902 年 9 月，入东京第四高等学校工科学习，同时研习武道。19 世纪中后期，日本一步步迈向列强行列，并加紧武力侵略邻国，先后战胜清朝、俄国，攫取了大量利益。明治政府的穷兵黩武政策，使各级学校尚武之风颇盛。加藤完治在学校跟随老剑士香川善次郎学习剑道，认为剑道可最大化锻炼体腹，还可升华心灵培养人格，并将其运用到以后的殖民教育中。

1908 年 9 月，加藤完治由东京大学工科转入农科，结识了那须皓、石黑忠笃、小平权一、桥本传左卫门等人。所谓"加藤俱乐部"此时已见苗头。毕业后，加藤完治潜心从事农业殖民教育。1913 年 4 月，在安城农林学校任农业教师。1915 年 7 月，任山形县自治讲习所所长。1926 年 5 月，任茨城县国民高等学校校长。1935 年任内原训练所所长直至日本战败投降。

加藤完治的殖民教育基本可分为三个时期，其教育思想在这期间逐步形成并发展。1915 年至 1925 年在山形县自治讲习所任职期间是其殖民教育的"预演阶段"，在此期间注重对学员"农民魂"的培养，同时兼为农村培养吏员。1926 年至 1935 年，在茨城县国民高等教育学校任职，是其移民教育的"发展阶段"。九一八事变后，其教育目的由提振日本农村转为推动"满洲移民"。1935 年至 1945 年，针对侵略的需要，设置了内原训练所，成为"满洲移民"的教育基地和总输送源。

二、山形县自治讲习所的"农民魂"教育

日本在甲午战争和日俄战争中取胜后，举国振奋，普遍认为这是现代民主制打败了专制制度，随即又掀起学习西方地方自治的风潮。1909 年，日本内务次官一木喜德郎认为，一国兴衰的本源是地方行政制度是否有效，地方自治是否切实可行。当时，介绍丹麦地方自治运动的著作《国民高等教育①与农民文明》在日本很有影响。翻译此书的那须皓认为，丹麦国土仅及日本 1/10，人口是日本的 1/20，1807—1814 年和 1864 年两次对外战争中割城让地，损失惨重。但经过农民的教育及地方改良运动后，国民素质提高了很多，逐渐成为欧洲乃至世界上少有的成功的国家。究其原因，那须皓认为，这种职业技术式学校教育既提高了国民素质，还可净化社会风气，且对地方改良运动很有促进。所以，为了让日本迅速发达，应该把地方改良与职业技术教育结合起来，为此，山形县地方课长兼官房主事藤井武率先进行了实践。

1915 年 7 月，藤井武提议成立山形县自治讲习所，被该县议会通过，同年底开始招生。《山形县立自治讲习所设置议》②中提到了办学的目的，提出在宪政的背景下，推动农村自治，使农民的生活、教育及农村产业组合有较大发展，并为町村培养吏员。从这个"设置案"来看，讲习所主要是为学习西方的地方自治，提振农村经济而开办的，基本与殖民教育不相干。藤井武邀请加藤完治担任该讲习所所长。

但两人对办学目的存在分歧。藤井武是民本主义者，主张以"地方改良""自治开发"为主改良农村，进而推动日本农业的进步。但加藤完治深受古神道影响，是农本主义者。他认为，如果自治讲习所专以自治或公民教育为核心的话，那日本"农村三百代"形成的朝作晚归的劳动主义如何体现？天皇的意志如何体现？简言之，两人的分歧实质是如何处理西式教育与传统教育的关系，即是采取纯西式教育，还是以西式教育为表，传统教育为里。

20 世纪初期的地方改良运动是自由民权运动在底层社会的延续，藤井武无

---

① 此处"国民高等学校教育"相当于中国初中结业后的"职业技术教育"，加藤完治所进行的殖民教育基本都属于此类。

② 《藤井武全集》第九卷，岩波书店，1971 年，第 274～279 页。

疑是自由民权的信徒。他在《山形县立自治讲习所设置案》中，列举丹麦国民高等教育的案例，认为国民教育是实行地方自治的先决条件，是实行宪政的必由之路。他还提出，国民教育可提升公民的道德涵养，启发自治精神，对于形成地方自治体十分必要，这是他创办自治讲习所的目的所在。

沉迷于古神道的加藤完治暂时对藤井武的主张表示让步，但在实际运行中，讲习所很快打上了加藤完治的色彩，把讲习所变成"学员体验大和魂，锻炼陶冶的真正道场"①。他提出要确立以"农民魂"为主的"大和民族的理想信仰"和"实修（实践）的形式"的教育。

加藤完治认为"大和民族的理想信仰"对于开启日本精神十分重要。严格地讲，这个理想信仰始于古神道，终于国家神道。古神道特指江户时代的国学神道，明治维新后，发展为国家神道，成为近代天皇制的精神支柱。1889年颁布的《大日本帝国宪法》指出"天皇神圣不可侵犯"，确定了国家神道与天皇制直接联系的公法上的地位。翌年10月，明治政权颁布《教育敕语》，不仅是学校教育的指导方针，同时还发挥了国家神道实际教典的作用。②加藤完治主张以天皇为中心的全体国民须一体同心，各自分担，锻炼陶冶日本农民魂，为建设世界文明而努力。③同时，还要以农民魂、开拓魂为基础，殖民亚洲，乃至世界。

"实修（实践）的形式"有禊、参拜、武道、读书及修业。"禊"就是春秋两季进行冷水浴，以洗涤身心。在敬神尊王的旗号下，学员要每天早晚遥拜伊势神宫，以塑造"农民魂"，这就是"以神社参拜为中心的精神教育"。以后的茨城县国民高等学校、内原训练所及"满洲开拓团"都采用这种形式。在武道教学方面，每天早晨和中午各一次一至一个半小时的剑道练习，加藤完治采用道场山田次郎吉的"直心影流法"。他认为剑道的奥妙与荒地的开垦、深耕是相通的，剑道对于磨炼大和魂必不可少。

比较藤井武创建自治讲习所的初衷与加藤完治的实施过程，发现两人的办学思路严重错位。藤井武的地方自治思想源于丹麦国民高等学校教育，本来想通过国民高等学校教育助推地方改良运动，被视为自由民权运动的继续。而加藤完治在实施过程中却更多的赋予了古神道、国家神道等敬神忠君的因素，是对地方改

---

① 加藤完治：《日本农村教育》，东洋图书会社，1934年，第256页。

② 村上重良著，聂长振译：《国家神道》，商务印书馆，1990年，第107、111页。

③ 加藤完治：《日本农村教育》，第259页。

加藤完治的农业殖民教育思想及实践

良运动的反动。

从讲习所课程设置看，该讲习所共设置 12 个科目，其中乡土史及乡土地理、地方制度及自治行政制度是让农民了解地方农业的基本状况，为地方自治储备知识；农政学及林政学、农业改良及农家副业是讲习所的主要科目，以培养学员谋生的技能；町村役场事务整理、外国贸易状况是扩大学员的知识面并提升生活水平。这些科目基本都围绕着"地方改良运动"，以培养近代意义的公民及推行地方自治为目的，殖民教育的色彩尚不浓厚。

从学员的流向看，加藤完治在山形县自治讲习所任职 10 年间，共有 309 人结业。[1]其中，从事自家经营 229 人，占 74.1%；町村吏员和地方官吏 41 人，占 14.9%；从事殖民活动仅 13 人，占 4.2%。藤井武办讲习所的目的，第一为地方培养行政人员，第二为町村培养官吏，第三是提高农民的素质。从上述人员流向看，基本符合最初设计。

综观加藤完治任职山形县自治讲习所，表面上以提升农村整体经营，推动地方自治为目标，实际操作中渗透了古神道的思想，着重培养学员的"农民魂"。虽在山形县期间，殖民教育未有实质性的进展，但为以后创办国民高等教育学校、内原训练所提供了实践经验和理论储备。

三、茨城县国民高等学校的"五部编成教育模式"

明治维新后，日本不仅学习欧洲的文明，更仰慕其殖民扩张。加之本国人众地狭，农地不足，殖民扩张思想更是日益膨胀。20 世纪前后，"膨胀"一词是舆论界、思想界使用率较高的词汇。如德富苏峰对"膨胀的国民"一词钟爱有加，在著述中多有使用。新渡户稻造提出"膨胀的国家"必须拥有殖民地，获取殖民地的利益。[2]近代殖民主义源于欧美，其特点是以武力推行商贸，即商贸为主，领土次之。日本殖民主义则独具特色，利用武力攫取领土，再用移民巩固之，其次才是商业。1895 年，日本侵占中国台湾，1905 年，据有辽东半岛和库页岛南部；1910 年，吞并朝鲜。1931 年，侵占中国东北。同时，对上述地域实施程度

---

① 宇野豪："日本国民高等学校运动的创始者"，《广岛修大论集》（人文编），第 39 卷第 2 号，1999 年。

② 新渡户稻造：《殖民政策讲义及论文集》，《新渡户全集》第 4 卷，第 23 页。

不同的移民。

关于殖民地的统治问题,殖民政策学者矢内原忠雄(1893—1961)提出了"形式的殖民说"和"实质的殖民论"。"形式的殖民说"是指殖民主义者强制统治殖民地,以延长殖民者的统治权。"实质的殖民论"是指通过向殖民地移民,实现人口的移动与政治权力的相互延长,即移住群的社会经济活动能有效运行。[①]他认为光靠军事、政治上的强制只能获得形式上的统治权。实质性的殖民则要靠移民来实现。人口移动是政治权力的延伸,如果移住者能够形成村落,参与移住地的社会经济活动,是殖民之上策。矢内原理论的核心思想是,军事占领是殖民的前提,移民体现了殖民的内涵,参与移住地的社会经济生活依靠"同化主义"。此为殖民的实质。按照矢内原忠雄的解释,同化主义是对殖民地原住者社会的法制、言语、习惯和宗教进行干涉和破坏,军事支配与同化政策相伴,同化政策是文化的表现,军事政策是武力的表现。[②]

令殖民主义者聊以自慰的是,日本农村有较为充足的移民资源。据人口调查和官方统计,1925年,日本有户数1125.2万,口数5973.7万。其中,农业户数554.9万,口数2694万,所占比例49.3%,加上其他农业附属从业者,所占比例可达52.5%。此外,1925年,拥有8亩以下土地的小经营者共195.2万户,所占比例为35%。[③]其中佃租农26%,自耕兼佃租农42%。如果将这些过小土地经营者或佃租农中1/3移植出去,其一可解决日本人众地狭和农家长子以外男子的生活出路问题,其二还可延伸日本国土,实现"大陆帝国"的迷梦。加藤完治主张进行殖民的基本思路是,要解决日本的农村问题,首先要解决户均耕地面积狭小、佃租农比例过高的问题,但日本本土基本已无地可垦,最终途径就是向他国要领土,进行移民。[④]可见他的移民理论具有典型的殖民色彩。

1924年,加藤完治对朝鲜、中国东北及内蒙古进行了为期三个多月的考察,认为这些地方是解决日本农村问题的关键地域,是日本青年殖民的巨大空间。但限于当时日本的国力,目前尚无法突破鸭绿江,不宜实行"满蒙移民",而朝鲜

[①] 矢内原忠雄:《殖民及殖民民政策》(1926年),《矢内原忠雄全集》第3卷,第101、197页。

[②] 矢内原忠雄:《军事与同化·日法殖民政策比较论》(1937),《矢内原忠雄全集》第4卷,第290页。

[③] 那须浩著,夏诒彬译:"日本农业的特质",《东方杂志》第28卷第9号。

[④] 武田清子:"加藤完治的农民教育思想:国民高等学校运动与满洲开拓团",《国际基督教大学学报》A教育学,第11号,1965年。

加藤完治的农业殖民教育思想及实践

的群山和平原可供日本移民。[①]

在加藤完治看来，对外殖民是解决日本农村问题的关键，而殖民教育则是确保移民成功的前提。为强化农村青年的殖民意识，并借机"提高农村的物质开发和精神面貌"，[②]1925 年，农林省农务局长石黑忠笃发起成立日本国民高等学校协会，并决定在茨城县率先创立国民高等学校，以在全国发挥示范作用。1926年 5 月，邀请加藤完治担任该校校长。关于办学的方针，依然延续山形讲习所的套路，理想信仰居首，知识及其他训练次之。[③]根据《日本国民高等学校学则》，该学校采用五部编成教育模式。

表 1 日本国民高等学校五部编成教育明细表

	教育类型	教育者年龄	教育时间	目的及流向
第一部	长子教育	18 岁以上农户长男	一年	自家经营
第二部	次三男教育	20 岁以上二三子等	一年	开拓殖民
第三部	少年教育	未满 18 岁子弟	两年	农业基本技能训练
第四部	女子教育	15 岁以上	2 个月	将来农村主妇必要的家政及农业技能训练
第五部	短期教育			对其他青年进行皇国精神训练

资料来源：《日本农会报》（杂志）第 16 卷，15 号，1926 年。

五部编成教育模式的课程设置，分基本、特色和实践三类。基本课程有农村经营、地理历史、农学纲要、武道和体操等，这些课程除了短期教育外，其余都要修习。其中武道主要是研习剑道，与山形县时基本一致。体操主要体现皇国运动。特色课程各个部分差异较大。次三男教育是为移民储备人力，所以着重于殖民教育。少年教育学制是两年，基础课程较多。少女教育是为未来培养合格的农村主妇，设置有家政课程，比如看护、教育孩子、裁缝洗涤等。前三类教育还有在农场实习和视察旅行，其中视察旅行是在学生毕业前后，重点去朝鲜、中国东北和内蒙古进行殖民考察，目的是激发他们的殖民欲望。

除茨城县国民高等学校外，日本国民高等学校协会还下辖山形县立国民高等

① 桥本传左卫门：《满洲农业移民之沿革》，《满洲农业移民十讲》，地人书馆，1938 年，第 5 页。
② 小平权一：《石黑忠笃》，时事通讯社，1962 年，第 87 页。
③ 同上，第 45 页。

学校、山阴国民高等学校（鸟取县）、瑞穗精舍（长野县）、神风义塾（三重县）、大分县立玖珠农学校、西海农学校（长崎县）、长野县青年讲习所、那加国民高等学校、三岛郡农事讲习所（大阪府三岛郡）、香川县立农事讲习所、上野原农学校（栃木县）、台东农业补习学校（中国台湾台东）、花莲港农业补习学校（中国台湾花莲港）等。①上述 13 所学校教育编制、招生规模、影响力及组织性虽无法与茨城国民高等学校相比，但教育的目的、开设课程、殖民色彩却是一样的。

但在当时的社会条件下，无论加藤完治、石黑忠笃等人如何努力，组织朝鲜移民协会，创办日本国民高等学校，而殖民教育的效果仍然不尽如人意。据加藤完治自己统计，1927—1932 年共有 462 名学生结业。②长子教育 6 年间共有 253 名学员，占 54.8%。次三男 135 名，占 29.2%。女子教育从 1928 年开始招生，5 年间募集到 53 名，占 11.5%。少年教育从 1929 年才有零星学生，4 年间共招 31 人，仅占 6.71%。短期殖民教育效果并不显著。

从学生结业后流向看，多数从事自家经营，移民者微乎其微。其中自家经营者 399 人，占 86.4%。移民者仅 27 人，占 5.84%。在这 27 名移民中，18 人去了朝鲜，其余分别移民中国东北和台湾。加藤完治花费 16 年时间进行殖民教育，结果却令人失望。分析其原因，除了教唆青年向他国殖民侵略本身不得人心外，主要还是未获得决策者实质性的支持。主要表现在，那须皓、小平权一、桥本传左卫门等人虽然于 1924 年成立了朝鲜移民协会，专门负责组织赴朝鲜和中国东北移民事务，但这只是个非官方组织，无法及时提供移民所需的土地和资金。而早在 1907 年就成立的东洋拓殖会社在这方面有优势，他们既可对移民提供土地、营农资金，还可确保移民拥有土地所有权。1930 年以前，东拓在朝鲜的日本人地主就有 870 户，和朝鲜本地的地主数量相差无几，拥有土地面积达 216704 町，③每户拥有耕地至少在 30 町，少数可达 1000 町步以上。相比之下，光喊口号的朝鲜移民协会无法与拥有实力的东洋拓殖会社竞争。

另一方面，作为侵略朝鲜的"国策机构"，东拓这套殖民侵略体系已运行多

---

① 富民协会：《日本农业年鉴》，1931 年，第 283～286 页；日本国民高等学校协会印发：《农村中的塾风教育》，1934 年，第 7 页。

② 加藤完治：《日本农村教育》，第 201 页。

③ 浅田乔二："1930 年代殖民地（朝鲜）地主制的存在形态"，《驹泽大学经济学论集》，第 21 卷第 3 号，1990 年。

年，它招募的移民基本都是成年人，而加藤完治的学员多为 20 岁左右的青年，缺乏营农经验，也缺乏成为一个农业移民的热情。此外，他在学校里多注重理论和所谓"精神信仰"的皇国教育，在实际操作方面则略显简单。要使他们迅速转变成具有实践经验的移民，不论是学员自身，还是殖民教育者，对此都缺乏信心。

正在加藤完治为殖民教育的前景焦虑不安时，关东军发动了侵略中国东北的九一八事变。这个十足的殖民主义者欣喜若狂，认为"突破鸭绿江"，实行"满蒙殖民"即将实现。随即游说陆相荒木贞夫、大藏相高桥是清等政要，一再强调向中国东北移民的必要性。与此同时，石黑忠笃、那须浩、桥本传左门卫、宗光彦等人也四处活动。1932 年 4 月，加藤完治又跑到沈阳，游说关东军司令官本庄繁，并与作战部主任参谋石原莞尔进行了接洽，最终决定在原北大营开设日本国民高等学校分校。后又设置了公主岭农事实习所，对移民东北的日本人实行速成训练。在加藤完治一手策划和协调下，日本人殖民教育和训练场所已预备完毕。

四、内原训练所的"开拓魂"训练

在加藤完治与在关东军司令部任职、同时兼任满洲国军政部的顾问的东宫铁男等人的运作下，1932 年 10 月，第一批以"在乡军人"为主的"试验移民"抵达"北满"佳木斯，组建"弥荣村"开拓团，其后又相继输送四批，人数近万。与此同时，日本国民高等学校启动了五部编成模式中的第五部"短期训练"，对这些预备役军人进行了短期培训，伪满北大营国民高等学校分校进行配合。而这些移民在进入"北满"后的现状令殖民侵略的策划者倍感棘手。

移民在进入东北后，受到东北抗日武装的顽强打击，加上气候不适，即便是退伍军人也倍感折磨。无论他们的"精神信仰"如何坚定，此时都为无情的现实击得粉碎。其中，弥荣村的"试验移民"得"屯垦病"、战死、病死人数激增，团员们觉得没有前途，纷纷要求退团回国。移民认为这是由于团部管理者的漠不关心造成的，移民团内部变得矛盾加剧，最后竟发生了团员武装袭击管理者的事件，试验移民几近崩溃。虽然加藤完治与东宫铁男紧急出面，暂时稳定住了局势，但这些械斗事件、退团事件仍令他们心揪不已，不得不寻找根本性替代方案。

1932 年 12 月，加藤完治和东宫铁男共同起草了"第一次武装移民精神动摇状况以及关于第二次以后人选的期望书"，希望以后将重心放在青少年移民身上，并积极制定成立"满蒙开拓青少年义勇军"方案。[①]可见，殖民主义者实际早在殖民侵略初期，已准备利用纯真的青少年了，另外一方面也说明以退伍军人为主的武装移民试验效果并不令人满意。于是，两人开始积极商讨组建"少年队"事宜。1934 年，13 名日本少年被送往中苏边境的饶河，青少年试验移民就此开始。由于"饶河少年队"肩负着"满洲"殖民的未来，所以采取了亲情与军事双重管理法，效果良好。加藤完治等人似乎又看到了曙光。

为了扩大对青少年的训练规模，1935 年 4 月，日本国民高等学校从茨城县西茨城郡宍户町迁到该县东茨城郡下妻村内原，占地面积扩大到 138 公顷。从此，加藤完治开始了实质性的青少年殖民教育。1937 年 6 月，加藤完治又组织了第三次饶河少年队，并在内原训练所进行为期一个月的训练，之后将 100 人送往嫩江伊拉河。[②]因此，伊拉河少年队被视为正式的"开拓训练生"，是"满蒙开拓青少年义勇军"的先声，同时为"满蒙开拓青少年义勇军"的设置提供了侵略经验。[③]

1938 年 3 月，日本国民高等学校正式改称为"满蒙开拓青少年义勇军内原训练所"，加藤完治出任所长。当时已有 6500 名训练生。按规定，青少年在移民东北前，需要在内原训练所接受两至三个月的殖民教育，移民至东北后，还需接受三年系统的殖民教育。

内原训练所设有总务部、训练部和警备指令部，各部下设分部。训练生每 60 人组成 1 小队，5 个小队组成 1 个中队，5 个中队构成 1 个大队。1 万训练生编成 6 个大队。据统计，截至日本战败投降，进入内原训练所受训者共 96455 人，其中向中国东北输送青年移民 86530 人（见表 2），在即将战败的 1945 年还输送 3848 人。内原训练所因此被称作"皇国少年的大道场"。

表 2　内原训练所训练生及向东北输送人数

时间	训练生	向东北输送
1938 年	24365	21999
1939 年	9508	8887

①满洲开拓史复刊委员会：《满洲开拓史》，全国拓友协议会，1980 年，第 108 页。
②同上，第 240 页。
③宇野豪："从国民高等学校运动到满洲移民运动"，《广岛修大论集》（人文编），第 41 卷第 1 号，2000 年。

加藤完治的农业殖民教育思想及实践

时间	训练生	向东北输送
1940 年	9618	8922
1941 年	13335	12622
1942 年	12631	11795
1943 年	11510	10658
1944 年	11640	7799
1945 年	不详	3848
总计	96455	86530

资料来源：满洲开拓史复刊委员会编，《满洲开拓史》，全国拓友协议会 1980 年，第 316 页。

需要注意的是，1938 年入所参加训练和输送东北的青少年都在 2 万人以上，但 1939 和 1940 两年人数突然降至 1 万以下，仅完成计划率的 29.6%、29.7%，1941 年后才又有所回升。究其原因，是为了寻求生活出路而应募青少年到了中国东北以后，不仅没有得到"发展"，反而成了日本对外侵略扩张政策的牺牲品。在谎言被戳穿后，青少年不再积极参加应募。但关东军认为，应募不成功的主要原因，是募集过于盲目，不集中，且缺乏针对性的宣传和教育，建议"以高等小学校毕业生为主，按同一地域出身者（郡、道府县）募集"的形式，组成乡土部队。[1] 1941 年后，虽没有恢复到 1938 年的规模，但基本维持在 1 万人以上水平。

从加藤完治当初对殖民教育的设想来看，日本国民高等学校的五部编成是比较理想的殖民教育模式。五部编成中的短期教育在内原训练所最终得以充分体现。由于殖民政策的需要，原计划实施一年的长男和次三男教育也简化为短期教育。在训练方法上，加藤完治不仅延续山形县讲习所和国民高等学校那种精神训练法，还进一步突出所谓"开拓魂"的培养。就是要养成具有占领大陆的精神，甘愿忍受一切困苦，克服气候、风土的不适，培养个体的抵抗力，同时还要养成遵守命令，精诚团结，有抵御一切外来打击的能力。[2] 显而易见，培养"开拓魂"的目的，就是为了对中国东北进行肆无忌惮的殖民掠夺。

从训练科目的设置看，内原训练所是其前身日本国民高等学校的延续，符合

---

① 马伟："伪满洲国的'勤劳奉仕'"，《外国问题研究》，2012 年第 4 期。

② 白取道博解题：《满蒙开拓青少年义勇军关系资料》第二卷，不二出版社，1993 年，第 5 页。

加藤完治一贯倡导的殖民主义教育风格。

表 3　内原训练所课程设置

	课程设置
学科	皇国运动、满洲殖民问题、现地事情、满洲农学大意、日本语、国史、地理生理卫生、军事讲话、习字、课外讲话
实科	武道　直心影流式剑道、柔道和角力 体操　日本体操、基本体操、马术等 农事　开垦、土木建筑、农产加工、畜产、锻工、缝纫等

资料来源：白取道博解题：《满蒙开拓青少年义勇军关系资料》第二卷，不二出版社，1993 年，第 5～6 页。

内原训练所科目分基础训练、所外训练和特技训练三种。基础训练有学习、武道、体育等。武道和农道都是实践和精神同步修养，不可偏废。所外训练有农业作业、开垦作业等。特技训练选拔出若干人，进行马术训练、木工训练、制炭作业训练、锻工训练等。

为了让青少年进入东北后立即发挥殖民作用，内原训练所的进行了针对性很强的殖民训练。如将"农村经营"有针对性地改为"满洲殖民问题"，"农学纲要"改为"满洲农学大意"。由于"北满"地理气候与日本差异较大，所以将原先针对各郡县的"地理历史"改为"地理生理卫生"，以增加青少年移民东北的适应力。这更说明内原训练所就是为对东北进行殖民侵略而专门设立的。

实践科目也具有明显的侵略性。在山形县讲习所和日本国民高等学校期间，加藤完治认为自己"突破鸭绿江"的愿望很难实现，所以将主要精力放在对日本青年培养"三百代以来"的"农民魂"。当时他认为"农民魂"就是"大和魂"。因此，采用直心影流式的剑道训练学员，本身并不侧重于格斗或防身，更主要的目的是从内心深处训练青少年身心合一，心无杂念的信念，真切领会以深耕为特点的"农民魂"。但在内原训练所时期，情况发生了变化，日本要在中国东北推行殖民政策，以创建"新日本"，"大和魂"遂演变为赤裸裸的具有攻击性的"开拓魂"。因此，他不再单纯强调精神、意念，而是为了培养格斗、攻击能力进行柔道、角力训练。

与在内原训练所进行的"内地训练"相对，在伪满的殖民训练称为"现地训

加藤完治的农业殖民教育思想及实践

练"。七七事变后，青少年成为"满洲移民"的主体，同时在伪满训练青少年移民也成为殖民教育的重心。[①]截至 1941 年 3 月，在东北成立了基本移民训练所 3 个，甲种实务训练所 35 个，乙种实务训练所 18 个，丙种实务训练所 3 个，满铁训练所 31 个，[②]各类青年移民训练所共计 94 个。包括基本训练、实务训练和特殊训练。但训练科目的设置、训练理念与内原训练所大同小异。其训练科目也分基础训练、实践训练和特技训练三大类。基础学科有公民、自然科学、农学和中文等。实践训练课目有农耕、养畜、农事及其加工、土木建筑、武道、军事教练和特技训练。[③]内原训练所拉开了殖民训练的帷幕，"现地训练"则是内原训练模式在"满洲国"的延续。所以，就加藤完治的殖民教育而言，"内地训练""现地训练"只是相同的教育内容，变更了地点而已。加藤完治自己的殖民教育理念不断付诸实践，将"三百代农民魂"与"开拓魂"合二为一，丰富了所谓"大和魂"的内容，其结果就是加重了日本法西斯对邻国的破坏。

五、"满洲移民"推进者加藤完治

日本学术界一般将加藤完治的殖民教育思想归结于农本主义，并尊其为"昭和三杰"[④]，另两人为大川周明、权藤成卿。所谓"昭和三杰"，就是日本民间右翼思想的代表。加藤完治将"满蒙"殖民教育和殖民实践运用于国民教育层面，这又为他赢得日本国民教育"奠基人"和"日本殖民教育之父"的称号。还有人认为加藤完治对提高日本农村青年的素质及社会责任感贡献很大。[⑤]但是，很少有人反思正是这种带有扩张性的殖民教育，使数以万计的青少年命丧黄泉。

早在 1913 年 4 月，加藤完治在安城农林学校任教期间，就通过东京大学神

---

① 高乐才：《日本满蒙青少年移民训练所及其功用》，《日本学论坛》，2007 年第 1 期。

② 白取道博："满洲移民政策与'满蒙开拓青少年义勇军'"，《北海道大学教育学纪要》第 47 号，1986 年 2 月。

③ 武田清子："加藤完治的农民教育思想:国民高等学校运动与满州开拓团"，1965 年。

④ 三浦实生："昭和三杰:大川周明、加藤完治、权藤成卿"，《农林春秋》第 2 卷第 3 号，1952 年 3 月。

⑤ 冈田耕作："加藤完治的农民教育思想"（《思想的科学》18，1960 年 6 月）；筑波常治"加藤完治与满蒙开拓"（《中央公论》80〈6〉，1965 年 6 月）；纲泽满昭："加藤完治的农业教育思想"（《大众教育学院学报》4〈2〉，1972 年 12 月）等都持此观点。

学家笕克彦提出的"表现泛神论""普遍我""表现归一"等概念，构建自己的殖民教育理论。笕克彦提出了独特的"表现泛神论"。天之御中主神为世界根本之神，是生命之本源。无数神，即八百神，是唯一神天之御中主神之表现者。泛神与唯一神是本质与形式的关系。笕克彦还借助黑格尔哲学"普遍我"的概念，解释泛神是唯一神之"普遍我"，进一步证明古神道的合理性。泛神、"普遍我"是唯一神在人间万物差别化显现。土地、农作物、农业同样是唯一神的显现。因此，加藤完治认为，"农业是化育盛世的天地，但须各自分担，为衣食住的生产付出汗水，为日本的弥荣（日益繁荣）献上自己的日本农民魂"。[①]农业是天之精灵，是日本"弥荣"的基础，天皇则是唯一神的代言人。

农民是"泛神"在农业方面的践行者。"农民魂"是唯一神存在和显现的基础。近代日本农本主义的理论基础是古神道和国家神道，是日本久远的"农民魂"和新近产生的所谓"开拓魂"杂合的产物。同时，还强烈主张殖民教育、殖民实践要与天皇制结合。因此，日本近代农本主义是民间法西斯思想产生的源泉。

日本近代农本主义是伴随着资本主义的发展而产生的。近代以后日本资本主义的发展是在牺牲农村、剥削农民的基础上实现的。资本主义因素渗入农村，寄生地主不断获利，而人数众多的贫农、小农却债务缠身，很难依靠农业维持生计，又无法摆脱家族式的小规模经营，只好把子女送到工厂做工。这种掠夺农业发展资本主义的做法，引起农民的强烈不满。1921年，发生租佃纠纷案件1680件，直到1926年，纠纷案件、参与人数逐年增加。[②]这使许多以农为本的人极其抵触资本主义的生产生活方式。

另一方面，自明治时期以来日本一直推行所谓富国强兵政策，军队地位举足轻重，而军队中的青年军官、士兵多来自农村，很容易接受农本主义思想及右翼的理论。当时，权藤成卿的《自治民范》（1919年）与北一辉《日本改造法案大纲》一样，被青年军官奉为经典。《自治民范》宣传农本自治主义，也可称为"皇民自治主义"。另一农本主义代表人物橘孝三郎于1931年组建爱乡塾，著有《日本爱国革新本义》，宣传以农立国，以农村为基础实施自治制，恢复以农业为中心的君民一体的国体。

---

① 日本农业研究所编印：《石黑忠笃传》，1969年，第12页。
② 金井清一著，杨孝臣等译：《日本近现代史》第二卷，商务印书馆，1992年。第160页。

加藤完治的农业殖民教育思想及实践

为了建立这样的国家，加藤完治通过殖民教育、殖民实践，鼓动青少年向他国移民，扩大天皇统治的范围，他的主张与行动直接对法西斯决策产生了影响。他从精神层面对青少年进行敬神忠君的教育，为天皇制法西斯制造舆论。古神道本是农耕经济的产物，加藤完治认为农学、农事、农产加工、开垦是践行"农业魂"体现。九一八事变后，"满洲国"成为践行"开拓魂"的中心区域，加藤完治遂展开谋求已久的殖民教育实践。不仅积极向日本官界、政界、学界兜售其"突破鸭绿江的满蒙殖民论"，而且还对"满蒙移民"的推进者关东军进行游说，不久就制定出《满蒙殖民事业计划书》。拓务省即以加藤移民案为蓝本，制定了满洲移民案大纲，武装移民计划随即实施。在青少年移民问题上，加藤完治也是始作俑者。1937 年 11 月 3 日，加藤完治、石黑忠笃、那须浩与"满洲移住协会"理事长大藏公望等人联名向日本政府提交了《关于满蒙开拓青少年义勇军编成建议书》，建议立即实施"满蒙开拓青少年义勇军"5 万人移民计划。此计划使青少年移民上升为日本国策。另外，在青年农民训练所的设置及训练方面，加藤完治也是策划者。

综上所述，加藤完治的殖民教育实践对于日本殖民侵略具有实质性的推动作用，他是"儿童残酷事件"和"义勇军悲剧"的制造者。[1]虽说日本"满洲移民"是通过关东军、拓务省、满洲拓殖公社、满洲移民协会等机构实施的，但加藤俱乐部人员都直接或间接参与，是上述机构的骨干分子或幕后推手。在九一八事变后很长一段时间里，他们更是直接推进了殖民机构的决策。"农民教育者加藤完治是'满洲移民'的计划者、推进者"。[2]将其与军部法西斯相提并论，毫不为过。

---

① 上笠一郎：《满蒙开拓青少年义勇军》，中央公论社，1973 年，第 176 页。

② 武田清子："加藤完治的农民教育思想:国民高等学校运动与满洲开拓团"，1965 年。

昭和天皇与卢沟桥事变

龚　娜

　　内容提要　卢沟桥事变是日本军国主义继九一八事变后侵略中国的又一阴险步骤。事变发生前，昭和天皇默许、纵容、支持的态度，直接影响到这一事件的进展。事变发生后，昭和天皇关注战争，推动事态发展，不仅在原则上予以指导，还在具体战略上提出建议，对日本侵华政策的形成产生了重要影响，对全面侵华战争的爆发负有不可推卸的责任。

　　关 键 词　昭和天皇　卢沟桥事变　战争责任

　　基金项目　国家社科基金重大项目"新编日本史"（13&ZD106）

　　作者简介　龚娜，天津社会科学院日本研究所助理研究员，历史学博士

昭和天皇与卢沟桥事变

在近代日本政治体制中，天皇是国家最高元首、军队最高统帅，是政治决策机制的核心。天皇作为国家权力的拥有者是日本国家权力的唯一源泉，所有对外政策、军事战略决策都是以天皇为中心制定的，内阁、帝国议会、军部等所有政治体制及决策成员只对天皇负责。

军部直属天皇，只有大元帅天皇能够发布军事命令，即行使统帅权，所有战争指令都以天皇名义发出。而内阁、帝国议会与军部平行，无权直接过问军事统帅权问题。统帅权的独立，使军事与政治分离，能够驾驭与协调二者关系的只有天皇，这正是明治宪法规定的原则。明治时代，由于明治元勋们健在，国务和统帅的分离所产生的矛盾还不太突出，对政府和军队具有压倒性影响的元勋们，决定了基本的国家战略。此时的统帅权独立，是在政府决定国家战略基础上的独立，只是在具体作战时政府不介入军事行动罢了。

但是，日俄战争后，陆海军官僚机构膨胀，各自制定自己的对外战略，扩大政治上的发言权。大正时代，军部对国家战略的制定愈加显示出积极的态势。到昭和时期，随着元老的高龄化和去世，明治以来的国家战略决策体制，即元老合议制失去效用，而政党政治还不能充分发挥作用。在这样一个政治过渡期，昭和天皇的思想理念和行动选择便直接影响着日本对外侵略扩张的决策。[1]

1926 年 12 月，昭和天皇即位后，亲自批准了日本出兵山东、进犯济南的命令，迈出了昭和时代以来日本武装侵华的第一步。昭和天皇支持对外侵略扩张的态度可谓影响深远。九一八事变后，昭和天皇斥责首相、姑息军人、事后认可、奖励军人的态度，直接影响了日本的对外决策，更导致军事机构不断擅自扩大军事侵略。1937 年后，日本统治阶级的野心不断膨胀，已不满足于局部侵华，开始有计划地实施全面侵华。在日本全面侵华战争爆发后，昭和天皇不仅对战争进行方向性控制，还参与具体策划，对卢沟桥事变等重大事件起到了决定性影响。

一、天皇与全面侵华方针的确立

1935 年，日本入侵华北之后，开始分离华北，实施华北自治政策，旨在使华北五省（冀、鲁、晋、绥、察）脱离中央政府的统制，成为"满洲国"化的特

---

[1] 龚娜："近代日本政治体制中的皇权"，《东北亚学刊》，2013 年第 2 期。

殊地区，变成日本军需资源的供应地与反共壁垒。1936 年 1 月 13 日，陆军省在得到政府同意并经昭和天皇批准后发布了《处理华北纲要》（即《第一次处理华北纲要》），将处理华北问题的主要目标确定为"援助完成以华北为中心的自治"，即"华北五省自治"。

1936 年 3 月 9 日，昭和天皇授命广田弘毅组阁。广田内阁与前任的不同之处是完全接受军部的要求。广田上任后，不仅成立了由首相、外相、陆相、海相和藏相五人组成的"内阁中的内阁"，而且恢复了 1913 年山本权兵卫内阁废除的军部大臣现役制。与此同时，则是标榜"庶政一新""广义国防"，强化法西斯体制。①

同年 8 月 7 日，广田内阁召开由首相、外相、海相、陆相、藏相出席的五相会议。会上讨论并通过了事先由陆、海军省军务局和外务省东亚局制订好的军部提案，即《国策基准》。其中明确提出："鉴于帝国的内外形势，帝国当前应该确立的根本国策，在于外交与国防互相配合，确保帝国在东亚大陆之地位，并向南方海洋方面发展。"日本要"排除列强在东亚的霸道政策……确保帝国在名义上和实质上都成为东亚安定势力的地位，应充实所必要的国防军备。为满洲国的健全发展和日满国防的稳固，要在除去北方苏联威胁的同时防备英美，实现日满支三国的紧密合作……要努力策划我国民族对南方海洋特别是对外南洋方面的经济发展，避免刺激他国，以渐进的和平手段，谋求我国势力的发展，以期与满洲国相呼应，充实和强化国力。"根据上述根本国策，五相会议还决定调整和扩充国防军备："陆军军备要以对抗苏联在远东可以使用的兵力为目标，特别应充实在满洲与朝鲜的兵力，从而在开战初期即能对其远东兵力加以一击；海军军备要针对美国海军，充实整备足以确保西太平洋制海权的兵力；为航空及海运事业的飞跃前进，应采取适当的措施；加速制定国防和产业所需重要资源、原料的自给自足计划。"②《国策基准》包含了日本军部的全部要求，确立了发动全面侵华战争和准备未来发动太平洋战争、称霸东亚的对外侵略方案。

随后的四相会议（首相、外相、陆相和海相）又决定了《帝国外交方针》，方针确定：日本"首先使华北迅速成为防共、亲日满的特殊地区"，"获取国防资源，扩充交通设备"，"在华北方面促成与日满两国经济和文化融合及合作"。日

---

① 米庆余：《日本近现代外交史》，世界知识出版社，2010 年，第 256 页。

② 日本外务省：《日本外交年表并主要文书》（下），原书房，1973 年，第 344～345 页。

昭和天皇与卢沟桥事变

本在已占领的中国东北，"应培育满洲国，使帝国与满洲国特殊而不可分割的关系愈加巩固"。迫使蒋介石的南京政府改变对日态度，力求实现"日华合作"。[①]

8 月 11 日，广田内阁有关各省又制定并发布了《对华实行策》和《第二次处理华北纲要》及其《附录》。以此为标志，日本政府确立了以军部为主导的一整套对华基本政策，并提出由"华北自治"改为"华北分治"，为之后发动全面侵华战争奠定了政策基础。8 月 15 日，昭和天皇经过认真审议，批准了该议案，于是侵略华北的行动迅速展开。卢沟桥事变的爆发，正是昭和天皇批准的全面侵华方针、政策实施的必然结果。

1936 年，昭和天皇不仅批准了一系列侵华的方针、政策，而且还批准了增兵、用兵方面的许多具体措施。4 月 17 日，昭和天皇批准了陆军的加强中国驻屯军兵力的请求，把在华北地区的"支那驻屯军"兵力扩大三倍，从 1771 人猛增到 5774 人，并在丰台建立基地。[②]同时。部队由一年轮换制改为永驻制，其司令官官阶改为天皇"钦命制"，与关东军司令官相同。[③]日本未经中国政府同意，擅自增兵华北，严重侵犯了中国主权。当时，日本参谋总长载仁辩解说，增兵是为了"防共"和"保护侨民"。这完全是借口，如此大规模的增兵已远远超出了上述目的，其真正目的是为发动侵华战争作准备。日军不断在北京近郊举行具有威胁性的军事演习，还通过军人、浪人、商人及僧侣或雇佣汉奸等制造事端，挑起与中国军队、民众之间的冲突，以寻找对中国发动战争的借口，一场针对中国的全面战争已经迫在眉睫。日本增兵华北后，中国驻屯军实力大增，成为侵略华北的主要力量。与此同时，昭和天皇还亲自任命陆军第一师团长田代皖一郎中将为新的中国驻屯军司令官，地位与关东军司令官平级。昭和天皇此举可谓意味深长，正是在他的推动下，终于爆发了卢沟桥事变。对此，当时参谋本部的作战课长石原莞尔也认为，这次增兵构成了华北事变的原因。[④]

1936 年 6 月 3 日，日本政府第三次修改《帝国国防方针》《帝国军队的用兵

---

① 复旦大学历史系编译：《日本帝国主义对外侵略史料选编（1931—1945）》，人民大学出版社，1983 年，第 201 页。

② 江口圭一：《十五年战争小史新版》，青木书店，1991 年，108 页。

③ 沈予：《日本大陆政策史（1868—1945）》，社会科学文献出版社，2005 年，第 516 页。

④ 日本防卫厅战史室编，天津市政协编译委员会合译：《日本军国主义侵华资源长编》（上），四川人民出版社，1987 年，第 275 页。

纲领》。8 日，昭和天皇予以批准。《用兵纲领》规定：以中国为敌时，初期的目标是占领华北要地和上海附近，保护帝国权益和日本侨民。为此，陆军在击溃华北方面之敌，占领京津地区的同时，应协同海军攻占青岛，并占领上海附近。海军协同陆军占领上海附近并控制扬子江流域。[①]

1936 年 8 月，参谋本部制定了《1937 年度对华作战计划》，获得昭和天皇批准。该计划提出"根据华北、华中以及华南地区形势，以击溃必要方面的敌人，并占领各要地为目的。依下列要领进行作战：八个师团在华北五省进行作战，将占领北平、天津、青岛、济南等地；对华中方面，以三个师团占领上海附近。调两个师团从杭州湾登陆，从太湖南面前进。两个集团军（五个师团）应向南京作战，占领和确保包括上海、杭州、南京在内的三角地带；以一个师团在华南作战，将占领福州、汕头、厦门"。[②] 1937 年度对华作战计划有三大特点：一是日本投入侵华的兵力由 1936 年度的九个师团增加到 1937 年度的十四个师团，为其总兵力近一半；二是 1937 年度作战计划的范围是整个中国；三是作战计划一经制定，军部立即实施军事演习。在卢沟桥事变爆发后，日本根据这一计划，迅速增派三个师团到华北，从而进一步扩大事态。

为了发动全面侵华战争，日本还在外交方面进行了一系列的准备和调整，重新确定外交格局。联合德国牵制苏联，蚕食华北，加强与英美争霸远东，为发动全面侵华战争和侵略南洋创造有利的国际条件。

这场战争的爆发显然不是因某个偶发性事件所引起的，而是日本长期以来对华及亚洲侵略国策的必然结果，是昭和天皇亲自批准的侵华方针和作战计划实施的具体体现。

二、事变发生前昭和天皇的态度

1937 年 7 月初，在卢沟桥事变发生前，东京政界就流传着"七夕之夜，华北将重演柳条湖一样的事件"的传言。[③]当时日本驻北平武官今井武夫和陆军省

---

① 服部卓四郎：《大东亚战争全史》第 1 册，商务印书馆，1984 年，第 260～262 页。

② 日本防卫厅防卫研修所战史室：《战史丛书 大本营陆军部》卷一，朝云新闻社，1967 年，第 369、412～413 页。

③ 今井武夫：《今井武夫回忆录》，中国文史出版社，1987 年，第 11～12 页。

昭和天皇与卢沟桥事变

军务课政策班长佐藤贤都在回忆录中证实了此事。日本军部听到传言后，向华北秘密派遣了视察人员，了解情况和收集情报。当时的参谋本部作战部长石原莞尔出于对苏联作战的考虑，亲自派人到华北，企图阻止"第二次柳条湖事件"之类的事情发生。[①]当时的教育总监本部长香月清司也亲临华北考察了一个半月。[②]

政界传言和军部不断派人到华北的举动，绝不可能瞒过昭和天皇。即便是绝对机密、内阁都不知情的情报，昭和天皇都能一清二楚，何况这种广为流传的消息。虽然目前还不能证明卢沟桥事变是昭和天皇直接指使下炮制的阴谋，但有一点可以肯定，昭和天皇清楚地知道他所批准的侵华方针、战争计划的意义以及军部、驻华日军在华北的种种阴谋，但他并没有想去阻止事态的发生，而是通过默许、纵容的态度，任由事态发展，可见其对华主战的立场和对军部侵华阴谋的认可。联系到事变爆发之前，昭和天皇突然以异乎寻常的友好态度会见了国民党政府驻东京大使，更使人们怀疑这是一种掩人耳目的姿态。[③]

在卢沟桥事变发生前，昭和天皇应是有着充分的思想准备的。1937 年 6 月 30 日，昭和天皇召见内大臣汤浅仓平时就说过："华北问题中央化，已成必然，若是如此，宁可先打。"[④]因此，可以认为卢沟桥事变发生前，昭和天皇不仅完全知情、还通过默许、纵容，实际上支持了日军在华北的阴谋，对于事变的爆发负有不可推卸的责任。

1937 年 7 月 7 日夜，卢沟桥的日本驻军在未通知中国地方当局的情况下，径自在中国驻军阵地附近举行所谓军事演习，并诡称有一名日军士兵失踪，要求进入北平西南的宛平县城（今卢沟桥镇）搜查。由于中国守军拒绝了这一无理要求，日军遂寻衅挑起战端，在卢沟桥附近与中国守军展开激战，揭开了全面侵华的序幕。

日本最高当局向中国发动全面侵略战争的决策极为迅速，这是因为侵略中国的基本国策早已确立，战争体制（包括已经在中国境内的军事部署）也基本就绪，而中国国内的内战及经济贫弱使日本朝野不必担心全面侵略中国可能出现的失败风险。日本国内弥漫着"一战必胜"的气氛，决策者多数认为是个"良机"，

① 今井武夫：《今井武夫回忆录》，第 15 页。
② 赵德芹、高凡夫："日本天皇裕仁与卢沟桥事变"，《北京社会科学》，2006 年第 4 期。
③ 程永明：《裕仁天皇传》（上），天津社会科学院出版社，2004 年，第 181 页。
④ 木户日记研究会：《木户幸一日记》上卷，东京大学出版会，1966 年，第 575 页。

应"断固一击"，以解决所有中国问题，[①]以武力使中国永远成为日本的附属国。明知有停战协定，但是急于一下子解决所有与中国悬而未决问题的近卫文麿内阁决定扩大事态，而昭和天皇从一开始就默许了这一点。

三、事变发生后昭和天皇的态度

卢沟桥事变发生前，昭和天皇有过妥协的想法，他在《昭和天皇独白录》中谈道：1937 年夏季，日中之间在华北问题上的对立日趋尖锐，呈现一种一触即发的状态。为此，"我（天皇）感到应采取什么措施与蒋介石妥协"，而且还特地把陆军大臣杉山元和参谋总长闲院宫召来，向他们征求对华意见，谋求妥协措施。[②]昭和天皇倾向妥协的真正原因，是担心华北问题引起英美等国的干涉，引发冲突，绝不是要反对侵略、维护和平。

卢沟桥事变发生后，昭和天皇曾一度支持"不扩大方针"，并不赞同扩大派或强硬派。以参谋本部第一作战部部长石原莞尔为代表，主张当前应加强对苏战备，向中国伸手会造成支离破碎之势。一旦苏联来犯，目前日本对此尚无准备。他强调，在没有动员 15 个师团，筹足 55 亿日元军费的情况下，出兵中国便是失策。[③]石原等人形成了陆军中的"不扩大派"。

卢沟桥事变爆发后，"南京政府完全无意将事件导向战争"，因此委曲求全、一再避让。日本政府则声称"就地解决""局部解决"，采取"不扩大方针"，一方面同华北地方当局及南京国民党政府进行谈判，另一方面在"不扩大"的烟幕下，迅速按照计划增兵华北，扩大战事。昭和天皇对这一事件也极为关注，他担心苏联的威胁，因为在满苏边境刚发生了干岔子岛事件，[④]他不赞成迅速铺开对华战争，激化矛盾，建议应该与中国方面妥协和拖延。

---

① [美]赫伯特·比克斯著，王丽萍、孙盛萍译：《真相——昭和天皇与侵华战争》，新华出版社，2004年，第 226 页。

② 寺崎英成编著：《昭和天皇独白录》，文艺春秋，1991 年，第 35 页。

③ 臼井胜美、稻叶正夫：《现代史资料 9·日中战争 2》，米涅尔书房，1964 年，第 305～306 页。

④ 1937 年 6 月 19 日，数十名苏联士兵在黑龙江中游的干岔子岛等登陆，要求当地居民撤离，并用十几艘舰艇封锁航路。日本将 1 个营的兵力部署在西岸的同时，进行外交谈判。在谈判取得进展的 30日，苏 3 艘炮艇炮击日军，日军用速射炮进行还击，击沉、击伤各 1 艘。此后，双方均保持冷静，未使事态扩大。

昭和天皇与卢沟桥事变

7月11日，在卢沟桥事变后的第四天，即前线两军达成停火协议的当天，参谋本部就决定扩大战火。昭和天皇在内阁会议决策前召见总参谋长闲院宫、陆军大臣杉山元、海军军令总长伏见宫及总理近卫文麿等人。此时，昭和天皇对华北事件首先考虑到的是可能来自苏联的威胁。"如果苏联从背后攻击的话，怎么办"？闲院宫回答："我想陆军会回击的。" 昭和天皇又重复道："那不过是陆军的武断。如果万一苏联发动了攻击，怎么办呢？" 闲院宫只是说："那没有办法。"昭和天皇因此看起来非常不满意。[①]他想确切地知道应变计划，而闲院宫回避了这个问题，他对闲院亲王的报告很失望。

一直到1937年11月占领上海之前，日本当局还认为11月是日苏战争突发的"危机点"，"包括天皇的宫中方面则忧虑于苏联是否会联合中国攻击日本"。[②]出于对苏联的顾虑，事变之初，昭和天皇倾向和支持了"不扩大方针"。

四、天皇的"以战迫和"决断

事变初期，昭和天皇因为担心苏联从背后进攻使日本陷入长期战争而支持"不扩大"方针，但随着事态发展、特别是"扩大派"陆相杉山元和参谋总长闲院宫的不断进言，使昭和天皇渐渐转向支持扩大战争，决定"以战迫和"。杉山认为："只要以少数兵力，给中国以有力的打击，中国就会屈服。苏联不会干预日本的行动。此际苏联正进行大清洗，红军高级将领被处决，其军力下降，不会介入；英国在欧洲受制于纳粹德国；美国孤立主义不愿介入远东纠纷。国际环境有利于日本推进对华战争，不要丧失这一千载难逢之机会。"[③]杉山向天皇保证，"一次派出大量军队，短期内就能把中国的抗日行动压下去，事变大约用一个月时间就可以解决"[④]，终于促使昭和天皇于1937年7月11日批准了首相、陆相、参谋总长向华北派兵的阁议奏请。同一天，昭和天皇还在其签署的《向华北派兵声明》中，将责任完全推给中国一方，颠倒是非，为其亲自批准发动的战争寻找借口。昭和天皇在对侵华战争上常常有廉价战争的错觉，这使得他频频冒险，积

---

① 中尾裕次编集：《昭和天皇发言记录集成》上卷，芙蓉书房，2003年，第372页。

② 秦郁彦：《日中战争史》，和出书房新社，1983年，第249页。

③ 小林龙夫等编：《现代史资料12 日·中战争4》，米涅尔书房，1965年，第424页。

④ 井上清：《天皇的战争责任》，现代评论社，1975年，第88页。

极发动战争。他提出"要在威吓的同时提出和平主张"，充分利用战与和两种手段，以战迫和，尽快实现战争目标。

7月11日，针对和与战的问题，参谋本部战争指导课提出《紧急措施意见》："尽速由近卫首相（不得已时由广田外相）奉戴圣谕，拜受对日中危局之和战决定权，赴南京直接与国民政府进行最后谈判。"①近卫首相也赞成这个建议，并派宫崎龙介（宫崎滔天的儿子）作为密使前往中国，后因故没有去成。当时日本决策层乐观地认为可以不战而屈人之兵，因此提出："如果平津地区平定后，能出现为下一期作战做好准备的暂时平静状态，也可以抓住这个机会对外交谈判提出对策。"②

昭和天皇非常关注平津作战的结局，但他希望把战局限制在华北地区。事变发生后，参谋本部和内阁上奏昭和天皇，请求动员三个师团。昭和天皇询问了平津作战的下一步计划，以及如何结束的问题。③陆相杉山元向昭和天皇保证不扩大战线、不跨过永定河。④于是昭和天皇批准了请求，并指示驻中国部队司令官"严惩京津地区支那军"，并且"负责该地区主要区域的治安"。⑤

7月25日，关东军和朝鲜军的增援部队与本土派出的三个师团在天津附近的廊坊会合，经过两天的战斗，日军就占领了北京和天津。紧接着，日军又借口通州事变⑥，重新推行侵略政策。这时，昭和天皇开始施加压力，要求进行一场结束战争的决定性战役。

虽然昭和天皇批准了进攻，但也并没有完全倒向扩大派，他真正的目的还是逼迫中国政府尽快投降，以战迫和。占领平津之后，7月29日，昭和天皇对近

---

① 日本防卫厅战史室编，天津市政协编译委员会译校：《日本军国主义侵华资源长编》（上），第314～315页。

② 黄友岚：《抗日战争时期的"和平"运动》，解放军出版社，1988年，第42页。

③ 日本防卫厅战史室编撰，天津市政协编译委员会译校：《日本军国主义侵华资料长编》（上），第331页。

④ [美]约翰·亨特·博伊尔：《中日战争时期的通敌内幕（上）》，商务印书馆，1978年，第75页。

⑤ [美]赫伯特·比克斯著，王丽萍等译：《真相——昭和天皇与侵华战争》，新华出版社，2004年，第228页。

⑥ 1937年卢沟桥事变爆发后，华北中国军队和侵华日军发生全面交火。7月29日在北平附近，驻守通州的伪军冀东保安队对日军发动了攻击，冀东保安队捣毁了日军机关，逮捕了殷汝耕（冀东保安队撤退时殷汝耕逃跑）等人。此次事件中通州保安队杀死了约235个日本侨民、顾问、官兵和日韩浪人。这次攻击沉重打击了日军，宣告"冀东防共自治政府"彻底垮台。

昭和天皇与卢沟桥事变

卫说："现在就在这个程度上转为外交谈判来解决问题，怎么样？"近卫首相向陆军传达了昭和天皇的意向。7月31日，不扩大派的石原莞尔趁机也提出建议：我军应以打到保定一线为"最大限度"，"在打到保定以前立即尽可能转入外交谈判，以获得息兵的机会。这是当务之急"。[①]这一意见得到昭和天皇的肯定。于是，在昭和天皇的主张下，"不扩大派"与外务省开始通过外交谈判处理"华北事变"的"船津工作"。8月2日，高松亲王与昭和天皇讨论了通州事件，他提醒昭和天皇注意陆军中不扩大派的观点并不代表整个陆军。[②]很难说日本政府是被军部拖入了战争，准确地讲是近卫在陆军中一派的支持下，决心利用一个小事件，实现惩罚中国军队，巩固对北京——天津地区控制的大目标。在这一点上，近卫得到了昭和天皇的积极支持。

8月7日，陆、海、外三相会议确定了《全面调整日中国交的方案纲要》和《日华停战条件》。日方提出的停战条件表明：日本表面放弃一些侵华权益，实质要求中国承认伪满，保留并扩大在华北的既得利益。因此，"与其说是作为对华'和平'的筹码，倒不如说是在华北问题上更为苛刻、更加全面的要求，而这些要求是日本在以七七事变前求之不得的"。[③]这恰恰反映出昭和天皇"和平"主张的实质所在。但由于"扩大派"与"不扩大派"各不相让，不久爆发了"八一三事变"，使这次"和平谈判"无果而终。

卢沟桥事变后的决议程序与九一八事变的模式有很大区别。九一八事变是当地军官造成非法的既成事实，昭和天皇事后明确地追认了他们的行动。而这次，昭和天皇从一开始就了解、关注、掌控事态，并从幕后走到台前，积极主动介入了对事变的处理，并亲自批准了向华北派兵，从而使事变迅速扩大并演变成为全面侵华战争。卢沟桥事变的爆发正是昭和天皇批准的全面侵华方针、政策实施的必然结果。因此，昭和天皇对全面侵华战争的爆发负有不可推卸的责任。

---

① 沈予：《日本大陆政策史（1868—1945）》，第532页。

② 中尾裕次编集：《昭和天皇发言记录集成》上卷，芙蓉书房出版，2003年，第377页。

③ 臧运祜：《七七事变前的日本对华政策》，社会科学文献出版社，2000年，第324页。

社会变迁背景下的青少年消极避世问题

——以蛰居现象为中心

师艳荣

内容提要 在当代日本社会急剧变迁的背景下,青少年群体中出现了消极避世的问题。他们不上学、不工作,也不与人交往,偏离了正常轨道,逐渐被边缘化。丧失社会行为、自我封闭的蛰居现象是较为严重的青少年消极避世问题之一。20世纪70年代以来,随着青少年价值观念和行为方式的改变、家庭教育的弱化、校园问题的层出不穷及人际关系的淡薄,蛰居等青少年消极避世问题日益严重。蛰居现象从出现到社会问题化的过程,也是青少年消极避世问题愈演愈烈的过程。蛰居社会问题化给社会、家庭及蛰居者本人所带来的严重后果已引起日本社会各界的高度关注。

关 键 词 日本社会变迁 青少年 消极避世 蛰居 社会问题化

基金项目 天津社会科学院重点研究课题（2013 年度）"当代日本青少年问题研究"

作者简介 师艳荣,天津社会科学院日本研究所副研究员,南开大学日本研究院博士研究生

社会变迁背景下的青少年消极避世问题

在当代日本社会急剧变迁的背景下，青少年群体中出现了消极避世的问题。他们不上学、不工作，也不与人交往，偏离了正常生活轨道，逐渐被边缘化。丧失社会行为、自我封闭的蛰居现象是较为严重的青少年消极避世的问题之一。

一、日益严重的青少年蛰居现象

在日本，蛰居被称为"ひきこもり"，是日语"引き篭もる"的名词形式，其字面意思是闷居或闭居。目前，有关"ひきこもり"的译法主要有三种："闷居在家"、"闭居"和"遁世"，笔者将其译为蛰居。蛰指动物冬眠，藏起来不吃不动。蛰居指像动物冬眠一样，长期躲在某个地方，不出头露面。在日常生活中，出于潜心创作、备考或调整情绪、缓解疲劳等目的而闭居者并不少见，但这种空间上的闭居与蛰居存在本质上的差异，蛰居是一种丧失社会行为、自我封闭的消极避世状态。蛰居青少年不仅逃避学业和工作，而且对最基本的人际交往也避而远之，甚至于完全封闭自我。

蛰居是一个非常复杂的社会问题。蛰居的表征相似，诱因和程度却千差万别。迄今为止，因立场和视角的差异，有关蛰居概念的界定存在多种版本。2010年，厚生劳动省的界定是目前日本社会各界使用频率最高，且最具权威性的概念："由于各种各样的要因，回避社会活动（包括义务教育阶段的上学、非常勤的就业及家庭外的交际等），持续6个月以上基本不外出的状态（包括与他人不交往的外出行为）。一般说来，蛰居不是精神疾病，但是应该留意的是在没有进行确定诊断前，蛰居者存在具有综合失调症等精神症状的可能。"[①]蛰居包括"社会性蛰居"和"精神障碍性蛰居"。"社会性蛰居"是由校园暴力、不登校、性格孤僻、家庭不和、工作受挫、迷恋网络、沉迷游戏等社会性因素引发的蛰居；"精神障碍性蛰居"是因精神疾病导致的蛰居，如患有综合失调症、抑郁症等精神疾病者的蛰居生活。二者表征类似，却存在本质上的差异。与"精神障碍性蛰居"相比，"社会性蛰居"是身体健康、精神正常的青少年出现的病态症状，问题更为严重。

日本内阁府2010年公布的抽样调查结果显示，处于蛰居状态的青少年已多达

---

① 厚生劳働科学研究費補助金こころの健康科学研究事業「思春期のひきこもりをもたらす精神科疾患の実態把握と精神医学的治療・援助システムの構築に関する研究（H 19-こころ-一般-010）」（研究代表者 齊藤万比古），《ひきこもりの評価・支援に関するガイドライン》，2010 年，第 6 页。

69.6万人，作为其"后备军"的"蛰居亲和群"①规模更加庞大，推算数约为155万人。②可见，日本青少年蛰居问题已十分严重。

蛰居是日本青少年消极避世中较为严重的问题之一。蛰居现象与不登校、"NEET"（日语为"ニート"）等青少年消极避世问题具有一定的关联性。不登校是蛰居的诱因之一，"NEET"是蛰居的"后备军"。

蛰居与不登校。2010年，厚生劳动省公布的"关于蛰居的评价、援助指针"中明确指出不登校与蛰居存在很强的关联性，认为蛰居者中存在很多具有不登校经历的人。不登校是应试教育和学历社会的产物。日本文部科学省将不登校定义为"由于一些心理的、情绪的、身体的或社会的原因背景（疾病或经济原因除外），不上学或不想上学，年间缺席达30天以上者"。③在学历主义和竞争异常激烈的社会环境下，不登校的孩子很难在社会上立足，越来越脱离社会，甚至长期闭居在家，过着与世隔绝的生活。

蛰居与不登校问题关系密切。20世纪70年代，蛰居现象随着不登校问题的出现而浮出水面，一部分不登校者闭居在家过起蛰居生活。80年代以来，蛰居人数随着不登校人数的增多而增多。多项调查表明，60%以上的蛰居者具有不登校经历（如表1所示）。2001年，文部科学省委托现代教育研究会进行的一项调查显示："约有20%的不登校者会转向蛰居生活，大体上相当于蛰居人数的60%～80%"。④由此可知，不登校是蛰居的重要诱因之一，蛰居成为一些不登校者逃避学业和社会竞争的生活方式。

① 所谓蛰居亲和群是指理解蛰居者或自身也有蛰居想法或倾向，但未进入蛰居状态的人。
② 内閣府政策統括官：（共生社会政策担当）《若者の意識に関する調査（ひきこもりに関する実態調査）報告書》，2010年，第10页。
③ 山下耕平著：《迷子の時代を生き抜くために——不登校・ひきこもりから見えてくる地平》，北大路書房，2009年，第90页。
④ 井出草平著：《ひきこもりの社会学》，世界思想社，2007年，第44页。

社会变迁背景下的青少年消极避世问题

表 1　蛰居者中具有不登校经历的比率

蛰居的调查	有不登校经历的比率（%）
（1）2003 年蛰居指针	61.4
（2）斋藤环的诊疗数据	90.0
（3）埼玉县实态调查	64.6
（4）大分县实态调查	69.6

注：（1）2003 年厚生劳动省公布的《蛰居指针》中引用的"关于'社会性蛰居'的咨询、援助状况调查"数字；（2）斋藤环，1998 年的诊疗数据；（3）《蛰居实态调查报告书》（埼玉县健康福祉部，2002 年）；（4）《"蛰居"实态调查报告书》（大分县精神保健福祉中心，2004 年）。

资料来源：井出草平著：《ひきこもりの社会学》，世界思想社，2007 年，第 42 页。

蛰居与"NEET"。"NEET"是"Not in Education，Employment or Training"的简称，起源于英国，是指那些不工作，不上学，也不接受职业训练的年轻人。[1]在日本，"NEET"专指年龄在 15～34 岁之间，不想上学和工作，也不接受专业求职训练的年轻人。蛰居与"NEET"是容易混淆的两个概念，二者的表征具有相似性，且存在重叠部分（如图所示）。2010 年内阁府调查报告中的准蛰居者（平时在家，只有做自己感兴趣的事情时外出）与"NEET"类似，"NEET"蛰居化的事例也不少见。可以说，"NEET"是蛰居的后备军。当然，二者之间也存在着明显的差异。如蛰居是至少半年以上不能参与社会的状态，且人际关系淡薄，难以重新回归社会，而"NEET"有一定的社会交往和参与社会的能力。就援助对策上看，对于蛰居者来说，恢复人际关系是援助的重点，而"NEET"因不存在人际交往障碍，实现就业是其回归社会的目标。

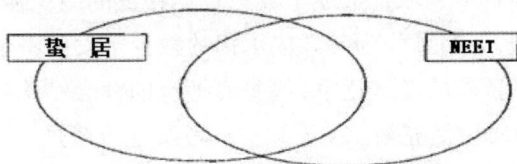

图　蛰居与"NEET"的关系

资料来源：井出草平著：《ひきこもりの社会学》，世界思想社，2007 年，第 48 页。

① 玄田有史、曲沼美惠著：《ニート——フリーターでもなく失業者でもなく》，幻冬舍，2004 年，第 10 页。

此外，蛰居与御宅族（日语为"お宅"）存在本质上的差异。20世纪80年代，作为消费社会的产物，日本年轻人中出现了"御宅族"。所谓"御宅族"，专指那些对ACG（animation 动画、comic漫画、game电玩）极度痴迷而足不出户的人。他们花费大量时间和精力异常狂热地收集和研读ACG产品，从而忽略了人际交往。在他人看来，"御宅族"与蛰居者的生活状态非常相似，甚至很多人将蛰居者等同于"御宅族"。表面上看，"御宅族"是躲在家里不与人接触，实际上是一种对兴趣爱好的过分投入和执着的表现，而蛰居者往往是对什么都不感兴趣，整天无所事事，精神萎靡不振，缺乏自信心。总之，蛰居是一种逃避现实的消极生活方式，而"御宅族"只是空间上的闭居。

二、蛰居等青少年消极避世问题产生的时代背景

蛰居等青少年消极避世问题是社会发展的产物。当代日本社会无论是政治、经济，还是文化教育，方方面面都经历了且目前依然在经历着巨大的社会变迁，这些变迁都会在不同历史发展时期青少年的价值观、行为方式以及由此形成的青少年问题中留下痕迹。半个多世纪以来，日本社会变迁主要从以下几个方面对青少年产生了较大的影响。

第一，社会经济发展改变了青少年的价值观念和行为方式。战后，日本社会经济发生了翻天覆地的变化，从战后初期的经济复兴，到20世纪60年代的经济高速增长，70年代跃升为世界第二大经济体，80年代末的日本已经处于世界经济的支配地位，其发展之迅速，震惊世界。然而，围绕以经济建设为中心，日本家庭、学校及社会等各个领域都形成了具有日本特色的组织体系。"工蜂式"的男人只负责挣钱养家，忽略了作为父亲应承担的教育子女的责任；学力偏差值[①]标准使学校教育充满了激烈的考试竞争；终身雇佣制的社会结构造就了学历决定命运的雇佣环境。在物质生活充裕、父爱缺失、考试竞争激烈、学历主义盛行的环境下成长起来的青少年，其价值观和行为方式逐渐发生变化。

日本人传统的价值观念是努力学习，考上名牌大学，进入一流企业，从而获

---

① 是用偏差值来衡量学生学习能力的方法。在日本，学力偏差值竞争的成败，几乎对青少年的人生观起着决定性的影响作用。

社会变迁背景下的青少年消极避世问题

得稳定的高收入和较高社会地位，这种大部分日本人崇尚和追求的理想生活方式，对于在富裕生活中成长起来的青少年来说却变得毫无意义。日本青少年价值观念的改变突出表现在个人主义的增强、社会责任感的缺失和贪图享受、好逸恶劳之风日盛，"努力""合作"等传统社会规范发生动摇。日本传统的勤劳价值观受到冲击，在青年人中，上一辈人形成的"认真学习""认真工作"的价值观被"重视自我"的价值观所取代。青少年不愿像他们的父母那样做出自我牺牲，努力学习、认真工作对他们来说简直就是生命的浪费。他们不想重复父辈们的生活模式，希望能自由自在地生活，干自己想干的事情，按自己的意愿去生活。日本青少年研究所所长千石保指出："青年人考虑的不是为公司奋斗一生，而是要忠实于自我的生活，他们认为，若是牺牲自我，不讲享乐、努力拼搏奋斗，到头来只能是哀叹'失去自我价值'。"[1]青少年心安理得地享受着富裕生活，却抛弃了奋斗精神，没有了朝气，丧失了目标。

泡沫经济崩溃后，在就业形势严峻的背景下，经济不景气导致失业率增多，以往的终身雇佣制和年功序列制面临挑战。日本社会矛盾加剧，社会价值观混乱，整个社会陷入了悲观失望的谷底，年轻人也一蹶不振，及时享乐、自私自利等成为青少年们追求的目标。传统价值观念在青少年心中彻底崩溃，日本人传统的认真、忍耐精神已经不能吸引当今的青少年。他们不再忍耐，尽可能地回避眼前的困难，拒绝承担任何社会责任。生活态度消极、忍耐力低、缺乏责任感、自私成为当今日本青少年的价值观和生活观，"自由打工族""啃老族"成为一些青少年崇尚的生活方式。蛰居则成为青少年逃避社会竞争的一种极端方式，他们蜗居在自己的角落里，不与他人发生任何联系，以此来回避社会责任。

第二，家庭结构变迁弱化了家庭教育。日本社会经济发展对家庭结构、家庭教育等方面都产生了较大的影响。日本传统的家庭结构是三代同堂的大家庭，家庭教育严格。随着物质条件的丰富，生活的便利，核心家庭不断增多。到20世纪90年代，核心家庭已取代大家庭成为典型的日本家庭形态，孩子的教育也由以往的大家庭长辈的共同教育转移到小家庭中的父母身上。然而，随着家庭收入和消费水平的提高，父母对孩子过保护和娇纵溺爱现象增多，弱化了家庭教育。不仅家教松懈，而且"在核心家庭中，家庭成员间的互相沟通也因为人数少而比

① 千石保著，何培忠译：《"认真"的崩溃——新日本人论》，商务印书馆，1999年，第33页。

直系家族时差得远了"①。

家庭交流的减少，一方面在于父母忙于工作，无暇顾及孩子。特别是父亲对孩子的照顾和教育非常有限。"工蜂"式的父亲早出晚归，把大部分时间都献给了工作，没有时间与孩子进行交流，就连节假日都要忙于各种应酬，不能与孩子一起度过。另一方面在于孩子拥有独立房间的比例迅速提升。日本青少年研究所1994 年开展的高中生生活方式调查结果显示：日本高中生中具有自己独立房间的高达 72.9%，拥有专用电视的为 36.1%，专用电话和内线电话的比率也达到了20.8%。②孩子私人房间的普及，在为孩子创造安静、良好学习环境的同时，也使得亲子之间的沟通受阻。孩子大部分时间喜欢待在自己房间里学习或玩游戏、看电视、听音乐，与家庭的交流减少，父母对孩子的监督作用也渐趋弱化。

此外，问题家庭的增多也弱化了家庭教育。特别是泡沫经济崩溃以来，离婚率不断攀升、家庭暴力增多、家庭关系不融洽等家庭问题都给孩子的成长带来消极影响。孩子在家庭中享受不到家庭的温暖，得不到监护人的正确引导，自私、性格暴躁等成为这些孩子的典型性格特征。在这样的家庭环境长期熏陶下，孩子的性格也会扭曲，变得不自信，容易封闭自己，过蛰居生活。

第三，校园问题层出不穷。日本是崇尚教育为本的教育大国，尤其是战后民主化改革后，不论在教育规模还是在教育层次上都取得了飞跃的发展。然而教育的发展在为社会经济的高速增长创造条件的同时，长期以来形成的偏重知识、学历主义及严格的管理体制等教育弊端也随之显现。日本是典型的学历社会，个人的社会地位由个人的学历高低甚至毕业于哪所学校决定。进入一流大学成为成功的唯一条件，学历主义成为教育界的唯一价值判断标准。为进入名牌大学，学生从初等教育阶段就开始了激烈的考试竞争，而且，日本中小学生的着装、生活等几乎所有领域都被包罗万象的校规规范着。不仅压抑了青少年的个性，而且形成了巨大的心理压力，一些学生因此而产生学习焦虑、考试焦虑、厌学情绪以及学校恐惧症。

20 世纪 70 年代以来，日本的不登校现象增多。对于这些不登校的孩子来说，出路只有两条：一是重新回到学校，二是出去工作。实际上，这两条出路对于不

---

① 福武直著、张佐译：《现代日本社会》，黑龙江人民出版社，1982 年，第 43 页。

② 千石保著：《マサツ回避の世代——若者のホンネと主張》，PHP 研究所，1994 年，第 109 页。

社会变迁背景下的青少年消极避世问题

登校的孩子来说都难以实现。因为，在日本这个重视学历的社会中，不登校的孩子就成了社会的落伍者，他们中的大部分对参与社会和发展人际关系存在抵触情绪。即使成年后，他们中的大部分人也只能靠打短工维持生活，有的则完全依靠父母生活，成为对学业、职业生活失去兴趣的蛰居者。

20世纪80年代，不但中小学不登校问题严重化，校园欺负、校园暴力等日本校园问题凸显，青少年蛰居现象随之增多。泡沫经济崩溃后，日本社会进入新的转型期，以不登校为首的校园欺负、校园暴力等校园问题愈演愈烈，蛰居现象也逐渐引起社会的关注。从不登校到蛰居，青少年们逐渐走向自我和封闭。

此外，社会富裕后人际关系的淡薄对青少年的影响也是潜移默化的。日本的物质生活丰富、社会秩序井然，人人彬彬有礼。然而，在富裕、秩序、礼貌下掩盖的却是孤独、压抑和人际关系的淡薄。在物质丰富而人际关系浮泛淡漠的当今社会，崇尚自由、缺乏工作热情和社会责任感的青少年难以适应现实社会中复杂的人际关系，时常感到孤独和精神疲劳，严重者会逐渐封闭自己，拒绝与人交流，躲在自己狭小的角落里逃避现实，从而走上蛰居之路。

三、蛰居现象的社会问题化及后果

蛰居现象从出现到社会问题化的过程，也是青少年消极避世问题愈演愈烈的过程。20世纪70年代末，日本青少年蛰居现象伴随着不登校等校园问题的出现而浮出水面。80年代随着不登校人数的增多而增多，90年代引起新闻媒体、学术界的关注，到2000年前后发展为社会问题。

NPO法人青少年自立援助中心（简称YSC）理事长工藤定次较早开展援助蛰居者的活动，其最早接触蛰居者始于1978年。由此推断，日本青少年蛰居现象最迟于20世纪70年代末就已出现。此时，青少年中出现了与蛰居特征相似的"缺乏朝气"的人，他们对学业和职业生活不感兴趣，不参与社会活动，无所作为地虚度光阴。80年代，中小学不登校问题凸显，蛰居者增多，介绍蛰居现象的论文也随之见诸学界。

20世纪90年代，日益增多的日本青少年蛰居现象引起新闻媒体和学术界的关注，青少年蛰居由隐性社会问题向显性社会问题转化。1990年，青少年蛰居问题首次见诸日本报端，作为不登校问题引发的后果之一，蛰居现象引起关注。1991

年，日本厚生省（现在的厚生劳动省）开展的"针对蛰居、不登校儿童的福祉对策事业"中，根据蛰居现象的表征将其定义为"躲在家里，只能和家人接触的儿童"。[①]此后，随着富田富士也的《从蛰居开始的旅程》《蛰居与不登校、就业》和精神科医生稻村博的《不登校、蛰居Q&A》等一系列研究蛰居著作的出版，引发了学术界及新闻媒介关注蛰居现象的热潮。1997年2月，《朝日新闻》朝刊连续6期刊载了由盐仓裕撰写的题为"人与生活——蛰居年轻人"的报道，讲述了15名蛰居者的状况，他们平均年龄为26.9岁，平均蛰居时间近7年。[②]该报道揭示了蛰居者的年龄提高化和长期化问题，向人们展示了蛰居青少年内心深处的苦闷及其家人的痛苦与无奈，在社会上引起强烈反响。

1998年，精神科医生斋藤环的《社会性蛰居》一书出版，该书对蛰居概念进行了明确地界定，他认为蛰居不是由精神障碍引发的，而是因校园欺负、不登校、就业或职场压力等社会性因素引发的青春期问题。他将"社会性蛰居"（social withdrawal）定义为：近30岁且没有精神疾病的年轻人，连续6个月以上躲在家里，不参加社会活动的状态。[③]由此掀起了社会各界对"社会性蛰居"概念的宣传和讨论，"蛰居"一词广为人知。

自 1990 年以来，青少年蛰居现象呈现出不断增多的态势。京都事件、新潟事件和佐贺事件[④]等一系列由蛰居者实施的恶性犯罪案件成为蛰居社会问题化的转折点。以此为契机，社会各界对蛰居问题的关注度迅速提升，各大媒体加大力度对蛰居问题进行宣传，有关蛰居问题的报道激增（如表 2 所示）。

---

① 富田富士也著：《引きこもりからの旅たち》，ハート出版，1992 年，第 19 页。
② 荻野達史等编：《ひきこもりへの社会学的アプローチ》，ミネルヴァ書房，2008 年，第 36 页。
③ 斉藤環著：《社会的ひきこもり‐終わらない思春期》，ＰＨＰ研究所，1998 年，第 25 页。
④ 京都事件发生在1999年12月21日，21岁蛰居男子将京都市日野小学的一名男生杀害。新泻事件是发生在新潟县柏崎市的监禁女性事件。1990年11月，一名男子将住在新潟县三条市内的小学四年级女生带到家里进行监禁，直到2000年被发现，监禁时间长达9年零2个月。佐贺事件发生在2000年5月3日，一名17岁高中生劫持了佐贺西铁高速公共汽车，次日犯罪少年被捕。参见师艳荣：《日本青少年蛰居问题分析》，《中国青年政治学院学报》，2010年第2期。

社会变迁背景下的青少年消极避世问题

表 2　《朝日新闻》《读卖新闻》对蛰居问题的相关报道件数

年份	1990	1992	1995	1997	1999	2000	2001	2002	2003	2004	2005
朝日新闻	9	13	25	82	115	393	413	405	472	522	489
读卖新闻	4	4	12	25	46	248	307	307	359	355	305

资料来源：石川良子著：《ひきこもりの〈ゴール〉——'就労'でもなく'対人関係'でもなく》，青弓社，2007 年，第 45 页。

从表 2 可以看出，与 1999 年相比，2000 年两大报纸对蛰居问题的相关报道显著增多，《朝日新闻》的报道从 115 条增加到 393 条；《读卖新闻》则从 46 条增加到 248 条。很多报道还将蛰居与犯罪联系在一起，甚至出现了全国蛰居青少年多达百万人的报道，引起社会恐慌和不安。由此，青少年蛰居问题成为公众话题和较为严重的社会问题。

蛰居是一种消极避世的生活状态，是逃避现实生活的一种方式。蛰居社会问题化给社会、家庭及蛰居者本人带来了一系列的严重后果。

第一，蛰居者承受着巨大的精神压力，严重者会诱发精神疾病。蛰居是暗淡的、没有生机和活力的生活状态。长期的蛰居生活不仅使他们完全脱离社会，失去了参与学校、社会生活的机会，而且精神负担也会随之加大。蛰居者是非常孤独和被边缘化的一类人群，"即使自己死了，也不会有人悲伤""任何人都不知道自己的事情，自己与他人没有任何联系""没有自己容身之地""自己是失败的人，在社会上没有生存价值"等成为蛰居者们苦闷孤寂心境的写照。长期蛰居的青少年会出现对人恐惧症、强迫症、失眠等症状，严重者会诱发精神疾病。

第二，蛰居是人力资源的极大损失。在日本少子老龄化问题加剧的情况下，蛰居青少年的增多使日本面临更为严重的劳动力短缺问题。1975 年以来，伴随着少子化问题的加剧，日本青少年[1]人口不断减少。青少年人口在总人口中所占比率已从 1975 年的 49.2%，下降到 2012 年的 28.2%（3，592 万人）。[2]在不断减少的青少年人口中，不工作的人占有相当大的比例。特别是 20 世纪 90 年代中期以来，在经济低迷、就业形势日益严峻的背景下，不能顺利就业的日本青少年数

---

[1] 在日本，行政和法律上对青少年的界定存在差异。行政上的青少年概念一般是指从乳幼儿到青年期之间的人，年龄限定在 0～30 岁之间。

[2]《平成 25 年版子ども·若者白書（全体版）》，内阁府网页：http://www8.cao.go.jp/youth/whitepaper/h25honpen/pdf_index.html。

量激增。而对于不能正常社交、长时间与外界断绝联系的蛰居青少年来说，就职更是难上加难，他们往往陷入"想回归社会却又不能回归社会"的两难困境。可以说，蛰居使得日本劳动力短缺问题愈发严重，一定程度上阻碍了日本经济的发展。

第三，蛰居者容易出现暴力倾向。长期蛰居的青少年会出现暴力倾向。2004年11月24日，水户市19岁无业少年用铁制哑铃将身为教师的父母杀死。同一天，土浦市28岁男子用菜刀或锤子将父母和姐姐杀害。这两起事件的加害者都是处于或接近蛰居状态的青少年。除了对家人实施暴力外，还会进行社会犯罪。如2000年前后发生的京都事件、新潟事件和佐贺事件都是由蛰居者实施的恶性犯罪案件。

此外，青少年蛰居者的增多给日本的社会保障制度和福利制度带来极大的挑战。有的蛰居者数年或数十年过着蛰居生活不能自拔，甚至出现了50岁以上的蛰居者。今后，随着蛰居人数的增多、时间的延长及蛰居者年龄的增长，如何援助蛰居者，帮助其回归学校或社会，以解决数十万蛰居者的生存和发展问题成为日本面临的重大课题。

四、日本蛰居社会问题化带来的警示

日本出现蛰居现象之初，并未引起足够的重视。即便到了20世纪90年代，蛰居现象日益严重之时，很多人依然抱着观望的态度，政府也未给予过多的关注。直到已社会问题化的2000年前后，愈发严重的蛰居问题才引起日本社会各界的高度关注，有关蛰居的区域性调查和全国性调查相继展开，日本政府、NPO法人等民间团体也积极开展对蛰居者及其家人的援助活动，但收效甚微。

日本青少年蛰居问题的严重性令人震惊的同时，也给中国带来一定的警示作用。目前，我国青少年群体中也存在因家庭变故、恋爱受挫、就业失败等因素而蛰居的事例。如2012年3月21日，人民网刊发了"人民网评：大学生宅到饿死不仅仅是个笑话"[①]的报道，曾是优等生和村里首个大学生的王小林，自1995年大学毕业后因为对工作不满而弃职，此后开始了长达17年的宅居生活，直至被饿死。从"王小林不工作宅居14年被饿死"事件背后隐藏的社会现实可以看出，中国青少年群体中的"啃老族"现象已成为很普遍的现象。王小林不工作、不与

---

① 姜泓冰："人民网评：大学生宅到饿死不仅仅是个笑话"，人民网：http://edu.people.com.cn/GB/88733/164373/17443768.html。

社会变迁背景下的青少年消极避世问题

人交流，躲在家里，过得就是一种病态式的蛰居生活。

蛰居是社会发展的产物，与日本家族文化有着密切的联系。在欧美等发达国家，孩子满 18 岁就必须自立，缺乏适合蛰居问题滋生的土壤。而日本、韩国和中国等东亚国家中，家族观念非常强，"亲子之间不是彼此独立的关系而是一种'相互依赖'的关系"①。我国与日本有着相似的家族文化，中日"两种家庭的代际关系都是一种相互依赖的模式。中国文化传统提倡的理想的代际关系是：父母对子女实行全面保护，对其教育、职业选择、婚姻以及人生生活设计总是竭尽全力地负责到底"②。父母不是鼓励子女独立自主地面对世界，而是对子女实行过保护。这种包办使孩子失去了锻炼的机会，以至于很多孩子成年后也依靠父母生活，这种密着型亲子关系也是蛰居问题产生的深层原因。

中国目前的社会发展阶段与日本蛰居问题出现的 20 世纪七八十年代十分相似。日本出现蛰居现象时，正值经济获得高速发展后日本社会面临转型之时。中国改革开放也进行了 30 多年，中国社会经济发展水平已经发生了巨大的变化，正处于经济高速增长后社会问题十分突出的历史变革期。伴随着中国急剧社会变迁成长起来的一代青少年也出现了其特有的现象和问题，中国的社会状况也存在着诸多可能诱发蛰居问题的因素。如持续的经济快速发展及以经济建设为中心的发展道路给社会发展带来的不良影响也是显而易见，表现在青少年身上则是一系列青少年问题的凸显。校园暴力、校园欺负、网络欺凌、自杀、家庭内暴力等存在于日本的青少年问题也无一例外地出现在中国青少年群体中，并呈现出日益严重化的趋势；随着物质生活的丰富，导致享乐主义在年轻人中慢慢滋生；中国就业形势的严峻使得年轻人就业压力增大，啃老族群体不断扩大；独生子女政策使得绝大多数青少年生活在独生子女家庭中，父母溺爱孩子、对孩子的过保护问题严重；经济发展后，社会道德出现滑坡、人际关系淡薄，容易引发社交危机。此外，互联网的快速普及，网瘾青少年随之增多，他们不学习，不工作，脱离了社会，闭塞感越来越强，精神上的压力也随之增大，很容易蛰居在自我的狭小空间内。由此看来，未来我国青少年蛰居问题也有可能严重化。因此，我国应该借鉴日本的经验教训，及早发现问题，采取措施，防患于未然。

---

① 尚会鹏著：《中国人与日本人》，北京大学出版社，1998 年，第 43 页。

② 同上，第 41 页。

专题研究

"3·11"大地震与日本产业复兴的新趋势

张玉来　陈　欢

内容提要　"3·11"东日本大地震使日本经济雪上加霜，陷入长期低迷的日本经济受到重创，出现了一系列负面因素并迅速膨胀：福岛第一核电站泄漏事故造成的核辐射以及随之而来的电力供应紧张；日元不仅没有因为巨灾而贬值，反而出现大幅升值现象；以零库存为特征的、曾被誉为最高效的准时供应体制——供应链断裂。这些新出现的问题，与老龄少子化、政府债务危机、产业空洞化形势严峻的老问题相互交织在一起，使日本产业环境骤然恶化。大地震还对全球产业链造成了强烈冲击，它至少表明了这样的事实：日本产业在全球制造体系中仍具有强大的竞争力。震后日本产业的迅速重建也再次证明，日本企业已经构建起的强大组织能力。日本产业的发展模式与进化路径具有重要借鉴意义。

关 键 词　日本大地震　产业空洞化　全球产业链　福岛核泄漏

基金项目　国际交流基金共同研究项目"'3·11'大地震会是日本的转折点吗——灾害及灾后重建与创新"

作者简介　张玉来，南开大学日本研究院副研究员；陈欢，南开大学日本研究院硕士研究生作为一场复合型巨大灾难，"3·11"东日本大地震对日本各个领域形成巨大冲击。在经济领域的影响可以概括四个特征：其一，直接经济损失非常巨大，大地震造成建筑物、经济生产及人们生活的基础设施损失，总额估计达 16.9 万亿日元规模，①相当于全日本一年 GDP 规模的 3.5%；其二，让日本产业引为自豪的 JIT 生产体制陷入全面崩溃，②受灾严重的东北及关东北部地区是日本半导体及汽车零部件的重要生产基地，产业链上游受挫，导致整个产业链断裂。据统计，日本制造业企业受影响率高达 80% 以上；③其三，日本国内产业环境骤然恶化，地震及随之而至的大海啸不仅重创沿海工业地区，最严重的是海啸吞噬福岛第一核电站导致的核泄漏事故，核电占比 1/3 的日本电力供应系统遭受毁灭性打击，由于国内所有核电站相继停运，导致整个电力供应严重不足，电力成本呈上涨趋势，最终形成困扰产业发展的所谓产业"六重之苦"；④其四，福岛第一核电站核泄漏事件被定性为最高级别的核事故，一度导致整个日本产品品牌力迅速下降，震后世界各国普遍对进口日本产品持谨慎态度。

然而，面对这种史无前例的严峻形势，日本却在震后极短时间内实现了产业重建。大地震发生后仅一个月，就有六成受灾企业表示已经恢复到震前的生产水平，其他企业，也相继在 7 月份恢复了正常生产。⑤日本产业迅速重建以及日本大地震严重影响全球产业链的事实均表明：日本产业不仅在新的全球分工体系中占据极其重要的位置，而且，整个日本企业仍然具有强大的产业竞争力。

一、大地震对日本产业的强烈冲击

（一）地震影响几乎波及所有产业

包括企业直接受灾或是因供应链中断而导致企业间接受灾在内，几乎日本所

---

① 日本经济产业省：《ものづくり白書》，2011 年，第 62 页。

② JIT 体制，即以丰田汽车为主的日本制造企业所创建的 Just In Time 体制——准时生产体制，该体制强调整个生产过程的同步化和一体化，以零库存为鲜明的特征。

③ 帝国データバンク、TDB 景气动向调查（特别企画）：《震災の影響と復興支援に対する企業の意識調査》，2011 年 4 月 5 日。

④ 六重苦即日元升值、停滞的贸易自由化、雇佣制度制约、高法人税、节能减排压力、电力不足等。见："'六重苦'の嘘と実"，《週刊東洋経済》2011 年 9 月 24 号。

⑤ 日本经济产业省：《通商白书》，2011 年，第 219 页。

有产业都受到大地震的强烈冲击，对各个产业的影响具有如下特征：

第一，半导体产业直接受损最重，其原因是大量半导体材料、装置及相关企业恰好位于此次地震发生的重灾区；

第二，汽车产业受到波及损失最大，其原因是 JIT 体制是广被车企采用的供应体制，而来自东北地区的零部件供应中断，造成了车企被迫停产；

第三，家电产业的直接和间接损失均很严重，一是因为地处灾区的家电企业直接受损，二是灾区之外的家电企业因供应链中断而间接受损；

第四，机械生产企业因大部分不在灾区，故受损主要为间接性的，且程度较轻；

第五，农林水产业普遍受到影响，不仅东北震区受到海啸冲击，福岛核事故也直接影响到几乎全日本，因此，区域性损失主要是海啸严重摧毁了农林水产业设施，核辐射影响则全球市场对来自日本的农林水产产品普遍持谨慎态度；

第六，大地震严重殃及旅游产业，大量国外旅客因核辐射的影响纷纷放弃日本旅游，作为全球第二大旅游国的日本因此损失巨大。

（二）"产业之米"半导体产业受损严重

半导体产业在日本经济界素有"产业之米"之称，原因是该产业与汽车、家电、机械等产业紧密关联，甚至对相关产业发展具有重要影响作用。在此次大地震中，共有 67 家半导体企业受损，包括生产半导体关联产品的 34 家企业和生产半导体装置与材料的 33 家企业。[①]排名前十的半导体企业全部受到影响，瑞萨电子受损最为严重，旗下 8 个生产基地不同程度受损，其中最严重的是生产电子控制器，位于茨城县的那珂工厂；东芝公司有 3 个生产基地受损，涉及电子和手机等产品；索尼公司也有 7 个基地受损，最严重的是位于宫城县的索尼化学多贺城事业所。

---

① 《半導体産業新聞.東日本大震災、被災状況続報》，2011 年 4 月 6 日。

表 1 全球半导体装置产值及日本所占份额（2009 年）

半导体制造装置		世界市场 （100 万$）	日本份额 （%）
前工程 生产装置	曝光装置	4713	29
	电子束描画装置	324	93
	显影 Coat Develop	1143	98
	干刻 Dry Etching	2677	36
	洗净/干燥	1545	70
	氧化/扩散炉	385	83
	中电流离子注入装置	265	33
	减压 CVD 装置	616	79
	等离子 CVD/Plasma CVD	1424	0
	金属 CVD/ Metal CVD	520	36
	溅射蚀刻/ Sputtering	1156	23
	CMP 装置	771	41
	镀铜装置	289	0
	整体	17249	38
前工程 检查装置	盘面制版检查装置	398	14
	IC 基板检查装置	1808	18
	整体	2206	17
后工程 生产装置	切割装置 Dicing	476	97
	焊接装置 Die Bonder	491	19
	线接装置 Wire Bonder	638	17
	封装 Molding	377	54
	整体	2148	42
后工程 检查装置	逻辑检查	436	22
	存储检查	338	50
	混合信号检查 Mixed Signal	923	18
	探针检查 Prober	394	94
	处理器检查 Handler	350	56
	整体	2510	40
半导体装置整体		24113	37

资料来源：《半導体製造装置データブック》，2010 年，電子ジャーナル。

"3·11"大地震与日本产业复兴的新趋势

在半导体材料与装置生产企业中，信越化学公司有两大基地受损，尤其位于福岛县的白河工厂是全球生产 300mm 硅晶圆的最大工厂。此外，生产异方性导电膜（ACF）的日立化成工业公司、生产半导体曝光装置的尼康与佳能公司、生产高精细液晶玻璃的旭硝子公司、在生产半导体封装材料占有绝对优势的三菱瓦斯化学公司、生产半导体制造装置的东京电子公司等均在地震中受到不同程度损毁，而这些企业的产品都在全球占有垄断性优势。

表 2　全球半导体材料产值及日本所占份额（2009 年）

半导体制造装置		世界市场（100 万$）	日本份额（%）
前工程材料	硅板	11981	68
	化合物半导体基板	676	50
	盘面/制版	1846	76
	光刻胶	1097	72
	药液	1656	50
	包装气体	1257	12
	特殊气体	1255	31
	靶材	392	50
	隔层绝缘涂覆膜	99	42
	保护性涂覆膜	170	55
	CMP 用黏着剂	553	29
	合计	20982	60
后工程材料	引脚框架	2181	50
	陶瓷基板	1329	86
	塑料基板	4214	89
	TAB	233	68
	CDF	701	53
	芯片焊接 Die Bonding	200	31
	金线键合 Bonding Wire	2577	84
	封装材料	1085	82
	合计	12520	77
半导体材料整体		33503	66

资料来源：《半導体製造装置データブック》，2010 年，電子ジャーナル。

（三）汽车产业饱受"零库存"之苦

由于普遍采纳"零库存"为特征的丰田生产方式，日本汽车产业在此次地震中饱受供应链断裂之苦。震后第三天，由于来自东北以及关东北部地区的 IC 电子等相关零部件供应中断，丰田汽车、本田技研、日产汽车、铃木公司、马自达公司、三菱汽车工业、富士重工业、大发工业，日本 8 大汽车厂商相继宣布停产。

汽车产业的特殊性是零部件数量众多，因此，供应链恢复也相对漫长，直到 2011 年 6 月份，丰田公司的产能才仅仅恢复到七成规模。海外生产比率也是影响日本汽车产业重建的重要因素之一，海外生产比率越高，其恢复速度越快。例如，日产公司海外生产比率高达 71.6%，震后仅用一个月时间就基本恢复了正常产能，尽管其磐石工厂和栃木工厂在地震中受损严重。不过，同样在海外生产比率较高的本田公司受到的冲击却比较大，其原因是其研发中心、战略车型生产线以及重要零部件供应商均布置在受灾地区，如埼玉县狭山市的埼玉制作所，是其"讴歌"和"雅阁"等高端产品生产线；位于栃木县真冈市的栃木制作所，则是本田的汽车发动机及变速器等关键部件的生产基地。

在产量损失方面，丰田公司受到影响最大，以 3 月份实际产量来看，丰田同比减少 34.7 万台，而日产和本田分别为 9.99 万台、9.37 万台，三家合计超过 54 万台。①丰田所以受灾严重主要因为东北地区是其零部件生产的重要基地，且该地区也正在成为其国内第三大整车生产基地。

（四）其他产业损失以灾区设厂为主

家电产业受损最严重的是日立制作所和松下集团，前者在茨城和福岛两县设有六大生产基地，涉及其电力、信息控制、空调及白色家电等；后者则有四大生产基地受损，涉及液晶与等离子电视、数码调谐器、数码相机、BD/DVD 关联产品、数码摄像机、迷你音响、笔记本电脑、专业摄像机等。

机械产业主要是小松、久保田、日立建机和森精机等四家企业受损严重，小松设在茨城、福岛和栃木县的三家工厂受灾停产；久保田设在茨城、栃木、千叶

① 日本自動車工業会：《自動車統計月報》2011 年 3 月号。

县的五家工厂因灾停产；日立建机公司设在茨城县五大基地全部停产；森精机主要是千叶县生产基地受损严重。

以小松公司为例。作为日本最大的重型机械和建设机械厂商，小松制作所受到的地震影响最大，其设在茨城县那珂市的茨城工厂和福岛县郡山市的郡山工厂，都因地处灾区而一度停产。此外，小松在栃木县小山市的小山工厂也停产一周，于 3 月 18 日恢复生产。而且，由于零部件供应链出现问题，设在关西地区的小松大阪工厂（大阪市枚方市）和粟津工厂（石川县小松市）也被迫停掉部分生产线。

此外，受灾的东北地区是日本农林水产业的重要生产基地，水产品产量约占全日本 1/4 左右，大米产量约占全日本 1/5。据日本农林水产省调查显示，大地震造成的农林水产业损失高达 14298 亿日元。[①]

（五）大地震影响通过供应链波及全球

地震影响并不只对于日本国内产业，它还对全球产业，特别是制造业形成较大冲击，主要是半导体相关的电子产业、汽车、家电以及机械产业。日本地震所以影响全球产业链，主要因为来自日本的电子及汽车零部件已成为全球制造体系不可或缺的一环。据经济产业省统计数据显示，2010 年日本的汽车零部件出口额达 3 万亿日元规模，其中，对中国出口高达 6900 亿日元（占比 22.4%）、对美国为 6700 亿美元（占比 21.6%）。[②]日本半导体相关电子零部件出口额已近 4 万亿日元，其中，仅出口中国就已超过 1 万亿日元（占比 25.1%）。[③]无论是工业发展水平较高的美国以及德国等欧盟国家，还是近年崛起的以中国为首的新兴工业国家，都对来自日本的汽车、半导体部件具有一定依赖性，供应链传导成为日本地震影响全球的重要原因。

以美国苹果公司为例。就在日本大地震的同一天，苹果公司的最新平板电脑iPad2 开始在北美上市。两周之后，该产品将被逐步推广至全球市场。然而，这场突如其来的大地震，导致该产品出现供应不足的现象，因为它有五个关键部件

---

① 農林水産省：《東日本大震災について—東北地方太平洋地震の被害と対応》，2011 年 4 月 15 日。

② 日本经济产业省：《通商白书》，2011 年，第 199 页。

③ 同上，第 202 页。

来自日本：东芝公司的 NAND 闪存、尔必达公司的 DRAM 存储器、旭化成公司独家供应的电子罗盘、旭硝子公司独家供应的触屏玻璃，以及由三洋电机提供配件而日本苹果公司生产的锂电池等。苹果公司的另一款高端产品——iPhone 手机也受到殃及。本定于 2011 年 7 月推出的苹果公司第 5 代 iPhone 手机，因大地震发生而被迫推迟上市。这是因为直接向该产品供应零部件的日本企业多达 17 家，其中，很多部件几乎都是日本厂商所垄断的，例如，旭硝子公司垄断着高精细特殊要求的触屏玻璃产品，而旭化成公司则垄断了电子罗盘产品。此外，索尼公司和日立化成公司占据着全球 ACF 产品市场的 90% 份额，三菱化学公司和日立化成公司也控制着半导体封装材料的 90% 市场，而信越化学公司和 SUMCO 公司在全球硅基板市场占有一半的市场份额。

二、日本产业在困境中实现迅速重建

（一）史无前例的产业困境

长期以来，日本产业一直面对着日元升值、高法人税以及老龄少子化带来的国内市场不断萎缩等严峻形势。此次大地震，尤其是核事故又带来了更为严重的四个新问题：电力紧张、经营成本上升、品牌力下降、核污染的持久化等。日本陷入了前所未有的产业发展困境。

2011 年 3 月 14 日，在震灾中丧失三成发电能力的东京电力公司辖区被迫实施了轮番停电计划，[①]这是战后以来日本首次出现的电力紧张局面。7 月开始，政府又要求关西电力等五家电力公司辖区实施 10% 节电措施，电力紧张形势几乎蔓延日本全境。伴随核电停运，火电增加，电力成本也出现节节攀升之势。东电公司已宣布在 2012 年春季提高企业法人电价 17%，之后，家庭用电也提高 10%。[②]据经济产业省测算，若日本核电不能顺利重启，发电成本将增加 3 万亿日元，由

[①] 大地震不仅使东电所属核电站停运，而且位于福岛、茨城等地的火电站也被海啸损毁，其发电能力减少 1800 万千瓦，相当于总发电能力 6400 万千瓦的 28%。橘川武郎：《需要ピークの夏场计画停电再开へ》，《週刊エコノミスト》，2011 年 4 月 5 日。

[②] 日本经济新闻：《家庭向け最大 10% 値上げ、東電実質国有化へ素案》，2012 年 1 月 20 日。

"3·11" 大地震与日本产业复兴的新趋势

此导致的生产总成本将增加 7.6 万亿日元。①品牌力下降也是震后出现的显著现象。素以 "高品质、高性能、安全性、耐久性" 赢得市场的日本产品,其品牌力却伴随地震,特别是核事故发生而大幅下降。调查显示,震后以来全球市场日本品牌力已下降 12%,在中国的降幅更高达 22%。②

面对举步维艰的产业环境,日本企业却迅速实现了震后重建,有六成受灾企业仅一个月就恢复了生产。之所以能够实现在困境中迅速恢复,关键原因在于日本企业不仅拥有高效的危机应对机制,企业互助机制、产业竞争力的难以替代性、尤其是企业强大的组织能力等,均发挥了重要作用。

(二) BCP 企业危机应对机制

在灾害发生及灾后重建过程中,BCP(Business Continuity Planning)即事业连续性规划体系发挥了重要作用,成为日本企业危机管理机制完善性的重要体现。BCP 体系建设重点有两项:一是信息把握的及时性与准确性;二是生产或采购的可替代性,目标是确保企业生产经营活动的可持续性。

例如,富士通公司专门成立了 "事业持续对策本部",以应对突发问题。大地震发生之后,位于东京的公司总部立即启动了 BCP 机制,迅速通过各种方式掌握灾区工厂信息。当福岛工厂 "台式机生产线严重受损、难以复产" 信息传至总部之后,执行董事斋藤邦彰立即依据 BCP 计划做出决定,将台式机生产功能转移到千里之外的岛根工厂——专门生产笔记本电脑的生产基地。在此期间,公司总部的事业持续本部、研发部门以及质量保证部门,与岛根公司遥相呼应、密切配合、共同协作,仅用十天时间就完成了生产转移。正如公司供应商统括部长内藤真彦所说,迅速实现生产转移对富士通公司至关重要,而成功关键在于企业日常的、未雨绸缪式的各项努力活动。③

战略创新也是灾后重建的一种新的方式,当然这更需要创新精神和更大规模的投入,也就是利用这种灾难性事件,转变公司经营战略或模式,实施重大战略转型。当然,这种路径一般仅限于少数企业,因为它与公司特征、发展状况等复

---

① 日本经济新闻:《原発.来春に全基停止も 検查後の再稼動めど立たず》,2011 年 6 月 8 日。
② 日本经济产业省:《ものづくり白書》,2011 年版,第 68 页。
③ "3·11 不屈の国",《日経ビジネス》,2011 年 4 月 11 日。

杂因素有着密切关联。作为汽车零部件厂商的曙刹车公司，以此次地震为契机，开始彻底调整供应链体系。信元久隆社长指出，"我们准备通过零部件与材料规格的通用化，构建起全球分散化采购体制"。该公司211家零部件供应商当中，有25家企业在此次地震中受灾，其中福岛县境内的供应商更是受东京电力公司福岛第一核电处理的影响，复产遥遥无期。但是，作为整车企业供应商的曙刹车公司却必须承担其供应责任。信元社长指出，曙刹车公司要以此次地震重建为契机，我们要构筑更好的供应链，特别是在新兴工业国家也建立不逊色于国内的生产据点。

（三）企业互助机制与产业复兴

企业内部以及企业之间的互助机制，是日本产业迅速重建的重要原因之一。日本式经营管理模式特别强调企业之间的长期交易关系，企业间相互持股、主银行体制以及垂直一体化的系列供应体系等经营传统，都促使日本企业之间形成了"共存共荣"的利益共同体。因此，企业内部以及企业之间形成了应对危机或突发事件的互助机制。

位于栃木县上三川町的日产汽车栃木工厂是日产高级车轿车生产基地，这座井然有序的现代化厂房被九级地震摧残得七零八碎，许多重要设备受损，当时估计复产至少需要三个月以上。事实上该工厂仅用一个月就恢复了生产，其成功的重要原因就是得益于企业互助机制。首先是公司内部的互助机制，重建期间，不仅栃木工厂自身得到其他部门、工厂的大力支持，而且该工厂也派员工支持了福岛县磐城工厂的重建工作，因为磐城工厂承担着发动机等重要部件的供应。再就是它得到了关联企业的援助，例如作为其供应商的理研公司，向日产派来60名设备专家支持其重建。其实，在2007年新潟地震时，日产等汽车厂商也曾一起援助了受灾的理研。

在此次震后重建过程中，关联企业之间的互助现象非常普遍。如瑞萨电子受灾最重的那珂工厂能够迅速重建，就是在很大程度上得益于丰田、本田等企业的救援支持。

"3·11" 大地震与日本产业复兴的新趋势

（四）得益于长期的组织能力构筑

扎扎实实地实施组织能力构筑活动（capacity-building），是日本企业经营模式的重要特征之一，由此构建起来的强大组织能力，则是日本企业能够在此次震后迅速实现重建的根本原因。以市场为目标，以各个经营活动现场为核心，通过全员参与式的创新活动，日本企业在能力构筑过程中形成了以市场主义、现场主义和改善主义为特征的日本经营模式，并建立起 QCDF 经营标准。[①]

这种体现企业内部各领域的组织能力，通过产品竞争力、技术开发竞争力等形式，逐步外化为强大的产业竞争力，这就是在全球市场、特别是制造业领域中，日本产业一直保持的强大竞争优势。伴随着泡沫经济的崩溃，日本在全球经济总量中的地位有所下降，但从以技术为主要依据的产业竞争力来看，日本依然保持着竞争优势。例如，在一项全球产业竞争力调查中，全部 14 项技术指标中，日本仅在生物技术、软件开发、通信技术、医疗技术以及经营管理等 5 项上指标略低于美国，而在新材料技术、电子光学材料、信息家电等 9 项指标上，依然领先于美国和欧洲。[②]这种强大的组织能力，在日本企业的震后重建过程中，发挥了重要作用。

三、震后日本产业发展新趋势

毋庸讳言，"3·11" 大地震给日本产业造成重创，特别是严重恶化了日本国内的产业环境。然而，正如战争能够催生技术创新一样，严重恶化的经济产业环境也正在迫使日本企业展开一轮新的技术创新，从而推动日本的产业升级与结构调整。

（一）难以替代的日本产业竞争力

在全球产业链中，日本企业占据着中核地位：控制着高技术、高附加值的零

---

① QCDF 即日本企业在经营管理中所强调的四大标准：高质量（Quality）、低成本（Cost）、短供货期（Delivery）以及柔性化（Flexibility）。见张玉来："日本企业管理模式及其进化路径"，《现代日本经济》，2011 年第 2 期。

② 金森久雄他：《日本经济读本》，東洋经济新報社，2004 年，第 166 页。

部件和半成品的生产与开发，如汽车、化学以及半导体电子产业等，日本产业竞争力因此具有难以替代性。

大地震发生后，韩国三星、海力士等一些颇具竞争实力的半导体厂商，试图抓住机遇、替代日本厂商在全球产业链中的位置，这些企业的股票在日本震后曾出现短暂大幅上涨现象。然而，打破或调整既有的全球产业链格局并非易事，因为替代必须面对技术壁垒等一系列问题。尽管韩国半导体厂商近年来在高附加值化方面取得了较大进步，成为全球半导体零部件和材料的重要供应源，但在某些技术要求更高的产品或材料领域，却严重依赖日本的进口。正如美国半导体装置厂商 Novellus 执行官理查德·希尔所指出的，"没有日本，改善人类生活质量的全球半导体产业就将难以展开"[①]。

（二）政府引导的产业环境创新

面对国际竞争力的下降和产业空洞化加剧的趋势，日本政府以"防止产业空洞化"、"创造和强化新的增长点"作为制定产业政策的两大支柱。为了改善国内产业环境，提高产业竞争力，还提出三项改革方案：一是大力推进能源改革，如打造用户主导的节电环境、促使电力供应分散化和多样化、用户选择方式多样化、强化应急基础设施能力、开发新能源和环境技术、促进能源产业创新发展等；二是大力强化供应链应对能力，如支持单一供应商的生产基地分散化和复线化、鼓励企业通过重组或共同经营以创建分散于全国的生产基地、推动供应商之间建立灾害应急替代供应合同体制、鼓励非核心部件的通用化和可替代化、促进上下游企业的一体化开发、推进供应链构建 BCP 机制等；三是优化国内投资商务环境，如提出逐步降低法人税、加速推进国际经济一体化、促使汇率稳定、支持增长型产业落户日本、优化相关规制手续、推进日本商务环境竞争力等。

为培育新的经济增长点，日本政府出台三项方针：支持企业开拓海外市场，如基础设施出口、魅力产品、开拓新兴市场、维护国际知识产权等；二是支持培育新领域，如开发 IT 新体系、生活创新等领先世界的技术和项目；三是加大人才与技术层面支持力度，成立新的产官学合作体制、创建国际标准为目标的知识

---

① NOVELLUS 主页：http://www.novellus.com/jp/News/JapanRelief.aspx。

产权战略等。

（三）企业创新推动日本产业新发展

在国家积极调整产业发展战略的同时，企业也开始调整发展方向与战略，实施创新举措，日本产业出现了诸多新的动向：

1.技术创新动力显著增强

设备投资是企业技术创新投入的风向标。2011 年日本企业设备投资意愿明显得到加强，据《日本经济新闻》调查显示，2011 年 1—3 月，日本全产业设备投资意愿同比尚为负值，但在大地震之后，企业投资意愿显著增加，不仅由"负"变"正"，升幅也在 5%以上。制造业改善幅度最明显，从震前的不足 2%骤增至 7%；非制造业领域企业设备投资意愿也出现巨大转变，由原来负的 2%转变为正的 4%。[1]积极参与"未来产业"，也是日本企业技术创新动力增强的重要表现。日本政府在 2010 年通过了《新增长战略》，确立了发展环境、健康医疗等七大战略领域。

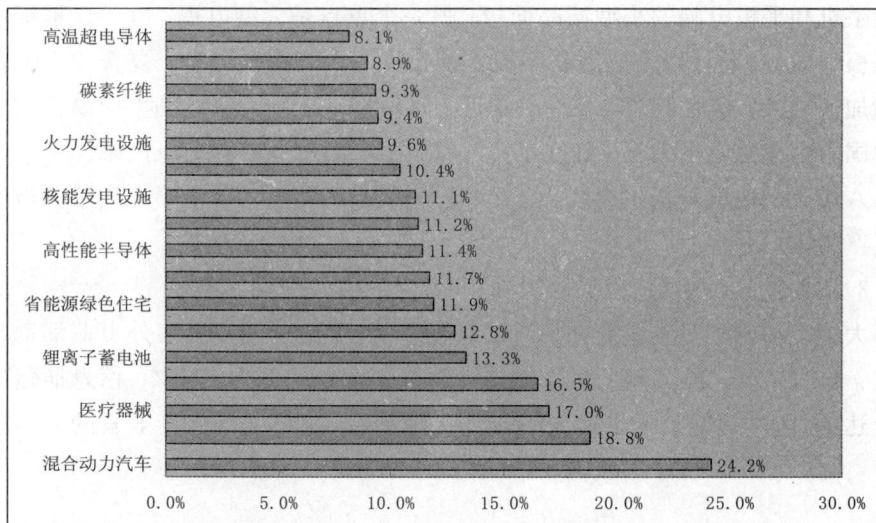

图 1　日本企业对于未来产业参与状况（2011）

---

① "法人企業景気予測調査"，《日本经济新闻》，2011 年 6 月 17 日。

大地震后，经济产业省的一项调查显示，在三千多家受调查企业中，已有超过 24%的企业参与到混合动力汽车、电动汽车以及太阳能电池等"未来产业"领域（见图 1）。以日立制作所为例，震后三个月，公司宣布调整《中期经营计划》，提出将投资 1.77 万亿日元用于社会基础设施等战略新兴产业；追加 1700 亿日元投资储备，用于信息通信、电力、社会产业、建设机械、高性能材料等战略产业；2011 和 2012 年度实施 8800 亿日元设备投资和 4700 亿日元的研发投资，设备投资则主要用于扩充海外生产基地。[①]

2.实施高附加值化战略，转向战略新兴产业

大地震之前，日本企业大举向海外进军的同时，开始收缩国内生产规模，并积极转向生产高附加值产品。震后，这种趋势越发显著，更多企业调整产品战略，并将战略新兴企业纳入发展重点。经济产业省调查显示，日本企业国内生产基地已由重点生产"通用产品"转向生产"高端产品"，同时还出现国内据点重点强调以"开发"、"设计"和"研究"功能为主的倾向。以夏普公司为例，2011 年 6 月提出"全面转向高增长领域"的基本战略，对其液晶事业实施彻底改革——放弃普通液晶产品（40 英寸以下）而转向突出"两个重点"的战略。一个重点是智能手机和平板电脑的小型液晶面板；另一个重点是大型电视、电子显示板及电子黑板，即 60 英寸以上的液晶面板。社长片山干雄明确提出，夏普"必须转向高附加值领域，摆脱低端领域"。[②]最近，龟山第一工厂大型液晶生产设备已出售给中国南京熊猫电子公司，确立了第六代连续晶粒硅生产线；龟山第二工厂也转向第八代液晶玻璃基板生产线；位于大阪的堺工厂则确立了以第十代液晶玻璃基板生产为主。

3.大批企业加快向海外转移

大地震加剧了日本企业向海外转移的趋势。经济产业省《海外事业活动基本调查》数据显示，2010 年度日本制造业海外生产总比例为 17.2%，信息通信机械产业达 26.1%、运输机械更达 39.3%。[③]大地震后，同样是经济产业省的一项调查

① "日立、投資 1700 億円上積み 10～12 年度"，《日本経済新聞》，2011 年 6 月 10 日。
② 佐伯真也：《シャープが液晶事業の構造改革を発表、"成長性の高い分野へシフト"と片山社長》2011 年 6 月 3 日：http://techon.nikkeibp.co.jp/article/NEWS/20110603/192329/。
③ 経済産業省：第 40 回海外事業活動基本調査（2010 年 7 月調査）概要，2010 年 7 月，第 6 頁。

"3·11"大地震与日本产业复兴的新趋势

显示，对于"大地震后是否会加速向海外转移生产"，肯定答复的企业占到69%，[①]已有多家企业明确宣布向海外转移（见表3）。

表3 震后日本企业海外转移情况

	企业	宣布时间	投资国家	投资额（亿日元）	内 容
材料类	BANDO 化学	2011.3.28	印度	20	摩托车汽车用传动带
	日本触媒	2011.3.31	印度尼西亚	246	高吸水性树脂（纸尿布原料）
	新日本制铁	2011.4.4	泰国	246	镀亚铅钢板
	昭和电工	2011.4.12	印度尼西亚	400	氧化铝工厂
	ADEKA	2011.4.18	中国	10	高性能氧化防腐剂
	住友化学	2011.4.26	美国	123	农药原料工厂
	东洋纺织	2011.4.26	中国	11	安全气囊原料
	东丽	2011.4.27	印度尼西亚	50	纸尿布材料
	狮王	2011.4.28	中国	27	牙膏
	住友橡胶	2011.5.17	巴西	40	径向轮胎
	北越纪州制纸	2011.5.18	中国	40	造纸
加工类	京瓷	2011.4.27	越南	300	电子部件、信息通信机械
	大同金属工业	2011.5.13	美国	N.A.	发动机用平轴
	MABUCHI 电机	2011.5.16	中国	38	小型电机
食品	HOKUTO	2011.5.17	中国台湾	35	食用菌类
	明治控股	2011.5.19	泰国	50	牛奶酸奶等乳制品

资料来源：经済産業省：《大震災後の日本経済を巡る現状と課題》，2011年6月1日。

重新布局生产基地，特别是向海外转移是很多企业战略调整的显著特征，很多企业迈出了"离开日本"的步伐。如铃木汽车实施工厂分散化战略，"一半留在国内，一半转向海外"，海外转移甚至包括研发中心在内。[②]在企业向海外转移这一新趋势中，中国成为日企海外转移的重要地区。据中国商务部统计数据显示，2011年1—10月，外商对华投资达到950亿美元，同比增长15.8%，其中，日本

---

① "海外移転阻止へ補助金 経済省成長分野支援強化"，《朝日新聞》，2011年6月22日。
② 西村豪太等：《特集：日本車が消える》，《週刊東洋経済》，2011年9月24日。

投资增长率最高，达到 65.5%（57 亿美元）。[①]

4.企业重构全球战略布局，更重视产业链安全

受大地震以及泰国洪灾影响，产业链安全成为日本企业重构全球战略的核心。电力供应、交通条件等基础设施条件、自然气候条件，以及布局合理性等都成为重要构成要素。日产公司率先调整了全球战，作为日本市场主力车型的玛驰（MARCH）已采纳"逆进口"方式，其研发中心、生产中心全部设在泰国，除传动设备之外，90%零部件采购实现了本地化供应。日产还决定将其最先进的纯电动汽车聆风（LEAF）生产转移海外，于 2013 年在英国和美国制造，作为其中最关键部件的电池也在美国、法国和葡萄牙生产。[②]

为了构筑安全的产业链，很多企业基于自身条件及其市场格局特征，纷纷重构全球战略布局。例如，森精机公司与中国沈阳机床和德国 DMG 合资在中国建立新工厂、神户制钢公司投资无锡压缩机公司扩大中国市场、日立医疗公司向中国投资 30 亿日元建设医疗器械工厂、新日铁公司向泰国投资 3 亿美元建成钢板工厂、马自达汽车向墨西哥投资 5 亿美元建成 14 万台产能工厂、日立化成公司向中国投资 5 亿日元建立锂离子电池碳负极生产基地等等。

5.重视并购策略，实施资本创新

这场大地震使日本企业认识到分散事业区域以及海外发展战略的重要性。2011 年 1—6 月，日本企业并购投资（M&A）金额高达 945 亿美元，增长率超过欧美以及亚洲各地。这股海外并购热潮，既是受此次大地震影响，同时也与日本国内市场日益萎缩相关。同样是以获得海外市场为目标，但与以往不同的是，日本企业将并购投资（M&A）作为首选战术。日本企业此次所以青睐并购方式，源于三大因素：一是日元持续升值，震后日元升值势头愈演愈烈：从 1 美元兑换 82.9 日元（3 月 10 日）上升至 76.8 日元（11 月 21 日），升值幅度达 8%；二是投资基金在金融危机期间的投资开始回收，有利于日本企业选择投资对象；三是日本企业积累了大量剩余资金，据日本银行资金循环统计数据显示，2011 年 3 月底日本民间企业现金存款达 211 万亿日元。这种有利的环境促使日本企业纷纷制定中长期战略投资计划，以 2011 年 1—9 月日本企业海外并购案例为例，涉及

---

① "日本の対中投資熱再び"，《日本経済新聞》，2011 年 11 月 17 日。

② "戦略車は 2 つのマーチ"，《日本経済新聞》，2011 年 7 月 1 日。

"3·11"大地震与日本产业复兴的新趋势

产业领域极其广泛见（见表4）。

表4 日本企业海外并购（M&A）大型案件（2011年1—9月）

（单位：百万日元）

收购企业	行业	被收购企业	行业	收购金额
武田药品工业	医药	奈科明（瑞士）	医药	1108608
TERUMO（泰尔茂）	精密	Caridian BCT（美）	精密	216273
麒麟HD	食品	Schincariol（巴西）	食品	198800
东芝公司、产业革新机构	电机	Landis Gyr（瑞士）	精密	186300
新日本制铁、JFE钢铁、双日等	钢铁	CBMM（巴西）	矿业	162000
三井物产	综合商社	SM能源（美）	矿业	152411
伊藤忠商事	综合商社	德拉蒙德的煤矿（美）	矿业	126500
朝日集团HD	食品	FB-HD（澳）	食品	97600
三井物产	综合商社	IHHSB（马来西亚）	服务	92400
伊藤忠商事	综合商社	KF（英）	零售	82262

资料来源：濱條元保、永野原梨香："'円高脅威論'どこ吹く風、'強い円'で海外市場を開拓"，週刊エコノミスト2011年11月1日号，第23页。

四、结　语

这场九级巨震，不仅重创日本经济，更严重的是它使日本国内产业环境进一步恶化。受全球经济低迷影响，大地震之后日元汇率不仅未降，反而出现持续上涨的现象，甚至出现1美元兑换76日元的历史高位。因此，日本产业空洞化形势变得异常严峻，许多企业选择"离开日本"。与此同时，日本的公共债务余额已高达1000万亿日元，相当于年GDP两倍的规模，远远高于希腊和意大利等国。日本政府面对着前所未有的巨大压力：一方面，灾后重建需要大笔资金，老龄化导致的社会支出更需要巨额财政；另一方面，公债危机导致日本政府依靠发行公债来弥补财政收入不足的传统做法变得难以为继，增加税负似乎成为可选择的华山之路。然而，日本国内法人税率已高达40%，极力想让企业留在国内的日本政府只能把目光选择在消费税。尽管日本消费税率仍远远低于欧洲，但"失落的二十年"已造成社会贫富分化，"一亿总中流"的日本社会也已付诸东流。所以，震后的日本已经走到了社会转型的十字路口。

　　不过，我们也应看到，大地震也披露了另一个重要事实：在正在形成的全球分工体系中，日本不仅占据着重要位置，而且依然保持着强大的竞争力，特别是在半导体、汽车及精密机械等领域。从这一意义而言，可以说自泡沫经济崩溃以来日本已部分实现了产业升级，在全球产业链中"日本元素"已占据高端位置。所以，日本产业的发展模式、路径及其经验仍具有重要借鉴意义。

浅谈日本"3·11"震后灾害救助问题

王玉玲

内容提要 "3·11"东日本大地震不仅给日本宫城、福岛、岩手三县带来了巨大灾难，也对日本的社会、政治、经济造成了重大打击。地震发生几年来，灾区三县按照各自的震后"复兴计划"开展灾后重建工作，并且已经逐步走上了复兴的道路。根据日本复兴厅 2013 年 4 月公布的"复兴现状"数据显示，灾区的社会事业、基础设施已经恢复过半。但同时仍有 30 余万灾民处于避难状态。如何解决灾民避难问题，如何对灾民进行更好的救助成为灾后复兴所面临的一大问题。

关 键 词 3·11东日本大地震 灾害救助 灾民救助

基金项目 国际交流基金共同研究项目"'3·11'大地震会是日本的转折点吗——灾害及灾后重建与创新"

作者简介 王玉玲，南开大学日本研究院讲师，人文学博士

　　2011 年 3 月 11 日，在日本东北地区宫城县附近发生了 9 级大地震，剧烈的地壳运动引发海啸。据统计，地震和海啸导致 1.5 万人丧生，三千多人下落不明，近 13 万栋房屋被彻底损毁，而东电福岛核电站事故更使震灾雪上加霜。"3·11"大地震不仅给日本国民带来了巨大的灾难，核污染、电力短缺等问题也对日本的社会、政治、经济等造成了重大打击。三年时间过去了，在日本政府及地方自治体的积极应对下，日本东北灾区已经逐步走上了重建、复兴的道路。截至 2013 年 1 月，宫城、福岛、岩手三县的废墟撤除率及处理率已分别达到 89%、46%，并且目标是到 2014 年 3 月底彻底完成清理工作；青森、岩手、宫城、福岛、茨城、千叶六县受损的 21480 公顷农业用地中，8190 公顷已经可以恢复农业生产；电力、通信、银行、邮局等公共服务设施恢复了 90%；JR 铁路逐步开始恢复运营；灾区的就业水平也在逐步向震前水平恢复。[①]

　　但是，相对于公共基础设施恢复方面取得的显著成绩，灾民避难的问题却迟迟未能得到妥善解决。由于地震、海啸摧毁了大量民居，导致大批灾民流离失所，无家可归，不得不背井离乡，开始避难生活。日本复兴厅公布的数据显示，地震发生后，避难人数逐月增加，到 2012 年 3 月才开始呈现逐步下降趋势。2012 年 3 月时，避难人口为 344345 人，而 2013 年 3 月公布的统计数字为 313329 人。也就是说，从震后第二年开始，避难人口开始逐步减少，到 2013 年 3 月共减少了 31016 人。然而，与其他领域的复兴成果相比，避难人口的减少速度则显得异常缓慢。

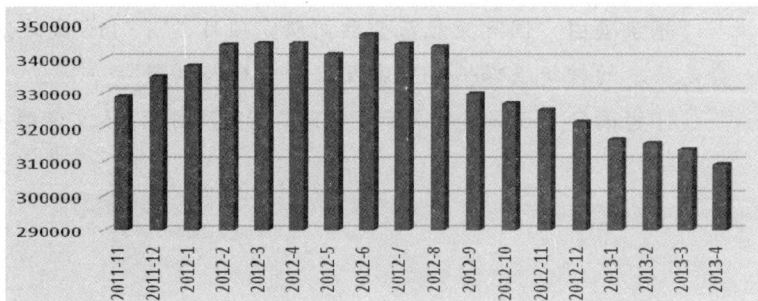

避难人数增减图

注：此图表根据日本复兴厅 2013 年 3 月公布的复兴现状制成。

---

　　① 日本复兴厅网页：http://www.reconstruction.go.jp/topics/main-cat1/sub-cat1-1/。

浅谈日本"3·11"震后灾害救助问题

日本在灾区重建方面所取得的成绩是值得肯定的，那么"3·11"地震后，日本具体实施了哪些措施进行灾害救助呢？为什么灾民安置问题迟迟无法解决，又该如何解决呢？结合以上问题，本文通过考察日本的灾害救助体系及"3·11"地震后的灾害救助措施，探究救助避难灾民的更好方法，以期为完善我国灾害救助体系提供参考。

一、日本的灾害救助体系

1995 年阪神地震后，日本逐渐建立起了完善的灾害救助体系。日本的地震救助体系主要分为政府救助、自救和社会救助。其中，以政府救助和自救为主，社会救助为辅。

政府救助是灾区重建过程中最重要的救助来源。主要有三种形式：一种是通过立法保障灾害救助及灾后重建。日本有着完善的防灾减灾法律法规体系，按照法律内容和性质分为基本法、灾害预防和防灾规划相关法、灾害应急相关法、灾后重建和恢复法以及灾害管理组织法等五大类，共由 52 部法律构成。其中，与地震灾害有关的基本法就有 24 部。[1]另一种是政府和地方自治体根据灾区的受灾程度和自救能力，直接向灾民提供资金救助。除了向灾民发放捐款、抚恤金、慰问金（以震灾中失去家人及因地震致残的灾民为对象）、生活再建支援金（以震灾中遭受重大损失的家庭为对象）以外，政府还以补助金、基金及减免税金等形式对灾区进行资金救助。补助金主要用于灾区社会事业基础设施的重建，基金则由地方自治体自主决定其运用途径。为减轻灾民重建时的负担，日本政府还不同程度地减免对灾民的所得税、固定资产税等赋税。第三种是通过政府再保险的方式，帮助保险公司积极开展地震保险业务。所谓政府再保险即为了避免巨大地震灾害发生时保险公司无法赔付巨额赔偿金，政府为各保险公司的地震保险再次投保。借此，一方面为保险公司提供支持，一方面确保灾民及时获得相应的经济赔偿。以"3·11"地震为例，震灾保险赔付金总额达 12346 亿日元，其中政府共负担了 5653 亿日元。[2]

---

① 朱凤岚："日本的地震灾后重建经验"，《华夏时报》，2008 年 4 月 24 日，第 24 版。
② 日本财务省网页：http://www.mof.go.jp/about_mof/councils/jisinpt/report。

在自救方面，日本自 1966 年颁布了地震保险相关法律以来，逐步健全了地震保险制度。尤其在阪神地震后，地震保险得到了日本民众的广泛接受。在"3·11"地震前，日本全国的地震保险平均参保率已达到 45% 以上，在"3·11"地震后，该保险的参保率首次突破 50%。现行地震保险制度规定，居住用住宅及生活用动产（日常用品、家具、衣物等生活必需品）是该保险的投保对象，最高投保额度分别为 5000 万、1000 万日元。在地震灾害发生后，根据损毁程度支付不同额度的赔付金，"全毁"按投保金额的 100%、"半毁"按投保金额的 50%、部分毁坏按投保金额的 5% 进行赔付。[①]由此可见，地震保险制度的实施，一方面可以大大减轻灾民在重建过程中的经济负担，另一方面也可以为日本地震灾后重建、帮助灾民尽快恢复生活和生产活动发挥积极作用。

在社会救助方面，除了社会各界人士向灾区提供人力、物力及捐款等救助外，民间的救援组织团体也在救灾工作中发挥了重要作用。如 JACSW（Japanese Association of Certified Social Workers）组织在灾区设立救援中心，一边组织、帮助救灾，一边向外发布灾区信息，链接外界资源；日本 NPO 组织建立网络联络站，发布政府救助信息及灾民意见，同时作为法人企业还为灾民创造就业及培训机会。[②]金融、通信、交通运输、法律、医疗等行业也都会为救灾工作提供便利、优惠条件，以不同形式参与灾后救助。

简而言之，政府、社会及个人构成了日本救灾体制的三大要件。灾民的自救、互救是开展救灾工作的基础，社会救助及政府救助则是支撑救灾工作的强大后援力量。而构成整个体系的根基部分的无疑是政府救助。正是这三大要件的协调统一，保障了灾害救助体系作用的发挥，帮助日本较好地应对了"3·11"大地震后的救灾与震后重建。

二、"3·11"地震后的灾害救助措施

2011 年"3·11"大地震发生后，在灾区居民展开自救的同时，日本政府及社会各界也都积极参与了救灾工作，为灾民救助及灾区重建提供了重要支持。首

---

① 日本财务省网页：http://www.mof.go.jp/financial_system/earthquake_insurance/jisin.htm。
② 李娟："日本的防灾抗灾机制与灾害救助中的社会工作"，《社会工作》，2010 年 10 期。

浅谈日本"3·11"震后灾害救助问题

先，日本政府作为灾害救助体系的主导，制订了一系列针对"3·11"震后复兴的政策措施。其中，法律保障救灾、资金支援救灾成为政府救助工作的重点。

第一，日本政府制定了新的法律法规以保障"3·11"震后的复兴工作。日本完善的防灾减灾法律体系在应对地震灾害方面发挥了重要作用。为了应对史无前例的巨大地震灾害，在"3·11"地震过后的两年内，日本政府又先后颁布了8项法律法规。其中 2011 年 6 月 24 日开始实施的《东日本大震灾复兴基本法》（以下简称《复兴基本法》）是指导灾后复兴的基本法。《复兴基本法》主要涉及三个方面内容：首先，为了确保灾后复兴的经费来源，规定削减除灾区复兴以外的财政支出，积极有效地利用财政投融资资金及民间资金，发行复兴特别国债，保证复兴资金的使用公开、透明。其次，完善复兴特别区域制度。所谓特别区域制度，指在一定区域内实施规制特例措施及其他特别措施的制度。具体的特例措施涉及规制、手续、税制、财政、金融、土地利用等方面，如放宽规制、简化手续、减免法人税等。为了保障该制度的实施，日本政府 2011 年 12 月 14 日还颁布了《东日本大震灾复兴特别区域法》。最后，成立复兴厅，代替东日本大震灾复兴对策本部，负责灾后重建计划的立项、协调和落实工作。根据《复兴基本法》规定的相关方针，复兴厅最终于 2012 年 2 月成立，由一厅三局六支所两事务所组成，即东京本厅，灾区三县三复兴局、六支所与青森、茨城两事务所。

第二，在资金救助方面，日本政府参照阪神地震的应对经验，设立复兴基金。根据利率偏低的现状，采用"本金支出型"（日语称"取崩型"）代替以往的"收益支出型"（日语称"运用型"）基金运营模式。[①] 至 2013 年 3 月，已有约 1362 亿日元基金用于灾后复兴事业。除此之外，日本政府还以灾害抚恤·慰问金、灾民生活再建支援金、复兴补助金的形式，先后向灾区提供 18580 亿日元的资金救助，其中五次下拨复兴补助金共计 15702 亿日元。[②] 为了可以在灾后重新开始事业，很多企业及个人不得不在原有贷款尚未还清的情况下，再次向银行申请贷款，而这种情况下贷款申请通常很难获批，即便申请成功，也会从此背负双重贷款的巨大负担。针对这一问题，2011 年 11 月 21 日，日本参议院通过了《双重贷款救济法》，决议成立"东日本大震灾事业者再生支援机构"，负责买断民间金融机

---

① 运用型基金指以基金的运作收益代替基金充当基金事业财源的运营模式；"取崩型"基金指直接以基金充当基金事业财源的运营模式。

② 日本复兴厅网页：http://www.reconstruction.go.jp/topics/post_91.html。

构持有的债权，与"产业复兴机构"共同促进灾区复兴，①从而缓解了双重贷款给受灾企业及个体经营业主带来的沉重经济负担。

第三，日本社会各界积极参与"3·11"地震后的救助工作，充分发挥了社会救助的功能。不仅有演员、运动员、实业家、漫画家等社会知名人士以个人的名义向灾区捐钱捐物，还有皇室、政治团体、宗教团体、劳动工会、动物保护团体、环境自然保护团体，志愿者团体，甚至黑社会团体也都参与到了救灾工作中。地震发生后的一年间，国内的救灾捐款达 4400 万亿日元，参与救灾的志愿者达 94 万人次。日本的社会服务行业也在震后纷纷做出反应，如金融机构出台救济措施，为灾民提供小额应急贷款以满足灾后生活需要；设立用于灾后重建的各种低利率贷款；临时缓缴灾民所负担的按揭贷款；免收灾区 ATM 提款机提款手续费。通信行业在避难所设立免费公用电话；无偿开放灾区无线网络服务；交通运输行业免费为灾区运送救灾物资；高速公路免收过路费，等等。各行各业发挥自身的行业优势，最大程度地为震后救灾工作提供了支援。

"3·11"地震发生后的三年时间里，地震灾区的社会事业、基础设施已经恢复过半。这些成绩的取得一方面得益于日本各级政府及社会各界积极的救助与支援，另一方面日本灾民在灾难面前表现出的坚忍淡定的品质也为震后救灾创造了相当有利的条件。可以说，是日本举国上下的团结一致保障了灾害救助工作的迅速、有效展开。

三、灾民救助问题的解决方案

从短期来看，日本似乎已经逐步走出地震灾害的阴影。然而，据 2013 年 3 月 11 日《朝日新闻》"千人之声"的社会调查显示，81%的灾民认为在震后的两年间，灾区复兴没有进展或是没有太大进展。这样的调查结果说明，社会事业、基础设施的复建并不完全等同于灾区的复兴。如前所述，截至 2013 年 4 月，日本仍有 30 余万灾民在避难。如何更好地对避难灾民进行救助仍是日本政府亟待解决的问题。

首先，作为避难灾民的安置设施，灾害公营住宅的建设及管理方面存在问题。

---

① 日テレ新闻网页：http://www.news24.jp/articles/2011/11/21/04194939.html。

浅谈日本"3·11"震后灾害救助问题

据日本复兴厅公布的统计数据显示，灾民的避难场所主要分为四类，即学校、公民馆等避难所；宾馆、旅店；亲人、朋友住所；预制装配式房屋、民间私人应急住宅等临时住宅。在震后初期，相当一部分灾民在避难所、宾馆进行避难，随着时间的推移，这两处的避难灾民越来越少。相反，临时住宅成为收容最多灾民的避难场所。然而，临时住宅只是灾后供灾民短时间居住的住宅，入住期限原则上为两年。两年后，如灾民仍无法自力建造或购买新居，则可以申请入住灾害公营住宅。由于东北灾区受灾情况严重，且受灾面积广，为灾民提供灾害公营住宅将成为妥善安置避难灾民的有效途径。但事实上，用于建设灾害公营住宅的资金投入力度不够，导致灾害公营住宅的建设速度慢，远远不能满足灾民的需求。据统计，为了确保灾民居有定所，灾区三县预计建设 2.4 万户灾害公营住宅，然而 2013 年 4 月时可供入住的仅有 250 户左右。[①]针对这一问题，日本政府将临时住宅的入住期限延长至 4 年，并规定震灾发生后的 10 年间，无论收入水平如何，都可以申请入住灾害公营住宅。[②]但是，这些延长时间限制的措施，并不能从根本上解决灾民的住房问题。如果按目前每年减少 3 万避难人口的速度来计算，将会有灾民需要在临时住宅中住 10 年之久。事实上，临时住宅在结构上也不是可以永久居住的住宅，存在保暖性差等问题。对于经历了严重的震灾与海啸的灾民，尤其是不具备独立生活能力的孩子和疾病缠身的老人而言，他们更需要的是可以长期居住的灾害公营住宅。

在灾害公营住宅建设缓慢的同时，关于灾害公营住宅使用、管理等方面的细则也不够明确。据统计，石卷市在震前有 1700 户公营住宅，震后预计新建 4000 户灾害公营住宅，并且多数受灾市町也都有类似的建筑计划。也就是说，将会有两倍于震前数量的公营住宅出现。然而，这些公营住宅的有效使用年限却成为问题。尤其在人口稀少的地区，随着时间的推移，入住灾害公营住宅的老年人不可避免地会减少，而新的入住者又难以保证，于是就会出现公营住宅闲置的问题。因此，人们呼吁出台关于闲置公营住宅使用及管理的规章制度。[③]另外，1995 年阪神地震后，不少民间私人住宅被政府征借作为灾害公营住宅使用，而在震灾结束后的第 18 个年头，当年入住这些住宅的灾民被告知要在 2015 年搬出这些住宅。

---

① 《产经新闻》网页：http://sankei.jp.msn.com/affairs/news/130311/dst13031100180002-n2.htm。

② 日本厚生劳动省网页：http://www.mhlw.go.jp/stf/houdou/2r9852000002yvh8-att/2r9852000002yvkv.pdf。

③ 盐崎贤明："住宅复兴与城市建设——受到质疑的是什么"，《世界》，岩波书店，2013 年 1 月。

如果这一决定被执行的话,对于那些在公营住宅里迎来暮年的老人们来说,无疑将是另一场"灾难"。关于这个问题,人们争论的焦点集中在居住期限为 20 年的规定是否在灾民入住前就已经说明的问题上。至于入住期限到期以后该如何应对,有人提议"希望继续居住的,应当无条件允许"。①这一问题最终将如何解决尚无定论,但是却不能忽视其对解决"3·11"震后灾民避难问题的参考意义。很明显,作为应急的临时住宅,民间私人住宅有必要继续作为灾害公营住宅的补充而使用,但是其居住年限、到期后继续居住的可能性、实现继续居住的条件、费用等内容,却有必要结合"3·11"地震后各地区的实际受灾情况,以法律法规的形式予以明确并保障实施。

其次,灾民灾后生活重建方面也存在问题。主要表现为避难灾民的生活质量难以得到保障。一些灾民在地震中获救,但是却在避难过程中离世,这种情况被称为"震灾关联死亡"。而"震灾关联死亡者"指"因震灾致伤病恶化而导致的死亡,并根据灾害抚恤金的相关法律规定,获得灾害抚恤金的人"。②根据 2012 年 9 月公布的调查结果显示,震后的震灾关联死亡者共 2303 人。其中 60 岁以上的死亡者为 2070 人,约占总人数的 89%。③导致震灾关联死亡的原因多与避难生活有关。长期在临时住宅等避难场所中生活,不仅会使人们产生身体、精神上的疲惫,而且对于未来生活的忧虑与不安,也会给避难灾民带来极大的心理负担。因此,在避难生活极可能长期化的现实面前,除了灾民自身的积极自助与互助外,保障灾民避难生活的质量,如改善临时住宅的居住环境,确保食品等生活必需品的供给,完善医疗、福利、保健配套设施等都是日本政府及地方自治体需要认真解决的问题。同时,鉴于震灾关联死亡者中绝大多数都是 60 岁以上的老人,有必要针对高龄者的生活需要,提供相应的支援与帮助。尤其是要关注灾民的身心健康,帮助灾民进行灾后心理重建,避免孤独死亡与自杀事件的发生。

缺乏社会物质基础,难以重新开始社会生活,也是灾民灾后生活重建遇到的难题。社会生活的基本前提就是拥有稳定的经济收入,而解决这个问题,首先需要做的就是确保就业。截至 2012 年 3 月,因地震失业的人约有 14 万。日本雇佣保险制度规定,为了保障失业人员在再就业前所需的生活费用,国家支付失业者

---

① 《东京新闻》网页:http://www.tokyo-np.co.jp/article/feature/tohokujisin/list/CK2013011502100003.html。

② 在复兴厅于 2012 年 5 月 11 日举行的第一次震灾关联死亡研讨会上明确了这一定义。

③ 日本复兴厅网页:http://www.reconstruction.go.jp/topics/main-cat1/sub-cat1-1/。

浅谈日本"3·11"震后灾害救助问题

失业前收入的 50%～80%作为失业补助。而且针对"3·11"地震，日本政府还一度将灾区的失业补助支付时间延长到 210 天。[1]然而，厚生劳动省的调查显示，到 2012 年 6 月为止，在灾区三县接受失业补助的 15243 人中，仍有 9888 人没有找到工作。可是，这与复兴厅公布的灾区人力需求状况形成鲜明对比。2012 年 7 月时，以建筑业与住宿业为主的行业用人需求量超过 12 万，与震前水平相比增长了大概 1.8 倍，[2]可以说灾区人力需求市场呈现一片繁荣景象。那么震后一年多的时间过去了，在已接受失业补助的人群中，仍有近万人没找到工作的原因又是什么呢？首先，由于灾后重建需要大兴土木，所以用人需求主要集中在建筑业方面。然而，建筑行业对专业技能的要求却限制了求职人员的可选范围；其次，在超过 12 万人的招聘需求中，只有一半左右岗位招聘正式社员。很多公司之所以控制正式社员的数量，主要招聘非正式雇佣的员工，不外乎是为了降低人事成本。可以说，这对于震后重新开始经营的中小企业而言是出于一种生存需要，但是对于失业灾民来说却是一个并不乐观的就业现实；再有，灾区三县位处日本东北地区，主要产业是农业和水产业，震前从事相关产业的人口约 48 万人。但是，到 2013 年 3 月为止，农业及水产业的恢复率仅占 60%左右。

最后，宫城县在震后重建方面取得了显著成果，但相关的经验却未能得到充分的总结和借鉴。在"3·11"地震中，宫城县人员伤亡达 15844 人，房屋建筑损毁达于 50 余万栋。2011 年 10 月，宫城县制定了未来十年的震后复兴计划。该计划实施分为三个阶段：2011 年至 2013 年为"复原期"；2014 年至 2017 年为"再生期"；2018 年至 2020 年为"发展期"。在复原期的第一个年头里（2011 年 4 月到 2012 年 4 月），港湾、医疗和福利设施的复原率都已经达到了 90%以上。2012 年 5 月到 2013 年 3 月，其他复原事业也都取得了卓著成果。其中林业、农业、水产业及学校设施的恢复效果最明显，同时，道路、交通、河流、下水设施也都几乎恢复到了震前水平。[3]

宫城县在全面开展复原工作的同时，重点推进了某些领域的恢复工作。首先是医疗领域。医疗在震后不仅要抢救生命，而且还要负责灾区的防疫工作等，在抗震救灾过程中发挥至关重要的作用。其次是农林业和水产业。这两个产业是宫

---

① 日本经济新闻网页：http://www.nikkei.com/article/DGXDASFS30062_X11C12A2EE8000/。

② 日本 NHK 电视台 2012 年 9 月 8 日新闻报道。

③ 宫城县公式网站：http://www.pref.miyagi.jp/site/ej-earthquake/shintyoku.html。

城县的主要产业，这些产业的恢复关系着宫城县的整体复兴，也关系着避难灾民的物质生活水平。而道路、交通、学校、医疗设施的恢复，则是灾民重新开始生活的环境前提。相信过去几年中宫城县避难灾民数量的明显减少与其行之有效的复建工作密切相关。这种复兴工作的实施方法必然可以为其他灾区的重建提供一定参考。灾区复兴是一项长期而且艰巨的任务，结合灾民需要，有所区分、选择地展开工作无疑是最合理的复兴方式。

　　总之，对灾民进行更好的救助，尽快解决灾民避难问题，一方面需要日本政府及灾区自治体加快建设灾害公营住宅，保障灾民相对稳定、舒适的居住环境；一方面也需要通过多种渠道帮助灾民尽快重构经济基础，重新开始社会生活。地震带来的伤害也许不是时间可以抚平的，但是房屋、道路、桥梁、事业、生活却可以重建，甚至可以在震后有更快、更好的发展。宫城县 2013 年 4 月公布的数据显示，与震前水平相比，大型零售店的销售额增加了 4%，机动车数量增加了 32%，人才招聘数量增加了 91%。[①]可见，震后复兴工作虽然艰难，但是重建也为灾区带来了新的机遇与希望。

　　2013 年，世界各地发生的 7 级以上地震多达 20 起。其中，最近一次发生在中国的 7 级以上地震是 2013 年 4 月 20 日的四川雅安地震。雅安地震共造成 196 人遇难，21 人失踪，11470 人受伤，累计造成 152 万人受灾。与日本"3·11"东日本大地震相比，这次地震并没有造成巨大的人员伤亡，但是就受灾人数来看，在救灾重建工作中，我国各级政府也遇到了严峻的灾民救助问题。日本"3·11"大地震的发生曾经引发国内很多专家学者对我国灾害法律的思考，有人指出我国《突发事件应对法》亟待修改，有必要制定一部灾害应对法，用于整合各种应急管理资源等。[②]日本作为一个地震多发的国家，其相对完备的灾害法律体系无疑是值得我们学习借鉴的，同时总结震灾的经验教训及提高国民的防灾意识，也是确保灾害救助体系充分发挥作用的关键。希望日本的相关经验在为完善我国灾害法律制度提供参考的同时，也可以对我国的震后灾民救助工作有所补益。

---

① 宫城县公式网站：http://www.pref.miyagi.jp/site/ej-earthquake/shintyoku.html。
② "中国灾害法律亟待修旧立新"，《21 世纪经济报道》，2011 年 3 月 18 日。

海外专稿

安倍经济学与日本经济的走向

星野富一[①]

一、引　言

安倍经济学是指日本首相安倍晋三第二次组阁后实施的一系列经济政策,它以"三支利箭——大胆的货币政策、灵活的财政政策和刺激民间投资的增长战略"为口号,赢得了很高的人气。安倍经济学能否成功扭转日本经济长期停滞的局面有待关注,因为日本正在经历发达国家十分罕见的通货紧缩,乃至被称为"失去的 20 年"的长期萧条。事实上,安倍上台后的"口头干预"得到了外汇和股票市场的积极呼应,日元贬值、股价高涨为安倍经济学赢得了舆论认可。目前,宏观经济如安倍首相的愿景般向前推动,但我们依然认为安倍经济学不过是 2008年 9 月雷曼冲击之前日本新自由主义经济的"改良版",延续了依靠泡沫经济扩张和放松管制的经济政策。

泡沫经济崩溃以后,伴随着通货紧缩,日本经济陷入了长期萧条。甚至有学者指出日本正在步入"失去的 30 年"。但这并不意味着该时期内日本经济没有反弹,例如 2002 年至 2007 年就出现了被誉为"战后最长的经济扩张"的"伊邪那美景气"。这段时期的季度企业业绩数据显示,利润总额曾一度达 16 万亿日元,

① 本文作者星野富一,日本富山大学经济学部教授,东北大学经济学博士。主要著作有《景气循環の原理的研究》《グローバル資本主義と景気循環》(共著)、《アメリカ発世界经济金融危機とその原因》、《東アジア地域统合の探究》(共著)、《東アジアの競争と協調》(共著) 等。

超过了 20 世纪 80 年代后期泡沫经济顶峰时 10 万亿日元的纪录。①企业年度报表显示企业支付给股东以及公司董事高达 9 亿日元的巨额分红,将 200 万亿日元至 300 万亿日元的盈利作为其内部留存。

巨额盈利来源于两个方面,一是日元贬值以及美国住宅市场泡沫带来的出口扩大,二是在白领和蓝领员工中正在推行的大规模裁员以及工资下调。现金支付工资总额在 1997 年达到最高值,之后一路下降。正式员工暑期及年底临时补助金被大幅削减,对长时间加班不支付补助并演变成义务加班。目前日本非正式员工总数已经占到员工总数的 1/3 以上,与正式员工相比,非正式员工工作不稳定,其工资水平仅为前者的几分之一。个人消费支出减少以及设备投资持续低迷导致日本国内需求长期不足,由此引发了在发达国家中十分罕见的持续通货紧缩局面,其结果造成广大劳动阶层几乎感觉不到战后最长的经济景气所带来的繁荣,更为不幸的是,2008 年的雷曼冲击以及 2011 年的"3·11"东日本大地震不期而至。

雷曼冲击后欧美型新自由主义宣告失败。尽管讴歌"宣言选举""从混凝土向人的转变"、"从官僚主导向政治主导的转变"的民主党取代了长期执政的自民党,但其政治不成熟在无官僚支持下暴露无遗。冲绳普天间基地迁移问题的受挫以及提高消费税税率等问题与竞选纲领相背,"政界破坏者"小泽一郎的退党导致民主党在 2012 年 12 月的大选中落败。随后自民党重掌政权,安倍得以第二次组阁。

本文拟对安倍政府大力推行的安倍经济学是否能实现劳动阶层所期盼的经济效果进行考察。

二、大胆的金融政策

雷曼事件爆发前日本的零利率政策似乎已经走到尽头,白川芳明领导的日本央行开始实施量化宽松政策,其大规模的货币宽松程度史无前例,金融机构在央行准备金账户余额已经达到 47 万亿日元(《朝日新闻》2013 年 4 月 25 日)。但是由于内需不足,来自民间企业设备投资的资金需求增加乏力,金融机构的贷

---

① 日本财务省:《季度法人企业统计》,见财务省网站 http://www.mof.go.jp/pri/reference/ssc/outline.htm。

安倍经济学与日本经济的走向

款余额难以扩张。我们无从得知安倍首相是否了解这一情况，但我们知道安倍首相认为迄今为止实施的货币政策依旧不够宽松，仍要强迫央行实施更为大胆的货币宽松政策。2012 年末安倍组阁后，耶鲁大学名誉教授滨田宏一就任内阁府参事，成为安倍政权的经济顾问。他多次批评自己过去的学生——央行白川总裁实施的紧缩货币政策有误，甚至主张不惜再次修改承认中央银行独立性的 1998 年"新日银法"。①安倍首相在与央行前行长白川持续了近一个月的较量后终于如愿以偿，于 2013 年 1 月 22 日发表共同声明，将白川总裁时期引入的 1% 的"物价稳定预期目标值"（goal）调整为 2% 的"物价稳定指标"（target），即采取事实上的通货膨胀目标制。② 白川总裁在 2013 年 2 月 5 日发表声明指出将于同年 4 月任期结束前辞职，日本央行总裁在任期期满前辞职是历史上极其罕见的。2013年 3 月 20 日，日本央行新体系诞生，由同属革新派的两位新总裁黑田东彦和岩田规久男分别担任正副职。

2013 年 4 月 4 日，日本新一届央行召开金融政策决定会，提出要实施远超市场预期的"迄今未有的量化与质化同步的货币宽松政策"。它的要点是：1.货币政策工具由原来的调整隔夜拆解利率的方式变更为调整基础货币（货币供给量）；2.货币供应量从 2012 年末的 138 万亿日元扩大到 2013 年末的 200 万亿日元，进而到 2014 年的 270 万亿日元；3.长期国债购买额由 2012 年末的 89 万亿日元提高到 2013 年末的 140 万亿日元和 2014 年末的 190 万亿日元，此外，增加房地产投资信托基金（REIT）、指数联动型上市基金（ETF）等风险性资产的购买；4.长期国债的买入对象由此前的平均残存期间小于 3 年扩展到 7 年左右；5.在国债买入的框架内暂停日本银行纸币规则。③

"黑田政策"旨在依靠货币供给量的大幅增加消除通货紧缩从而实现 2% 的通胀目标，其内在经济学机理是什么，实现路径如何？按照理性预期理论，货币供给量的增加使得经济活动的参与者产生了物价上升的预期导致通货膨胀。按照货币数量学说，物价水平随着货币供给量的增加成比例的增加（$P=MV/T$，P 是

---

① 浜田宏一，《アメリカは日本経済の復活を知っている》讲谈社，2013 年。以及其在日经新闻、朝日新闻的采访文章。

② 日本经济新闻，《首相執念 折れた日銀》，2013 年 1 月 12 日早报，第 3 版。

③ "日銀、新たな量的緩和"，《日本経済新聞》，2013 年 4 月 4 日晚报。

物价水平，M 是货币供给量，V 是货币流通速度，T 是社会交易量①）。但是，暂且不考虑上调消费税率，货币供给量的增加并不一定能够形成通货膨胀预期，况且后者的货币数量理论仍属学术界争议的范畴（其普适性存在争议），例如即便是在货币供给量增加的境况下，如果民间资金需求不足会导致货币流通速度下降，从而物价下降。笔者认为这正是央行前行长白川体制下增加货币供给量却无法摆脱通缩的主要原因，暴露出其增加货币供给量会消除通缩的主张是错误的。

然而，"黑田政策"下的更为激进的货币政策造成的副作用同样令人担忧。

其一，安倍首相的口头干预扭转了民主党时期 1 美元兑换 70 日元的高汇率约束下出口产业竞争力一路下滑的被动局面，日元贬值带动了出口行业回暖及其业绩复苏。但快速的日元贬值使原油和小麦的进口价格上涨，预计 2014 年 4 月份消费税率由 5% 提高到 8%，并于 2015 年 10 月提高到 10% 等因素会大大提高通胀预期，一旦通胀率上涨，中小企业原材料费用增加，在工资水平没有提高的前提下国民生活压力增大，因此消除通缩并非能够积累政绩。事实上，在 21 世纪头十年日本战后最长的经济景气扩大时期中，日元贬值使出口增加、企业业绩甚至大幅超过了 20 世纪 80 年代后期泡沫经济时期，但大企业却没有增加设备投资以及提高工资水平，工资支付总额更是增长停滞甚至持续下降。正式员工被裁员、工资下调、无报酬加班的扩大以及原则上的解雇自由正是造成低工资、无奖金的非正式员工在整个员工队伍中占比达到 1/3 的重要原因。

其二，市场担心日本央行实施的前所未有的宽松政策所带来的货币供给量的大幅增加不但不会使实体经济恢复，反而导致大量资金流入股票市场和房地产市场引起资产泡沫。2012 年底到 2013 年 5 月中下旬，日经平均股价持续快速上涨超过了 1.5 万日元，由于对美国量化宽松缩减以及中国经济恶化的担心，5 月 23 日（星期四）平均股价大幅回落了 1100 日元以上。随后，股票价格时涨时跌，一路飙升的走势不再出现。但无论如何我们都应该时刻警戒第二次泡沫崩溃的风险，这与央行前行长白川芳明的担忧同出一辙。日本在 20 世纪 80 年代后期资产价格膨胀时期，在通胀率很低的情况下维持了五年的最低利率，这不仅催生了泡沫的膨胀，也加剧了泡沫的崩溃，累积了大量不良债权，日本央行也因此受到各方的严厉批判，希望安倍政权和以黑田总裁为中心的日本央行能够引以为戒。

---

① P=MV/T 公式由费雪恒等式 PT=MV 变化而来。

其三，"黑田政策"的风险不可小觑。"前所未有的货币宽松"的目的之一是通过积极购买更长期的国债诱导长期利率下降，但是股票价格的快速上涨显然是资金从国债市场向股票市场转移的结果，这反而与央行的目标相悖，长期利率在短期内上涨。从国债发行余额扩大到 830 万亿日元开始，国家债务到 6 月底将突破 1000 万亿日元。[①]今后，日本的巨额国家债务将使央行丧失独立性，央行的金融扩张一旦失去市场信任，购买长期国债的资金会骤然逆转导致长期利率急剧上升，国家债务将会像滚雪球一样膨胀，到那时，堪称世界最糟糕的日本财政崩溃将不可避免。

因此，由日本的再通胀学派所力推的央行极度宽松货币政策无疑是把"双刃剑"。

三、灵活的财政政策

安倍政权先打着防灾、灾害复兴、"国土强韧化"等旗号大幅增加公共事业投资（包括民间投资在今后 10 年内预计总投资 200 万亿日元），随后又将 2012 年度追加预算与新年度预算合起来的 15 个月的预算额度增加到 100 万亿日元。与民主党政权所提倡的"从混凝土转向人民"的政策相反，安倍在社会保障对策中主张削减生活保障金（以高于其他发达国家的最低标准工资为理由降低最低生活保障标准），暴露了自民党"从人民转向水泥"，扩张公共事业投资的危机对策。

在"15 个月预算"中，公共事业关系费的规模合计共超过 10 万亿日元，其中包括含东日本大地震复兴特别预算在内的 2012 年度补充预算 131054 万亿日元中的 47 万亿日元，以及 2013 年全年财政支出预算中的 52854 万亿日元。以大规模项目为中心进行新投资以及进行老化设备的更新投资，必然会导致国债增发以及对地方债依存度的上升。在财政支出方面，与社会福利支出下降形成鲜明对比的是 11 年来首次出现国防支出费用的增加。在财政收入方面，与增加消费税相反的是勉强决定的对高收入者及高资本利得者适当征税（提高所得税的最高税率、对资产利得征收综合累进税）的不彻底，没有扩大作为"日本经济再生的紧

---

① 《朝日新闻》，2013 年 8 月 10 日早报。

急经济对策"一部分的法人税的税基（优待措施缩小），以及法人税税率进一步下降。①

20世纪90年代日本政府相继实施了大规模的以公共事业为中心的经济危机对策以及大型减税措施，由此国债大幅增发。但是经济却未因此而稳固复苏，以致形成今天的巨额财政赤字以及累计债务余额。有鉴于此，令人担心的是此次安倍经济学所推行的灵活财政政策是否会导致国债增发以及累计债务余额的螺旋式上升。

以上探讨了安倍经济学的金融与财政政策，正如安倍经济学本身所指出的，非常规的货币政策以及巨额财政变动均非长久之计，可持续的民间投资与消费的扩大最为重要，因此，安倍经济学的第三箭至为关键。

四、唤起民间投资的增长战略

经济增长战略本来预定在参议院选举前的2013年6月出台，但实际发表的内容与预期内容不符，因此受到猛烈的批评，导致股价暴跌。以下就增长战略中的重要组成部分——能源政策、贸易政策以及劳动政策加以评析。

（一）能源政策

由于受到东京电力公司福岛第一核电站的重大事故影响，超过九成的国民希望停止原子能发电。2012年民主党野田政权勉强决定在21世纪30年代将原子能发电降为零，但这一基本方针已被安倍政权放弃。安倍政权打着"有责任的推进能源政策"的旗号，事实上决定在今后10年内维持核电的发展。核能政策上倒行逆施，回到日美核能共同体＝"核电黑手党"寻求的核电政策。但是，距离福岛第一发电站事故发生已经超过了两年半时间，而发电站周围约14万居民仍没有返回到他们的故乡。同时，事故远远没有结束，一方面是40年内核电站废炉的具体情况仍处于无法预见的状况；另一方面是政府无视国民的呼声，继续的推进核电站的运转，可以说政府的政策是极端不负责任的。回想核电站事故发生

---

① 町田俊彦：《2013年度政府予算予算分析と课题》，《生活经济政策》2013年3月刊。

安倍经济学与日本经济的走向

之后国内外强烈要求废止核电站的时候，我们无法忘记在意大利国民通过投票决定废止核电站的结果出来之后，自民党当时的干事长石原伸晃在《朝日新闻》上批判其为"集体歇斯底里"。这样的位于政权中枢的政治家所在的政党重掌政权，继续支持核电发展只是时间问题。其支持核能发展的根据，一是取消核能发电会导致电力供给不足；二是核能发电成本低廉，但无论其中哪条理由都已被事实及理论所否定。2012 年 5 月初，决定将 54 座发电站全部停止。核电站不运转的话，电力供给将陷入严重不足的威胁不绝于耳。实际上随着节能的推进，盛夏高峰时段的供电不足问题并非不能克服。从发电成本看，估算起来核能的发电成本最高。然而"核电黑手党"仍在虚言"日本的核电站绝对安全""核电站再不运转的话将会导致电力不足""核电发电的成本是最低的"。

由于发生了重大事故，日本国内无法再建设新的核电站。作为增长战略的一部分，日本计划把核电站输出到以亚洲以及中东为中心的地方去，事实上从野田政权到安倍政权，这一计划一直在推进之中。他们在把核电出售给土耳其时辩称"核电事故更加强化了日本核电的安全性"，这种麻木与道德的缺失，实在令人愕然。

民主党于 2012 年 7 月开始实施可再生能源的固定价格收购制度，遗憾的是并不顺利。正在推进的巨型太阳能发电站以及个人住宅太阳能接收板装置等仅属于太阳能发电领域，囿于地方规制，其他的如风能发电、小水力发电、生物能发电、地热能发电等发电措施也都很难推进。据《日本经济新闻》称，截至 2013 年 1 月，处于运转中的主要可再生能源的发电容量大致为：太阳能 664 万千瓦、风能发电 254 万千瓦、生物能发电 213 万千瓦、地热能发电 50 万千瓦。[①]尽管已经充分认识到对环境的影响，但经产省等政府部门行动起来，排除发展可再生能源种种障碍的举措不可或缺。

另外，包括发电送电相分离、电力零售自由化等课题的电力市场改革十分必要。必须打破电力公司在地域经济中的垄断地位，促进可再生能源等发电运营商的加入。安倍政权也决定推进发送电分离等电力市场改革，但是，令人无法理解的是，政、官、财、学和报界"合谋"向国民传递"日本的核电站绝对安全"的

---

① 根据《日本经济新闻》2013 年 5 月 10 日报道，住友林业计划在 2016 年建成国内最大的 5 万千瓦生物能发电站，其原料来自间伐林等。另外大型造纸企业也会利用公司的自由林加入到生物能发电的队伍之中。这样，在发展太阳能发电的同时，可以推进可再生能源的多样化发展。

虚假信息，在重大事故发生后却没有丝毫愧疚。与狂热的推动核电站的再运行以及向海外出售核电站形成鲜明对比的是，日本国内完全见不到对于推动电力市场改革的热情，其原因何在？因此，应密切关注对电力行业的游说活动，因为极有可能发送电分离等电力市场改革在不知不觉中被调了包。^①

（二）贸易政策

为确保有活力的、公平的国际竞争，安倍政权制定了调整与创新贸易和投资规则、推进不断壮大的与亚洲太平洋地区、东亚地区、欧洲地区的战略经贸合作的基本方针。在此方针指导下的重要议题是参与 TPP 的谈判以及亚洲的中日韩 FTA、RCEP（区域全面经济伙伴关系简称，由 ASEAN+中日韩、澳大利亚、新西兰、印度等 16 个国家组成）、欧盟的经贸合作协定（EPA），其中最重要的是参与 TPP 谈判。

也就是说，参与 TPP 谈判成为 2012 年末日本众议院选举的争论焦点之一，民主党野田政权将此作为对党公认候选者的政治信仰，这与打破选举承诺，提高消费税税率一道，导致了民主党的分裂与解体。自民党把坚决反对取消关税与不参加 TPP 谈判作为选举的承诺，但在选举大胜后食言。与奥巴马总统会面期间提出"没有神圣地带关税可以无条件废除"，匆忙决定参加 TPP 谈判。

众多有识之士就参加 TPP 谈判提出质疑。如铃木宣弘的问题指向为什么对国民生活产生重大影响的谈判却对国民隐瞒而采取秘密推进的方式，还指出日本政府在进行谈判之前对因疯牛病而限制美国牛肉进口做出大幅让步，以及要求关税快速降为零的日本市场保证进口一定数量的美国造汽车等问题。孙崎享也指出，根据 ISDS 条款，当投资者由于投资国法律、行政上的不完善以及制度方面的原因受到利益损害时，可以以此为理由到国际法院起诉该投资国，要求废除相关的法律和制度。对于孙崎享提出的问题难免产生如下担忧：日本的公费医疗保险制度一直是美国保险行业和医药品行业进入日本市场的障碍之一，如果他们想扩大日本市场的占有份额，将来很可能起诉日本政府，要求其撤销公费医疗保险制度。

---

① 网络版《经济学人》杂志指出："安倍政权承认有对日本电力行业进行改革的计划"，"如果得到国会认可，日本将迎来 20 世纪 50 年代以来日本电力部门的重要改革"（Business in Japan: Appraising Abenomics，2013 年 6 月 4 日），安倍政权对这一问题是认真的态度，还是将其作为参议院选举的对策，今后有必要进一步观察。

（三）劳动政策

为"创造世界上最适合企业经营的市场"，安倍政权致力于推进关税税率和法人税税率的下调、加大劳动力市场流动性①方面的改革。以安倍首相为议长的产业竞争力会议共有 10 名民间议员，但没有一位来自劳动界，大部分由竹中平藏这样的新自由主义派学者和企业家组成。据报道，会上从民间议员到经济界一致强烈要求放松对解雇正式员工的限制，也就是说，可以通过经济补偿的方式自由解雇正式员工。《劳动契约法》第 16 条规定，"在缺乏客观合理的理由以及不被社会普遍观念所认可的情况下，通过滥用权力来解雇员工被认为是无效的"。上述建议的目的即欲废除"解雇权滥用法理"。对此，《日本经济新闻》社论从赞成民间议员提案的立场出发，指出"为了激发企业的活力，人才的新陈代谢是不可或缺的"，"人才若被竞争力下降的企业所把持，既不利于人才自身发展，也不利于推进产业结构改革"，"为促进环境、能源、医疗护理等领域人才的流动，必须消除人才流动的限制"。②

安倍政权放宽劳动领域的限制，与其师、前首相小泉纯一郎在 2004 年实施的制造业派遣自由化改革颇有异曲同工之处。

不知是否考虑到参议院选举在即，如此露骨的劳动政策可能招致劳动阶层的反对，首相也反对该政策的推进，2013 年 6 月推出的增长战略之中并无此项。但是，这样的政策和引入把白领刨除在外等政策是一样的，就像放出探测气球后观察劳动者的反应，在选举大胜之后再推行这样的政策的可能性不能说没有。虽说此次没有涉及放宽解雇限制措施，但很有可能变换形式后再加以推出。如民间议员所希望的，降低雇佣调整补偿金，大幅扩充促进劳动力流动的补偿金；用工资低于原来正式员工的限定正式员工的普及来代替职务和工作地点捆绑在一起，以这样的雇佣规则引入作为实施放宽解雇限制的前提。再者，下一步讨论的方向包括公共职业安定所的一部分业务转移到民间的人才派遣公司，以及在做出解雇无效判决后，不恢复原有工作而是给予经济补偿的提案。③无论是上面哪一个，

① 小仓利丸："'成長'とナショナリズム—不可能性としてのアベノミクス"，《インパクション》189 号，2013 年 4 月号。

② 《日本经济新闻》社论："元気な社会へ新たな雇用ルールを"，2013 年 4 月 8 日早报，第 2 版。

③ "解雇規制 緩和見送り"，《日本经济新闻》，2013 年 4 月 24 日，第 3 版。

都是以劳动力流动为名义造成雇佣不稳定化以及恶化的方案,无非是在牺牲劳动阶层的基础上构筑增长战略。即使降低了人员开支,也完全没有保证和通过增加设备投资进一步使员工工资上涨以及改善劳动条件捆绑在一起。更何况不能指望那些民间议员来实现同工同酬原则的确立等劳动领域的社会公正。

五、小　结

本文通过安倍政权重组以来的实际表现,批判性地考察和预测了安倍经济学以及在其影响下日本经济的未来走向。安倍的口头干预及前所未有的金融宽松政策推动了日元贬值,由此带来了出口行业和证券业等业绩回升,安倍政权也因此获得了70%的高支持率,但我们必须警戒不要对此抱有过高期望。不包括工资上涨以及雇佣条件改善的通胀率的上升极易引发资产泡沫以及由此导致的经济危机和对国债市场的冲击。雇佣条件恶化、民间企业的巨额内部保留以及企业设备投资的减少是造成日本长期通缩的主要原因,可以将其归因为内需的缩小,毋宁说迟迟不能放松劳动市场规制直接导致了雇用条件的恶化。因此,必须关注基于安倍政权真实意图的增长战略的内容,而不仅是 2013 年 7 月份参议院选举前作为"安全运转"所推行的增长战略。

本文由武石桥(南开大学日本研究院博士研究生)译、郑蔚校

被丰臣秀吉祭祀的耳冢的灵魂

鲁成焕[①]

一、序　言

　　日本的古都京都有许多能代表日本历史的遗迹，而其中的一处遗迹是京都人唯一不愿意被别人看到的地方，它就是耳冢。不但京都市出版的《京都的历史》的近世篇中没有提及，连京都的旅游地图以及《京都历史散步》等基本的旅游手册中都没有它。耳冢位于丰臣秀吉（1537—1598）建的方广寺和将丰臣秀吉作为神而祭祀的丰国神社前，这个当今京都人刻意遮掩的耳冢到底是谁、于何时在这里建造的呢？在耳冢入口处的解说栏上有如下内容：

　　　　这个墓冢是 16 世纪末，统一了天下的丰臣秀吉为进一步把支配之手伸
　　向大陆，发动侵攻朝鲜半岛的文禄、庆长之役（1592—1598 年，在朝鲜称
　　之为壬辰、丁酉倭乱）的遗迹。丰臣秀吉手下的武将为了纪念这个亘古未有
　　的战功，将朝鲜军民男女的鼻子和耳朵割下以取代首级，用盐腌渍后带回日
　　本，并奉丰臣秀吉之命埋于此地，并施以供养（供养在佛教用语及日语中指
　　对死者的供奉——译者注）之仪，是为"耳冢（鼻冢）"的起源。"耳冢（鼻
　　冢）"与"御土居"（丰臣秀吉时代建立的环绕京都的土墙——译者注）等史
　　迹都是京都现存的与丰臣秀吉有关的遗迹。墓冢上建有五层石塔，其形状可

---

　　① 本文作者鲁成焕，韩国蔚山大学校人文大学教授，大阪大学文学博士。主要著作有《日本の民俗生活》《日本神話と古代韓国》《韓日神話の比較研究》《日本に残った壬辰倭乱》等。

通过宽永二年（1643）的古图绘得以确认，当是此冢建成后不久建造的。丰臣秀吉挑起的这场战争因朝鲜半岛人们的顽强抵抗以失败告终，但战争后留下的"耳冢（鼻冢）"依旧在诉说着使朝鲜民众蒙受战乱之苦的历史遗训。

　　根据这段说明文可知，丰臣秀吉手下的武将们将朝鲜军民的耳朵和鼻子割下带回国作为他们战功的凭证，并奉丰臣秀吉之命埋藏于此，还为那些亡灵举行了祭奠仪式。换言之，这个墓冢是丰臣秀吉建造的朝鲜人耳朵和鼻子的墓。这段解说文是写给游客的，当然不会详细解释我们想知道的内容。但对此仔细思考，则疑问重重。一是日本的武将们为何要割下鼻子和耳朵？二是丰臣秀吉检查完之后为何没将它们扔掉，而是建成古坟的形状予以祭奠？三是里面埋的是鼻子和耳朵，为何称之为耳冢？四是墓冢里面真的只有鼻子和耳朵吗？五是那里面的鼻子和耳朵一定都是朝鲜人的吗？六是日本人是如何利用这个耳冢的？七是这样的耳冢仅仅在京都有吗？八是看了这个耳冢的外国人作何反应？九是建墓并予以供养的行为深处体现了何种民俗信仰等？

　　这些疑问或许只是关于耳冢的最基本的问题，但意外的是韩国学界对此却没有给出合理的解答。当然并不是说他们完全不关心这个问题。历史学者李在范及日本文学者崔官对此有些许提及。李在范认为，京都的耳冢是日军为了确认战绩，不分军民地将朝鲜人的鼻子和耳朵割下来加以埋藏的地方。此后，耳冢被用作日本居于朝鲜之上，煽动侵略朝鲜的国民动员的工具。[①]相比之下，对于姜沆归国途中在京都看到耳冢后提出的"这是埋藏晋州城陷落后首级的地方"的说法，崔官认为其时间与事实不符，并认为耳冢是日军为了炫耀自己的武力而故意建造的。[②]因此，在韩国的学会上，人们站在历史角度，倾向于京都的耳冢是日本为了炫耀自己的武威而建造的观点。

　　但耳冢并不是那么简单的问题。对于前文列举的问题，韩国的学会并没有予以认真讨论。为了解决上述问题，不仅要从历史学角度，也应有民俗学视野。因此本研究在重新探讨先行研究的同时，将国内外古文书中有关耳冢的内容进行综合分析，对上文中提出的问题进行考察，以期通过本次尝试，重新探讨京都耳冢的历史意义。

---

　　① [韩]李在范："为什么割掉朝鲜人的鼻子并带回日本"，《韩国与日本之间被歪曲和压抑的历史（2）》，白桦树出版社，1988年，第121～127页。

　　② [韩]崔官：《日本和壬辰倭乱》，高丽大学出版部，2003年，第177页。

二、耳冢与丰臣秀吉、秀赖、承兑

京都的耳冢的建造者是谁？对此问题，柳田国男认为，京都的耳冢里埋的不是朝鲜人的耳朵和鼻子，而是祭祀时使用的动物的鼻子和耳朵，随着时间的推移，不知何时人们开始将其与丰臣秀吉联系到一起，并将此地称为朝鲜人的耳冢。[①]柳田国男不认为耳冢是奉丰臣秀吉之命的日军在朝鲜的暴行，认为这不是历史事实，只是传说。

与柳田国男同时期的研究者男南方熊楠则依据《征韩伟略》《吉川文书》《元亲记》《日用集》等各种文献证实，京都的耳冢中埋葬的确实是韩人的耳朵和鼻子。[②]他还指出，丰臣秀吉能做出杀掉外甥秀次全家，并把他们的墓葬称为畜生墓的事，所以丰臣秀吉会毫无忌惮地斩杀敌人，或者是不杀他们仅将他们的耳朵和鼻子割下来，耳冢肯定是历史事实。[③]这是早期日本民俗学界关于耳冢的论争，柳田从重视口传文艺的民俗学角度进行考察，而南方则是从历史学的角度加以解释。

不过今天几乎很少有人认同柳田的说法，也没有人否认京都的耳冢里埋的是文禄、庆长之役时，日军在朝鲜割下的当地人的鼻子和耳朵的事实。这通过日本的文献《鹿苑日录》（1597）也能得到确认，其中明确记载耳冢的建造者为丰臣秀吉。

与日本的文献记录相比，韩国的记载似乎有错误。如1607年担任通信使庆暹写的《海槎录》，同是通信使的李景稷于1617年写的《扶桑录》，通信使姜弘重1624年写的《东槎录》等记录中则与上述日本文献见解不同。其中有代表性的是庆暹的《海槎录》，其关于京都耳冢有如下记载：

倭都东郊有我国人鼻冢。大抵倭国于战争之际，定会切人鼻，如同献馘。壬辰年之乱时我国人鼻子被割下，集中掩埋于一处，上方置土造成冢。秀赖于此立碑，内容为"君等非为有罪，乃是国运使然……"。并挖堑壕、做屏

---

① 柳田国男："关于耳冢的由来"，《定本柳田国男全集（12）》，筑摩书房，1963年，第508～510页。

② 饭仓照平编：《柳田国男·南方熊楠 往复书（简）集（下）》，平凡社，1994年，第340～345页。

③ 南方熊楠：《南方熊楠全集（9）》，平凡社，1973年，第338～347页。

障，禁止人员进入。^①

《海槎录》并没有明确指出是谁因为何种目的建造的耳冢，但强调秀赖参与了耳冢的建造。李景稷的《扶桑录》与姜弘重《东槎录》对此有更为详尽的叙述。即"丰臣秀吉将我国人的耳朵和鼻子集中起来掩埋于此，丰臣秀吉死后，秀赖封坟立碑"。如果此记录为事实，则丰臣秀吉时代没有封坟只是掩埋，秀赖进行了封坟。换言之，秀赖对耳冢进行封坟、立石碑，而且祭奠了死者。

但这不是事实。耳冢是丰臣秀吉生前就建成的。秀赖修缮耳冢一事，很可能发生在他重建大佛的时候。德川家康认为，重建方广寺的大佛是丰臣秀吉的夙愿，建议淀君和秀赖应该完成这一愿望。于是秀赖开始施工，于1614年（庆长19年）4月16日建造了梵钟，完成建筑与大佛的构建，计划于同年8月3日对大佛进行开光仪式。可能在此过程中，秀赖修缮了耳冢。方广寺是丰臣秀吉为了彰显其业绩，为自己死后的世界所建的寺院，因此可以确信，当时秀赖也对丰臣秀吉的战利品耳冢进行了修缮，将坟冢加以扩大，并对周边进行了整修。其实丰臣秀吉生前对耳冢进行祭奠时就已下令将其扩大。因此可以说是丰臣秀吉建造了耳冢，秀赖将其扩大。朝鲜通信使们误解了这一历史。

丰臣秀吉在建成耳冢之后，打算对埋藏在其中的灵魂举办盛大的祭祀仪式。对此黑川道祐的《雍州府志》有如下饶有趣味的记载。

　　丰臣秀吉公征讨朝鲜时，士卒得到韩人首级，厌于海路迂远，便将首级之耳鼻割下送回日本。公于大佛殿前建一大冢，将耳鼻纳入其中，于上面建塔，世人称其为耳冢。……此时，丰臣秀吉公欲请西福寺僧侣进行祭奠。但寺僧不肯，丰臣秀吉公大怒，没收寺产，将寺院移到洛北、七野社一带。^②

这一记载说明，丰臣秀吉最初想把祭奠耳冢的法事委托给西福寺的僧侣。他选择西福寺的原因是这个寺院主要是为在刑场上斩首的人做法事。但不知何故僧侣们拒绝了丰臣秀吉的命令。结果招致寺院财产被没收以及强制搬迁的后果。丰臣秀吉竟然如此执著于耳冢的法事。此后，承担耳冢法事的总指挥是相国寺的僧侣西笑承兑。他于1597年8月16日与丰臣秀吉面谈，同年9月17日接受了丰臣秀吉下达的对耳冢进行施饿鬼会法事的命令。同年9月28日，他作为负责人同南禅寺、

---

① [韩]庆暹：《海槎录》，《国译海行总载（2）》，民族文化推进会，1989年，第270页。
② 黑川道祐著、立川美彦编：《雍州府志》，临川书店，1997年，第151页。

被丰臣秀吉祭祀的耳冢的灵魂

天龙寺、建仁寺、东福寺的僧侣们一起举行了法事。

韩国人都知道丰臣秀吉，但几乎不了解秀赖和承兑。他们到底是什么样的人物呢？秀赖是丰臣秀吉的儿子，丰臣秀吉死后，他作为继承人住在大阪城，但家康将其攻克，秀赖与母亲淀君自杀身亡，他是一个不幸的人。当时的朝鲜人与丰臣秀吉有不共戴天之仇，人人想除之而后快。因此，对于他的儿子秀赖，大家也不会有过高评价。举一个极端的例子，庆暹的《海槎录》中虽然写到秀赖是丰臣秀吉的儿子，但也指出"秀赖是其母与奸夫通奸后生的孩子"。"丰臣秀吉死后，奸夫被发现，家康想治其罪，但苦于如何处置，最终将奸夫流放到荒岛。倭国人做歌嘲笑秀赖"。[①]这说明朝鲜人普遍认为，修缮了朝鲜人的耳冢、立了石碑的人不是丰臣秀吉的儿子，而是母亲出轨后生的儿子。而且还认为，杀死他取得日本天下的德川政权的诞生是历史的必然。在以父系血缘为中心的朝鲜社会，秀赖这个人肯定是一个应该被除掉的负面人物。

这种否定性的认识同样适用于承兑这个人。他是参与当时政务的一个政治僧侣，不但被丰臣秀吉重用，而且也是家康时期对朝外交政策方面的一名智囊人物。在进攻朝鲜之际，他直接到九州的名护屋从军，迎接明朝使臣，并参与讲和谈判。其后，朝鲜的四溟堂等人应日方邀请，赴京都与家康面谈时，正是他负责接待。而且，他还负责发放贸易船许可证的外交事务。总之，他是个掌握实权的人物。尤其是在名护屋与明朝进行讲和谈判时，他拒绝了小西行长将"封丰臣秀吉为日本国王"这项内容放入谈判条件中的请求，是使谈判陷入破裂的一个强硬派人物。

战争结束后，朝鲜为了送还俘虏而派遣通信使时，也是承兑到京都迎接。当时，幕府对朝鲜通信使予以厚待，他看到后说，"朝鲜使臣于日本无益，只不过是来探知兵器、窥探形势而已，故无须周到地接待"。对于这种人物，朝鲜的知识分子肯定不会给予高评价。在朝鲜的记录中他被描写成"这个和尚原本就很贪心，是个阴险的人，不但破坏了庚寅年（1590）的书契，还在丙申年（1596）威胁诏使，这些都是这个和尚干的"[②]。然而，这个被朝鲜人评价极低的人物对耳冢的建成、修缮起到很大作用，他还为耳冢举办了祭奠仪式。

---

① [韩]庆暹：《海槎录》，第270页。

② 同上，第277页。

三、长眠在耳冢中的灵魂

这个墓冢因为其名为耳冢，所以人们多认为因为里面掩埋的是耳朵才被命名为这个名字。但很早就有人对此提出了疑问，代表人物是东京帝国大学教授星野恒。他认为这里埋的不是耳朵，而是鼻子。[①]即这里曾经是鼻冢，后来变成了耳冢。

对此，韩国历史学者郑在贞和李在范提出了不同观点。他们认为里面最初埋的就是鼻子和耳朵。特别是李在范列举了加藤正清的家臣山本安政的记录和藤堂高虎的家臣长野喜多右卫门的记录加以证明。山本记载，"文禄年间主要割的是耳朵，割朝鲜人的鼻子始于庆长年间"，长野的记载为"庆长年间开始割朝鲜人的鼻子"[②]。

这种佐证不仅出现在日本文献中，在韩国文献中也能得到确认。特别是作为外交使节往返于两国之间的通信使的记录中有许多关于耳冢的记载。通过记载可见，大多数意见倾向于朝鲜人的耳朵和鼻子一起被埋在墓中的观点。虽然庆暹认为里面埋的是鼻子[③]，但李景稷认为"将我国人的耳朵和鼻子集中埋于此"[④]，姜弘重、曹命采、元重举也与李景稷看法相同。[⑤]可见，朝鲜通信使的记录中认为墓冢里面不仅有耳朵，还有鼻子。

事实上，江户时代的诸多出版物中也出现了类似内容。例如，醍醐寺义演的《义演准后日记》中有"埋高丽人的耳朵和鼻子于大佛的西中门旁，为了加以慰劳，五山禅僧们举办了施恶鬼会"[⑥]的记录。1684年出版的《菟艺泥赴》中也提

---

① 星野恒："京都大佛殿ノ冢ハ鼻冢ニシテ耳冢ニアラザル考"，《史学丛说（2）》，富山房，1909年。此文载于琴秉洞：《耳冢》，二月社，1978年的附录（资料篇），第221～238页。

② [韩]李在范："为什么割掉朝鲜人的鼻子并带回日本"，《韩国与日本之间被歪曲和压抑的历史（2）》，第122页。

③ [韩]庆暹：《海槎录》，第270页。

④ [韩]李景稷：《扶桑录》，《国译海行总载（3）》，民族文化推进会，1989年，第78页。

⑤ [韩]姜弘重：《东槎录》，《国译海行总载（3）》，民族文化推进会，1989年，第253～254页；曹命采）：《奉使日本时闻见录及闻见总录》，《海行总载（10）》，民族文化推进会，1989年，第249页；元重举著、李慧淳监修，朴在琴译：《和国志》，召命出版社，2006年，第109页。

⑥ 《义演准后日记》，庆长二年9月条。

到"耳冢里面埋的是耳朵和鼻子",此后的《石山行程》(1689)与《山城名迹巡行志》(1754)中也记载了同样内容。这些记录也说明耳冢里面埋的是鼻子和耳朵这种看法比较妥当。

然而,耳冢里面仅仅是鼻子和耳朵吗?事实未必如此。直接参与朝鲜战争的大河内秀元在自己的日记《朝鲜日记》中提到:"判官是大将,所以对其首级原封不动,把除此之外的其他所有人的鼻子割下来与盐和石灰一起放入坛内……送回日本。"①这一记载说明大将的首级被直接送到日本,因此,耳冢中不但有鼻子还有首级。此事也可通过《户川记》中的晋州城战的记录得以确认。据此书记载,当时日本军队将战死的朝鲜军的首级割下,用盐腌渍后送至名护屋。崔官及历史学者李离和等人认为,在晋州城战死的牧使徐礼远、兵使崔庆会等人的首级被送至京都示众后,被埋到现在的耳冢中。②《毛利秀元记》(卷3)中也有所载,"在大佛前建墓,称之为首冢"③,即现在耳冢的所在地。另外,1814年发行的《朝鲜记》中也有"将知名的大将十人的首级割下,用盐腌渍并送到日本呈给太阁过目,丰臣秀吉令将其全部送至京都"的记载。可见,当时朝鲜重要人物的首级,给丰臣秀吉看过后也被埋在耳冢。

此外还有一种说法,即在文禄之役时割下的是鼻子,在庆长之役时割下的是耳朵。这也不是历史事实。因为有很多记载中提到文禄之役时割下耳朵的事例。据《征韩录》记载,1592年初冬,在江原道的春川战役中,出现了岛津忠丰将"今日割下的70余首级的左耳和鼻子,送至名护屋"的记录。④不仅如此,《清正行状》中也有文禄二年,锅岛直茂在元山的3000多士兵共割下朝鲜方面1300余人的首级,并将所有尸体的耳朵割下送至日本的记载。1593年2月,日本人在金堤等地也割下3369人的首级,并割下他们的鼻子送至日本。⑤因此,"文禄鼻子,庆长耳朵"的说法不成立,但不可否认当时有这种倾向。所以,京都耳冢里面埋葬的应该是七年战争期间在朝鲜割下的鼻子、耳朵及首级。

---

① 上田正昭:《雨森芳洲》,密涅瓦书房,2011年,第124页。

② [韩]崔官:《日本和壬辰倭乱》,第177页;李离和:《韩国史故事(11)朝鲜与日本的7年战争》,韩吉社,2000年,第194页。

③ [韩]金光哲:《中近世朝鲜观的创造》,仓书房,1999年,第244页。

④ 北岛万次:《朝鲜日日记·高丽日记——丰臣秀吉的朝鲜侵略及其历史告发》,Societe出版社,1982年,第306页。

⑤ [韩]琴秉洞:《耳冢》,二月社,1978年,第34～35页。

不过，这个墓最初却叫鼻冢，且例证非常多。如《清正高丽阵觉书》中记载，"命令日本人每人割3个鼻子，确认好数量后，用盐腌并放入大桶中送回日本，这就是大佛前面的鼻冢"[①]。承兑的《鹿苑日记》中也有鼻冢这一说法。此外，江户初期完成的《丰内记》中记载："把所有首级割掉，把鼻子割下送回日本，便形成了现今东山脚下的鼻冢。"[②]这些都说明这个墓冢在建成初期叫做鼻冢而不是耳冢。

从何时起，这里变成耳冢这个名字的呢？李在范指出，林罗山解释说本来这个墓里埋藏的只有鼻子，因为朝鲜通信使的住所就在附近，为了不给他们带来厌恶感，便将听起来比较顺耳的耳朵代替了鼻子，就换成了耳冢。[③]还有一种说法是，"林罗山在其著述《丰臣秀吉谱》中认为割鼻子的行为非常野蛮，他就改成了'耳冢'，此后耳冢这一称呼就传播开来"。但这种解释并不具备说服力，因为林罗山没有提过那些内容。而且，把鼻子变成耳朵也同样会给人以残忍之感及厌恶之情。况且最初使用耳冢这一称呼的也并非林罗山。

至今为止的研究中，耳冢这一名称最早明确出现在描绘1617年第二次朝鲜通信使去京都情形的"洛中洛外图"（池田本）中。即在1642年林罗山的《丰臣秀吉谱》之前，就早已出现了耳冢这一称呼。[④]但将图绘排除在外，则在文献记载中最早出现耳冢这一名称的确实是《丰臣秀吉谱》。据其记载，丰臣秀吉的手下将鼻子和耳朵割下来送给丰臣秀吉，丰臣秀吉将其埋在大佛殿（方广寺）旁边，叫作耳冢。[⑤]这个说明影响深远，1711年发行的《山城名迹志》中记载为鼻冢，但从《雍州府志》（推定1682年开始发行——译者注）开始，几乎所有的京都指南手册都固定为耳冢这一名称。尤其是《雍州府志》，它是林罗山的门下生黑川道祐所著，对以后的京都指南手册起到了决定性的影响。到明治初期的大部分出版物中都使用耳冢这一称呼。即与里面埋葬的东西无关，耳冢成为一般的称呼固定下来。所以说，耳冢的名字起源于《洛中洛外图》，被林罗山和黑川道祐原封

---

① 仲尾宏："朝鲜通信使与耳冢"，金洪圭编：《秀吉·耳冢·四百年——丰臣政权的朝鲜侵略和朝鲜人民的战斗》，雄山阁，1998年，第95页。

② 仲尾宏，"朝鲜通信使与耳冢"，第97页。

③ [韩]李在范，"为什么割掉朝鲜人的鼻子并带回日本"，《韩国与日本之间被歪曲和压抑的历史（2）》，第122页。

④ 仲尾宏：《朝鲜通信使和壬辰倭乱》，明石书店，2000年，第230～231页。

⑤ 仲尾宏："朝鲜通信使与耳冢"，第97页。

不动地继承下来，并对江户时代的京都指南起到影响作用，从此被固定化。

为何日军要把鼻子和耳朵割下来带回去呢？关于这个记载最早出现在姜沆的《看羊录》中，臣秀吉命令所有武将，"耳朵每个人有两个，鼻子只有一个，所以把鼻子割下来取代首级比较合适。每个人收集到一升时，用盐腌渍后送到我这里，鼻子的数量达到一定程度就算是活捉俘虏"。[①]这是出于作为战果的证据，鼻子同首级相比，在大小及重量方面都极具效率的想法。更确切地说，要的不是有两个的耳朵，而是只有一个的鼻子。

这个主意是谁想出来的？1705年刊行的《朝鲜军记大全》中记载："在朝鲜阵地诸将，因斩杀敌人数量众多，漕运到日本较为困难，按某人想法，将讨伐的敌首集中起来，鉴定完毕后，或将鼻子，或将耳朵割下，作为首级数，送回日本。丰臣秀吉公见后，对其才智深感喜悦。此后其他诸将皆效仿之。将其放入大桶内，装到船上，然后用马匹运到京都。"[②]

这个解释已经广为人知，实际上，田中绿红在1932年发行的京都名胜的照片集《京都面影（下）》中提到："丰臣秀吉征讨朝鲜时，在京居住的太阁由于无法知晓将士们的胜利以及斩杀敌首的数量，便割下其中一个耳朵，用盐腌渍后送回。"[③]在1971年的耳冢的介绍中也有如下内容：

丰臣秀吉发动文禄、庆长之役（1592、1597）时，某武将在报告杀敌之数时，觉得把敌人的首级带回太重，就将耳朵或鼻子割下来给丰臣秀吉。丰臣秀吉见后非常高兴，所有武将都效仿之，以耳朵或鼻子的数量进行汇报。将那些耳朵和鼻子埋葬并进行祭奠的地方就是这个耳冢。[④]

由此可见，将鼻子割下来代替首级的想法不是出自丰臣秀吉，而是出兵朝鲜武将的主意。据《征韩录》所载，那个人就是岛津军的岛津又七郎。[⑤]但日本的战史中对此并无记载。旧参谋本部出版的《朝鲜之役》就认为下达命令的就是丰臣秀吉本人：

---

① [韩]姜沆：《看羊录》，《国译海行总载（2）》，民族文化推进会，1989年，第175页。

② [韩]琴秉洞：《耳冢》，第35～36页。

③ 田中绿红：《京都面影（京のおもかげ）下》，乡土趣味社，1932年。在此书中以"大佛的耳冢"为题，登了两张照片，一张是1875年拍摄的，另一张是1930年拍摄的。

④ [韩]琴秉洞，《耳冢》，第9页。

⑤ [韩]琴秉洞："丰臣秀吉建造耳冢的意图及其思想谱系"，金洪圭编：《丰臣秀吉・耳冢・四百年——丰臣政权的朝鲜侵略和朝鲜人民的战斗》，第63页。

庆长二年六月上旬，柳川调信回国。丰臣秀吉命令调信，"朝鲜还没有屈服的原因是全罗、忠清这两道很强硬。所以按先前制定的方针，以宇喜多秀家为左军之将，小西行长为先锋进攻全罗道，割稻为粮，攻下诸城后进入忠清道"。还命令"不要首级，把鼻子割下用盐腌渍后送回来"。调信于当月14日回到釜山将命令告知诸将领。[①]

琴秉洞在调查了日本的各种文献之后，得出下达命令的就是丰臣秀吉本人的结论。实际上，这个主意就是出自丰臣秀吉本人或者其他什么人提供给他的。总之，如姜沆所言，下达命令的肯定是丰臣秀吉。

这一思路中还有一个问题，即无法区别那些鼻子是士兵的，还是与战争完全没有关系的良民的。但那些肯定知情的日军，为了表示自己的战果，定是不分男女老幼地割下人们的鼻子。尤其是在庆长之役时，受到朝鲜和明朝联军以及朝鲜义兵强烈抵抗的日军不断陷于窘境。通过大河内秀元的《朝鲜日记》可知，为了打开这种战局，日军指挥部下达了"不分男女老幼僧俗，将贱岳及所到之处的所有首级割下运回日本"的不加区分地割鼻子和耳朵的命令。于是，日军袭击老人、妇女、儿童，将他们的鼻子割下来送回日本。更为震撼的证言出自《本山丰前守安政父子战功觉书》："不论男女老少一概将其鼻子割下，于当日用盐腌渍"。据此可知，日军对男女老少一律加以残害，甚至连刚出生的婴儿也不放过，并将受害者的鼻子割下用盐腌渍后送至加藤清正的所在地蔚山。[②]

对于这种残忍的行为，李晬光在《芝峰类说》（1615年左右）中有"现在我国还有很多没有鼻子的人"[③]的记载，反映了战争结束不少朝鲜人没有鼻子的现状。或许"突然间鼻子被割之世"这个谚语就出自此时。这个记录也说明当时有很多人没被杀掉，仅是鼻子被割掉了。

当时第二军团长加藤清正命令自己的士兵每人要割下三个鼻子，"战绩"出色。受到刺激的其他武将们也将死于战争的朝鲜人的鼻子随意割下来。《大日本古文书》（1925）收录的《吉川家文书》中记载，仅仅吉川军于1597年9月1日到10月9日就割下31000人的鼻子。[④]

---

① [韩]琴秉洞："丰臣秀吉建造耳冢的意图及其思想谱系"，第41页。
② 北岛万次：《朝鲜日日记·高丽日记——丰臣秀吉的朝鲜侵略及其历史告发》，第196、306页。
③ [韩]李晬光：《芝峰类说（上）》，已酉文化社，1982年，第534页。
④ [韩]琴秉洞："丰臣秀吉建造耳冢的意图及其思想谱系"，第54页。

被丰臣秀吉祭祀的耳冢的灵魂

由此可见，在朝鲜被日军杀死，或者鼻子和耳朵被割下来的人不计其数。据马山的乡土史学者赵重华推算，被日军割下的鼻子的数量大概有100万左右。[①]在日历史学者李进熙认为，京都耳冢里埋有朝鲜人鼻子的数量约5万，[②]郑在贞认为至少有10万余人，朝鲜历史学者曹喜胜预计耳冢里面有明军2万人、朝鲜人10万余人的鼻子和耳朵。[③]

朝鲜人的鼻子被残忍地割下后用盐、醋、石灰等进行过防腐处理后被送至丰臣秀吉所在的日本。当时日军的各阵营中都有丰臣秀吉直接任命的军目付（军阵监督者，也负责记录战功——译者注）。他们检查完士兵割下来的鼻子后装入桶内，每桶放1000个，然后运回本国。用鼻子的数量来评定武将的战绩。堀杏庵所著《朝鲜征伐记》有记载："在朝鲜割下的耳朵和鼻子被放在车上，在大阪、伏见、洛中示众。"[④]犹如在主要城市举行的游行庆祝活动，从朝鲜运来的耳朵和鼻子成为向国民炫耀丰臣秀吉的胜利及威武的工具。

大河内的《朝鲜物语》（下卷）中还披露了另外一个事实。书中记载"日本兵割下来的朝鲜人的首级共185，738人，明朝人共29，014人，总计214，752人"，[⑤]也就是说耳冢里不全是朝鲜人，也有许多明朝军人。明朝也参与了庆长之役，因此日军割下的首级和鼻子中除了朝鲜军之外还有明朝军人。这是历史事实，但是迄今为止韩日两国的许多相关人士都没有意识到这一点。关于这一问题相关证据不计其数。如《清正行状》中记载，1597年2月锅岛胜茂在全州与金堤与朝明联军进行激战，朝军与明军被杀者3369人，他们的鼻子被割下送至日本。[⑥]另据岛津藩的《征韩录》记载，"1598年岛津军在泗川与朝明联军进行激战，朝明联军的战死者达38717人"。此外，《岛津义弘公记》与《朝鲜倭寇史》中也有日军从战死者尸体上割下鼻子和耳朵，放满10个大桶运回日本的记载。[⑦]在耳冢建成时，最初为其举办法事的承兑在其所作《日用集》中也提到，耳冢是"为大明、朝鲜

---

① [韩]赵重华：《耳冢的愤怒》，《新编壬辰倭乱史》，生活与梦出版社，1998年，第99页。

② [韩]李进熙：《韩国与日本文化》，已酉文化社，1982年，第99页。

③ 日本电影导演前田宪二于2010年拍摄《月下的侵略者——文禄、庆长之役和耳冢》这部作品，该平壤接受采访时阐述了自己的看法。

④ [韩]琴秉洞："丰臣秀吉建造耳冢的意图及其思想谱系"，第109页。

⑤ 同上，第79页。

⑥ 同上，第35页。

⑦ 同上，第56页。

的战死者的群灵们所筑之冢"。在承兑的另一部著述《鹿苑日录》中也有耳冢是为"大明朝鲜战死群灵所筑之冢"的记载。这些都说明这个墓冢里的鼻子和耳朵以及首级的主人是被日军杀死的朝鲜人和明朝人。1799年刊行的中井竹山的《逸史》中也有"朝鲜人与明兵士们的耳朵被割下来集中埋在京都方广寺前以为京观"的记录。江户末期庄内藩武士清河八郎所著的《西游草》中也写道："大明数万士兵被埋于此冢，成为永驻我国之游魂，可怜也。"①

总之，耳冢里埋着为数众多的韩国与中国士兵们的灵魂。一直以来，每年到耳冢举行追悼仪式的相关人士都忘记了葬身异国的明军。我真不认同京都耳冢中只有朝鲜人这样的解释与行动。

四、建立耳冢的目的及其利用

丰臣秀吉为何建造耳冢？日本人又是如何利用耳冢的呢？当时主管祭祀仪式的承兑所做的《鹿苑日录》中有如下解释：

不使两国有怨恨之情，加深慈悲之心，即命五山之清众，设水陆之妙供，充以怨亲平等之供养，为他们建坟砌冢，并命名为耳冢。②

按照《鹿苑日录》之所言，耳冢的建造是依据怨亲平等（佛教用语，对怨敌和亲人一视同仁——译者注）的思想，是出于对敌人的慈悲心。事实果真如此吗？承兑在《日用集》的相关记载更有疑问：

予见木食上人打听情形，即今日为大明、朝鲜战死群灵所建之冢甚小，应扩大长宽，其后加以施食。今日太阁上洛进京，予待太阁中，太阁即出洛。问予所见。谈及施食之仪，太阁之意，先行施食，明春扩大墓冢。③

这段记载说的是丰臣秀吉建成墓冢后，举行施食法要仪式，因为墓冢规模较小而下达了翌年进行扩建的命令。义演的《义演准后日记》9月12日条中记载，"从高丽运来耳鼻十五桶，在大佛附近建冢埋之，此为日本于合战中所获之大胜利"④。即耳冢的建造是为了向日本国民宣传出兵朝鲜的胜利，是为了显示丰臣

---

① 清河八郎著、小山松胜一郎校注：《西游草》，岩波文库，1993年，第364页。

② 《鹿苑日录》，庆长二年9月28日条。

③ [韩]琴秉洞："丰臣秀吉建造耳冢的意图及其思想谱系"，第98页。

④ 河内将芳：《丰臣秀吉的大佛建造》，法藏馆，2008年，第137页。

被丰臣秀吉祭祀的耳冢的灵魂

秀吉的权威。根据神龙院僧侣、也是神道家的梵舜所著的《梵舜日记》记载,在1597年9月28日——一个天气晴好的日子举行了法事。400余名僧侣焚香读经,并撒钱举行慰灵祭。[①]法事隆重,加上围观的人,不难想象耳冢周边肯定是人山人海,耳冢之建绝非出于丰臣秀吉的怨亲平等思想及慈悲心肠。

此后的文献也能证实这一点,如《太阁记》中记载:"将耳、鼻埋于其中,流传后世,使勇武之名闻于异邦。"[②]《朝鲜军记大全》中也有"将其命名为耳冢,使后世闻知我朝荣光"的表述。在《朝鲜物语》中则写到,"以保和汉两朝末代之名誉"[③]。不仅如此,《朝鲜征伐记》中还称,耳冢"显示了日本的千古赫赫威光,命名为鼻冢,令儿童亦颂其德"[④]。清河八郎在《西游草》中也写到,"日本之威武,谁人能及,至今扬威于国外,并非易事,此乃彰显太阁武威之功耶"[⑤]。1895年京都出版的旅游手册《京华要志》也承袭了这种说法,其中提到,人们见到耳冢,就会想起丰臣秀吉的雄武。这些都说明耳冢是向国人显示自己的武力所建,而且,耳冢就建在丰臣秀吉所建的方广寺和将自己作为神来祭祀的丰国神社前,仅仅是以此表示丰臣秀吉的战绩而已。

即使丰臣秀吉死后耳冢的意义也不会消失,因为德川家康的子孙们也懂得如何利用耳冢的政治价值。历时已久的战争结束后,日本与朝鲜恢复邦交,开始了通信使外交,日方出于政治目的特意让朝鲜通信使参观耳冢。日方还想把在大佛殿(方广寺)接待朝鲜通信使制度化,如第二次通信使一行人在伏见与将军会面后,在归途中于方广寺吃了午饭,这使初期的朝鲜通信使们看到了耳冢。此后,日方文献对朝鲜通信使一行人参拜耳冢一事进行了夸张性描述。木村理右卫门1750年所著《朝鲜物语》中说:"朝鲜人来朝之际,路过此地都对日本的武威战战兢兢。"[⑥]马场信兴在《朝鲜太平记》中也称:"丰臣秀吉公在此建耳冢传武威于后世。至今朝鲜人每度来朝,路过此冢,深感日本兵威之可畏。"[⑦]他们如此不

---

① [韩]琴秉洞:"丰臣秀吉建造耳冢的意图及其思想谱系",第80页。

② 同上,第107页。

③ 同上,第106页。

④ 同上,第109页。

⑤ 清河八郎著、小山松胜一郎校注:《西游草》,第364页。

⑥ 罗纳德·托比:"近世名胜:方广寺前与耳冢——以洛中洛外图·京绘图·名胜介绍为中心",《历史学研究》(842),历史学研究会,2008年,第10页。

⑦ 同上,第11页。

惜笔墨地进行主观描述，更显示出耳冢成为德川政权炫耀日本武威的工具。

当然也有反对意见，其代表人物是雨森芳州。此人为通信使外交中不可或缺的重要人物，他既是代表日本的外交官也是个知识分子，在他所著的《交临提醒》中对于耳冢有如下评价：

> 让（朝鲜人）参观耳冢，是显示日本之武威，乃浅薄之见也。……耳冢代表丰臣家发起无名之师，杀害两国无数人民之暴恶行径，绝非炫耀之资本。此举正显示我国之不学无识。正德年信使到大佛，耳冢被遮盖，享保年也依旧例未让朝鲜人见之，此诚乃盛德之事也。①

雨森芳州认为丰臣秀吉挑起的战争无名无分，掠夺了两国无数人的生命，是丑恶的暴行。他还严厉批判让朝鲜通信使看作为战争罪证的耳冢以炫耀武威的行为，显示了日本人的不学无术。

1799年刊行的秋里离岛作的《都林泉名所图绘》中有一张荷兰人正在观看耳冢的绘画，并附如下说明："丰氏西征，计策完凯旋，曾此筑京观，和兰人贡太平日，尤使远人肝胆寒。"②可见，耳冢不仅成为对朝鲜人也成为对西方人炫耀武威的材料。

时光流转，近代以后，耳冢依旧被政治所利用。1898年，即丰臣秀吉死后300年，京都举办了盛大的"丰公三百年祭"。当时适逢日本通过日清战争，在朝鲜排除了西方列强，逐渐占据了有利地位。日本认为有必要改修耳冢，让日本国民意识到侵略朝鲜的意义。③他们立了纪念碑，碑高约3米，宽1.2米，厚40厘米左右。皇族出身的陆军大将小松宫彰仁为其题字，妙法院的僧侣村田寂顺撰文，改造耳冢的目的显而易见。他们称赞丰臣秀吉建造耳冢比没有对敌人的尸体筑京观（中国古代战争中，胜者为炫耀武功，聚集敌尸，封土而成的高冢——译者注）的楚王有德行，而且还让僧侣进行供养，这正是红十字会的仁慈、博爱、礼仪精神的体现，还认为朝鲜与日本辅车相依、唇亡齿寒的关系优先于万国，因此，日本要帮助朝鲜独立，缔结友谊。如此而言，丰臣秀吉建造的耳冢倒成了韩日两国友谊的象征，代表了东洋和平，实际上更显示了日本吞并朝鲜的野心。

据碑文显示，在耳冢重新修整之际，许多丰臣秀吉的家臣以及壬辰倭乱时侵

---

① 雨森芳洲：《芳洲外交关系资料·书翰集·雨森芳洲全书（3）》，关西大学出版部，1982年，第66页。
② 仲尾宏："朝鲜通信使与耳冢"，第94～95页。
③ [韩]李在范："为什么割掉朝鲜人的鼻子并带回日本"，第126页。

略过朝鲜的武将子孙参与其中。他们积极进行募捐活动，并且得到京都市的捐款。同年1月3日开始动工，3月20日竣工。主管此事的丰国会的会长是当时贵族院的副议长、侯爵黑田长成，他正是侵略过朝鲜的黑田长政的后代。[①]演艺界人士也加入其中。歌舞伎方面演出了以丰臣秀吉为主人公的《太阁记》中的相关故事。据历史学者上田正昭统计，这样的剧目从1854年到1867年共公演了17次，但主要都在京都和大阪，在江户仅公演了3次。而进入明治时代以后，公演的次数大大增加，从1868到1912年共上演约209次。[②]这种氛围如实反映了当时日本侵略朝鲜的征韩论。李在范指出，参与表演此剧的主要演员们在公演前后都参拜了丰国神社和耳冢。[③]他们于1915年5月，利用以伏见的黑社会人物小畑岩次郎为中心捐献的巨额资金，修建了耳冢周围的围栏，并刻上了自己的名字。[④]在此之前，耳冢周围都是用木栅栏围着。围栏上有中村雁治郎、片冈仁左卫门等非常有名的歌舞伎演员的名字，也因为与以丰臣秀吉侵略朝鲜为中心内容的歌舞伎有关系。[⑤]

总之，京都的耳冢有很大政治意义。它对内作为重拾自信的战争战利品，对外成为武力示威的工具。近代以后，它又成为向日本国民鼓吹对外侵略思想的历史文化遗产。在以博爱精神和人道主义国家为伪装的日本，耳冢被政治完美地利用了。

五、耳冢仅在京都有吗？

埋葬韩国人鼻子、耳朵和首级的墓冢仅在京都有吗？非也。在京都以外也有几处，如福冈县香椎的耳冢，冈山县备前市的鼻冢及津山市的耳冢。鹿儿岛曾经也有鼻冢。

柳田国男对福冈的耳冢曾有详细描述，其内容如下：

　　筑前糟屋郡香椎村大字滨男海边有一耳冢，据说是神功皇后征伐三韩归

① [韩]琴秉洞："丰臣秀吉建造耳冢的意图及其思想谱系"，第112～113页。
② 上田正昭：《雨森芳洲》，第136页。
③ [韩]李在范："为什么割掉朝鲜人的鼻子并带回日本"，第126页。
④ 高木博志著、小幡伦裕译："近代日本与丰臣秀吉"，《壬辰战争——16世纪日朝国际战争》，明石书店，2008年，第198页。
⑤ 上田正昭：《雨森芳洲》，第136页。

途中所建，而且是日本首个耳冢。而此冢与一个被叫做今日胄冢的墓冢并立而建，且规模不大，当地人似乎并不认为里面埋的真的是耳朵。延保年间对其进行挖掘，据说里面为方3间高1间（1间＝1步＝6尺——译者注）左右的石室，一把4尺的大刀藏于其中。[①]

福冈的耳冢被认为是神功皇后征伐新罗回来后建造的。如果这是事实，则里面的耳朵是新罗人的。但神功皇后只是神话传说中的人物，因此不能断定那个墓冢就是新罗人的耳冢，而且，当地人也不这么认为。琴秉洞于1977年访问此地时，当地人告诉他这个墓冢与蒙古军有关系。事实上，出土的遗物中有"南无妙法莲华经"的字样，还有蒙古军侵略日本时祭奠牺牲者的冥币。[②]因此，这个墓冢里埋藏的可能是蒙古入侵之际，日方牺牲的无名勇士或蒙古及高丽士兵的尸体。而且，这个墓冢本不叫耳冢，其石碑上刻着"首冢"字样，即埋藏的是收集起来的首级，但随着时间的流逝，不知何时成了神功皇后的战绩，变成了新罗人的耳冢。虽然这不是历史事实，但不能否认这是出自将敌军的耳朵割下来建冢的想法。基于此才有了耳冢和鼻冢。

备前市的鼻冢则确实是文禄庆长之役时牺牲的朝鲜人（明军）的鼻冢，位于香登熊山的公园尚古园的东边。尚古园是一个与战死者纪念塔并立的一个慰灵场所，在此地建一个与京都同样的朝鲜人的鼻冢以作为战绩纪念的可能性很大。现在这个墓冢是一个很小的封坟，四周被石头围起，后面有一个小祠堂。当地人称这个冢为耳冢、百人鼻冢、千人鼻冢，将那个祠堂叫作千鼻灵社。还有一种说法，里面有百人或者6万朝鲜人的耳朵或鼻子。[③]据当地人说，这个墓冢是文禄庆长之役时出兵朝鲜的宇喜多秀家的部下六介所造，现在也由其后人纪伊条一氏管理。六介是此地生人，作为宇喜多的家臣长船纲直的旗手出兵朝鲜，回国后将运送到日本的朝鲜和明朝的士兵的鼻子收集起来，他的想法是"即使他们为敌兵，但也是为国捐躯者"，于是将其郑重掩埋，并进行祭奠。从他去世后，他的子孙们在供奉祖先时也对耳冢的魂灵进行祭奠。如今，该鼻冢已与过去不同，被整修得非常漂亮。入口处有一个写有鼻冢遗址的石碑。鼻冢被建成低坟形状。后面还有一个上面提到的祠堂。据纪伊氏称，由于鼻冢下方是绝壁，因不断坍塌导致冢地变

---

① 柳田国男："关于耳冢的由来"，《定本柳田国男全集（12）》，第508页。

② [韩]琴秉洞："丰臣秀吉建造耳冢的意图及其思想谱系"，第181～184页。

③ 西川宏：《冈山与朝鲜》，日本文教出版株式会社，1982年，第85页。

被丰臣秀吉祭祀的耳冢的灵魂

小。最近对其进行了整修，祠堂从原来的地方向后移动。祠堂有两间，最初左边祭祀的是朝鲜人的魂灵，右边祭祀的六介的魂灵。现在朝鲜人的灵魂都已回归故里[①]，里面收藏的是整修鼻冢时的捐款人名单。

津山市的耳冢位于一之宫这个住宅区中间，当地人称之为耳地藏。在该史迹说明栏上有乡土史学家松冈三树彦写下的文字：

大庄屋中岛孙左卫门在出兵朝鲜之际，将朝鲜人杀害后，把耳朵割下来作为战功证据。虽为执行军令但十分可悲，他归国后，在此建冢，称之为耳地藏，以抚慰他们的灵魂。

通过这段文字可知，此地的耳冢也是埋藏着朝鲜人的耳朵。当地豪族中岛在出兵朝鲜时将所杀之人的耳朵割下来后埋藏于此。中岛跟随宇喜多参加战争，归乡后放下武器从事农业经营。此人致力农村发展及福利建设，被誉为奠定了地域繁荣基础的了不起的人物。但从耳冢来看，他不过是一个在朝鲜杀了很多人并把耳朵割下来的残忍之人。

在鹿儿岛，也有掩埋文禄庆长之役时从朝鲜带回的鼻子的鼻冢。据岛津家的《岛津家高丽军秘录》所载，在泗川取38000余首级，将鼻子割下，装入10个大桶内，运回日本。岛津义弘命家臣市来孙左卫门，在城门前小山上挖一个15间见方的坑，用土掩埋后建了一个大冢。过了20天左右，由于腐烂生蛆，导致墓冢陷落，又掘20间见方的大坑重新掩埋，并在上面植了松树加以标记。对此《岛津义弘公记》中提到，"每战葬敌尸，筑冢凭吊乃岛津阵中惯例。亦在大悲寺、荻原寺立卒土婆祭之（卒土婆：为死者祈冥福而立于其墓后的塔形细长木板——译者注）"，[②]以此来夸耀自己的人道主义。侵略朝鲜的岛津义弘、忠恒父子于1599年在高野山中自己的墓地处，为在泗川城战死的倭军、朝鲜人（明军）建了"高丽阵敌我双方供养塔"。总之，埋葬被割下的朝鲜人鼻子、耳朵以及首级的墓冢除京都之外，还分散在冈山、鹿儿岛等地。

---

① 釜山慈悲寺的僧侣朴三中等人得知朝鲜人的鼻冢在此的消息后，掀起鼻冢灵魂的还国运动。结果是1992年11月24日继京都耳冢之后，为了使此处的灵魂也归国，举办"鼻冢灵魂还国韩日共同慰灵大法会"。11月26日，在全罗北道扶安市郊战争遗迹处举行了"壬辰倭乱鼻冢还国英灵追悼大会"，并将灵魂埋在此地。

② [韩]琴秉洞："丰臣秀吉建造耳冢的意图及其思想谱系"，第102页。

六、外国人怎样看耳冢

　　京都的耳冢在建成之日起就成为观光名胜。江户时代到明治初期的京都名胜介绍书籍中肯定会出现耳冢，1920年耳冢还被印成明信片贩卖。耳冢虽然名声远扬，但也有批判的声音。例如林罗山在《丰内记》中批判丰臣秀吉是残忍之人，表面上说是对朝鲜施以仁义，但耳冢却代表了他的凶恶残暴。[①]松浦静山在《甲子夜话》中，直率地表达了自己的想法，他认为割下对手的耳朵建冢的行为是非常残忍的事情。说明日本也有人否定这种行为。

　　对于西方人而言，耳冢也是一个令人震惊的遗址。1920年前后来到汉城（今首尔）的美国武官威廉姆·克罗泽的夫人玛丽·克罗泽，某日见到京都耳冢极为震惊。她于1920年11月21日向当时的朝鲜总督斋藤实提议撤除耳冢，她指出"日本若希望被视为宗主国，那么（耳冢）只是在敌意之火上浇油而别无他用。撤去这种代表过去战争惨痛回忆的纪念物才是贤明之举"。斋藤也赞同此建议，并回答说与京都府知事商量一下，争取得到同意。事实上他确实与京都的相关人员进行了协商，当时的知事若林实成也赞同这个提议，命令禁止在市内贩卖关于耳冢的明信片，并指示对旅游解说员们严加管理。但是由于撤除或转移耳冢之事会引起争论，他只是答应以后会充分商讨。[②]

　　此后，也有外国人提出撤除耳冢一事。1922年2月，住在京都的美国人H·E·道森向朝鲜总督斋藤实提意见，同克罗泽夫人一样，他也希望政府撤除耳冢。他指出，1921年1月20日，美国巴尔的摩的报纸登了一则关于京都耳冢的报道，报道称耳冢背后隐藏了残忍的回忆，应该让牺牲者返回故土。他希望斋藤采取适当举措。[③]可见，耳冢对于美国人而言也是一个令人震惊的历史遗产。

　　但日本舆论对此没有欣然接受。如1922年7月6日的《京都日出新闻》有如下报道：

　　　　有位外国人因大佛方广寺境内冢里埋的是朝鲜人的耳朵，便向朝鲜总督府提出撤除的意见。……木下方广寺住持指出："府内认为这是个问题，也

---

　　① 仲尾宏：《朝鲜通信使和壬辰倭乱》，第87、92页。

　　② 同上，第107～109页。

　　③ 同上，第110页。

被丰臣秀吉祭祀的耳冢的灵魂

有人建议撤除，但我上月进京之际，与水野内务大臣会面，提出了自己的意见。水野认为，在朝鲜也有许多理解者，反对撤除。将耳朵割下来或许是残忍的行为，但割下耳朵的目的是为了祭奠，故这是优秀国民性的体现。而且我也咨询了内务省内的史迹保存会的意见，他们也同样反对撤除，还对那位外国人做出解释。现今耳冢所在地为官有地，从古至今，按惯例耳冢由方广寺每天早晨进行祭奠，并没有什么问题。我认为对解说员进行训练最有必要。"

据此可见，对于西方人撤除耳冢的建议，当时的内务大臣以及日本的阁僚们认为耳冢的建造与保存是为了祭奠，这是优秀国民性的体现，因此明确反对外国人的意见。即使对于欧美人而言，耳冢也是令人震惊的、沉痛的历史遗物，更何况看到它的韩国人，其心情更是可想而知了。

实际上也有见过耳冢的韩国人。在文禄庆长之役时，大量朝鲜人作为俘虏被日军抓至日本，他们中有许多人都见过耳冢。他们当时的感情肯定非常复杂，这种情形在姜沆的《看羊录》中有所展现。据记载，被强行带到京都的朝鲜人知道那里有同胞的耳冢后，大家凑了一些米共同进行祭祀。当时，担任撰写祭文的姜沆曾作汉诗：

鼻耳西峙，修蛇东藏，帝羓藏盐，鲍鱼不香。①

姜沆在诗中进行了强烈批判，朝鲜人的鼻子和耳朵被埋在西山上，建造它的丰臣秀吉变成蛇被埋在东山上，丰臣秀吉的尸体受到因果报应，同朝鲜人一样被盐腌渍后掩埋，散发着臭气。这种心情不仅限于姜沆一人，朝鲜通信使一行人也是同样感受。他们看过耳冢后，都可以用"感到彻心透骨的愤恨"这种心情来描述。例如李景稷在《扶桑录》有"彻骨痛愤"②，姜弘重在1625年1月17日看到耳冢后说道："难耐悲痛之心。"③林罗山在《丰臣秀吉谱》中也写道："其后，朝鲜人来贡之时，到冢下，诵祭文而吊之，哭泪曰，是轮死报国者也。"④另一个日本人写的《洛阳名所集（4卷）》中也提到，看到耳冢的高丽人没有一个人不落泪的。

---

① [韩]姜沆：《看羊录》，《国译海行总载（2）》，第230页。
② [韩]李景稷：《扶桑录》，第78页。
③ [韩]姜弘重：《东槎录》，第254页。
④ 罗纳德·托比："近世名胜：方广寺前与耳冢——以洛中洛外图·京绘图·名胜介绍为中心"，第5页。

这里的高丽人指的就是朝鲜人。

其后，1719年以洪致中为正使的朝鲜通信使一行路过此地，与以往不用的是，耳冢被幕帘覆盖，在路上无法看见。那个覆盖耳冢的幕帘为30余间（54米），制作费用大概为银3贯，这在德川幕府的外交文书《通航一览》中有详细记载。[①]这是为了不让朝鲜通行使看到耳冢而采取的措施，大概是出于"把批判丰臣秀吉蛮行的证据掩藏起来"[②]的考虑。也说明当时日本的知识分子也意识到耳冢绝不是对外予以炫耀的东西。

尽管如此，还是有人见过耳冢。1748年见过耳冢的曹命采曾写道："作为一个人，愤恨欲裂。"[③]1643年南玉在《日观记》中提到："耳冢是我怀着屈辱不得不去的地方。"[④]说明即使日本采取了措施，通信使中的一部分人还是看到了耳冢，这点在日本的记录中也能得以确认。例如黑川道祐的《石山行程》中记载："今韩人入贡之时，三使以下者到此观之，从者中有此役战死者之子孙则下马拜谒后通过"[⑤]，即虽然通信使一行中作为高官的三使没有看耳冢，但是以下级别的人几乎都看到了。特别是一行中有家族人战死的使者，一定拜后才通过。说明长期以来，朝鲜通信使一行看到了耳冢，并对其施以礼节。在日方的记录中也能看出，耳冢对朝鲜人而言是令人痛愤的史迹。

这种心境并没有随着时代变迁而发生变化。例如在殖民地时代，看过耳冢的朝鲜人以沉痛的心情投书《京都日出新闻》。1939年3月16日，李隋堂匿名为"朝鲜的乡巴佬"写道："丰国神社前是掩埋朝鲜人耳朵的耳冢，也成为京都的名胜之一。如今在朝鲜，总督及下面的所有人都为'内鲜融合'而拼命努力，这个地方就要被忘记了吧？"[⑥]他对耳冢于"内鲜一体"完全没有帮助，却还被留存的奇怪现象表示了不满。

① [韩]辛基秀：《朝鲜通信使的旅行日记》，PHP研究所，2002年，第133页。

② [韩]辛基秀：《新版朝鲜通信使往来旅行日记——江户时代260年的和平与友好》，明石书店，2002年，第76页。

③ [韩]曹命采：《奉使日本时闻见录及闻见总录》，《海行总载（10）》，民族文化推进会，1989年，第249页。

④ [韩]南玉著、金宝卿译：《日观记——用毛笔划拨富士山的风》，召命出版社，2006年，第372~373页。

⑤ 柳田国男："关于耳冢的由来"，《定本柳田国男全集（12）》，第507页。

⑥ 《京都日出新闻》，1939年3月16日。

当时，田中绿红在《京都面影》中这样写道："太阁是敌人，也是一国的勇士，在大佛前建成了长达120间的沟壕环绕的大丘陵，并在上面建了五轮石塔厚慰英灵，还于庆长二年9月28日令400名五山僧侣进行了祭奠。果然不愧是日本人，即便是对敌人也予以厚待，大概在朝鲜没有留下对此战役的战死者进行祭奠的任何东西。"[1]这里毫无忌惮地强调了像耳冢这种祭奠敌人的做法是日本才有的优秀文化，而韩国则没有这种文化，这显然是人种歧视。但他说的不是事实。珍岛上有一个倭德山。此山之名就因1597年在海战中被朝鲜军打沉的100余日军尸体漂流到海岸时，村民们收集起来在此掩埋并建墓而得来，意为对日军施以恩德的山。说明韩国也有为侵略自己领土的敌军收尸建墓举行葬礼的事情。不了解这个事实的田中绿红强调京都的耳冢是源自日本特有的人道主义精神，这种认识估计是当时人们对耳冢的普遍认识。匿名为"朝鲜的乡巴佬"的朝鲜人李隋堂在这种氛围下表达了自己的郁愤之情。一个叫小西雪永的日本人读了他的文章后进行了反驳："耳冢体现了美丽的日本的武士道精神，不但代表了内鲜融合，而且对于国民总亲和而言也是重要的历史遗物。"对于此种解释，李隋堂非常气愤地进行了反驳。他在1939年3月30日《京都日出新闻》上撰文指出，"从自己祖先的尸体上割下鼻子带回来的行径对于不了解提着首级以邀功的大和武士的古老习惯的人，会留下什么印象呢？"，"为了赞美无与伦比的武士道精神，将带回来的鼻子建成一个个鼻冢、耳冢我们也能接受，但让其成为京都名胜之一，并成为获得民众好奇心的对象，这让我们情何以堪！我认为这不是形式的问题，就是想向诸君诉说一下我的感受"。[2]总而言之，耳冢是给近代的韩国人，也是给欧美人带来不愉快的历史负面遗产，直到今天也是如此。

七、日本人为何对敌人造墓祭奠？

耳冢的令人诧异之处是没有将尸体扔掉，是集中在一起进行祭祀。用割下来的鼻子和耳朵代表战绩或许是件讲究效率的事，甚至还有对此进行检查的军目付。问题是在确认完毕后扔掉就可以，为什么没有这样做，而是建成墓冢进行祭

---

① 田中绿红：《京都面影（京のおもかげ）下》，参考《大佛的耳冢》的解说词。
② 《京都日出新闻》，1939年3月30日。

奠。这对于外国人而言难以理解，在其他国家也很难见到这种奇怪的现象。

今村鞆对此解释说，1576年日本海盗出没在庆尚道的海岸上，戍边将领将其打败后，割耳朵取代首级送回首尔，日军将敌军耳朵割下来的行为是从朝鲜学来的。[①]不过现在很少有人赞同这种说法，研究者们大概有两种观点，一是丰臣秀吉的慈悲心发现，二是炫耀武力。

认同前者的人还不少，代表人物是星野恒。他认为耳冢是丰臣秀吉出于慈悲心而建的。[②]如前所述，1922年京都的报纸中就说，"将耳朵割下来或许是残忍的行为，但割下来的目的是为了祭奠，故这是优秀国民性的体现。……从古至今，按惯例耳冢由方广寺每天早晨进行祭奠，并没有什么问题"。李在范曾指出，日本随笔家冈部伊都子也曾经写过文章，指出耳冢及供奉碑代表了日本人的博爱和秀吉的仁慈。[③]总之，许多人从人道主义角度解释秀吉建造的耳冢。

但耳冢真的是出于日本人对牺牲的朝鲜人的怜悯之情而建的吗？这种解释是不能令人信服的。在战争中草菅人命、进行杀人竞赛的他们却怜悯自己杀死的灵魂，并建冢祭奠，不论怎么解释都是相互矛盾的。

能将这一问题解释得通的是武力炫耀说，这与作为秀吉战绩的解释也是相通的。李在范、郑在贞，金文吉及笔者[④]都从这个角度解释过，很有说服力。因为耳冢就在并排而立的秀吉墓和丰国神社及方广寺的对面。现在耳冢与丰国神社之间有一条大路，被隔成两部分，但从耳冢建成时期来考虑，本来属于一个区域，可以看出耳冢只是在朝鲜战争中的战利品。实际上这种解释在日本早有存在，17世纪初完成的《太阁记》高度评价了耳冢是个流传后世、扬名海外的历史遗迹。[⑤]清河八郎在《西游草》中虽严厉指出丰臣秀吉发动的侵略战争无名无分，毫无益处，却也赞美耳冢是日本对外炫耀武威的史迹。[⑥]1895年出版的京都观光指南书《京

---

① [韩]今村鞆：《历史民俗朝鲜漫谈》（复刻板），图书刊行会，1995年，第295页。

② 仲尾宏：《朝鲜通信使和壬辰倭乱》，第87页。

③ [韩]李在范："为什么割掉朝鲜人的鼻子并带回日本"，第128页。

④ [韩]李在范："为什么割掉朝鲜人的鼻子并带回日本"，第119～129页；郑在贞：《在京都看到的韩日通史》，孝行出版，2007年，第129～134页；金文吉：《壬辰倭乱是文化战争》，惠安出版社，1995年，第104页；鲁成焕："在日本的朝鲜人耳冢"，《日本中的韩国》，郁山大学出版部，1997年，第23～42页。

⑤ [韩]琴秉洞："丰臣秀吉建造耳冢的意图及其思想谱系"，第107页。

⑥ 清河八郎著、小山松胜一郎校注：《西游草》，第364页。

被丰臣秀吉祭祀的耳冢的灵魂

华要志》中提到，"人们看到耳冢就会联想到秀吉"[1]。可见，过去人们多认为耳
冢是日本炫耀武威的战利品。仲尾宏还指出，耳冢的建立是以怨亲平等的名义来
炫耀自己的慈悲心。[2]换言之，是以人道主义为伪装的武力侵略得来的战利品。

但以人道主义的伪装来炫耀日本武威这一观点也不能充分说明问题，考察历
史可知，这种风俗在以前就存在，而且在日本的民俗中有不少这种例子。

杀死敌人，确认好数量后，建墓冢施以供养的行为并非始于丰臣秀吉。日本
经历过许多战争，以取敌军首级数作为评价战功的标志，故每有战事则中有许多
人身首异处，军队中专门配有确认首级数量的验尸官。因为首级要拿到验尸官处，
如果路途遥远则加入酱或盐，检查结束后，才将尸体与首级集中埋于一处，做成
古坟那样的坟丘，并称之为冢。其中重要人物的首级会个别处理，首级作为战胜
品示众后，用土掩埋，并在上面立上墓石。日本全境的首冢大概都属于这类。

此外，也有祭祀敌人耳朵的墓冢。在平安时代中期的前九年之役时，源赖义
与义家父子出征陆奥国，讨伐不服从国司命令的阿倍赖时，这是一场长达9年的
战争，以赖时败北告终。此时获得胜利的赖义对拼死战斗的敌人表示了敬意。为
了抚慰战死敌军的灵魂，便将他们的耳朵割下来晒干后放入皮革袋中带回，埋在
京都六条坊门之北的西洞院西侧，并在上面建祠，做了一个真人大小的阿弥陀佛
进行祀之。京都人称之为耳纳堂，在应仁之乱或者是战国时代被烧毁。

历史上也有对敌人尸体进行祭祀的先例，发生在蒙古军两次侵略日本之际。
战争结束后，北条时宗1282年在镰仓建立了圆觉寺，为死于水战的10万蒙古士兵
造了1千尊地藏佛进行供奉。当时的开山僧侣祖元留下了"前岁及往古此军及他
军战死与溺水，万象无归魂"这句话。这里的"前岁"指的是第一次入侵，"往
古"指的是第二次入侵。"此军"指的是日本，"他军"指的是蒙古军。总之，这
是对敌军我军举行共同的慰灵祭祀。

朝鲜柳成龙的《惩毖录》也有这样的记载：在熊岭之战中与日本激战的朝鲜
武将郑堪、边应井等许多朝鲜军人战死，此时日军将朝鲜士兵的尸骨收敛起来埋
到路边，并建了几个大冢，立上"吊朝鲜忠肝义胆"的标志后离去。这大概是他
们对朝鲜士兵的英勇予以赞赏吧。[3]

---

① 仲尾宏：《朝鲜通信使和壬辰倭乱》，第104页。

② 同上，第85页。

③ [韩]柳成龙：《惩必录》，李敏洙译，已酉文化社，1970年，第126页。

　　可以说，在丰臣秀吉之前已有为敌人建冢的传统，丰臣秀吉建造耳冢是沿袭了这种传统。特别是在丰臣秀吉时代，有割下33名敌兵的首级后，就要为他们建冢进行祭奠的规矩。据说山胁源太夫杀了敌兵98人后，祭奠了三次。

　　进行祭奠后便可从主君那里得到恩赏，大概备前市与津山市的"千鼻灵社"与耳冢就是这样产生的。建造者六介与中岛可能是在朝鲜杀了许多人的"有能力"的武士，因此，他们为死者建墓的同时也会从主君那里得到恩赏，并不是当地人所说的出于哀悼敌人、进行祈福的博爱主义。

　　建造耳冢虽可以通过武士的传统做出解释，但并不是全部，持续至今的民间信仰也是不可忽视的。日本人有一种独特的信仰，即为被杀死的人建造墓祠进行祭奠可以免除自己的罪行，小松和彦将其定义为异人杀害民俗。他对分布于日本全境的异人杀害民间传承与为自己所杀的人建造祠堂作为神进行祭祀的事例进行了分析。①民俗学者橘弘文介绍了有代表性的事例，即小浜市矢代的手杵祭。这个祭祀活动于每年4月初在当地的观音堂举行，其起源便是异人杀害。手杵祭的内容是这样的：很久以前，一艘唐船漂至此处，船上有一位被称为小姐的身份高贵的女性及8名婢女，还装满了贵重的宝物。起初村民们救助了她们，但对财宝起了贪念，最终用杵杀死了唐人并夺走了财宝。此后，唐人的冤魂作祟，村里不断发生不幸的事情。为了避灾，村民们开始了慰藉冤魂的手杵祭。②

　　由此可见，手杵祭是因为村民杀死了漂自唐国的人并掠夺了他们的财宝，为避免发生不幸事件而实施的祭祀活动，当地人说这个活动始于平安时代。如果这是事实的话，那就可以说这种彻骨之痛的忏悔的历史连续不断重演着。这种传承与仪礼不仅限于小浜，而是存在于日本全国的普遍现象。说明在日本的民俗中，将异人杀害后进行祭祀可以免除灾难的思维模式根深蒂固。这种民俗与日本人突然变得非常残忍不无关系，因为随便杀人后，将其作为神进行祭奠，则哀怨与祸祟就会解消。

　　丰臣秀吉出兵朝鲜，掠取士兵与民众的生命，并将耳朵和鼻子割下来作为证据，掩埋造冢，且动员许多僧侣做法事并予以供养，这也是与"异人杀害"这种民间信仰相通。学者山崎泰正解释建造耳冢的原因时说，在朝鲜被割下鼻子或耳

---

① 小松和彦：《异人论》，青土社，1985年，第33~49页。

② 橘弘文：《祭祀参加者的传承与记录——以福井县小浜市矢代的手杵祭为例》，《大阪观光大学纪要（7）》，大阪观光大学，2007年，第28页。

朵的婴儿及女性等数万人排成队列夜夜折磨丰臣秀吉，所以他才在方广寺的正西面建了有大大的石塔的耳鼻冢进行祭奠。[①]即他认为耳冢就是在杀害异人这种思想下产生的。

如果把日本看成一个村，住在大海对面的朝鲜人确实是异人。丰臣秀吉与秀赖将在朝鲜割下的鼻子和耳朵集中在一起进行掩埋，并在其上封坟进行祭奠。这种行为不能仅从祭奠敌人的武士社会的传统以及炫耀武力这两点进行解释，异人杀害这种民俗理念也有重要作用。

八、结　语

京都的耳冢为丰臣秀吉所建，秀赖扩建，承兑为其举行了施饿鬼法事。其所在地有丰臣秀吉的寺、神社和墓，可以说耳冢作为丰臣秀吉的战胜纪念而建造的。墓冢的名字虽为耳冢，里面同时埋有鼻子和首级，而且不仅限于朝鲜人，还有明军。日本在丰臣秀吉死后也没有让耳冢消失，在予以保存的同时也进行了政治利用，即对内显示日本武威以谋求国民统和，又对外（朝鲜通信使与西方人）刻意炫耀武力。耳冢不仅是一个传达彻骨之痛教训的遗迹，也是日本的统治者利用价值很高的历史遗产。朝鲜人耳朵、鼻子的墓冢存也在于其他地方，如冈山的备前市和津山市，鹿儿岛市曾经也有过。其中，除了在香椎的遗迹之外，皆与倭乱有关。人们将耳冢的建造解释为被伪装的博爱精神的发现，或是武力示威的战利品，但这并不全面。将敌人的尸体收敛进行祭祀的行为是中世的武士文化，同时也含有免除自己罪恶的这种异人杀害的民俗理念。耳冢对外国人也是一个很有冲击性的历史遗产。1920年前后美国人看到耳冢后非常震惊，请求当时的朝鲜总督斋藤实予以撤除，说明在欧美人看来，耳冢也是不应该存在的负面历史遗产。更何况对当事者的韩国人而言了。这种心境在朝鲜通信使的记录以及殖民地时期的京都日刊报纸上都有体现，直到今天也未改变。

但日本普通民众却没有这些认识，他们把耳冢变成与历史无关、对自己有利的、值得肯定的文化遗产。住在耳冢附近的老人向我介绍了两件与耳冢有关的事，一是耳背的人来这里参拜会有效果；二是取下耳冢上的五轮石塔的一块放在身上，可以在赌博中胜出。耳冢石塔缺了一部分，他说那是信奉那种信仰的人拿去所致。这种对耳疾有治愈效果的民俗不仅限于京都有，拥有耳地藏的津山市也有

---

① 山崎泰正：《信长、秀吉、京城和社寺》，双叶书房，2011年，第245页。

同样传说。许多耳朵被埋在一个地方，自然地产生了这种信仰，而后者始于彰显丰臣秀吉功绩的信仰。相似的事例也发生在出云半岛的长浜神社，这里曾是祭祀拉来外面的国土，把出云半岛加以扩大的八束水臣津野命的地方。但丰臣秀吉侵略朝鲜前来到此地参拜，人们便将祈祷战胜与连战连胜的传承结合在一起。于是这里的神从国土扩张神转变成武道之神，如今进一步发展为在比赛中能胜出的神，据说在体育比赛前许多人来这里参拜，即它从领土扩张的神转变成了在比赛中胜出的胜利之神。这种信仰也发生在丰臣秀吉所建造的耳冢，赌博界信奉耳冢的石塔，认为它具有魔力。事实上，由于丰臣秀吉是"地位低下低的人，通过勤勉、智略、机遇、全力以赴的勇气立身出世成为天下第一人的胜利者"，所以在把丰臣秀吉作为神而祭祀的丰国神社，出售"胜利""金运上升"的护身符。受此影响，在民众心目中，耳冢里的灵魂由怨灵变成了治愈耳疾的神，同时也成了给赌博界带来胜利的神，这些认识已扎根于日本民俗界。

20世纪90年代，由釜山慈悲寺僧侣朴三中为中心发起了让耳冢灵魂返乡的运动。他积极开展让耳冢灵魂归国运动，并于1990年4月22日在庆南泗川的朝明军队墓地举行了盛大的迎接灵魂仪式，所谓灵魂就是从京都耳冢上取土装入瓶中。但后来出现许多复杂的问题，导致耳冢的英灵一直没有安葬，而是被保管在慈悲寺。1992年4月，与泗川文化院协商后，终于将其安置在朝明军冢旁。当时没有任何标志和解说，只是放了一块基石。直到2007年军冢的圣域化事业完成后，盛有耳冢之土的瓶子才被重新安置在离军冢20多米处，在那里立了一个高1.8米、耳朵形状的石碑，碑上写着"耳冢"。至此耳冢的灵魂才在形式上归国了。

但几乎没有人认为耳冢的灵魂已经回归故里。每年的8、9月，在京都的耳冢前，韩国人、在日韩国人、朝鲜人都举办祭奠活动。2012年献给灵魂的追慕献诗中将耳冢的灵魂比喻成赶走了隋军的乙支文德与杨万春的后裔。这是出于他们认为耳冢中只有朝鲜人的这种错误认识，他们忽略了里面也有中国人的这个确凿无疑的历史事实。

为了让耳冢成为反省过去，实现真正和解与友好的契机，不能让它仅成为韩国人的祭奠场所，韩国、中国以及日本三国应该一齐参与此事，并在将来进一步撤除耳冢，在此建立一个传达耳冢历史教训的韩中日和合纪念碑。如若如此，无疑会成为东亚和平的一个新的象征。

　　　　本文由李敏（南开大学日本研究院博士研究生）译、李卓校

书　评

从日本风险投资产业透视制度的价值

——读平力群的新著《日本风险投资研究——制度选择与组织行为》

尹晓亮

现代风险投资是为社会剩余资金无法通过传统金融渠道流向高风险、不确定性却具有发展潜力的未公开企业的难题提供的一种解决方案。风险投资机构是被构造出来实施这一解决方案的组织。风险投资机构要替代传统金融机构，发挥连接风险资金提供者与资金需求者风险企业的金融中介作用，就意味着风险投资机构要设计出一套治理机制，使剩余资金持有者相信风险投资机构向其保证的高投资回报率是可信的，从而激励剩余资金持有者向风险投资机构提供资金。

随着美国风险投资的成功，以美国模式为代表的现代风险投资制度已经被推介到了全球。虽然大量的研究论证了美国风险投资模式所固有的效率优势，但该种模式是否可以在其他国家复制？能够在多大范围内复制？以及如何复制才能使其固有的效率优势得到继续的发挥等问题，至今也没有答案。

平力群的新著《日本风险投资研究——制度选择与组织行为》，不仅犹如浏览一幅日本风险投资四十多年来发展史画卷，而且通过该书对美国风险投资模式的高度概括性介绍，为研究美国风险投资模式是否可以在其他国家复制，能在多大程度上复制，需要什么条件复制的研究提供了可资参考的借鉴。

本书以制度经济学理论为基础，构建了"制度选择——组织行为——创新绩效"的分析框架，并以美国风险投资为参照系，通过梳理从 1972 年日本第一家风险投资机构诞生以来，日本风险投资制度选择与组织行为特征的变化，诠释了日本风险投资企业的制度安排、治理结构、行为取向和演化趋势，揭示了日本经济体制与日本风险投资行为特征之间、风险投资模式与创新绩效之间的内在联系。与以往研究成果相比，本书在以下三个方面进行了有益的探索。

其一，本书把日本风险投资放在日本经济体制的大环境中进行研究，从而指出我们所观察到的日美风险投资行为特征的差异是日美风险投资构造不同治理结构的表征与结果。作者认为，日美文化的不同与经济体制对风险投资机构所需要的资金、人员、信息等经营资源形成了不同的约束。在不同的资源约束下作为以盈利为目标的企业组织——风险投资机构为实现其自身效用的最大化构造了不同的治理结构，不同的治理结构选择了不同类型的发明者。由此可见，这也是导致日本创生了丰田、松下、日立、索尼等超级现代制造业企业、但却无法创生美国那样引领新兴产业发展的企业的原因。

其二，本书在分析日本"系统型技术创新体制"的优势与弱势的基础上，指出现代风险投资制度是使风险投资具有的"发现价值"、"创造价值"、"实现价值"能力充分发挥出来的制度保障。作者认为，日本为弥补"系统型技术创新体制"的弱势，进行了包括法律制度、资本市场、创新环境等方面的风险投资制度改革。在其改革过程中，政府是推动日本风险投资演化的制度的"最大供应者"。

其三，本书阐释了美国风险投资制度与日本制度融合下日本风险投资的演化趋势。作者指出，日本以美国风险投资为蓝本的学习过程实际是一个做加法的过程，即日本对风险投资制度的改革并没有采取对原有制度的彻底放弃，而是通过增加制度的可选项，来为风险投资制度提供可以自由发展的空间。

此外，作者运用制度选择与组织行为理论，通过历时性与共时性相结合的考察方式，在论述日本风险投资的过程中，由于始终贯穿理论分析与实证分析相结合，因此本书还可以视为对制度经济学理论及创新理论的案例研究。

评者认为，本书已为我国关于日本风险投资的研究，注入了新鲜活力，使该领域的研究更趋丰满。

《南开日本研究》征稿启事

南开大学日本研究院学术杂志《南开日本研究》诚邀学界同仁投稿。

《南开日本研究》（前身为《日本研究论集》）于 1996 年创刊，迄今已出版 17 期。《南开日本研究》开设日本历史与文化、日本政治与外交、日本经济与产业、中日关系研究等固定栏目，并设专题研究、比较分析、海外专稿、学术新人新作等非固定栏目，以期为中国的日本学研究者提供一个公共学术平台。

本刊稿件篇幅通常为 10000 字左右，但欢迎学术观点新颖、具有理论深度、论据充分的长篇学术论文。

稿件一经采用，即致稿酬。

投稿时请注意以下要求：

1.请附 300 字以内的内容提要以及 4～5 个关键词；

2.请使用中文简体 WORD 文档，A4 幅面，小 4 号字，1.5 倍行距；

3.注释请使用页下注，格式为：作者（译著或译文还应注明译者）、书名（或论文题目）、出版社（或杂志名称）、出版时间、页码（引用杂志不须注明页码）；

4.注释中引用外文文献时请直接使用原文；

5.如属课题项目成果请注明课题项目名称及批准号；

6.来稿请用电子邮件发送，务请注明作者单位和职称（或职务）、联系地址、电话、电子邮箱。

联系地址：天津市南开区卫津路 94 号　南开大学日本研究院
　　　　　《南开日本研究》编辑部

邮编：300071

电话/电传：（022）23505753

E-mail：nkrbyj@126.com